미시경제학

성태경 지음

MICRO
ECONOMICS

MEDIA JIPHIL
(주)지필미디어

|저자소개|

성태경

서강대학교 경제학과 졸업(경제학사)
서강대학교 대학원(경제학 석사·박사)
아주대학교 경제학과 강사
대우경제연구소 산업경영본부 연구위원
Case Western Reserve University, Visiting Professor
행정(외무)고시 출제위원 역임
Seattle University, Fulbright Visiting Professor
Marquis Who's Who in the World(2012, 29th Edition) 등재
현, 전주대학교 경영학부 교수
(사)기술경영경제학회 부회장

미시경제학

지 은 이 성태경
발 행 처 (주)지필미디어
주　　소 서울시 서대문구 미근동 72-3 101호
전　　화 (02)362-4504
팩　　스 (02)393-4509
이 메 일 book@jiphil.co.kr
홈페이지 jiphil.co.kr
발 행 인 고현희

발 행 일 2013년 2월 28일 초판 1쇄
등록번호 2제 312-1997-000043호 (1997년 07월 16일)
ISBN 978-89-97394-52-4 93320
값 23,000원

머리말

미시경제학의 내용은 공공재로서, 그간 많은 책들이 경쟁적으로 발간되어 왔다. 그럼에도 불구하고 『미시경제학』이라는 책명으로 또 하나의 책을 집필한 이유는 기존의 교과서들과는 달리 처음에 미시경제학 전체 내용을 '스케치' 한 다음에 구체적인 내용을 다루기 위해서이다. 지난 20여 년간 대학에서 미시경제학을 가르치면서, 전체를 아우르지 않고 내용을 순차적으로 시작하거나(방법론 → 수요 → 공급 → 생산물시장 → 요소시장 → 시장평가) 구체적인 분석도구(예: 무차별곡선)에 초점을 맞추다보니, 만족스럽게 지식을 전달하지 못했다는 자괴감도 있었다. 특히 한 학기에 미시경제학을 끝내야만 하는 경영학 전공학생들에게는 더욱 그러하였다.

이 책에서는 미시경제학 이해의 첫 단계로서 지방소재 J대학 근처 원룸시장에 대한 사례분석을 시도한다. 이는 실제 사례를 통하여 미시경제학의 핵심 개념들은 무엇이며 어떠한 문제를 다루는지를 대략적으로 이해하기 위한 것이다. 흔히 미시경제학 마지막 부분에서 다루는 시장메커니즘의 평가기준으로서의 파레도 최적Pareto Optimality 개념도 앞에서 다룬다. 물론 '스케치'와 관련된 보다 구체적이고 자세한 내용은 뒤에서 다루어진다. '수요곡선 뒤에 숨어있는 것', '공급곡선 뒤에 숨어 있는 것', '수요곡선이 우하향하는 이유' 등을 직접 부 혹은 장의 제목으로 삼은 것은 이러한 이유에서이다.

이 책이 엮어지기까지 많은 도움을 받았다. 먼저 그간 전주대학교에서 『미시경제학』이라는 과목을 수강한 학생들이 보여준 진지한 반응과 귀중한 조언을 빼놓을 수 없다. 특히 2012년 1학기에 이 과목을 수강한 학생들은 모두 초고를 읽고, 의견을 주었다. 책의 출판과 편집을 맡아준 지필미디어와 OPS디자인에게도 고마움을 전한다.

끝으로 이 책이 본래 목적한 대로 미시경제 이론과 현실을 이해하는 데 좋은 안내서가 되기를 바란다.

2013년 2월

저자 씀

차례

1부 미시경제학의 기초

2부 수요곡선 뒤에 숨어있는 것

3부 공급곡선 뒤에 숨어있는 것

4부 생산물시장

5부 생산요소시장

6부 시장메커니즘의 평가 및 정책

1부

미시경제학의 기초

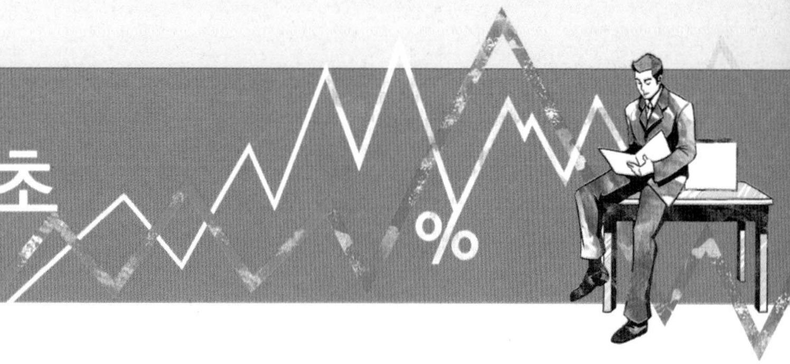

제1장 경제학과 미시경제학

제2장 미시경제학 개관: 사례를 통한 이해

제3장 시장가격결정의 기본원리: 수요 · 공급모형

1장

경제학과 미시경제학

제1장에서는 미시경제학을 배우는 첫 걸음으로서 미시경제학과 거시경제학은 각각 어떤 경제현상을 다루며, 왜 구분하는지를 이해하게 될 것이다.

1.1 경제학이란

경제문제economizing problem는 희소성의 문제로 인해 존재하므로, 어떤 한 국민경제가 경제문제에 대한 의사결정을 합리적으로 할 수 있도록 도와주는 경제학도 희소성의 문제와 연관지어 정의내릴 수 있다. 경제학이란 "무한한 욕망을 최대로 만족시키기 위해서 희소한 자원을 어떻게 하면 효율적으로 사용할 것인가를 다루는 학문"이라고 할 수 있다. 그러므로 경제학은 희소성에 관한 학문이며, 동시에 선택에 관한 학문이다.[1] 희소성과 선택은 자원을 아껴서 가장 유용하게 쓰게 하는 경제의지와 경제문제를 낳으므로 경제학은 효율성efficiency의 과학이다.

경제이론[2]economic theory은 사실을 정리·해석하여 일반화시킨 것이다. 다시 말해서 이론은 수집된 사실들 간에 어떤 관계가 있는가를 분석하여, 상호관계를 일반화시킴으로써 사실이 의미를 갖게 하는 것이다. 따라서 경제이론의 도출은 추상화 또는 단순화simplification의 과정이다. 경제적 사실의 수집과정에서 비경제적 요인은 물론 현안문제에 적당하지 못한 사실들을 배제하게 되는데, 이는 곧 추상화를 의미하는 것이다. 즉 추상화된 경제이론은 그만큼 현실적인 모든 문제를 충분히 포함하지 않는다. 불행히도 경제이론의 추상적인 측면을 지나치게 강조한 나머지 경제이론을 비현실적이며 무의미한 얘기라고 생각하는 사람들도 없지 않으나, 반대로 경제이론은 현실을 추상화하였다는 이유 하나만으로도 유용하게 된다. 왜냐하면 경제적 사실 하나하나는 상호의존적이면서도 그 성격을 달리하고 있으므로 그 자체로서는 어떤 의미를 찾아낼 수는 없으나, 추상화를 통해서는 의미를 발견할 수 있기 때문이다.

그러므로 경제이론은 마치 여행자에게 있어서 교통안내도와 같은 역할을 한다고 볼 수 있다. 여행자가 휴대하는 교통안내도에는 도로의 굴곡이나 경사, 지선 등이 표시되어 있지는 않으나 전체 도로망을 총괄적으로 보여줌으로써 여행자의 길잡이가 되는 것처럼 경제이론도 이와 같은 역할을 수행한다고 볼 수 있다.

---

1) 이는 경제학에 대한 최근의 지배적인 정의이다. 경제학의 성립 이래 경제학은 '제국민의 부의 본질과 그 원인에 관한 연구'(A. Smith), '후생의 물질적 요건의 달성과 관련된 사회적 행동을 연구하는 학문'(A. Marshall), '시장, 가격 및 시장을 통한 교환 등을 연구하는 학문'(G. Cassel) 등으로 정의되어 왔다.
2) 원리(principle) 또는 모형(model)이라고 해도 좋다.

1.2 미시경제학과 거시경제학

앞에서 언급한 바와 같이 경제이론은 복잡한 경제현실을 지극히 단순화·일반화시킨 이론체계인 것이다. 그런데 복잡한 경제현실을 단순화함에 있어서 두 가지 접근방법이 사용된다. 하나는 거시적 접근방법이고, 다른 하나는 미시적 접근방법이다. 거시적 접근방법을 사용하여 경제를 분석하는 것을 거시경제학 macroeconomics이라 부르고, 미시적 접근방법을 사용하여 경제를 분석하는 것을 미시경제학microeconomics이라 부른다.

'Macro'라는 말의 어원이 그리스어의 '크다'에서 나왔듯이 거시경제학은 경제전체를 총괄해서 다룬다. 따라서 그 분석대상이 국민경제전체 또는 국민경제를 구성하고 있는 가계부문, 기업부문, 정부부문이다. 가령 한국경제를 거시경제적 측면에서 분석한다면 1,700만 여 가구를 통합하여 하나의 거대한 경제단위인 것처럼 본다는 것이다. 이렇게 통합된 경제단위를 분석하는 거시경제학은 경제 전체적인 개관이나 구조, 그리고 가계부문, 기업부문, 정부 등 경제를 구성하는 단위간의 관계에 초점을 맞춘다. 따라서 거시경제학이 다양한 경제문제를 분석함에 있어서 국민경제의 총산출량, 총소득, 총고용, 총지출, 일반물가수준 등과 같은 경제변수들이 거론되는 것은 당연한 일이다. 적절한 비유가 될지는 몰라도 〈그림 1-1〉에서 보는 바와 같이 거시경제학은 나무가 아니라 숲 전체를 보는 것

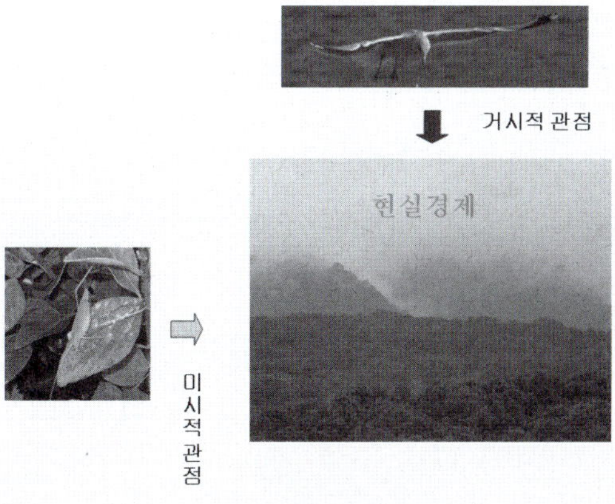

그림 1-1 미시적 관점과 거시적 관점

에 비유할 수 있다. 따라서 거시경제학은 경제를 '새의 입장'bird's eye에서 본 것이라 하겠다.

이와는 반대로 미시경제학은 'Micro'가 '작다'라는 말뜻 그대로 가계면 가계, 기업이면 기업, 정부면 정부와 같이 특정한 경제단위와 그 개별경제단위의 행동을 자세히 다룬다. 이러한 측면에서 경제를 분석할 때, 경제학자들은 현미경 위에 하나의 가계 또는 하나의 기업을 올려놓고 살펴보게 된다. 미시경제학에서는 산업, 가계, 기업이라는 용어가 동원되고, 특정한 한 제품에 대한 가격과 생산량, 한 기업에 고용되는 사람의 수, 한 기업이나 가계의 지출 등이 경제변수로 등장한다. 미시경제학은 거시경제학과는 달리 숲이 아니라 나무 하나하나를 분석하는 것에 비유할 수 있다. 나무의 특성을 가장 잘 살필 수 있는 동물은 무엇일까? 나무에 붙어사는 벌레일 것이므로 미시경제학은 벌레의 입장worm's eye에서 경제를 보는 것이라 할 수 있다.

1.3 미시경제학과 거시경제학을 구분하는 이유

그러면 왜 경제학자들은 보는 관점을 달리하여 미시경제학과 거시경제학으로 구분하는 것일까? 그 이유는 구성의 모순fallacy of composition이 존재하기 때문이다. 구성의 모순이란 "개인 혹은 부분에 있어서 타당한 진리는 반드시 집단 혹은 전체에 대해서도 타당한 진리다"라는 주장은 논리상 부정확하다는 것이다. 예를 들어 설명해 보자. 가령 갑이라는 사람이 초만원을 이루고 있는 프로야구 결승전을 보러 가서 맨 뒷자리에 앉았다고 하자. 마침 응원하던 팀의 1번 타자가 기습번트를 대고 1루로 달려갔는데, 「세입」인지 「아웃」인지가 궁금하여 갑이 자리에서 일어섰다고 하자. 과연 갑은 그 상황을 보았겠는가, 못 보았겠는가? 두 개의 대답이 모두 가능하다. 만약 다른 관중은 그대로 앉아 있고 갑만 일어섰다면 그 상황을 보다 잘 볼 수 있었을 것이다. 그러나 다른 관중들도 궁금하여 모두 일어났다면 갑은 그 상황을 제대로 볼 수 없었을 것이다. 즉 갑이라는 개인만 생각했을 경우와 관중전체를 생각했을 경우에 답은 달라진다.

경제학에서 한 예를 들어보자. 현재 경제가 심각한 불경기에 처해 있어서 실업률이 20%를 넘어섰다고 하자. 그 이유가 가계의 구매력이 부족하여 기업에 재고가 쌓이고, 그 결과 기업들이 문을 닫거나 생산량을 줄였기 때문이라고 하자. 이 경우에 올바른 정책처방은 가계부문으로 하여금 '소비하라'일 것이다. 왜냐하면 가계가 물건을 사주어야 기업의 재고가 줄어들고, 생산이 확장되므로 놀고 있던 사람을 고용할 수 있을 것이기 때문이다. 그러나 우리는 하나의 가계에 대해서는 무작정 '소비하라'라고만 할 수 없는 것이다. 오히려 '저축도 하라'라고 말하는 것이 더 합리적일 것이다. 이와 같이 하나의 가계를 대상으로 하는 경우와 가계부문전체를 대상으로 하는 경우에 처방이 달라진다. 그러므로 우리는 보는 방법을 달리하여 경제를 분석할 수밖에 없게 되는 것이다.

2장

미시경제학 개관: 사례를 통한 이해

이 장에서는 구체적인 사례(원룸시장)를 통하여 미시경제학이 다루는 문제들을 대략적으로 이해하고자 한다. 보다 자세한 내용은 뒤에서 다루어질 것이다.

2.1 사례: 원룸시장

이 책에서는 전통적인 미시경제학 교과서와는 달리 첫 단계로서 사례분석을 시도한다. 이는 실제 사례를 통하여 미시경제학의 핵심 개념들은 무엇이며 어떠한 문제를 다루는지를 대략적으로 이해하기 위한 것이다. 사례는 지방에 소재하는 J대학 근처의 원룸시장이다. J대학 주변에는 원룸시장이 잘 형성되어 있다. 아파트형 원룸뿐만 아니라 연립식 원룸들이 공급되고 있으며, 다른 지역에서 온 학생들을 중심으로 많은 학생들이 원룸에 들어가 살고 있다.

1) 사례분석을 위한 단순화

경제현상을 설명하기 위한 경제이론은 복잡한 현실경제를 '단순화'simplification한 것이다. 이런 의미에서 경제이론은 종종 1:1 지도가 아닌 약도에 비유되기도 한다. J대학 근처 원룸시장을 분석하기 위해서도 우리는 복잡한 현실을 단순화할 필요가 있다.

첫째, 모든 원룸은 똑 같다고 가정한다. 원룸의 위치, 크기, 시설 등에서 차이가 있지만, 우리는 대표적인 원룸을 분석한다.

둘째, 원룸의 공급량은 고정되어 있다고 가정한다. 현실에서는 임대가격이 올라가면 원룸공급량이 증가하는 현상을 관찰할 수 있으나, 분석을 위해서 임대가격에 관계없이 고정되어 있다고 보는 것이다. 〈그림 2-1〉에서 원룸의 공급곡선 S가 수직선으로 그려진 것은 이를 반영한 것이다. 실제로 단기상황에서는 원룸의 공급이 당분간 고정될 수도 있을 것이다.

셋째, 원룸의 수요곡선은 우하향 한다. 이는 '수요의 법칙'law of demand이 성립함을 의미한다. 즉 〈그림 2-2〉에서 보는 바와 같이 원룸의 임대가격이 상승하면, 원룸에 대한 수요는 감소하고, 임대가격이 하락하면 수요는 증가한다는 것이다. 예를 들어 임대가격이 한 달에 40만원이면 수요량은 1단위가 되며, 임대가격이 39만원으로 하락하면 수요량은 2단위가 된다.

넷째, 원룸의 시장메커니즘은 두 개라고 가정한다. 하나는 완전경쟁시장Perfectly competitive market이고, 다른 하나는 독점시장Monopoly market이다. 쉽게 설명하면 완전경쟁시장은 다수의 구매자와 다수의 공급자가 활동하는 시장이고, 독점시

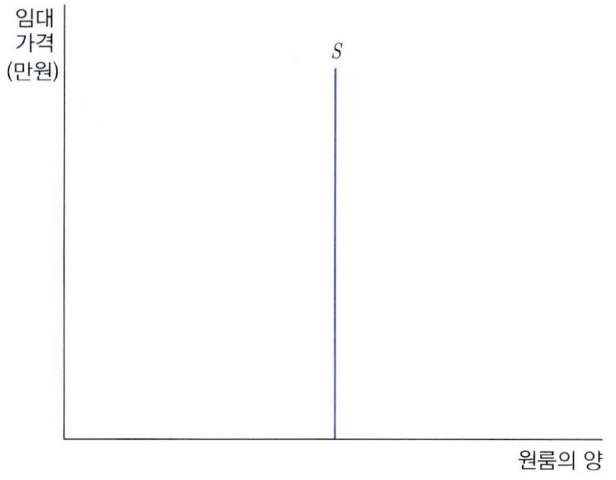

그림 2-1 원룸의 공급곡선

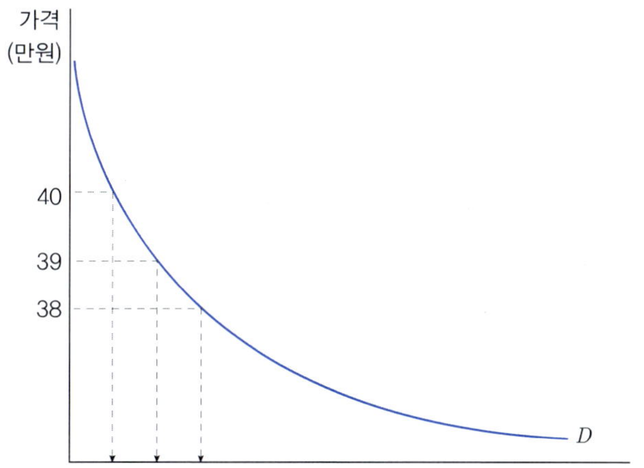

그림 2-2 원룸의 수요곡선

장은 구매자는 다수이지만 공급자는 하나인 시장이다. 현실을 보면 완전경쟁시장과 독점시장 사이에 수많은 형태의 시장메커니즘(예: 몇 개의 공급자가 있는 과점시장)이 존재하므로, 이 가정 역시 분석을 위해서 현실을 지극히 단순화한 것이다. 우리는 이 두 개의 시장메커니즘외에 정부가 임대가격을 통제하는 것을 별도의 시장메커니즘으로 상정하여 분석하고자 한다. 따라서 우리가 분석하고자 하는 시장메커니즘은 다음의 세 개이다.

- 완전경쟁시장
- 독점시장
- 정부의 시장개입: 임대가격규제

2) 세 개의 질문

우리는 앞에서 설정한 상황을 토대로 다음과 같은 세 개의 질문에 대답함으로써 미시경제학에서 다루는 문제와 개념을 대략적으로 이해하고자 한다.

- 질문 1: 무엇이 원룸의 임대가격을 결정하는가?
- 질문 2: 누가 원룸에 들어가 사는가?
- 질문 3: 세 개의 시장메커니즘 중에 어느 것이 가장 바람직한가?

〈표 2-1〉에서 보는 바와 같이 질문 1과 2는 시장메커니즘의 유형에 따라서 대답이 달라질 것이고, 질문 3에 대한 대답은 시장메커니즘들간의 상호 비교를 통해서 가능할 것이다. 특히 질문 3에 답하기 위해서는 평가기준이 필요한데, 이에 대해서 많은 지면이 할애될 것이다.

표 2-1 미시경제학을 이해하기 위한 질문들

시장메커니즘 질문	완전경쟁시장	독점시장	정부의 임대가격규제
무엇이 원룸의 가격을 결정하는가	?	?	?
누가 원룸에 들어가 사는가	?	?	?
어느 시장메커니즘이 바람직한가		?	

2.2 무엇이 원룸의 임대가격을 결정하는가?

앞에서도 언급한 바와 같이 이 질문에 대한 대답은 시장의 유형에 따라서 달라질 것이다. 먼저 완전경쟁시장부터 보기로 하자.

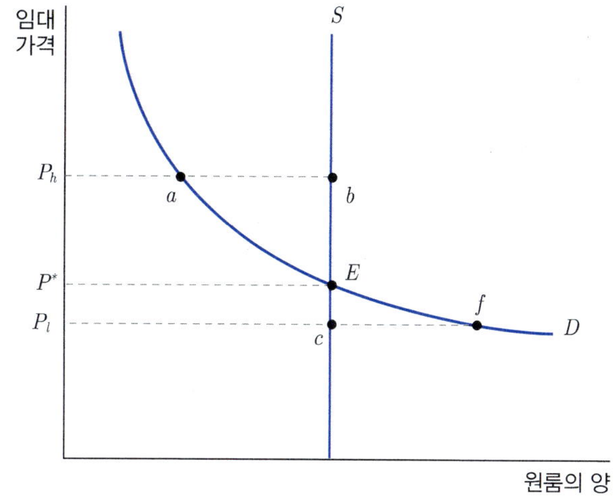

그림 2-3 완전경쟁시장에서의 가격결정

1) 완전경쟁시장

결론부터 말하자면, 완전경쟁시장에서는 수요와 공급의 상호작용이 가격을 결정한다. 〈그림 2-3〉에서 보는 바와 같이 수요곡선과 공급곡선을 하나의 그래프에 표시할 수 있는데, 수요곡선과 공급곡선이 만나는 곳인 E점에서 가격이 P^*로 결정된다. 경제학에서는 이와 같이 상반되는 두 '힘'이 일치하여 결정되는 가격을 균형가격equilibrium price이라고 부른다. 만약 가격이 P^*보다 더 높은 P_h에 있다고 하면, ab만큼의 초과공급이 발생한다. 이 경우 원룸공급자들은 임대가격을 내려서라도 자신의 원룸을 빈집으로 남겨두지 않으려고 하기 때문에 시장에서는 가격인하압력이 나타날 것이고, 이 압력은 초과공급이 완전히 없어지는 E점에 도달할 때까지 계속될 것이다.

이와 반대로 가격이 P^*보다 더 낮은 P_l에 있다고 하면, cf만큼의 초과수요가 발생한다. 이 경우 원룸수요자들은 더 많은 임대료를 주더라도 원룸을 확보하고자 하기 때문에 시장에서는 가격인상압력이 나타날 것이고, 이 압력은 초과수요가 완전히 없어지는 E점에 이를 때까지 계속될 것이다.

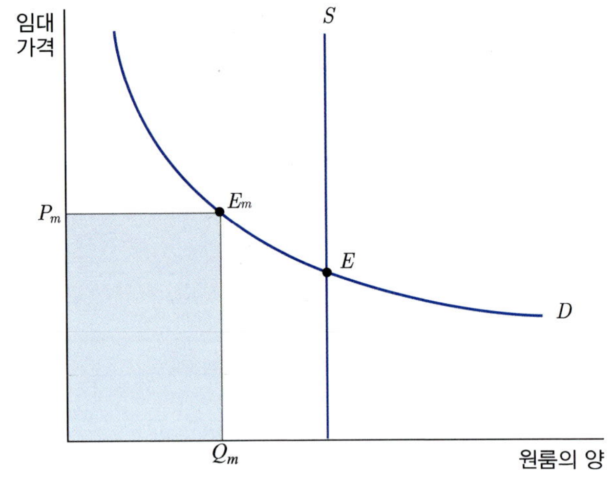

그림 2-4 독점시장에서의 가격결정

2) 독점시장

독점시장에서는 독점기업이 가격을 결정한다. 물론 독점기업은 이윤극대화 profit maximization를 가져다주는 수준의 가격을 매길 것이다. 분석을 단순화하기 위해서 원룸을 임대하는 데에는 추가적인 비용이 들어가지 않는다고 가정하면, 총수입이 바로 이윤이 될 것이다. 〈그림 2-4〉에서 보면 총수입은 원룸임대량과 임대료의 곱이므로, 진한 색으로 표시된 면적이 총수입의 크기가 될 것이다. 따라서 독점기업은 이 면적이 가장 큰 수준에서 가격을 결정할 것이다. 그림에서 이 가격은 P_m이며, 우리는 이를 독점가격이라고 부른다.

독점가격은 완전경쟁시장에서 결정되는 가격보다는 높으며, 독점기업은 보유한 원룸들을 모두 임대하지 않는다. 다시 말하면 독점기업은 완전경쟁시장에서 결정된 가격보다 더 높은 가격에서 더 적은 원룸들을 임대해 준다.

3) 정부의 임대가격규제

정부가 임대가격을 규제하는 경우에는 말 그대로 정부가 원룸의 임대가격을 결정한다. 만약 정부가 시장에서 결정된 임대가격 P^*가 학생들에게는 너무 높은

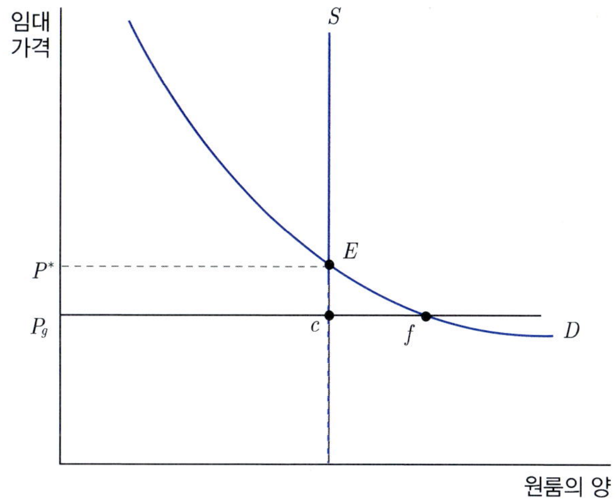

그림 2-5 정부의 임대가격 통제: 최고가격 설정

가격이라고 판단하면, 정부는 P^*보다 낮은 P_g를 최고가격price ceiling[3]으로 설정할 것이다. 〈그림 2-5〉에는 이러한 상황이 그려져 있다. 그런데 이 경우에는 cf만큼의 초과수요가 나타나게 된다.

2.3 누가 원룸에 들어가서 사는가?

이 질문에 대답하기 위해서는 수요곡선 뒤에 숨어 있는 지불의사가격이라는 개념을 먼저 이해해야 한다. 앞에서 살펴본 바와 같이 수요곡선은 "있을 수 있는 가격에 대응하여 구매자들이 사려고 하고 또한 살 수 있는 상품의 양"을 보여준다. 〈그림 2-6〉을 통해서 보면, 수요곡선은 원룸임대가격이 한 달에 40만원이면, 한 사람이 원룸을 수요하고, 39만원이면 두 사람이, 38만원이면 세 사람이 수요할 것임을 보여주는 예정표이다.

이때 우리는 수요곡선의 의미를 반대로 해석할 수 있다. 즉 첫 번째 수요자는

3) 반대인 경우에는 최저가격(price floor)이라고 부른다.

원룸에 대해서 한 달에 40만원을 지불할 용의가 있는 사람이고, 두 번째 수요자는 39만원을 지불할 용의가 있는 사람이며, 세 번째 사람은 38만원을 지불할 용의가 있는 사람이라고 볼 수 있다. 경제학에서는 이와 같이 자기가 상품에 대해서 지불하려는 최대값maximum willingness to pay을 예약가격reservation price이라고 부르기도 한다.

이제 예약가격의 개념을 이해한 독자라면 "누가 원룸에 들어가 사는가?"라는 질문에 답할 수 있다. 먼저 원룸시장이 완전경쟁시장이라면 완전경쟁시장에서 결정된 가격 P^* 혹은 그 이상의 가격을 지불할 의도가 있는 학생들만이 원룸에 들어가 살게 될 것이다. 다시 말해서 P^*보다 더 적게 지불하려는 학생들은 J근처가 아닌 더 멀리 떨어진 지역에서 방을 구하게 될 것이다. 독점시장의 경우에도 답은 마찬가지이다. 즉 독점가격 P_m 혹은 P_m 이상을 지불하려는 학생들만이 원룸에 들어가 살게 될 섯이다.

정부가 임대가격을 규제하는 경우에는 위의 두 경우처럼 단순하지 않다. 왜냐하면 이 경우에는 수요와 공급이 일치하지 않기 때문이다. 즉 초과수요가 존재하기 때문이다. 물론 이 경우에도 정부가 설정한 P_g 혹은 그 이상의 임대료를 지불하려는 사람들이 들어가 살게 될 것이다. 그러나 이 학생들 모두가 들어가 사는 것이 아니라 다른 사람보다 발 빠르게 움직인 사람, 혹은 임대업자를 잘

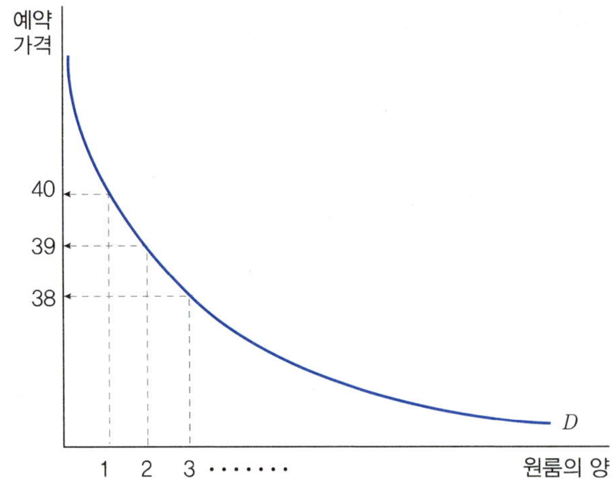

그림 2-6 수요곡선과 지불의사가격

아는 학생들이 들어가 살게 될 것이다. 물론 완전경쟁시장에서와 똑같은 학생들이 들어가 살 수도 있지만, 이는 극히 우연이 아니면 불가능할 것이다. 따라서 완전경쟁시장에서처럼 모든 원룸이 공급되지만, 들어가 사는 학생들은 달라질 것이다.

2.4 어느 시장메커니즘이 바람직한가?

앞에서 우리는 원룸시장이 완전경쟁시장일 경우, 독점시장일 경우, 그리고 정부가 시장에 개입하여 임대가격을 통제하는 경우에 대해서 각각 무엇이 가격을 결정하며, 누가 원룸에 들어가 살게 되는지에 대해서 공부하였다. 즉 세 개의 시장메커니즘에서 가격이 결정되는 방법과 수준이 다르며, 원룸에 들어가 사는 사람들도 다르다는 결론을 얻었다. 그렇다면 이 세 가지 시장메커니즘 중에서 가장 바람직한 것은 무엇일까? 이 질문에 답하기 위해서는 이해당사자의 개별적 입장과 사회 전체적인 입장을 구분해야 할 필요가 있다.

1) 이해당사자 개별 입장

먼저 원룸의 공급자 입장에서 보면, 아무래도 독점가격을 책정하여 이윤을 극대화 할 수 있는 독점시장메커니즘이 가장 유리할 것이다. 반대로 정부가 원룸시장에 개입하여 균형가격 이하의 최고가격을 설정하는 경우가 가장 불리할 것이다.

원룸을 빌리는 학생들 입장에서는 어떠한가? 당연히 완전경쟁시장에서 결정되는 가격보다 더 높은 임대료를 지불할 뿐만 아니라, 더 적은 학생이 원룸에 들어가는 독점시장이 가장 불리한 메커니즘이 될 것이다. 하지만 정부가 임대가격을 통제하는 경우에는 임차인인 학생들간에 명암이 엇갈린다. 임대가격 통제하에서 원룸을 얻은 학생들은 완전경쟁시장의 경우보다 후생이 증가하지만, 원룸을 얻지 못하는 학생들은 완전경쟁시장의 경우에 비해서 후생이 감소할 것이다.

2) 사회 전체적 입장

그렇다면 개별 이해당사자 각각이 아닌, 임대업자와 임차인 모두가 포함된 관점, 즉 사회 전체적 관점에서는 어느 시장메커니즘이 가장 바람직할 것인가? 이 질문에 답하기는 매우 어렵지만 미시경제학에서 매우 중요한 질문이라고 할 수 있다.

(1) 파레토 최적의 개념

사회적인 관점에서 가장 바람직한 시장메커니즘이 무엇인지를 판단하기 위해서는 '기준'criteria이 필요하며, 이 기준은 19세기 이탈리아의 경제학자이며 사회학자였던 빌프레도 파레토Vilfredo Pareto, 1848-1923에 의해서 고안되었다. 이 기준은 다름 아닌 효율성 기준으로서, 그의 이름을 본 따서 파레토 효율Pareto efficiency 혹은 파레토 최적Pareto optimum이라고 부른다.

파레토 최적은 여러 가지로 정의내릴 수 있지만, '교환의 이득이 모두 소진된 상태'라고 정의내릴 수 있다. 가령 갑과 을이 어떤 상품을 거래하는데, 갑은 20만원을 지불할 의도가 있고, 을은 10만원만 받으려 할 의도가 있다고 하자. 이 경우에 중간 가격인 15만원으로 거래되었다고 하면 갑과 을은 각각 5만원의 이득을 보게 된다. 따라서 이 거래 이전의 상태는 파레토 최적이 아님을 알 수 있다. 왜냐하면 거래 이전의 상태는 교환의 이득이 존재하는 상황으로서 두 사람 모두 후생이 증가할 수 있는 여지가 있기 때문이다. 따라서 파레토 최적은 사회적으로 모든 교환의 이득이 더 이상 존재하지 않는 상태라고 할 수 있다.

위의 설명에서 우리는 파레토 최적을 다음과 같이도 정의내릴 수 있음을 알 수 있다.

"파레토 최적이란 사회 구성원 중 어느 누구의 후생의 감소 없이는 다른 어느 누구의 후생이 증가될 수 없는 상태이다."

이를 앞의 예를 통해서 설명하면, 갑과 을의 거래 후 을은 갑의 후생 감소 없이도(오히려 5만원 이득) 후생이 5만원 증가하였으므로 거래전의 상태는 파레토 최적이 아님을 알 수 있다. 이는 거래가 20만원으로 이루어졌다고 해도 마찬가지이다. 이 경우 갑은 20만원을 낼 용의가 있었기 때문에 후생의 감소가 없는

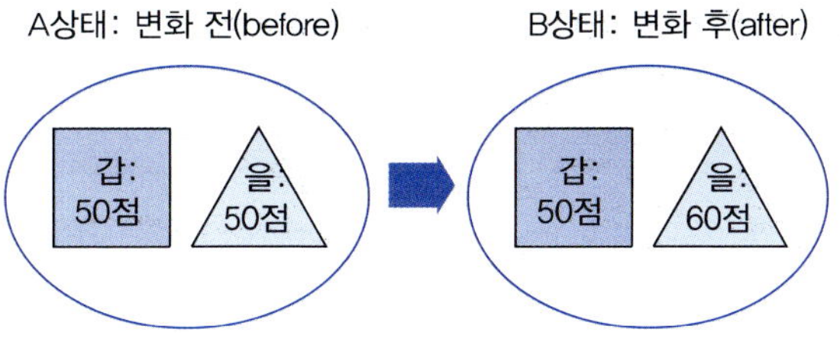

그림 2-7 A상태가 파레토 최적이 아닌 경우

반면에 10만원만 받을 용의가 있는 을은 20만원을 받았기 때문에 10만원의 이득을 얻게 된다. 이와 같이 사회 구성원 어느 누구(여기서는 갑)의 후생 감소 없이도 어느 다른 누구(여기서는 을)의 후생이 증가될 수 있다면 그 이전의 상태는 파레토 최적이 아닌 것이다. 다시 말해서 파레토 최적의 상태에서는 사회구성원 중 어느 누구의 후생 감소 없이는 다른 어느 누구의 후생이 증가될 수 없다.

마지막으로 파레토 최적은 사회적으로 후생이 더 이상 증가할 수 없는 상태라고 정의내릴 수도 있다. 다시 말해서 만약 어떤 한 상태에서 어떤 이유로 사회 전체적으로 후생이 증가하였다면, 그 이전의 상태는 파레토 최적이 아니다. 〈그림 2-7〉을 통해서 설명하면, 처음에 A상태에서 갑의 후생수준이 50점이고, 을의 후생수준도 50점이었다고 하자. 이 상태에서 갑의 후생수준은 50점으로 그대로인 반면에 을의 후생수준은 50점에서 60점으로 증가하였다면 사회 전체적으로는 100점에서 110점으로 10점만큼 후생이 증가한 것이다.[4] 즉 파레토 개선이 이루어진 것이다. 따라서 처음 A상태는 파레토 최적 상태가 아니었음을 알 수 있다. 왜냐하면 A상태에서는 파레토 개선의 여지가 있었기 때문이다.

이와 달리 만약 〈그림 2-8〉과 같이 A의 상태가 파레토 최적이라고 한다면, 어떠한 경우에도 사회적으로 후생은 증가할 수 없다. 가령 A상태에서 을의 후생이 50점에서 60점으로 증가한 반면에 갑의 후생은 50점에서 40점으로 감소하였다고 하자. 이를 C상태라고 하면 A에서 C로의 변화과정에서 사회 전체적 후생수준은 100점 그대로이다. 즉 사회적으로 볼 때 파레토 개선이 일어나지 않았

4) 이는 사회 전체적인 후생을 구성원들의 후생을 단순히 합한 것으로 가정한 것이다. 이는 분석을 단순화하기 위한 것이다.

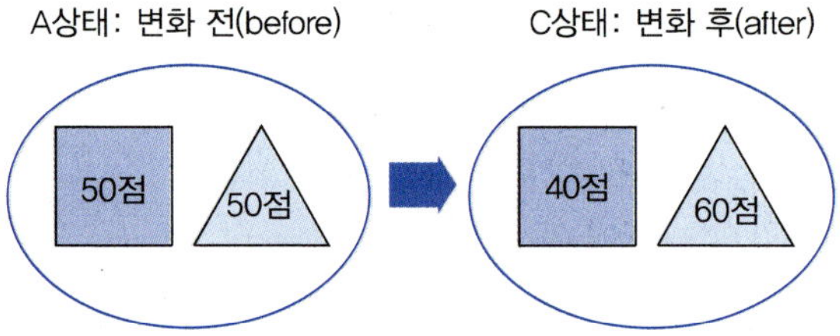

그림 2-8 A상태가 파레토 최적인 경우

다. 따라서 우리는 처음의 A상태를 사회적으로 가장 효율적인 상태, 즉 파레토 최적의 상태라고 할 수 있다.

요약하면, 파레토 최적은 다음과 같이 정의된다.

- 교환의 이득이 모두 소진된 상태; 또는
- 어느 누구의 후생 감소 없이는 다른 어느 누구의 후생이 증가될 수 없는 상태; 또는
- 사회적으로 더 이상 후생이 증가할 수 없는 상태

(2) 시장메커니즘의 평가

이제 앞에서 설명한 파레토 최적 기준을 활용하여 완전경쟁시장, 독점시장, 그리고 정부의 임대가격규제의 시장성과를 평가해 보기로 하자. 결론부터 말하면 독점시장과 임대가격규제의 시장성과는 파레토 최적이 아닌 반면에, 완전경쟁시장의 성과는 파레토 최적이다. 독점시장과 임대가격규제하에서는 어느 누구의 후생 감소 없이도 다른 어느 누구의 후생이 증가될 수 있는 반면에, 완전경쟁시장에서는 그렇지 않기 때문이다.

먼저 독점시장의 경우에 원룸의 공급량 모두가 임대 되지 않아 빈 원룸이 있게 되는데, 만약 비어 있는 원룸을 추가로 임대해준다면 독점기업과 임차인 모두 후생이 증가될 수도 있을 것이다. 가령 기존의 독점가격은 변화가 없는 상황에서 독점기업이 0원 이상의 가격을 받고 빈 원룸을 추가적으로 임대해 주면 독점기업의 이윤은 증가될 것이다.

정부의 임대가격규제도 마찬가지이다. 가령 갑이라는 학생이 원룸에 대해서 한 달에 40만원을 지불할 의도가 있음에도 불구하고, 우선순위에 밀려서 원룸을 구하지 못한 반면에, 을이라는 학생은 20만원밖에 지불할 의도가 없었음에도 불구하고 운 좋게 원룸을 구했다고 하자. 이 상황에서는 전매를 통해서 갑과 을 모두 후생이 증가할 수 있다. 즉 거래가격을 30만원으로 하면 갑과 을 모두 10만원씩의 이득을 보게 될 것이다. 이와 같이 임대가격규제하에서는 다른 사람의 후생 감소 없이도 어느 다른 사람의 후생이 증가될 수 있으므로 파레토 최적이 아니다.

이상의 두 시장메커니즘과는 달리 완전경쟁시장의 시장성과는 파레토 최적이다. 왜냐하면 완전경쟁시장에서는 시장에서 결정된 가격, 즉 p^* 이상을 지불하려는 학생들만이 p^*의 가격으로 공급된 원룸 물량 모두에 들어가 살게 되므로, 더 이상의 조정이 일어날 수 없기 때문이다. 즉 교환의 이득이 모두 소진된 상태로 어느 누구의 후생 감소 없이는 다른 어느 누구의 후생이 증가될 수 없는 상태가 된다.

더 알아보기 2-1 독점기업이 가격차별하는 경우

우리는 원룸시장이 완전경쟁시장인 경우, 독점시장인 경우, 그리고 정부가 개입하는 경우 각각 무엇이 임대가격을 결정하며, 누가 들어가 살며, 어느 메커니즘이 바람직한가에 대해서 답을 하였다. 이제 독점기업이 하나의 단일가격을 설정하는 것이 아니라 가격을 차별하는 경우에 대해서 추가적으로 살펴보기로 하자. 가격차별이란 동일한 상품에 대해서 구매자에 따라서 상이한 가격을 매기는 것을 말한다. 분석을 위해서 한 독점기업이 모든 원룸을 소유하고, 수요자들이 가지고 있는 예약가격, 즉 기꺼이 지불하고자하는 최대금액을 알고 있다고 가정한다. 〈그림 2-9〉에서 보면 독점기업은 첫 번째 수요자가 40만원을 지불할 용의가 있고, 두 번째 사람은 39만원을 지불할 용의가 있으며, 세 번째 사람은 38만원을 지불할 용의가 있음을 안다는 것이다.

이와 같이 독점기업이 원룸 수요자의 예약가격을 아는 상황이라면, 독점기업은 이윤을 극대화하기 위해서 각각의 예약가격에 따라서 가격을 책정할 것이다. 예를 들어, 월 40만원을 지불할 용의가 있는 수요자에게는 40만원을 받고, 39만원을 지불할 용의가 있는 수요자에게는 39만원을 받는 것이다. 이러한 방식으로 임대가격을 책정하다 보면, 마지막 원룸에 대해서는 P^*의 가격을 받게 될 것이고, 결국 시장성과는 〈그림 2-9〉에서 보는 바와 같이 완전경쟁시장의 경우와 같게 될 것이다.

따라서 우리는 독점기업이 가격차별하는 경우 원룸에 들어가 사는 사람은 완전경쟁시장의 경우와 마찬가지로 P^*이상의 임대가격을 기꺼이 지불하려는 수요자들임을 알 수 있다. 시장성과도 완전경쟁시장과 마찬가지로 파레토 최적이다. 즉 E 상태에서는 더 이상의 교환의 이득이 존재하지 않으며, 사회적으로 후생의 증가가 불가능하다. 다만 완전경쟁시장의 경우와 차이가 있다면, 그것은 소득분배상태이다. 〈그림 2-9〉를 통해서 보면 완전경쟁시장에서는 $\triangle P^*AE$ 만큼의 소비자잉여를 수요자인 학생들이 가져가지만, 독점기업이 가격차별하는 경우는 소비자잉여 부분을 독점기업이 가져간다. 따라서 독점기업이 가격차별하는 경우에 수요자들의 후생은 완전경쟁시장의 경우에 비해서 감소된다. 이는 파레토 최적 혹은 파레토 효율성이 달성되더라도 그 상태는 소득분배의 공정성을 보장해 주지는 못한다는 점을 말해준다.

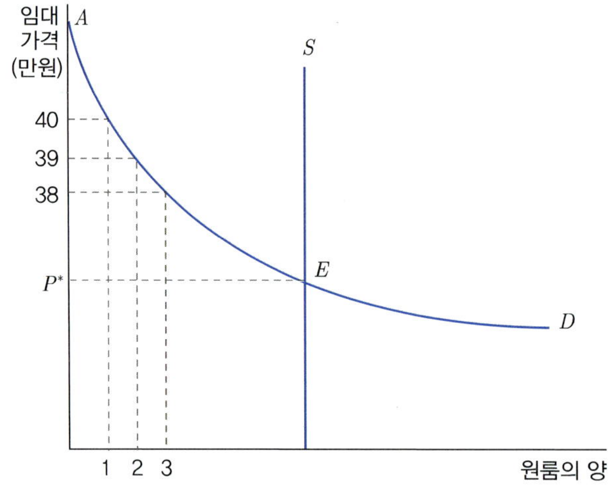

그림 2-9 독점기업이 가격차별하는 경우 시장성과

3장

시장가격결정의 기본원리: 수요·공급모형

제2장에서 원룸시장을 분석할 때도 이미 수요·공급모형을 활용하였지만, 본 장에서는 수요·공급모형을 보다 깊게 공부함으로써 시장에서의 가격결정원리를 보다 체계적으로 이해하고자 한다. "앵무새도 수요와 공급을 읊조리면 경제학 박사"라는 말이 있듯이 수요와 공급에 대한 이해는 개별시장뿐만 아니라 경제시스템의 전반적 운용과정을 이해함에 있어서도 필수적이다.

3.1 시장이란

실제 생활에서 우리가 필요로 하는 물건을 살 때 직접 기업으로 가는 일은 드물며, 대부분 슈퍼나 백화점에서 구입하게 된다. 우리는 이와 같이 재화나 서비스가 거래되는 장소를 일상적으로 시장market이라고 부른다. 그러나 시장은 지리적인 장소에만 국한된 개념이 아니다. 시장은 구매자와 판매자를 불러 모아 거래가 성립되도록 하는 모든 매개체를 말한다. 그러므로 시장의 형태는 매우 다양하다. 중고품이나 부동산 정보를 제공하는 '벼룩시장'이라는 정보지, 인터넷으로 구매자와 판매자를 연결하는 국제금융시장 등이 그 좋은 예이다.

그러면 이러한 시장은 경제순환모형에서 어디에 위치하는 것일까? 〈그림 3-1〉에서 보는 바와 같이 생산물과 소비지출의 흐름은 위쪽에 있는 시장을 통과하고 있으며, 생산요소와 화폐소득은 아래쪽에 있는 시장을 통과하고 있다. 우리는 전자를 생산물이 거래된다는 의미에서 생산물시장product market이라고 부르고, 후자를 생산요소가 거래된다는 의미에서 요소시장factor market이라고 부른다. 예를 들어 농산물이 거래되는 시장은 농산물시장이며 노동이 거래되는 시장은 노동시장이 된다.

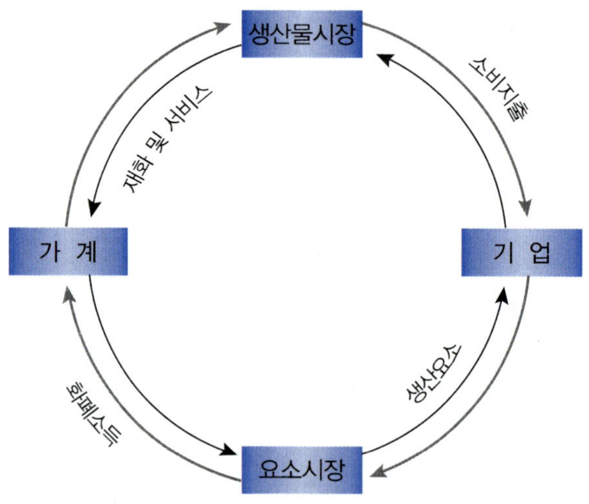

그림 3-1 경제순환모형

그림의 위에 있는 생산물시장에서 가계는 기업의 생산물을 수요하며, 그 대가로 화폐소득을 지출한다. 이때 가계가 지출하는 소비지출의 크기는 생산물 구입량과 그 가격에 따라 달라질 것이다. 마찬가지로 그림의 아래에 있는 요소시장에서는 가계가 생산요소를 기업에 판매하고, 그 대가로 화폐소득을 획득한다. 이때 가계가 받는 소득의 크기는 가계가 기업에 제공한 생산요소의 양과 그 가격에 따라 달라질 것이다. 요컨대 시장경제체제에서는 생산물시장과 요소시장이라는 두 개의 기본적인 시장이 존재하며, 생산물시장에서는 기업이 공급자이고 가계가 수요자인 반면에, 요소시장에서는 가계가 공급자이고 기업이 수요자가 된다.

시장거래에는 항상 두 가지 측면이 존재하게 되는데, 그것이 바로 수요와 공급이다. 특히 시장경제체제에서는 수요와 공급에 의해서 가격이 결정되며, 가격을 신호로 하여 '무엇을 얼마만큼', '어떻게', 그리고 '누구를 위하여' 생산할 것인가의 문제가 해결되므로 수요와 공급은 시장경제의 운용방법을 이해하는 데 있어서 필수적인 분석도구이다.

분석을 쉽게 하기 위해 시장은 완전경쟁이라고 가정한다. 완전경쟁시장perfect competition market은 동질의 상품에 대한 수요자와 공급자의 수가 다수여서 어느 누구도 영향력을 가지지 못하는 시장이다. 가령 우리가 농산물시장을 분석한다고 보면 된다. 전력시장처럼 한국전력공사 하나만 존재하는 독점시장과 자동차시장에서처럼 공급자가 몇 개만 존재하는 시장은 뒤에서 따로 분석하게 될 것이다. 시장에서는 수요자와 공급자라는 쌍방에 의해 가격이 결정되므로 먼저 수요, 공급 그리고 가격결정 순으로 논의를 진행하고자 한다.

3.2 수요

1) 수요란

우리 생활 주변에서 흔히 사용되는 수요demand라는 용어는 경제학에서는 다음과 같은 특정한 의미를 가지고 있다. 수요란 "어떤 일정기간에 있을 수 있는 모든 주어진 가격에 대응하여, 소비자들이 사고자하며 또한 살 수 있는 상품의 양

표 3-1 귤에 대한 수요표

가격(P): 원/개	수요량(Q): 개/주
300	10
250	20
200	35
150	55
100	80

을 보여주는 예정표schedule" 이다. 〈표 3-1〉은 한 주부의 귤에 대한 가상적인 수요를 보여주고 있다. 이 표는 1주일이라는 기간 중에 주부가 있을 수 있는 귤의 가격들—300원, 250원, 200원, 150원, 100원—에 대응하여, 사고자하고 또 살 수 있는 귤의 양—10개, 20개, 35개, 55개, 80개—을 보여주고 있다. 독자들은 여기서 몇 가지 표현에 유의할 필요가 있다.

첫째로 '사고자하며 또 살 수 있다'라는 표현이다. 이것은 수요demand라는 개념은 상품에 대한 단순한 욕망needs이 아니며, 그것을 살 수 있는 능력까지를 포함한다는 뜻이다. 왜냐하면 소비자가 사고자 한다고 해서 반드시 시장에서 살 수 있는 것이 아니기 때문이다. 가령 어떤 소비자가 고급승용차를 가지고 싶어할 수는 있겠으나, 이러한 욕망은 살 수 있는 능력, 즉 돈이 없다면 이루어질 수 없을 것이다. 그러므로 〈표 3-1〉은 귤 한 개의 가격이 300원이라면 이 주부는 주당 10개를 사고자 하며 또한 살 수 있고, 만약 150원이라면 주당 55개를 사고자 하며 또한 살 수 있음을 말해 주는 것이다.

둘째로 '예정표'라는 표현이다. 우리는 "실제로 시장에서 거래되는 귤 한 개의 가격은 얼마인가"라는 질문을 던질 수 있다. 그러나 수요표만으로는 있을 수 있는 다섯 개의 가격 중에서 어느 것이 시장에서 거래되는 가격인지를 알 수 없다. 실제 시장가격은 뒤에서 자세히 공부하게 되겠지만, 수요와 공급의 상호작용에 의해 결정되기 때문이다. 다시 강조하건대, 수요란 단순히 여러 가지 있을 수 있는 가격에 대응하여 얼마를 사겠다는 구매자의 계획 또는 의도를 보여주는 예정표에 지나지 않는 것이다.

셋째로 '어떤 일정기간'이라는 표현이다. 수요의 정의가 의미있는 것이 되기 위해서는 수요량이 반드시 일, 주, 월, 년 등의 일정한 기간으로 표시되어야 한다. 예를 들어 "이 주부가 개당 300원씩 하는 귤 10개를 구입하고자 한다"라는 말은 엄격한 의미에서 수요라고 보기는 어렵다. 그러므로 "이 주부가 개당 300원씩에 매주 10개의 귤을 사고자 한다"라고 말해야 한다.

2) 수요의 법칙

〈표 3-1〉을 보면, 귤의 가격이 상승하면 수요량은 감소하고, 반대로 귤의 가격이 하락하면 수요량은 증가함을 알 수 있다. 이와 같은 가격과 수요량의 역관계가 수요의 기본적인 특성이다. 경제학자들은 이를 수요의 법칙law of demand이라고 부른다. 일반적으로 수요의 법칙은 "다른 사정이 일정한 한, X라는 상품의 가격과 수요량은 역관계를 갖는다"라고 할 수 있다. 이를 간단한 수식으로 표현하면,

$$Q_X = f(\overset{\ominus}{P_X}),\ \text{다른 사정은 일정한 한.}$$

여기서 P_X와 Q_X는 역의 관계를 가지며 다른 사정에는 소비자의 소득, 기호, 타재화의 가격 등이 있다.

3) 수요곡선

이와 같은 가격과 수요량과의 관계는 가격을 종축에, 수요량을 횡축에 표시하는 직각좌표로 나타낼 수 있다. 〈그림 3-2〉는 앞의 〈표 3-1〉을 그래프로 옮겨 놓은 것이다. 〈표 3-1〉의 5개의 점, 즉 (300, 10) (250, 20) (200, 35) (150, 55) (100, 80)을 직각좌표 상에 옮겨 표시한 다음, 이 점들을 연결하면 〈그림 3-2〉의 DD선이 된다. 이와 같이 한 재화의 가격과 수요량의 관계를 그림으로 나타낸 것이 수요곡선이다. 그러므로 수요곡선상의 모든 점들은 주어진 가격에 대응한 소비자의 의도된 구매량을 나타낸다. 그림에서 보는 바와 같이 수요곡선은 우하향의 기울기를 가지는데, 이것은 수요의 법칙이 성립함을 보여주는 것이다.

그러면 수요곡선은 왜 우하향 하는 것일까? 다시 말해서 수요의 법칙은 왜 성립하는 것일까? 이는 여러 가지 방법으로 설명될 수 있다.[5] 상식적인 수준에서 설명하자면, 소비자에게는 가격이 장애물이 되기 때문이다. 장애물이 높으면 사

5) 이것을 설명하는 것이 소비자이론의 전부라고 볼 수 있다. 이에 대한 자세한 내용은 제4장에서 다룬다.

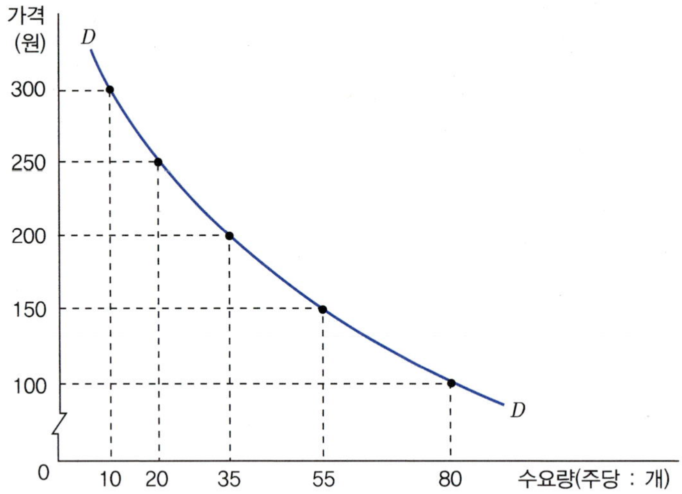

그림 3-2 귤에 대한 수요곡선

려는 의욕이 떨어지고 장애물이 낮으면 사려는 의욕이 높아지는 것은 자명한 이치이다. 백화점에서 연중행사로 「바겐세일」을 하는 것은 가격이라는 장애물을 낮추어서 소비자들을 더 많이 몰리게 하려는 의도로서, 바로 수요의 법칙에 근거한 것이라고 볼 수 있다.

수요의 법칙은 한계효용체감현상에 의해서도 설명될 수 있다. 한계효용체감현상이란 상품을 추가적으로 소비하면 할수록 그 만족도는 점차 떨어진다는 것이다. 가령 며칠 굶은 사람에게 햄버거 1개를 주면 말할 수 없이 고마워할 것이다. 왜냐하면 이 사람에게 햄버거는 엄청난 만족을 가져다주기 때문이다. 다시 햄버거 1개를 더 주면 역시 고마움을 표시할 것이나 그 고마움의 크기는 첫 번째보다는 작을 것이다. 세 번째 햄버거는 두 번째보다 그 만족도가 떨어질 것이다. 극단적으로 10번째 햄버거를 먹으라고 한다면 이 사람은 고마워하기는커녕 화를 낼지도 모른다. 이와 같이 추가적인 소비의 만족도 — 또는 중요도 — 는 점차 떨어지므로 추가적인 상품의 구입대가인 가격이 떨어져야만 소비자는 상품을 더 사려고 할 것이다.

뿐만 아니라 수요의 법칙은 대체효과와 소득효과에 의해서 설명될 수 있다. 대체효과란 X라는 상품의 가격이 하락하고 그 상품과 비슷한 성질을 가지는 Y라는 상품의 가격은 변하지 않을 경우에, 소비자들은 X재가 Y재에 비해 가격이 상대적으로 더 싸졌다고 생각하여 X재의 소비를 늘리고 Y재의 소비를 줄이는 것을 말한다. 한편 소득효과란 소비자의 화폐소득의 크기는 일정한 상태에서 X라는 상품의 가격이 하락했을 경우에, Y라는 상품의 소비는 희생시키지 않고 X재만을 더 많이 살 수 있다는 것을 말한다. 이것은 가격의 하락으로 소비자의 구매력이 증가하였기 때문이다. 가령 쇠고기 값이 내렸다고 하자. 그러면 지금까지 쇠고기와 대체관계에 있던 돼지고기, 닭고기, 생선 등을 먹던 주부들도 이들에 비해 쇠고기 값이 상대적으로 더 싸졌다고 생각하여 쇠고기를 더 사 먹으려 할 것이다(대체효과). 뿐만 아니라 쇠고기 값의 하락으로 소비자의 구매력이 증가하여 돼지고기, 닭고기, 생선 등을 예전 수준대로 소비한다 하더라도 쇠고기를 더 사 먹을 수 있게 된다(소득효과). 이와 같이 대체효과와 소득효과로 말미암아 소비자들은 높은 가격에서보다 낮은 가격에서 더 소비하게 된다.

4) 개별수요곡선과 시장수요곡선

지금까지 우리는 소비자가 단 한 사람—한 명의 주부—만 존재한다는 가정하에서 수요곡선을 도출하였다. 그러나 분석대상을 소비자와 생산자가 다수 존재하는 완전경쟁시장이라고 전제했으므로 소비자가 다수인 경우를 따져 보아야 한다.

시장수요곡선은 개별수요곡선들을 단순히 '수평으로 합'하면 구할 수 있다. 편의상 두 명의 소비자 갑과 을만 존재하는 시장을 생각해 보자. 〈표 3-2〉는 주어진 가격에 대응한 개별소비자 갑과 을의 수요량을 수평으로 합하여 시장수요량이 구해짐을 보여주고 있다. 가령 귤가격이 300원일 때 시장수요량은 갑의 수요량 10개와 을의 수요량 7개를 합한 17개이다. 같은 방법으로 가격이 150원일

표 3-2 귤에 대한 시장수요표(구매자가 2명인 경우)

가격 (개당 : 원)	(1) 수 요 량 (구매자 갑)		(2) 수 요 량 (구매자 을)		(3) 시장수요량 (주당: 개)
300	10		7		17
250	20		12		32
200	35	+	21	=	56
150	55		35		90
100	80		55		135

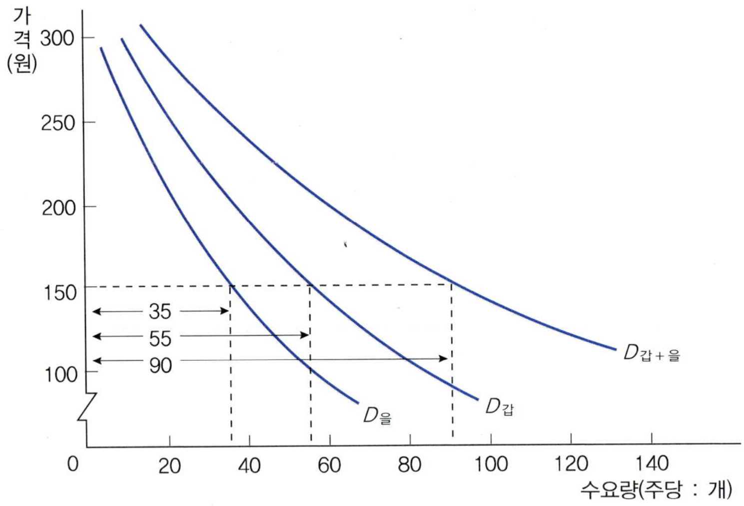

그림 3-3 귤에 대한 시장수요곡선의 도출

때 귤의 시장수요량은 90개가 된다. 이것을 그래프로 표시하면 〈그림 3-3〉과 같은 시장수요곡선이 도출된다.

경제학에서 말하는 경쟁이란 무수히 많은 소비자와 생산자가 있는 경우이므로 우리는 소비자가 단지 2명에 그치지 않는 그 이상을 생각해 볼 수 있다. 가령 200명의 소비자가 있다고 하자. 편의상 200명이라는 소비자들의 구매행위가 갑과 동일하다고 가정하면, 시장수요표(〈표 3-3〉)는 〈표 3-2〉에서 갑의 각 수요량에 200을 곱한 것이 될 것이다. 〈그림 3-4〉의 $D_{200}D_{200}$은 소비자가 200명일 경우에 귤에 대한 시장수요곡선을 나타낸 것이다.

표 3-3 귤에 대한 시장수요표(구매자가 200명인 경우)

가격 (개당 : 원)	(1) 갑의 수요량 (주당: 개)	(2) 소비자수 (명)	(3) 총수요량 (주당: 개)
300	10	200	2,000
250	20	200	4,000
200	35	200	7,000
150	55	200	11,000
100	80	200	16,000

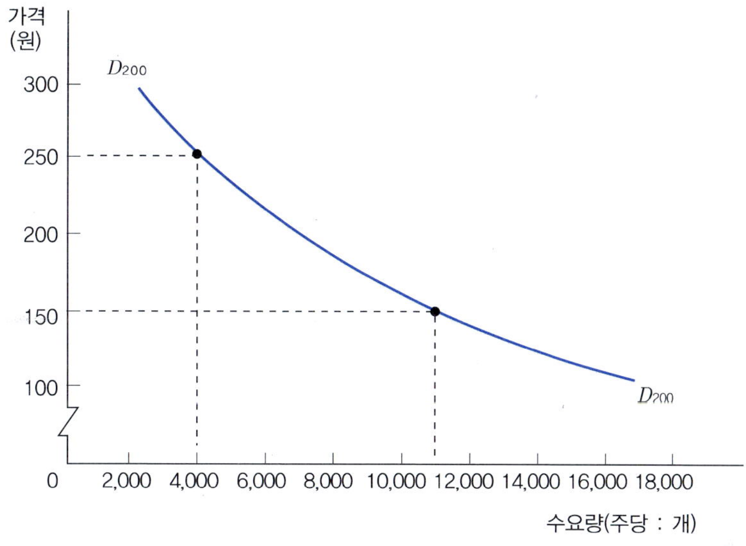

그림 3-4 귤에 대한 시장수요곡선(소비자가 200명인 경우)

5) 수요의 변화와 수요량의 변화

이상에서 우리는 '다른 사정이 일정한 한'이라는 전제하에서 〈그림 3-4〉의 시장수요곡선을 도출하였다. 즉 어떤 상품의 수요량을 변화시키는 가장 중요하고도 유일한 요인은 그 상품의 가격뿐이고, 소비자의 소득, 기호, 타재화의 가격 등 비가격요인은 수요에 전혀 영향을 미치지 않는다는 가정에 입각한 것이었다. 이를 수식으로 다시 표시하면 다음과 같다.

$$Q_X = f(\overset{\ominus}{P_X}),\ \text{단 } M,\ T,\ P_Y \text{ 등은 주어짐}$$

여기서 M은 화폐소득, T는 기호, P_Y는 타재화의 가격으로 다른 사정들 중 대표적인 것들이다. 그러나 과연 화폐소득이 증가하여 소비자의 호주머니 사정이 좋아진다면 수요가 전혀 영향을 받지 않겠는가? 그렇지 않음은 자명한 이치이다. 이러한 사정을 감안하면 수요함수는 다음과 같이 표현될 것이다.

더 알아보기 3-1 '수평 합'의 예외: 소비의 외부성

시장수요곡선은 항상 개별수요곡선들의 '수평 합'인가? 만약 소비의 외부성externality이 존재하는 경우에는 그렇지 않다. 소비의 외부성이란 개별소비자의 소비행태가 다른 소비자들에 의해서 영향을 받게 되는 것을 말하며, 이 경우에 시장수요곡선은 개별수요곡선들의 정확한 '수평 합'이 아니다. 첫 번째는 편승효과bandwagon effect가 존재하는 경우이다. 우리 속담에 "남이 장에 가니까 나도 따라 간다"라는 말이 있듯이, 군중심리 혹은 유행심리가 작용하여 가격이 하락할 때 소비가 크게 증가하는 현상이다. 이러한 현상은 우리 주변에서 쉽게 발견할 수 있다(예: 핸드폰). 편승효과가 있는 경우에는 〈그림 3-5〉의 D_1에서와 같이 개별수요곡선들의 '수평 합'인 시장수요곡선 D_0보다 더 편평해 질 것이다.

두 번째는 백로효과snob effect가 있는 경우이다. 역시 우리 속담에 "까마귀 가는 곳에 백로야 가지 마라"라는 말이 있다. 이는 소비자들에게는 유행심리가 작용하기도 하지만, 그 반대로 남이 하면 오히려 안 하려는 심리도 작용함을 지적하는 말이다. 가령 남들이 개고기 먹으면, 이를 야만시 하면서 더 안 먹으려는 소비행동이 여기에 속할 것이다. 만일 시장 전체적으로 이러한 심리가 크게 작용한다면, 〈그림 3-5〉 D_2에서 보는 바와 같이 시장수요곡선은 개별수요곡선의 수평 합보다 더 적게 될 것이다.

세 번째는 베블렌효과Veblen effect가 있을 때이다. 소비자들은 동일한 물건이라도 비싸게 주고 샀다는 사실 자체를 과시하고자 하는 심리가 있기 때문에 나타나는 현상이다. 가령 모피코트를 입은 주부들이 서로 비싸게 주었다고 자랑하는 심리가 이에 속한다. 따라서 비쌀수록 더 사고, 쌀수록 덜 사는 행동이 관측될 수 있다. 기업에서는 이러한 소비자 심리를 파악하여 명성가격conspicuous price을 책정하기도 한다. 베블렌 효과가 나타나면 수요의 법칙이 성립하지 않으나, 이는 일정한 중간 가격대에서 나타나는 현상이다. 만약 가격대가 크게 높아지면 소득제약 때문에 다시 수요의 법칙이 작용할 것이다. 누가 모피코트를 1억원 주었다 혹은 2억원 주었다라고 자랑할 것인가? 반대로 낮은 가격대에서도 다시 수요의 법칙은 작용할 것이다. 즉 도토리 키재기는 안 한다는 것이다.

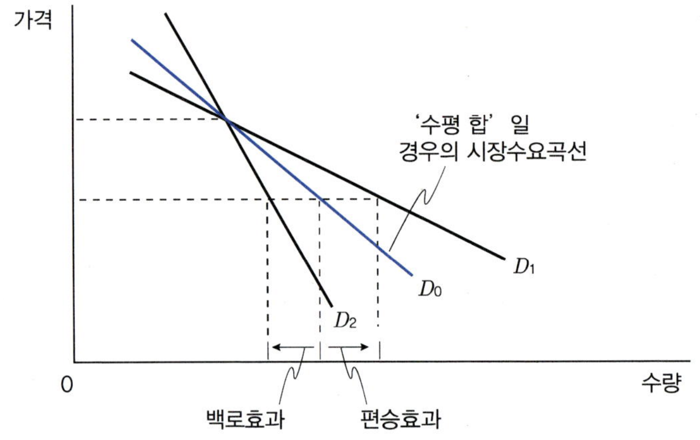

그림 3-5 소비의 외부성이 있는 경우의 시장수요곡선

* T. Veblen(1857–1929)은 미국의 경제학자로, 「유한계급론」이라는 책을 저술하였다.

$$Q_X = f(P_X,\ M,\ T,\ P_Y, \ldots)$$

가격요인 — P_X

비가격요인 — $M,\ T,\ P_Y, \ldots$

위의 식은 X라는 상품의 수요량은 그 상품 자체의 가격뿐만 아니라 화폐소득, 기호, 타재화의 가격 등 비가격요인에 의해서도 영향을 받고 있음을 보여준다. 이상에서 우리는 '수요의 변화change in demand'와 '수요량의 변화change in quantity demanded'라는 두개의 구별되는 개념을 발견할 수 있다.

먼저 수요의 변화란 가격요인을 묶어 놓은 상태에서 소득, 기호, 타재화의 가격 등 비가격요인 중 하나 혹은 그 이상이 변했을 때 수요가 변하는 것을 말한다. 예를 들어 화폐소득이 증가했다고 하면, 특별한 경우를 제외하고는 수요량의 증가를 가져올 것이다. 구체적으로 귤가격이 200원 수준에 묶여 있다고 하더라도 소득증가로 수요량이 종전의 7,000개에서 10,000개로 증가한다. 〈그림 3-6〉에서 보면 소비자는 종전과 동일한 가격에서 귤을 종전보다 더 구입하려 할 것이며, 이러한 수요의 변화는 수요곡선의 우측 이동으로 나타난다. 즉 수요곡선은 D_1D_1에서 D_2D_2로 이동한다. 만약 비가격요인이 수요량을 감소시키는 쪽으로 영향을 미치면 수요곡선은 D_3D_3으로 좌측 이동할 것이다.

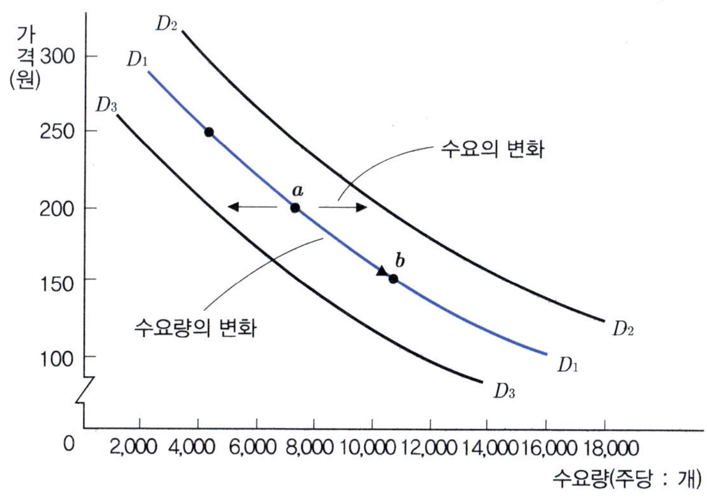

그림 3-6 수요량의 변화와 수요의 변화

반면에 수요량의 변화는 비가격요인을 묶어 놓은 상태에서 가격요인만 변할 때 수요량이 변하는 것을 말한다. 그림에서 보는 바와 같이 귤의 가격만 200원에서 150원으로 변하면, 수요량이 7,000개로부터 11,000개로 증가할 것이다. 이러한 수요량의 변화는 그림에서는 수요곡선상에서 점의 이동으로 나타난다. 즉 a점에서 b점으로의 변화이다.

요컨대 수요의 변화란 수요곡선 자체의 이동으로 나타나고, 수요량의 변화는 주어진 수요곡선 상에서의 점의 이동으로 나타난다. 이제 수요의 변화요인, 즉 비가격요인의 변화가 수요에 미치는 영향을 구체적으로 살펴보자.

(1) 소득의 변화

앞에서 잠깐 언급한 바와 같이 소득의 증가는 특별한 경우를 제외하고는 수요의 증가를 가져온다. 이와 같이 소득의 증가에 따라 수요가 증가하는 상품을 우리는 우등재superior goods 또는 정상재normal goods라고 부른다. 예를 들어 승용차, 오디오, 맥주 등 대부분의 상품이 이에 속한다고 볼 수 있다.

특별한 경우란 정상재가 아닌 상품이다. 예를 들어 소득이 일정 수준을 넘어서 증가할 경우 지금까지 돼지고기를 주로 먹던 가계는 그 대신 쇠고기나 생선을 먹으려 할 것이다. 또한 소득이 증가하면 중고차나 헌옷에 대한 수요가 줄어들 것이다. 이와 같이 소득이 증가함에 따라 수요가 감소하는 돼지고지, 중고차, 헌옷 등과 같은 재화를 우리는 열등재inferior goods 혹은 하급재라고 부른다. 그러므로 모든 재화는 열등재가 아닌 한 소득이 증가함에 따라 수요가 증가한다.

(2) 연관재 가격의 변화

소득과 마찬가지로 연관재 가격의 변화가 수요에 미치는 영향도 다소 주의를 요한다. 어떤 재화(X)와 관련된 다른 재화(Y)의 가격변화가 X재의 수요를 증가시킬 것인지 아니면 감소시킬 것인지는 X재와 Y재가 서로 보완관계에 있느냐 아니면 대체관계에 있느냐에 따라 다르다.

먼저 두 재화가 보완관계에 있는 경우를 보자. 커피와 설탕의 경우 설탕에 대한 수요는 커피 값이 상승함에 감소하게 될 것이다. 왜냐하면 커피 값의 상승은 먼저 커피에 대한 수요를 감소시키며, 이에 따라 커피와 함께 사용되는 설탕의 수요가 감소되기 때문이다. 일반적으로 X재와 Y재가 보완관계에 있다면 X재의 수요와 Y재의 가격은 반대방향으로 변한다. 우리는 이러한 두 재화를 보완재라 부른다. 보완재의 다른 예로서는 자동차와 휘발유, 비디오 카세트와 비디오 테이프, 카메라와 필름 등이다.

이와는 달리 대체관계에 있는 재화도 있다. 커피와 홍차의 경우 홍차에 대한 수요는 커피 값이 상승함에 따라 증가할 것이다. 이는 커피 값이 상승하면 커피에 대한 수요를 감소시키는 반면에 상대적으로 홍차의 값을 저렴하게 만들어 홍차에 대한 수요가 증가하기 때문이다. 일반적으로 X재와 Y재가 대체관계에 있다면 X재에 대한 수요와 Y재의 가격은 같은 방향으로 변화한다. 우리는 이러한 두 재화를 대체재라고 부른다.

그러나 두 재화간 아무 관계가 없는 경우에는 어떤 X재의 수요가 Y재의 가격 변화에 아무런 영향을 받지 않는다. 예를 들면 커피와 소금, 모자와 안경, 자동차와 감자 등이 이에 속한다. 우리는 이들을 독립재라고 부른다.

(3) 기호의 변화

어떤 상품에 대한 소비자들의 기호는 광고나 유행에 의해서 영향을 받기 마련이다. 만약 나팔바지가 유행하면 모든 가격수준에서 종전보다 더 구매하려고 할 것이므로 나팔바지의 수요는 증가한다. 개인용 컴퓨터 붐이 일면 컴퓨터는 물론 관련 주변기기의 수요는 증가할 것이다. 거꾸로 소비자 기호가 어떤 상품에 대해 불리하게 변하면 그 상품에 대한 수요는 감소한다.

(4) 소비자수의 변화

인구증가나 교통 및 정보통신의 발달로 시장에 참여하는 소비자의 수가 증가할 경우 상품에 대한 수요는 당연히 증가할 것이다. 반대로 어떤 이유로든 소비자의 수가 감소할 경우에는 수요도 감소할 것이다.

(5) 기대

만약 소비자들이 어떤 재화의 가격이 앞으로 상승하리라고 기대한다면, 그 재화에 대한 현재 기간의 소비를 증가시킬 것이다. 이는 예상되는 가격상승으로 인한 손실을 피하기 위함이다. 또 미래의 소득이 증가할 것으로 기대한다면, 현재의 소비를 늘릴 것임은 자명하다.

3.3 공급

1) 공급이란

공급supply이라 함은 "어떤 일정기간에 있을 수 있는 모든 주어진 가격에 대응하여, 생산자가 생산하고자 하며 동시에 시장에서 판매하고자 하는 상품의 양을 보여주는 예정표schedule"를 말한다. 그러므로 공급표는 〈표 3-4〉에서와 같이 어떤 생산자의 공급가능성을 보여주는 것이다. 이 표는 귤공급자가 주당 있을 수 있는 귤의 가격들—300원, 250원, 200원, 150원, 100원—에 대응하여, 생산하여 시장에 판매하고자 하는 귤의 양—60개, 50개, 35개, 20개, 5개—을 보여주고 있다. 공급의 개념도 수요의 개념과 마찬가지로 일정기간이 명시되어야 하며, 실현된 것이 아닌 의도 또는 계획을 뜻하는 것임은 물론이다.

2) 공급의 법칙

〈표 3-4〉를 통해서 귤의 가격과 공급량은 같은 방향으로 변화하고 있다는 사실을 쉽게 알 수가 있다. 즉 가격이 상승하면 공급량은 증가하고, 반대로 가격이 하락하면 공급량은 감소한다. 경제학자들은 이를 이름하여 '공급의 법칙law of supply'이라고 부른다. 일반적으로 공급의 법칙은 "다른 사정이 일정한 한, X라는 상품의 가격과 공급량은 양(+)의 관계를 갖는다"는 현상을 말한다.

이를 간단한 수식으로 표시하면,

$$Q_X = f(\overset{\oplus}{P_X}),\ \text{다른 사정은 일정한 한}$$

표 3-4 귤의 공급표

가격(P): 원/개	공급량(Q): 개/주
300	60
250	50
200	35
150	20
100	5

여기서 다른 사정에는 생산비, 기술, 타재화의 가격 등이 있다.

3) 공급곡선

수요의 법칙과 마찬가지로 공급의 법칙 역시 그래프로 표시할 수 있다. 〈그림 3-7〉은 횡축의 수요량이 공급량으로 바뀌었을 뿐, 〈그림 3-2〉와 기본적으로 다를 바 없으며 공급곡선을 그리는 과정도 수요곡선을 그리는 과정과 동일하다. 다른 점은 공급곡선은 우상향 한다는 것이다.

그러면 공급곡선은 왜 우상향하는 것일까? 즉 공급의 법칙은 왜 성립하는 것일까? 직관적으로 이를 설명하면, 가격은 상품구입의 대가를 지불하는 소비자에게는 장애물이지만, 생산자 입장에서 보면 가격은 단위당 수입이므로 공급에 대한 유인incentive이 되기 때문이다. 다시 말해서 가격이 높아질수록 그에 대응하여 생산·판매하려는 유인은 커진다. 구체적인 예를 들어보자. 제한된 토지와 인력을 가지고 농업에 종사하는 농부를 생각해 보자. 그는 토지와 인력을 귤의 재배에도 사용할 수 있을 것이고, 닭의 사육에도 사용할 수 있을 것이다. 만약 닭 가격은 불변인데, 귤의 값이 올라간다면, 닭을 사육하는 대신 귤을 더 많이 재배하는 것이 이득이라고 생각할 것이다. 더 나아가서 귤의 가격이 높아지면 차

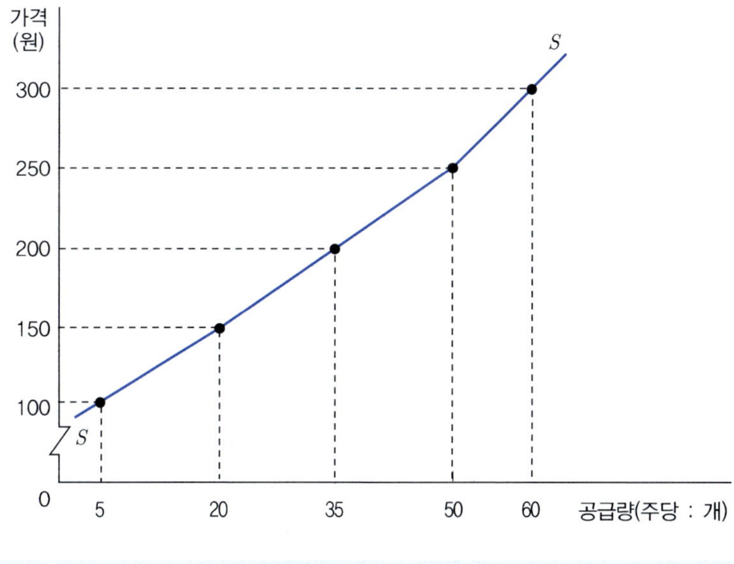

그림 3-7 귤의 공급곡선

입금이자, 인건비 등 각종 비용을 「커버」할 수 있는 가능성이 커진다. 따라서 귤 가격의 상승은 농부로 하여금 보다 많은 귤을 공급하게 만들 것이다. 이러한 이치는 제조업자에게도 마찬가지이다. 자동차회사의 경우에 특정한 생산대수 이상을 생산하게 되면, 단위당 생산비용이 상승하는 것이 일반적이다. 그러므로 가격이 높아져야만 생산비용을 「커버」할 수 있다. 그러면 왜 단위당 비용이 상승하는가? 이것은 자동차공장의 설비를 짧은 기간내에 확장시킬 수 없기 때문이다. 즉 자동차부품, 플라스틱, 조립공 등은 쉽게 증가시킬 수 있으나 공장설비는 고정되어 있으므로, 생산현장이 혼잡하게 되어 생산성이 떨어지고 자동차 한 대를 더 만드는 비용은 증가한다. 이렇게 추가적인 한 단위의 자동차 생산비용이 체증하기 때문에 자동차를 생산하기 위해서는 더 높은 가격을 받아야 하는 것이다. 가격과 공급량과의 양(+)의 관계가 성립하는 이유가 여기에 있다.

4) 개별공급곡선과 시장공급곡선

지금까지 우리는 생산자가 단 한 사람 존재한다는 가정하에서 공급곡선을 도출하였다. 그러나 우리는 분석대상을 생산자가 다수 존재하는 완전경쟁시장이라고 전제하였으므로 개별생산자들이 공급의사를 가지고 시장에 참여하는 경우를 따져 보아야 한다.

시장공급곡선은 시장수요곡선과 마찬가지로 개별공급곡선들을 단순히 수평으로 합하면 구할 수 있다. 〈그림 3-8〉은 200명의 생산자가 있다고 가정하고 시장공급곡선을 나타낸 것으로, 시장공급곡선의 도출과정은 시장수요곡선과 같다.

표 3-5 귤의 시장공급표(공급자를 200명으로 가정)

가격 (개당: 원)	(1) 1명당 공급량 (주당: 개)	(2) 공급지수 (명)	(1)×(2) 시장공급량 (주당: 개)
300	60	200	12,000
250	50	200	10,000
200	35	200	7,000
150	20	200	4,000
100	5	200	1,000

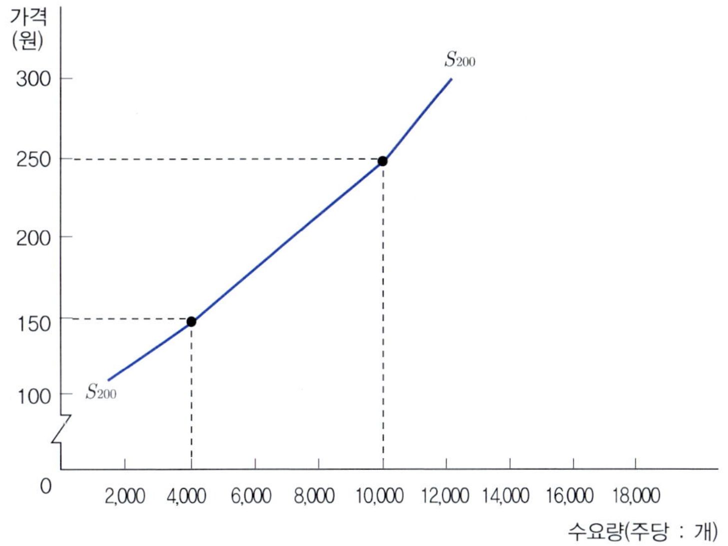

그림 3-8 귤의 시장공급곡선

5) 공급의 변화와 공급량의 변화

수요곡선과 마찬가지로 공급곡선도 '다른 사정이 일정한 한'이라는 가정 하에서 도출된 것이다. 즉 어떤 상품의 공급량을 변화시키는 가장 중요하고도 유일한 요인은 그 상품의 가격뿐이고, 생산비용, 기술, 타재화의 가격 등 비가격요인은 공급에 전혀 영향을 미치지 않는다는 가정에 입각한 것이었다. 이를 수식으로 다시 표시하면,

$$Q_X = f(\overset{\oplus}{P_X}),\ \text{단 Pi, Tech, } P_Y\text{, E 등은 주어짐}$$

여기서 Pi는 요소가격, Tech는 기술, P_Y는 타재화의 가격, E는 생산자 기대 등으로 대표적인 다른 사정들이다. 그러나 비가격요인들도 고려하면,

$$Q_X = f(\underbrace{P_X}_{\text{가격요인}},\ \underbrace{Pi,\ Tech,\ P_Y,\ E,\ \ldots}_{\text{비가격요인}})$$

우리는 앞에서 '수요의 변화'와 '수요량의 변화'를 구분하여 설명한 바 있다. 마찬가지로 '공급의 변화change in supply'와 '공급량의 변화change in quantity supplied'도 구별된다.

공급의 변화란 가격요인을 묶어 놓은 상태에서 요소가격, 기술, 타재화의 가격 등 비가격요인 중 하나 혹은 그 이상이 변했을 때 공급이 변하는 것을 말한다. 공급의 증가 또는 감소는 그림에서 공급곡선의 각각 우측 또는 좌측 이동으로 나타난다. 공급이 증가할 경우에 S_1S_1에서 S_2S_2로 공급곡선이 이동할 것이고 공급이 감소할 경우에는 S_3S_3으로 공급곡선이 이동할 것이다.

반면에 공급량의 변화는 비가격요인을 묶어 놓은 상태에서 가격요인만 변할 때 공급량이 변하는 것을 말한다. 공급량의 변화는 그림에서는 공급곡선상에서의 점의 이동으로 나타난다.

그림으로 공급의 변화와 공급량의 변화를 구별해 보자. 〈그림 3-9〉에서 보는 바와 같이 공급곡선이 S_1S_1에서 S_2S_2 또는 S_3S_3으로 이동하는 것은 공급의 변화를 나타내고, 공급곡선 S_1S_1상에서 공급점이 a로부터 b로 이동하는 것은 공급량의 변화를 말한다. 이제 공급의 변화 요인, 즉 비가격요인의 변화가 공급에 미치는 영향을 구체적으로 살펴보자.

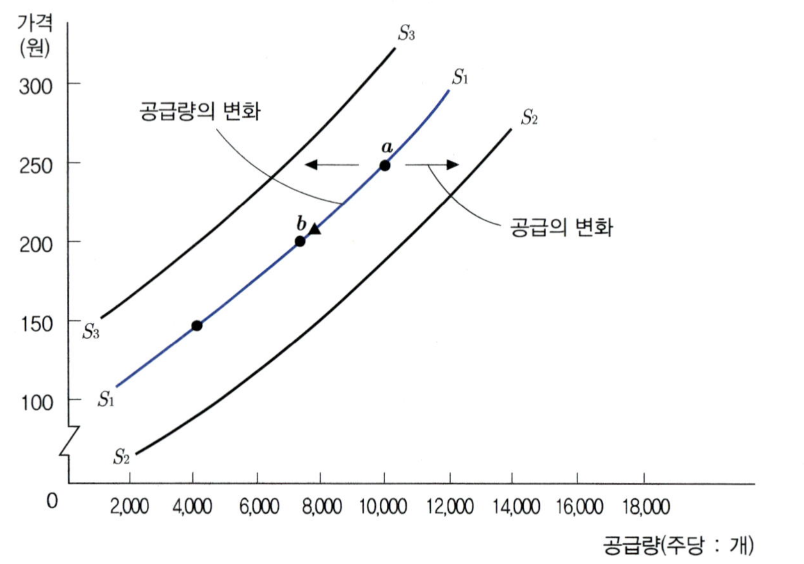

그림 3-9 공급량의 변화와 공급의 변화

(1) 요소가격

앞에서 우리는 공급과 생산비용간에는 밀접한 관계가 있음을 언급한 바 있다. 즉 생산량을 증가시킴에 따라서 단위당 생산비용은 점차 상승하는 경향이 있으므로 기업이 추가적으로 한 단위 더 생산하기 위해서는 더 높은 가격을 받아야 한다. 그러므로 임금, 이자, 지대, 원료비 등 요소가격이 하락하면 생산비용이 하락하고, 제품가격이 동일하더라도 공급을 증가시켜 공급곡선을 오른쪽으로 이동시킬 것이다. 예를 들어 지대, 인건비 등이 하락하면 귤의 공급은 증가할 것이다. 반대로 생산비용이 상승하면 공급은 감소할 것이다.

(2) 생산기술

기술진보가 일어나면 생산을 보다 효율적으로 하게 된다. 즉 과거와 동일한 원료로 더 많이 생산하거나 동일한 생산량을 더 적은 원료로 생산할 수 있다. 이렇게 되면 요소가격이 불변이라도 생산비가 하락되어 공급이 증가한다. 예를 들어 송전시에 구리선을 사용하면 전기손실률이 30%에 이르나, 초전도체를 사용하면 전기손실률이 0%에 가깝다고 한다. 만약 초전도체가 구리선을 대체하는 기술이 실용화되면, 에너지 집약적 상품의 생산비용은 떨어져 공급이 증가할 것이다.

(3) 다른 재화의 가격

어떤 재화의 공급은 다른 재화의 가격에 영향을 받는다. 예를 들어 밀과 보리를 생산하고 있는 농가의 경우 보리가격이 하락하면 모든 가격수준에 대응하여 밀의 공급량을 증가시킬 것이다.

(4) 생산자의 기대

생산자는 누구나 자기가 생산하고 있는 재화의 가격이 앞으로 어떻게 변할 것인가를 생각해 볼 것이다. 그러므로 장래에 성립될 가격에 대한 기대는 현재의 공급의도에 영향을 미칠 것이다. 그러나 어떤 방향으로 영향을 미칠 것인가는 다소 애매모호하다. 앞에서 예로든 농부가 앞으로 밀 값이 상승할 것으로 기대한다면, 이 농부는 추수한 밀의 일부를 창고에 저장했다가 가격이 올랐을 때 팔려고도 할 수 있을 것이다. 이 경우에는 현재기에서 밀의 공급은 감소할 것이다. 마찬가지로 주식시장에 상장된 포항제철의 주식가격이 조만간 크게 오를 것으로 기대한다면, 현재 포항제철의 주식공급량은 감소할 것이다. 우리나라 전래소설인 허생전을 보면 허생이 전국의 과일을 매점매석하여 추석 때, 많은 돈을 벌었다는 얘기가 나온다. 아마도 허생은 최소한 이러한 경제원리를 이해하고 있던 것 같다.

반면에 대부분의 공산품의 경우에는 생산자들이 가격상승이 예상되면 생산설비를 확장시킴으로써 공급을 증가시키게 될 것이다.

(5) 공급자의 수

각 기업의 생산규모가 일정하다고 가정하면 공급자의 수가 많으면 많을수록 그 상품의 시장공급은 증가할 것이다. 만약 어떤 산업에 새로운 기업이 진입하면 시장의 공급곡선은 오른쪽으로 이동할 것이고, 반대로 기존기업이 시장에서 이탈하면 공급곡선은 왼쪽으로 이동할 것이다.

3.4 시장가격의 결정: 수요와 공급의 균형

지금까지 우리는 분석의 편의상 수요와 공급을 분리시켜 고찰해 보았다. 이제 수요의도와 공급의도를 가지고 소비자들과 생산자들이 모여드는 시장에서 어떤 일이 벌어질 것인가? 결론부터 말하면, 수요와 공급이라는 상반되는 두 '힘'의 상호작용에 의해서 재화의 가격이 결정된다.

〈표 3-6〉과 〈그림 3-9〉를 통해서 시장가격의 결정을 자세히 공부해 보자.

표 3-6 귤에 대한 시장수요·공급표

(1) 시장공급량 (주당 : 개)	(2) 가 격 (개당: 원)	(3) 시장수요량 (주당: 개)	(4) 초과공급량(+) 혹은 초과수요량(−)	(5) 가격에 대한 압력
12,000	300	2,000	+10,000	하 락
10,000	250	4,000	+6,000	하 락
7,000	200	7,000	0	없 음
4,000	150	11,000	−7,000	상 승
1,000	100	16,000	−15,000	상 승

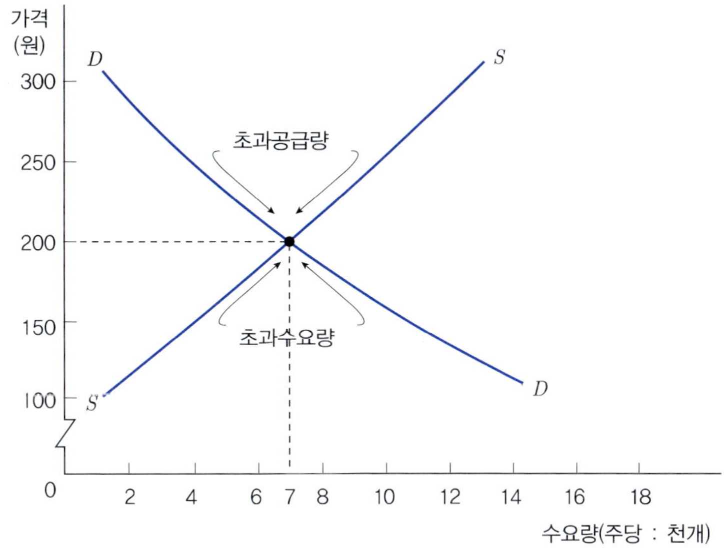

그림 3-10 균형가격의 결정

〈표 3-6〉은 앞에서 예로 들었던 귤의 시장공급표와 시장수요표를 나타낸 것이다. (2)란은 있을 수 있는 가격으로서, 이에 대응하는 공급량이 (1)란에 나타나 있고 수요량은 (3)란에 나타나 있다. 이것을 그래프로 옮겨 놓은 것이 〈그림 3-10〉이다. 시장에서 결정될 수 있는 가격은 300원, 250원, 200원, 150원, 100원 등 다섯 가지로 나타나 있는데, 이 중 실제로 결정되는 가격은 어느 것일까?

우선 300원은 시장에서 실제 거래되는 가격이 될 수 있는가? 가격이 300원일 경우 생산자들은 12,000개의 귤을 공급하려 하는 반면에 소비자들은 2,000개만을 구매하려고 할 것이다. 그러면 소비자들의 의도와 생산자들의 의도가 서로 일치하지 않기 때문에 10,000개의 재고가 쌓이게 될 것이다. 우리는 이를 초과공급excess supply이라고 부른다. 이와 같이 초과공급이 존재하는 경우에는 가격은 300원 아래로 하락하는 쪽으로 힘을 받게 될 것이다. 왜 그런 것일까? 먼저 우리의 분석대상이 완전경쟁시장임을 염두에 두라. 완전경쟁시장에는 수많은 귤 공급자들이 존재하므로, 재고가 쌓이면 300원보다 낮은 가격에라도 경쟁적으로 처분하려는 심리가 작용하기 때문이다. 바꾸어 말하면 이 시장이 한 공급자에 의해서 장악되는 독점상태라면 이러한 힘이 작용하지 않을 수도 있다는 것이다.

이러한 힘을 받아 가격이 300원 이하인 250원으로 떨어졌다고 하자. 그러면 초과공급량은 6,000개로 줄어드나 공급자들은 다시 경쟁하게 될 것이므로 여전히 가격이 하락하는 쪽으로 힘을 받게 될 것이다. 따라서 귤의 가격 250원은 '너무 비싼' 가격이라고 볼 수 있으며, 시장가격은 250원보다 낮은 수준이어야 함을 알 수 있다.

이제 반대로 가격이 '너무 싼' 100원인 경우를 생각해 보자. 표에 따르면 가격이 100원이라면 시장공급량은 주당 1,000개인데 반하여, 수요량은 주당 16,000개이므로 15,000개의 귤 부족이 생긴다. 이러한 부족분을 우리는 초과수요excess demand라고 부른다. 그러므로 100원은 시장가격이 될 수 없다. 이 역시 귤 시장이 완전경쟁시장이므로 귤에 대한 초과수요가 존재하면, 시장에 참여하는 수많은 소비자들이 웃돈을 주고라도 귤을 확보하려고 서로 경쟁할 것이기 때문이다. 여기서 우리는 귤 한 개의 값이 적어도 100원보다 높아야 함을 알 수 있다. 가격이 올라서 150원인 경우는 어떠한가? 이 경우에도 초과수요량은 7,000개로 줄어드나 가격상승압력은 계속되므로 시장가격이 될 수 없다.

이와 같이 시행착오과정을 되풀이하여 우리는 귤 한 개의 시장가격이 200원이 되어야 함을 알 수 있다. 200원의 가격하에서만 시장공급량과 시장수요량이 일치되어 초과공급 혹은 초과수요가 생기지 않게 된다. 우리는 이상에서 초과공급은 가격을 하락시키는 힘으로 작용하며, 초과수요는 가격을 상승시키는 힘으로 작용한다는 것을 알았다. 이와 같이 더 이상의 가격변동을 가져오지 않는 가격을 경제학자들은 균형가격equilibrium price이라 부르고, 이때의 거래량을 균형수급량 또는 균형교환량이라고 부른다. 그림에서는 200원이 균형가격이 되며, 균형수급량은 주당 7,000개가 된다. 요컨대 균형가격은 시장에서 공급자들의 공급의사와 수요자들의 수요의사가 일치될 때 성립되는 가격으로, 한번 성립되면 다른 여건의 변화가 없는 한 그 수준을 유지하는 가격이다.

1) 가격의 배분기능

이상에서 우리는 수요와 공급이 경쟁적으로 작용하여 공급의사와 수요의사를 일치시키는 하나의 가격이 성립됨을 보았다. 이와 같이 수요의사와 공급의사를 일치시키는 기능을 '가격의 배분기능rational function of price'이라고 부른다. 이 경우에는 200원이라는 가격이 초과공급이나 초과수요가 없도록 시장을 '청소'해 주는 기능을 수행한다. 바꾸어 말하면 자유롭게 형성되는 개별 수요의사와 공급의사가 시장에 모여서 시장을 청소시키는 가격을 성립시킨다.

실제로 수요와 공급이라는 시장기구는 다음을 말해 준다. 귤 한 개에 대해 200원을 지불하고자 하며 또 지불할 수 있는 어떤 소비자도 귤 한 개를 구입할 수 있다. 그렇지 않으면 어떤 소비자도 귤을 구입할 수 없다. 마찬가지로 귤을 생산하고자 하며 또 개당 200원에 시장에 공급할 수 있는 어떤 생산자도 성공적으로 그것을 할 수 있다. 그렇지 않으면 어떤 생산자도 귤을 공급할 수 없다.

만약 가격의 배분기능이 자율적으로 작동하지 않는다면 초과수요나 초과공급을 소멸시키기 위해서는 어떤 형태로든지 정부개입이 불가피하게 된다.

2) 시장균형의 변화

한번 시장균형이 성립되면, 항상 그 자리에 머물러 있을 것인가? 즉 귤의 시장가격과 거래량은 항상 개당 200원과 7,000개일 것인가? 전혀 그렇지 않다. 실제로 모든 재화의 시장가격과 거래량은 변동하기 마련이다. 실제로 아파트, 양복, 컴퓨터, 주식 등 대부분 재화의 가격과 수량이 시간에 따라서 변동되고 있음을 독자들은 익히 알고 있을 것이다. 그렇다면 왜 처음의 시장균형이 깨지고 또 다른 시장균형이 성립되는 것일까? 이것은 앞에서 배운 수요 및 공급의 비가격요인이 변하여 시장수요곡선 또는 시장공급곡선이 이동되기 때문이다. 수요와 공급의 변화가 균형가격과 균형수량에 미치는 영향을 몇 가지 경우로 나누어 살펴보자

(1) 수요의 변화

우선 공급은 일정한 데 수요만 변화하는 경우를 보자. 즉 재화에 대한 소비자의 기호, 소득수준, 기대, 관련재화의 가격 등이 변화는 경우이다. 가령 소득수준의 증가로 수요가 증가한다고 하면, 〈그림 3-11〉과 같이 시장수요곡선이 D_1D_1에서 D_2D_2로 우상향 이동할 것이다. 그러면 새로운 수요곡선하에서 E_1점은 더 이상 균형점이 아니다. 왜냐하면 P_1이라는 가격에서는 Q_1Q'만큼의 초과수요가 생기게 되고, 이것은 가격을 상승시키는 힘으로 작용할 것이기 때문이다. 초과수요를 해소시켜 주는 새로운 가격은 P_2로서, 이에 대응한 균형수급량은 Q_2이다. 즉

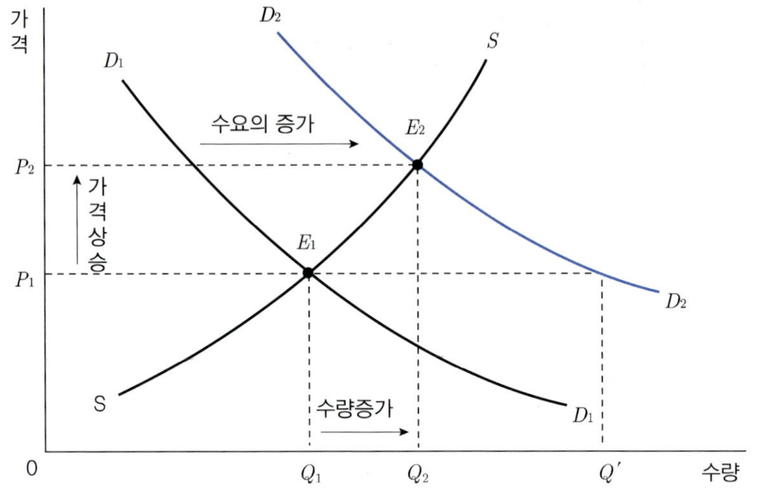

그림 3-11 수요의 변화가 균형가격과 수량에 미치는 효과

새로운 균형점은 E_2가 된다. 처음 균형점 E_1과 새로운 균형점 E_2를 비교해 보면 가격이 종전보다 상승할 뿐 아니라 수급량도 종전보다 증가한 수준이다. 반대로 수요가 감소하면 가격이 하락할 뿐 아니라 수급량도 감소한다. 요컨대 수요의 변화와 그에 따른 시장가격 및 균형수량간에는 양(+)의 관계가 성립한다.

(2) 공급의 변화

반대로 수요가 일정한데 기술, 요소가격, 생산자 기대 등 공급요인만 변화하는 경우를 보자. 가령 기술진보로 공급이 증가한다고 하면, 시장공급곡선이 〈그림 3-12〉에서 보는 바와 같이 S_2S_2로 우하향 이동할 것이다. 그러면 새로운 공급곡선하에서 E_1점은 더 이상 균형점이 아니다. 왜냐하면 P_1라는 가격에서는 Q_1Q'만큼의 초과공급이 생기게 되고, 이것은 가격을 하락시키는 힘으로 작용할 것이기 때문이다. 초과공급을 해소시켜 주는 새로운 가격은 P_2로, 이에 대응한 균형수급량은 Q_2이다. 즉 새로운 균형점은 E_2가 된다. 처음의 균형점 E_1과 새로운 균형점 E_2를 비교해 보면, 가격은 종전보다 하락하지만 수급량은 종전보다 증가한다. 반대로 공급이 감소하면 가격은 상승하지만 수급량은 감소하게 될 것이다. 요컨대 공급의 변화와 그에 따른 시장가격 및 균형수급량간에는 음(−)의 관계가 성립한다.

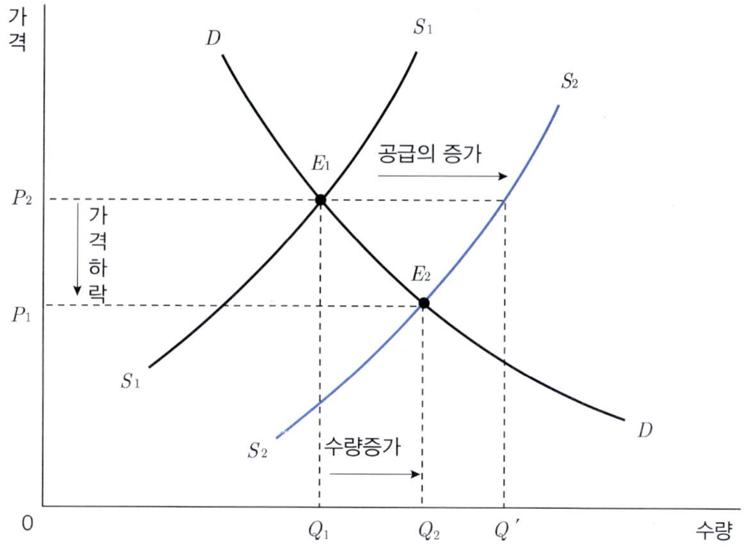

그림 3-12 공급변화가 균형가격과 수량에 미치는 효과

(3) 수요와 공급이 동시에 변하는 경우

먼저 수요와 공급이 반대 방향으로 변하는 경우를 보자. 공급은 증가하지만, 수요는 감소한다고 가정하자. 앞에서 우리는 공급의 증가와 수요의 감소는 각각 가격을 하락시킴을 보았다. 따라서 이 경우에는 이중적인 가격하락효과로 인해 개별적인 경우보다 훨씬 큰 폭의 가격하락이 있게 될 것이다. 그러나 균형수급량에 대해서는 서로 다른 효과를 갖는다. 즉 공급의 증가는 균형수량을 증가시키는데 반하여 수요의 감소는 균형수급량을 감소시킨다. 그러므로 균형수급량의 변화방향은 공급증가와 수요감소의 상대적인 크기에 달라질 것이다. 만약 공급증가의 크기가 수요감소의 크기보다 크다면 균형수급량은 증가할 것이고 반대면 균형수급량은 감소할 것이다.(독자들은 수요는 증가하지만, 공급이 감소하는 경우를 그래프로 설명해 보아라.)

이제 수요와 공급이 같은 방향으로 변하는 경우를 보자. 수요와 공급이 모두 증가한다고 가정하자. 먼저 수요의 증가는 균형가격을 상승시키는 반면에 공급의 증가는 균형가격을 하락시킬 것이다. 그러므로 수요의 증가가 공급의 증가보다 크다면 균형가격은 상승할 것이고, 그 반대면 균형가격은 하락할 것이다. 균형수급량에 대한 효과를 보면, 수요의 증가나 공급의 증가 모두 균형수급량의 증가를 가져오므로 개별적인 경우보다 훨씬 큰 폭으로 균형수급량을 증가시킬 것이다. 이와 같은 방법으로 수요와 공급이 모두 감소하는 경우도 설명될 수 있다.

뿐만 아니라 공교롭게도 수요의 감소와 공급의 감소가 서로 같거나 수요의 증가와 공급의 증가가 서로 같은 경우도 있을 수 있다. 이들 경우에는 균형가격에는 아무런 변화가 없게 되는데, 독자들은 수요·공급모형을 통해서 이를 보일 수 있을 것이다.

응용 3-1 쌀가격지지제도

많은 사람들은 이론 그 자체보다는 그것이 실제에 있어서 어떻게 적용되는가에 더 흥미를 가질 것이다. 다행히도 수요·공급모형은 여러 분야에 걸쳐 많이 응용되고 있는데, 이제 대표적인 예로서 우리 정부가 시행해 오던 쌀가격지지제도를 이해해 보기로 하자. 정부는 농민들로부터 쌀을 수매하여 쌀의 일부를 '정부미'라는 이름으로 도시근로자들에게 수매가격보다 싸게 공급한 적이 있었다. 이 제도는 이중곡가제라고 불리기도 하는데, 〈그림 3-13〉의 수요·공급모형을 이용하여

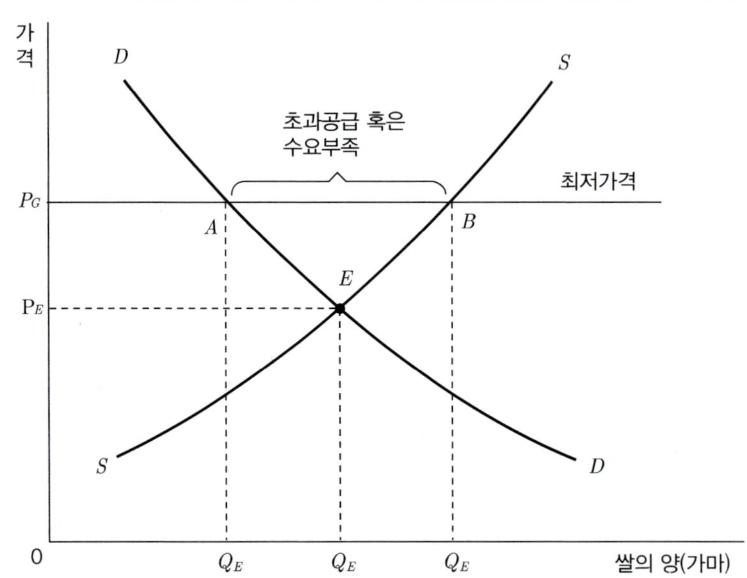

그림 3-13 가격통제의 효과

이를 체계적으로 분석할 수 있다.

쌀시장에 정부의 개입이 없을 경우에는, 시장균형점은 E로서 균형가격은 P_E, 균형수량은 Q_E이다. 이 상황에서는 농가소득수준이 낮다고 보고, 정부가 쌀가격을 가마당 P_G로 책정하였다고 하자. 그러면 농가는 P_GB만큼을 공급하려 하고 소비자들은 P_GA만큼을 수요하려고 할 것이므로 AB만큼의 초과공급이 생긴다. 따라서 정부가 설정한 최저가격 P_G를 유지시키기 위해서는 초과공급의 문제를 해결해야만 한다. 일반적으로 정부가 취할 수 있는 방법으로는 다음의 세 가지가 있을 수 있다.

첫째로, 수요곡선을 우상향 이동시켜 쌀의 초과공급을 해소시키는 방법이다. 〈그림 3-14〉에서 보는 바와 같이 수요곡선을 DD에서 D'D'로 이동시켜 줌으로써, 새로운 시장균형이 이루어지게 하면 된다. 이 경우에 새로운 균형점은 B가 되며, 쌀의 가격은 정부가 소망하는 수준대로 P_G가 되고 균형량은 Q_E'가 된다. 그러면 구체적으로 정부는 수요곡선을 어떻게 우상향 이동시킬 것인가? 앞에서 배운 바에 따르면 수요의 변화를 가져오는 비가격요인을 변화시키면 될 것이다. 예를 들어 쌀로 만든 음식—쌀국수, 쌀막걸리 등—을 소비자의 기호에 맞게 다양하게 개발하도록 연구활동을 지원해 주거나 행정력을 동원하여 '쌀밥 먹기' 캠페인을 벌이면 될 것이다.

둘째로, 공급곡선을 SS에서 S'S'로 좌상향 이동시켜 쌀의 초과공급을 해소시키는 방법이다. 이 경우에 새로운 균형점은 A가 되며 쌀의 가격은 정부가 의도하는 대로 P_G가 되고, 균형량은 Q_E''가 된다. 정부가 공급곡선을 좌상향 이동시키기 위해서는 공급변화의 비가격요인에 영향을 주면 된다. 예를 들어 쌀의 경작지 할당이나 쌀농사 허가제도, 더 나아가서 쌀농사를 짓지 않는 농가에 대한 보상제도 등을 생각해 볼 수 있다.

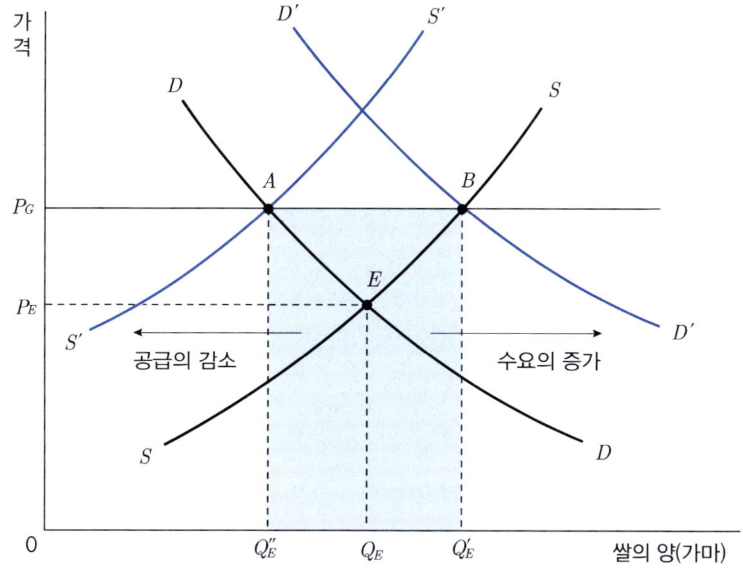

그림 3-14 정부의 시장개입

셋째로, 수요공급곡선은 그대로 두고 쌀의 초과공급분을 정부가 수매하는 방법이다. 이러한 방법이 앞에서 언급한 정부수매제도 또는 이중곡가제이다. 〈그림 3-14〉에서와 같이 정부가 P_G의 가격으로 쌀의 초과공급분을 사들이면 되는데, 정부의 재정부담은 사각형 $Q_E''ABQ_E'$의 면적에 해당된다. 정부는 수매한 쌀을 도시근로자들에게 수매가격보다는 낮은 가격으로 방출하여 농민뿐 아니라 소비자도 보호한다. 그러나 정부수매제도는 정부의 재정적자를 누적시킨다는 단점을 가지고 있었다.

정부수매제도는 일종의 정부보조금으로, 1996년 GATT체제하에서 개최된 우루과이라운드(UR)에서 불공정 무역제도로 간주되면서 금지하기로 결정하였고, 10년간의 유예기간을 걸쳐 2005년에 폐지되었다. 현재는 정부수매제도 대신 시장가격으로 정부가 구입하는 공공비축제도가 시행되고 있다. 이와 함께 정부는 2001년부터 벼농사 직불제를 시행하고 있다.

2부

수요곡선 뒤에 숨어있는 것

4장

수요의 법칙이 성립하는 이유

제3장에서 공부한 바와 같이 수요의 법칙이 성립하는 이유, 즉 수요곡선이 우하향하는 이유는 한계효용체감의 법칙 혹은 가격효과(대체효과 + 소득효과)로 설명할 수 있다. 이 장에서는 예산선과 무차별곡선이라는 분석도구를 통해서 이를 보다 자세하게 이해하고자 한다.

수요곡선은 소비자의 합리적 의사결정의 결과로서 도출된다. 소비자는 구매의 사결정 시에 두 가지 정보를 고려할 것이다. 하나는 자신의 선호이다. 자신이 좋아하는 것을 구매해야 효용이 극대화되기 때문이다. 다른 하나는 호주머니 사정이다. 아무리 좋아하는 상품이 있다 하더라도 구매능력이 없으면 가질 수 없기 때문이다. 이제 소비자의 호주머니 사정을 보여주는 예산선budget line과 소비자의 선호를 보여주는 무차별곡선indifference curve에 대해서 알아본다.

4.1 예산선

1) 예산선이란

소비자가 상품을 구매할 때 자신이 좋아한다고 해서 모두 선택할 수 있는 것은 아니며, 구매할 수 있는 능력도 고려해야 한다. 구매능력은 소득수준에 의해서 제약을 받으며, 이를 보여주는 것이 바로 예산선이다.

분석의 편의를 위해서 월수입이 2,000원인 갑이라는 소비자가 X재와 Y재 두 개의 상품만을 구입한다고 가정하자. 이때 X재의 가격을 400원, Y재의 가격을 200원이라고 하면 2,000원으로 구입할 수 있는 시장바구니들은 〈표 4-1〉과 같을 것이다. 〈표 4-1〉에서 보는 바와 같이 만약 월소득 2,000원을 모두 Y재 구입에 지출한다면 그는 10단위의 Y재를 구입할 수 있을 것이며, 반대로 모두 X재를 구입하기로 한다면, 5단위의 X재를 살 수 있을 것이다. 물론 X재와 Y재를 조금씩 나누어 살 수도 있을 것이다. 가령 시장바구니 B와 같이 X재 1단위, Y재 8단위를 살 수 있을 것이며 시장바구니 C와 같이 X재 2단위 Y재 6단위를 살 수

표 4-1 갑의 소비가능 시장바구니

시장바구니	X재(개)	X재에 대한 지출(원)	Y재(개)	Y재에 대한 지출(원)	총지출(원)
A	0	0	10	2,000	2,000
B	1	400	8	1,600	2,000
C	2	800	6	1,200	2,000
D	3	1,200	4	800	2,000
E	4	1,600	2	400	2,000
F	5	2,000	0	0	2,000

있을 것이다. 요컨대, 갑은 주어진 가격과 소득범위 내에서 X재와 Y재를 적당히 섞은 시장바구니들을 선택할 수 있다.

이와 같은 시장바구니를 그림으로 표시한 것이 〈그림 4-1〉이다. 직선상의 점 A, B, C, D, E, F는 갑이 2,000원의 소득으로 구입할 수 있는 X재와 Y재의 수량적 배합, 즉 시장바구니를 나타낸다. 각 점을 연결한 직선 AF를 예산선 혹은 가격선이라고 부른다. 그러므로 예산선은 주어진 가격하에 일정소득으로 살 수 있는 두 재화의 수량적 배합을 나타내는 직선으로서, 예산선을 기준으로 왼쪽 아래의 진한 부분은 살 수 있는 시장바구니들을 의미하고 오른쪽 위의 부분은 살 수 없는 시장바구니—예를 들어 W점—를 의미한다.

예산선에서 주목해야 할 부분은 기울기이다. 〈그림 4-1〉에서 예산선 AF의 기울기는 Y재 가격(200원)에 대한 X재 가격(400원)의 비율, 즉 $P_X/P_Y = 2$이다. 그러므로 예산선의 기울기는 갑이 Y재를 X재로 대체하는 비율을 나타낸다. 두 재화의 가격이 불변인 한 이 대체율은 일정하며, 예산선 어디에서도 그 값은 동일하다. 가령 B에서 C로 갈 경우에 Y재 2단위를 포기하는 대신에 X재 1단위를 더 살 수 있음을 말해 준다. C에서 D로 갈 경우에도 마찬가지이다.

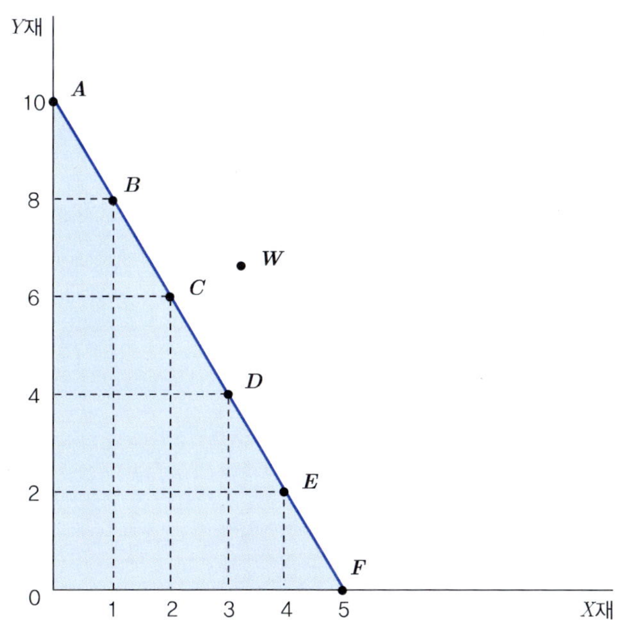

그림 4-1 예산선

2) 예산선의 이동

예산선은 항상 고정되어 있는 것은 아니다. 우리가 처음에 주어졌다고 가정한 소득수준과 가격수준이 변하면 예산선도 이동하게 된다. 먼저 소득수준이 변하는 경우를 보자. 갑의 소득이 2,000원에서 3,200원으로 증가하였다고 하자. 그러면 〈그림 4-2〉에서 보듯이 갑은 X재를 8단위(F')까지 살 수 있을 것이며 Y재도 16단위(A')까지 살 수 있다. 물론 A'와 F'의 사이에는 무수한 시장바구니들이 선택 가능할 것이다. 이는 갑의 소득증가로 예산선이 AF에서 A'F'로 이동한 결과이며, 종전보다 예산제약이 완화되어 그만큼 소비가능성이 커짐을 말해 준다. 반대로 소득이 감소된 경우에는 예산선이 좌측으로 평행 이동되어 예산제약을 종전보다 더 받게 될 것이다.

재화의 가격변화 역시 예산선의 이동을 가져온다. 갑의 소득은 여전히 2,000원이고 Y재 가격도 그대로 200원인데, X재의 가격만 400원에서 200원으로 하락되는 경우를 생각해 보자. 그러면 예산선의 기울기가 2에서 1로 변하면서 예산선이 〈그림 4-2〉에서처럼 AF에서 AF''로 시계 반대방향으로 이동할 것이다.

Y재 가격만 하락하는 경우는 예산선이 어떻게 되겠는가? 또 소득이 2배 증가함과 동시에 X재와 Y재 가격도 2배 상승하는 경우에는 예산선이 어떻게 이동하겠는가? 각각에 대하여 독자들이 생각해 보기 바란다.

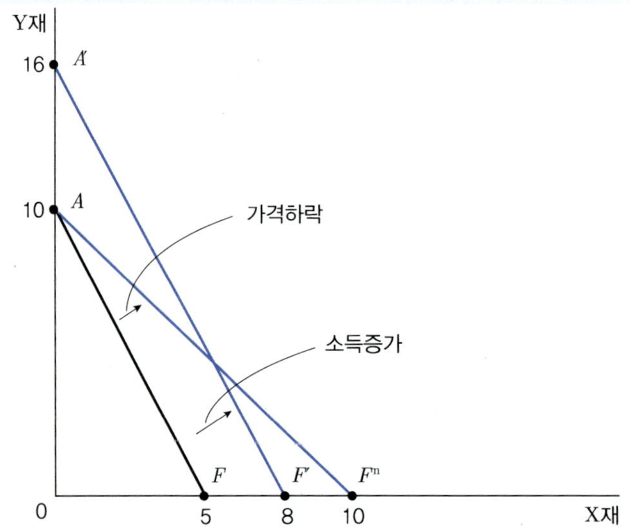

그림 4-2 소득증가 및 가격하락의 경우 예산선의 이동

4.2 무차별곡선

무차별곡선indifference curve은 소비자가 좋아하는 것, 즉 소비자선호를 나타내 주는 그림이다. 따라서 우리가 어떤 소비자가 가지는 무차별곡선을 보면, 그 사람의 선호를 파악할 수 있다. 무차별곡선은 효용의 가측성 또는 기수적 효용을 전제하지 않고, 다음의 네 가지 단순한 가정하에서 도출할 수 있다.

- 가정 1: 소비자들은 여러 가지 시장바구니들을 좋고 나쁜 순서대로 서열을 매길 수 있다. A와 B라는 시장바구니가 있을 때 소비자는 A가 B보다 더 좋은지, 아니면 B가 A보다 더 좋은지 또는 A와 B가 무차별하다고 판단할 수 있다는 말이다. 한계효용분석과는 달리 서수적 효용의 개념을 전제로 한다.
- 가정 2: 소비자들은 어떤 재화든 적은 것less보다는 많은 것more을 좋아한다. 이 가정은 소비자의 욕망은 끝이 없기 때문에 현실과 크게 동떨어진 것은 아니며, 쓰레기나 공해와 같이 한계효용이 음(−)인 재화는 우리의 분석대상이 아니라는 의미를 갖고 있다.

가정 1과 가정 2로부터 우리는 무차별곡선은 우하향한다는 사실을 알 수 있다. 〈그림 4-3〉의 (a)에는 여러 개의 시장바구니가 있는데, A라는 시장바구니에 초점을 맞추어 보자. 먼저 가정 1은 시장바구니 A는 B, C, D, E, F, G 등과 좋고 나쁜 순서대로 서열을 매길 수 있다는 것을 말해 준다. 가정 2에 의하면 B, C, D를 포함하는 I상한의 시장바구니들은 A보다 선호된다. B는 A보다 X재가 더 많으므로 선호되고, D는 A보다 Y재가 더 많으므로 선호되며, C는 A보다 X재와 Y재가 모두 많기 때문에 선호된다. 마찬가지 이유로 III상한에 있는 E, F, G 등의 모든 시장바구니들은 A에 비해 열등하다.

이제 시장바구니 A와 II상한과 IV상한에 있는 시장바구니들의 서열을 가려보자. 먼저 시장바구니 A와 II상한에 있는 시장바구니 H, J, K 등은 어떠한가? 가정 1과 2에 의해서는 서열을 매길 수 없다. 마찬가지로 IV상한에 있는 L, M, N 등도 A와 비교하여 서열을 매길 수 없다. 따라서 우리는 개념적으로 II상한과 IV상한 중에서 A와 선호가 무차별한 시장바구니들을 생각할 수 있는데, 만약 II상한의 H와 IV상한의 L이라는 시장바구니가 A와 효용수준이 같아서 A, H, L이 서로 무차별하다고 하면, 무차별곡선은 H, A, L을 연결하는 궤적이 된다. 요컨

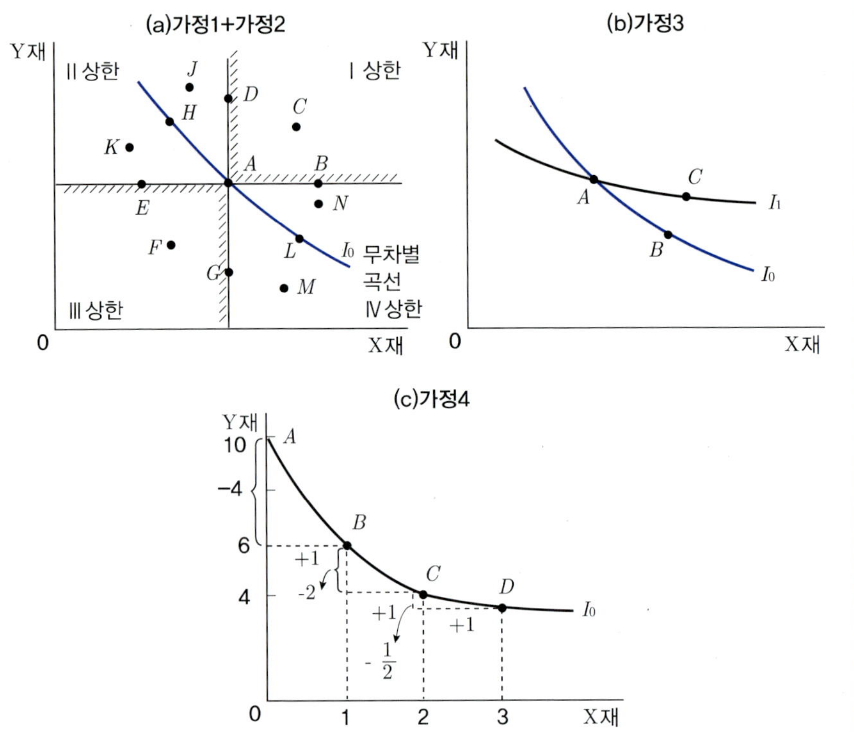

그림 4-3 무차별곡선의 개념

대 무차별곡선은 동일한 만족감을 주는 시장바구니들의 궤적으로서, 가정 2가 성립하면 무차별곡선은 우상향하거나, 수직이거나, 혹은 수평일 수가 없으며, II 상한과 IV상한을 지나는 우하향하는 형태를 가질 수밖에 없게 된다.

일단 무차별곡선이 도출되면, II상한과 IV상한에 있는 나머지 시장바구니들도 A와 비교하여 서열을 매길 수 있다. 다시 말해서 무차별곡선은 선상의 특정한 시장바구니—예를 들어 A점—와 비교해서 더 좋은 시장바구니들과 더 나쁜 시장바구니들을 구분시켜 주는 경계선이다. 가령 K와 같이 무차별곡선 아래에 있는 시장바구니들은 A에 비해서 열등하고, J와 같이 무차별곡선의 위에 있는 시장바구니들은 A보다는 우월하다고 판정할 수 있다.

지금까지 우리는 A라는 시장바구니에 초점을 맞추어 왔으나, 시장바구니 C에도 초점을 맞추어 앞과 동일하게 분석하면 C를 지나는 하나의 무차별곡선 I_1을 도출해 낼 수 있다. 시장바구니 F에 초점을 맞추어 분석하면 I_2라는 무차별곡선을 도출해 낼 수 있다. 따라서 〈그림 4-4〉와 같이 이론적으로 그래프상에 효용의 수준을 달리하는 무차별곡선을 얼마든지 그릴 수 있는데, 우상향에 위치하는 무차별곡선일수록 보다 큰 만족을 준다. 이와 같이 그려지는 무차별곡선들을 우리는 지도의 등고선에 비유하여 무차별지도Indifference map라고 한다.

- 가정 3: 소비자들은 시장바구니들의 서열을 일관성 있게 매긴다.

만약 어떤 소비자가

① 시장바구니 A를 시장바구니 B보다 더 좋아하고,
② 시장바구니 B를 시장바구니 C보다 더 좋아하는데,
③ 시장바구니 C를 시장바구니 A보다 더 좋아한다고 하자.

이 소비자를 일관성있는 소비자라고 볼 수 없을 것이다. 따라서 가정 3은 ①과 ②가 성립하면 당연히 A를 C보다 더 좋아하는 소비자만을 분석대상으로 삼는다는 뜻이다. 이 가정이 성립하면 무차별지도상에 있는 무차별곡선들이 서로 교차하지 않는다. 〈그림 4-3〉 (b)에서처럼 두 개의 무차별곡선 I_0과 I_1이 서로 만난다고 하자. 동일 무차별곡선상의 시장바구니들은 동일한 동시에 유일한 만족수준을 나타내므로, I_0선상에 있는 A와 B는 무차별하고 I_1선상에 있는 A와 C

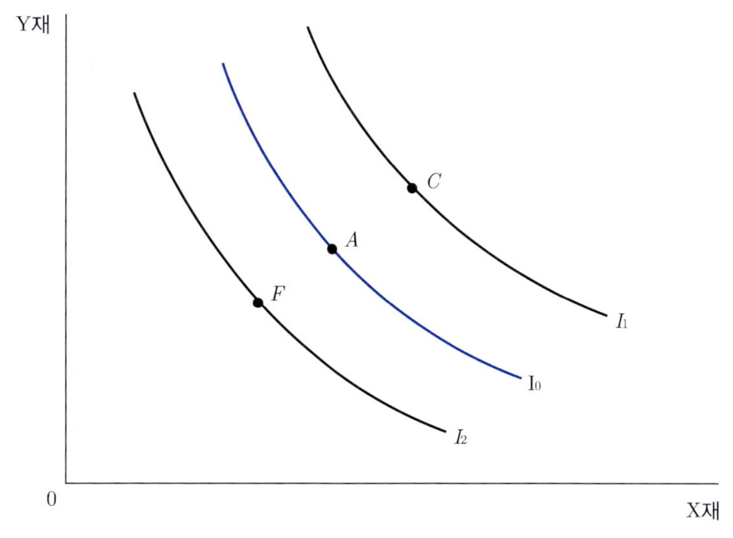

그림 4-4 무차별지도

는 무차별할 것이다. 따라서 B와 C가 무차별해야 함에도 불구하고 무차별곡선이 교차하는 경우에는 C가 B보다 선호된다는 모순이 초래된다. 요컨대, 일관성 있는 소비자의 무차별곡선은 서로 만나지 않아야 하며, 이런 의미에서도 무차별곡선은 지도상의 등고선과 같다고 볼 수 있다.

- 가정 4: 무차별곡선은 원점에 대하여 볼록하다.

이 가정은 곧 한계대체율Marginal Rate of Substitution; MRS이 체감한다는 것을 의미하므로, 먼저 한계대체율의 개념부터 알아보자. 〈그림 4-3〉 (c)에서 보는 바와 같이 무차별곡선상에서는 소비자가 시장바구니 A에서 출발하여 Y재 일정분량을 덜 갖는 대신 X재 일정분량을 더 가짐으로써 동일한 만족수준을 유지할 수 있다. 가령 소비자가 A에서 B로 움직일 때, X재 1단위를 얻는 대가로 Y재 4단위를 포기해도 만족수준은 전과 동일하다. 다시 말해서 X재 1단위를 얻기 위해서는 Y재 4단위를 기꺼이 포기할 용의가 있다는 것이다.

이와 같이 소비자가 총효용을 동일하게 유지하면서 Y재를 X재로 대체하고자 하는 비율을 우리는 Y재의 X재로의 한계대체율이라고 말한다. 그러므로 한계대체율은 Y재 감소분의 X재 증가분에 대한 비율이 된다. 즉

$$MRS = -\Delta Y/\Delta X$$

이다. 그런데 가정 4는 이 비율이 점차 감소한다는 것을 의미한다. 가령 소비자가 B에서 C로 움직이면, X재 1단위를 얻기 위해서 Y재 2단위만을 포기하고자 할 것이다. 다시 C에서 D로 움직이면 X재 1단위를 얻기 위해서 Y재 1/2단위만을 포기하고자 할 것이다. 경제학에서는 이를 한계대체율체감의 법칙이라고 한다.

지금까지 우리는 무차별곡선이 원점에 대하여 볼록한 것은 한계대체율체감의 법칙을 반영한다는 사실을 실례를 통해서 확인해 보았다. 만약 한계대체율이 일정하다면 무차별곡선은 우하향하는 직선이 될 것이고, 한계대체율이 체증한다면 원점에 대하여 오목하게 될 것이다.

그러면 왜 한계대체율이 체감한다고 가정할 수 있는가? 한계대체율체감의 법칙은 한계효용체감의 법칙과 유사한 개념이다. 일반적으로 소비자가 X재의 보유량을 1단위씩 증가시키게 되면 추가되는 X재의 중요도(한계효용)는 점차 작아

질 것이고, 반대면 점차 커질 것이다. 가령 갑의 경우를 보면 그가 Y재 10단위를 가지고 있을 때는 X재 1단위를 얻기 위하여 비교적 많다고 느껴질 수 있는 Y재 4단위를 포기할 의도가 있었다. 그러나 Y재 6단위와 X재 1단위를 가지고 있는 경우에는 X재 1단위를 추가적으로 더 얻기 위하여 먼저보다 더 적은 2단위만 포기하려 한다. 이것은 갑이 Y재의 보유량이 감소함에 따라 마지막 한 단위에 주는 중요도가 커졌기 때문이다. 거꾸로 보면, X재 보유량이 증가됨에 따라 갑이 X재 마지막 1단위에 주는 중요도가 감소된다는 것을 의미한다.

이제 한계대체율의 계산문제를 생각해 보기로 하자. 〈그림 4-3〉 (c)에서 무차별곡선상에 있는 두 점 A(0,10)와 B(1,6)간의 한계대체율은 사선 AB의 기울기일 것이므로 (6−10)/(1−0) = − 4이고, B와 C간의 기울기는 (4−6)/(2−1) = −2가 될 것이다. 미분의 기초지식이 있는 독자라면 무차별곡선상 한 점에서의 한계대체율은 그 점에서의 접선의 기울기가 됨을 쉽게 이해할 수 있을 것이다. 예를 들어 A와 B의 구간을 무한히 좁힌다면 AB의 기울기는 B점에서의 접선의 기울기가 될 것이다.

더 알아보기 4-1 무차별곡선을 통한 소비자선호의 판별

무차별곡선은 소비자의 선호를 나타내 준다. 따라서 어떤 소비자 개인의 무차별지도indifference map를 보면 우리는 그의 선호를 알 수 있다. 이제 〈그림 4-5〉와 같이 생선과 떡에 대해서 갑과 을의 무차별지도가 주어져 있다고 하자. 이 경우에 갑과 을 중에서 누가 더 생선을 더 좋아하는 사람일까? 우리가 앞에서 배운 바에 따르면 갑이 을보다 생선을 더 선호하는 소비자임을 알 수 있다. 이는 동일한 상황에서 갑은 을보다 생선 1마리에 대해서 더 많은 떡을 포기할 용의가 있기 때문이다. 그림에서 보는 바와 같이 을은 생선 한 마리 가진 상황에서 생선 한 마리를 추가적으로 더 가지기 위해서 떡 한 개를 포기해도 효용의 변화가 없지만(따라서 포기할 용의가 있지만), 갑은 역시 생선 한 마리 가진 상황에서 생선 한 마리를 더 가지기 위해서 떡 2개를 포기할 용의가 있음을 알 수 있다. 요컨대 갑의 생선에 대한 떡의 한계대체율이 을의 생선에 대한 떡의 한계대체율보다 더 크기 때문에 갑은 을보다 생선을 더 선호하는 소비자라고 판정내릴 수 있다.

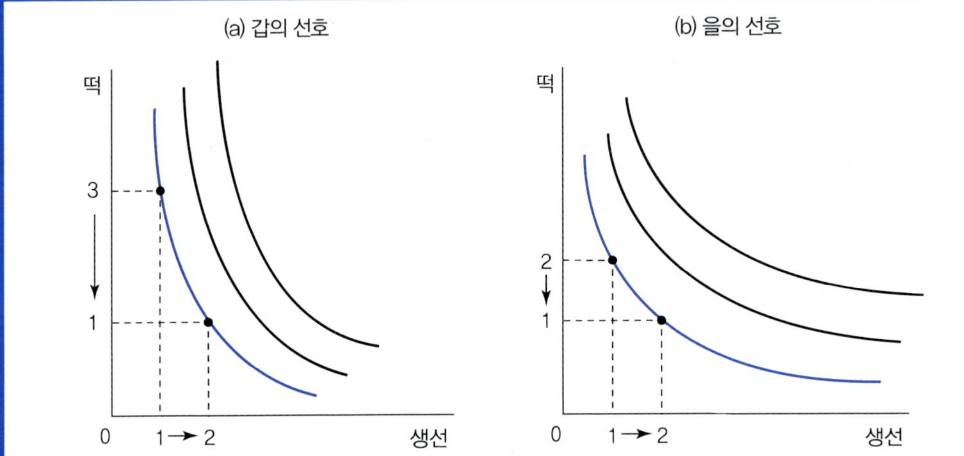

그림 4-5 무차별곡선을 통한 선호의 판별

더 알아보기 4-2 기본 가정을 위반하는 무차별곡선들

경제분석에서 종종 특이한 모양의 무차별곡선들이 등장한다. 이는 무차별곡선을 도출하면서 설정한 4가지 가정들 중 하나 이상이 위반되는 경우가 있기 때문이다.

먼저 〈그림 4-6〉의 (a)는 두 번째 가정, 즉 많을수록 좋다는 가정을 위반하는 경우로 무차별곡선이 우상향하는 모양을 갖는다. 그림에서 보는 바와 같이 X재가 쓰레기인 경우로, 쓰레기는 많이 가질수록 나쁜 비재화이기 때문이다. 여기서도 무차별곡선상에서 효용수준은 동일한데, I_2상에서 귤과 쓰레기를 모두 적게 갖는 A점과 귤과 쓰레기를 모두 많이 갖는 B점이 무차별하다는 것을 의미한다. 즉 귤을 더 많이 받고 쓰레기를 더 가져가는 것도 괜찮다는 선호를 보여준다. 물론 귤의 양은 일정한데, 쓰레기를 더 많이 가져가는 I_1상의 C점에서는 효용수준이 낮아진다. 이와 같이 우상향하는 무차별곡선은 위험과 수익률을 동시에 따지는 금융행위를 분석할 때 사용된다.

〈그림 4-6〉의 (b)는 X재가 중립재인 경우로, 무차별곡선은 수평선으로 나타난다. 헌옷은 중립재로 볼 수 있는데, 헌옷은 효용을 증가시키지도 감소시키지도 않는다. 그림에서처럼 A점에서 헌옷이 더 많아지는 B점으로 이동해도 같은 무차별곡선 I_1 상에 머무르게 된다. 이와 달리 빵이 더 많아지는 C점으로 가면 효용이 I_2 수준으로 증가하게 된다.

〈그림 4-6〉의 (c)와 (d)는 각각 원점에 대해서 볼록하다는 가정을 위반하는 경우이다. 먼저 (c)는 X재와 Y재가 파란 사과와 빨간 사과의 관계처럼 완전대체재인 경우의 무차별곡선이다. 이 경우 무차별곡선은 우하향하는 직선인데, 이는 한 재화를 1단위 증가하기 위해서 다른 재화 1단위를 포기해도 어떤 경우에도 효용수준에는 변화가 없음을 나타낸다. 가령 빨간 사과 하나를 얻기 위해서 파란 사과 하나를 포기해도 효용수준은 변화가 없을 것이다.

(d)는 X재와 Y재가 왼쪽 신발과 오른쪽 신발의 관계처럼 완전보완재인 경우의 무차별곡선이다. 이 경우 무차별곡선은 L자 형인데, 이는 한 재화의 양이 고정된 상태에서 다른 재화의 양이 증가한다고 해도 효용수준에는 변화가 없음을 나타낸다. 가령 왼쪽 신발과 오른쪽 신발을 신고 있는 상황(A점)에서 왼쪽 신발이 하나 더 있다고 해도 (B점) 효용은 그대로일 것이다.

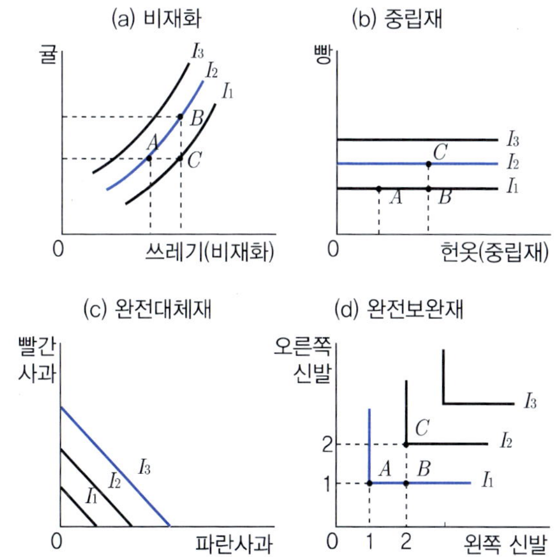

그림 4-6 여러 가지 무차별곡선들

4.3 소비자균형

소비자는 상품을 구매할 때 자신이 좋아하는 것과 살 수 있는 능력이라는 두 가지 정보를 함께 고려하여 선택할 것이다. 앞에서 배운 무차별곡선과 예산선은 각각 소비자의 선호와 소득제약에 대한 정보를 말해 주므로, 이제는 이 두 분석 도구를 사용하여 소비자가 어떤 시장바구니를 선택하는 것이 가장 바람직한가를 알아보기로 하자.

1) 소비자균형점

〈그림 4-7〉에는 소비자균형consumer equilibrium의 세 가지 측면이 나타나 있다. (a)에는 예산선이 그려져 있다. 예산선은 시장에서 주어지는 가격과 소비자의 소득이라는 객관적 자료가 주어졌을 때 구매할 수 있는 시장바구니를 보여준다.

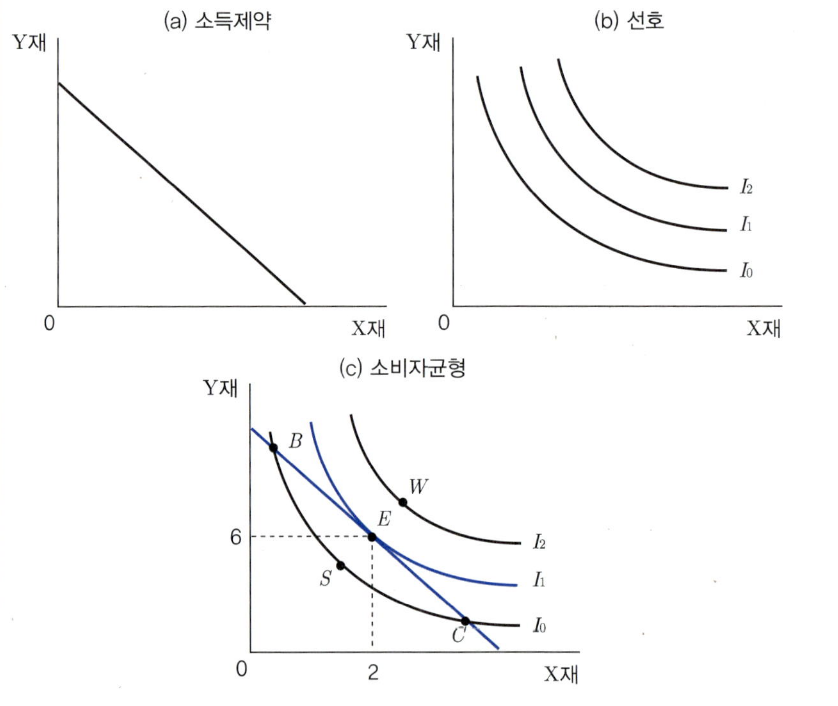

그림 4-7 소비자균형

따라서 예산선은 소비자가 구매할 수 있는 능력을 나타내는 객관적 사실만을 반영한다. (b)에는 무차별곡선이 그려져 있다. 무차별곡선은 소비자가 좋아하는 것만을 나타내므로 예산선과는 아무런 관계가 없다. 그러나 호주머니 사정을 고려하지 않고 무작정 좋아하는 것만을 선택할 수 없는 것이 현실이므로 양자가 타협할 수밖에 없다. (c)에는 이러한 사정을 반영하여 예산선과 무차별곡선이 함께 그려져 있다.

이제 이 소비자(갑)는 어떠한 시장바구니를 선택할 것인가? 무차별곡선이 우상향 방향에 위치할수록 만족이 더 크다고 했으니, W를 선택할 것인가? 아니면 S를 선택할 것인가? 그러나 S와 W는 일단 고려대상에서 제외된다. 왜냐하면 S는 주어진 소득 모두로 구매할 수 있는 시장바구니가 아니므로 당연히 제외될 것이고, W는 비록 최대의 만족을 주는 것은 사실이나 갑의 소득으로서는 도저히 구매할 수 없는 시장바구니이기 때문이다.

그렇다면 문제는 선택되는 시장바구니가 예산선의 한 점이어야 한다는 데까지 좁혀진 셈이다. 즉 B, E, C 중 어느 시장바구니를 택할 것인가의 문제다. 그런데 이 소비자는 B, C는 제외시키고 E를 선택할 것이다. 왜냐하면 같은 지출로 I_1 수준의 만족을 얻을 수 있는 시장바구니 E가 있는데, 구태여 I_0 수준의 적은 만족을 주는 시장바구니들을 선택할 이유가 없기 때문이다. 따라서 E가 최대만족을 주는 소비자균형점이 된다.

소비자균형점은 어떻게 찾아낼 수 있는가? 소비자균형점은 그림상에서 예산선과 무차별곡선이 접하는 시장바구니를 찾으면 된다. 따라서 소비자균형점에서는 무차별곡선의 기울기인 한계대체율과 예산선의 기울기인 가격비가 같아진다. 즉 E점에서는

$$(-)\ \Delta Y/\Delta X = (-)\ P_X/P_Y$$

라는 관계식이 성립한다. 다시 말해서 소비자 균형조건은 "Y재의 X재로의 한계대체율이 Y재 가격에 대한 X재의 가격비율과 같아야 한다"는 것이다.

그러면 소비자 균형조건의 경제학적인 의미는 무엇인가? 이를 보기 위하여 이 조건이 성립하지 않는 경우를 보자. 먼저 B점을 살펴보자. B점에서는 한계대체율, 즉 무차별곡선의 기울기가 가격비보다 크다. 예를 들어

$$\frac{\Delta Y: 3}{\Delta X: 1} > \frac{P_X: 2}{P_Y: 1}$$

이라고 하자. 한계대체율이 3이라고 하는 것은 곧 X재 1단위를 얻는 대신에 Y재 3단위를 포기해도 좋다는 말이므로, 소비자는 X재 1단위의 중요성과 Y재 3단위의 중요성을 같게 평가하고 있는 것이다. 한편 두 재화의 가격비가 2라는 것은 소비자가 실제로 시장에 나가 보니까 X재 가격은 Y재 가격의 2배밖에 되지 않는다는 말이다. 따라서 소비자는 X재 1단위를 더 얻기 위해서 Y재 가격에 3배를 지불할 용의가 있는데, 시장에서는 2배밖에 지불하지 않아도 됨으로 소비자는 Y재에 비하여 X재가 상대적으로 싸다고 느낄 것이다. 당연히 소비자는 B점에 머물러 있지 않고, Y재를 덜 사고 X재를 더 사려고 할 것이다. 이와 같이 소비자가 B점과 같이 그 자리에 머물러 있지 않고 또 다른 시장바구니로 움직이려는 힘이 작용하는 선택점은 균형이 아닌 것이다. 그러면 언제까지 Y재를 덜 사고 X재를 더 살 것인가? 물론 소비자는 자기가 주관적으로 평가하는 X재의 가치(즉 한계대체율)와 시장에서 실제로 평가되는 X재의 가치(즉 가격비)가 같아지는 E점에 이를 때까지 조정을 계속할 것이다. 이럴 때 비로소 X재와 Y재의 구매량 증감에 의한 효용 증가의 여지가 없어져, 소비자의 효용이 극대화되는 상태가 되기 때문이다. 반대로 C점에서와 같이 한계대체율이 가격비보다 작은 경우도 동일한 논리로 증명할 수 있다.

4.4 수요곡선의 도출

앞에서 설명한 소비자균형은 시장가격, 소득, 기호가 불변임을 전제로 한 것이므로, 이와 같은 전제가 완화될 경우에는 소비자균형점도 이동하게 된다. 이때 우리는 시장가격의 변화에 따른 수요량의 변화를 추적함으로써 우하향하는 수요곡선을 유도할 수 있다. 다시 말해서 "다른 사정이 일정한 한 어떤 상품의 가격이 하락(상승)하면, 수요량이 증가(감소)한다"는 수요의 법칙을 유도해 낼 수 있다는 말이다.

〈그림 4-8〉을 통하여 X재의 수요곡선을 도출해 보기로 하자. 먼저 (a)에는 무차별곡선 I_0, I_1, I_2에 의해서 소비자의 기호가 나타나 있다. 소득은 2,000원이며 X와 Y재의 가격은 각각 400원과 200원이라고 하면, 최초의 균형점은 앞에서와 같이 E_0점이 될 것이다. 이제 X재의 수요곡선을 유도하기 위하여 소득, 기호, Y재의 가격 등은 일정한데, X재의 가격만 200원으로 하락하였다고 하자. 그러면 X재의 수요량은 증가할 것인가 아니면 감소할 것인가? 만약 수요량이 증가하면 우하향하는 수요곡선을 도출할 수 있을 것이다.

다른 사정은 일정한데, X재의 가격만 하락하면 예산선은 AF에서 AF_1로 변동

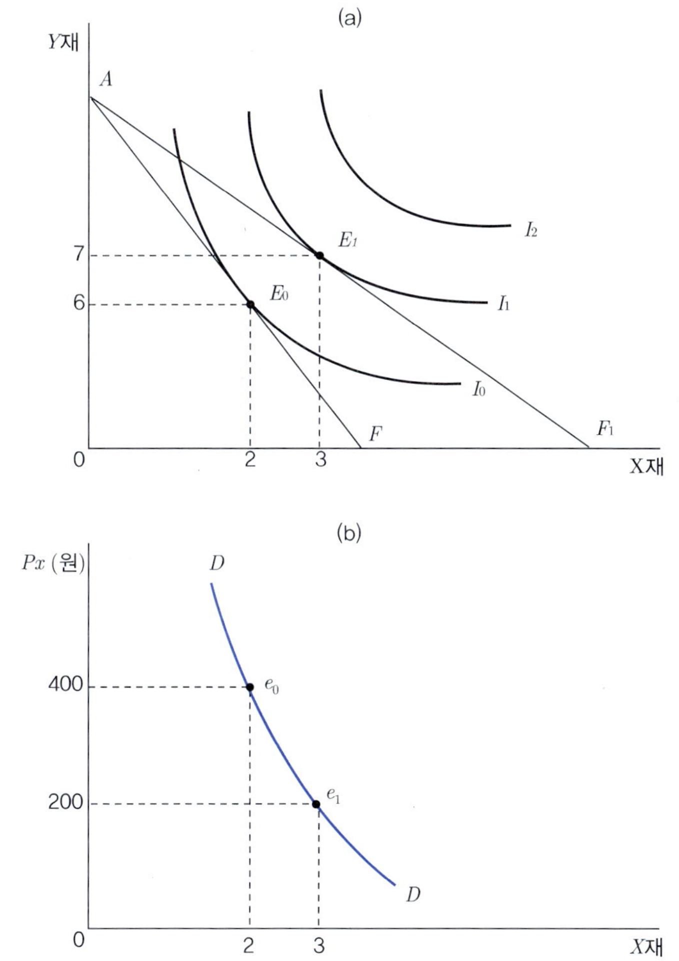

그림 4-8 수요곡선의 도출

할 것이다. 그러면 소비자균형점은 E_0에서 E_1로 이동할 것이다. 물론 E_1점에서도 무차별곡선 I_1과 가격선 AF_1이 접하여 소비자균형 조건이 성립한다. E_1은 X재 3단위, Y재 7단위로 구성되는 시장바구니이므로, 종전보다 X재를 1단위 더 많이 소비하게 된 것이다. 이 정도의 정보를 가지면 X재의 수요곡선을 도출할 수 있다. 다시 말해서 X재의 가격이 400원 일 때, 균형점은 E_0, 수요량은 2단위이고, X재의 가격이 200원 일 때 균형점은 E_1, 수요량은 3단위이다.

이것을 그림으로 그려 놓은 것이 〈그림 4-8〉의 (b)이다. (a)와 (b)의 횡축은 X재의 양으로서 동일하나, (b)의 종축은 X재의 가격을 표시한다. 수요곡선이란 있을 수 있는 가격에 대응하여 구매하려 하고 또한 구매할 수 있는 상품량을 나타내는 것이므로, X재에 대한 수요곡선을 도출해 낼 수 있다. 즉 e_0점은 X재 가격이 400원 일 때 소비자가 2단위를 사려는 것을, e_1점은 가격이 200원일 때 소비자가 3단위 사려는 것을 나타내므로 이 두 점을 이은 선이 바로 수요곡선이 되는 것이다. 여기서 유의할 점은 수요곡선이 우하향하는 것은 단지 X재 가격만이 변할 때이므로, 수요의 법칙은 다른 사정이 일정한 한이라는 가정 하에서 유도되었다는 것이다. 즉 Y재의 가격, 소득, 기호는 일정하다는 전제하에 수요곡선을 도출한 것이다.

4.5 대체효과와 소득효과

앞에서 살펴본 바와 같이 가격변화로 인한 수요량의 변화를 우리는 가격효과price effect라 부른다. 〈그림 4-9〉에서 보면 다른 사정은 일정한 상태에서, X재 가격 하락으로 인한 가격효과는 X_0X_1이 된다.

그런데 가격효과 X_0X_1은 대체효과substitution effect와 소득효과income effect 때문에 나타나는 효과이다. 즉

$$\text{가격효과} = \text{대체효과} + \text{소득효과}$$

여기서 대체효과란 가격의 하락으로 X재 가격이 Y재에 비해 저렴해졌으므로,

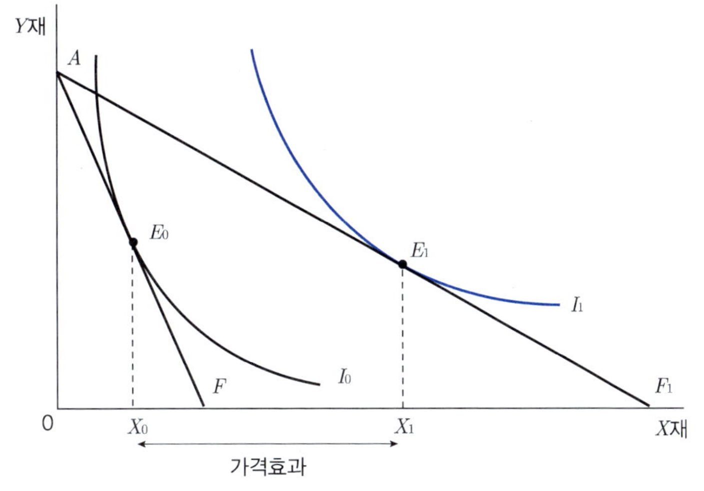

그림 4-9 X재 가격하락으로 인한 가격효과

소비자로 하여금 Y재 대신에 X재를 구입하게 한 부분이다. 소득효과란 명목소득은 불변일지라도 가격하락으로 인한 실질소득의 증가로 인해 X재의 구입을 증가시킨 부분이다.

그러면 〈그림 4-9〉에서 가격효과 X_0X_1를 대체효과와 소득효과로 어떻게 분해할 수 있을까? 한 가지 분명한 사실은 두 효과 중 한 효과만 분명히 하면, 나머지 효과는 자연히 도출된다는 것이다. X재의 가격하락 시에 대체효과를 추출하기 위하여 일단 소득효과를 묶어 놓아 보자. 이때 명목소득은 불변인 상태에서 X재의 가격만 하락하였으므로, 여기서 말하는 소득효과란 가격하락으로 인한 실질소득real income의 증가를 말한다. 따라서 가격효과를 분해하기 위해 소득효과를 묶어 놓는다는 것은 실질소득효과를 묶어 놓는 것을 의미한다. 경제학에서는 실질소득의 정의문제와 관련하여 두 가지 접근방법이 사용되어 왔다. 하나는 힉스Hicks에 의한 방법이고 다른 하나는 슬러츠키Slutsky에 의한 방법이다.

(1) 힉스에 의한 가격효과분해

영국의 경제학자 힉스는 실질소득을 효용utility으로 정의하였다. 따라서 그에 있어서 실질소득이 불변이라는 것은 가격변화 전이나 후에 효용수준이 일정하

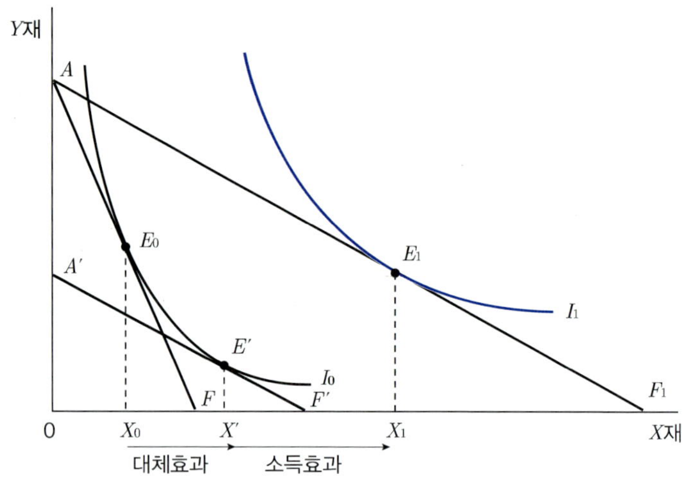

그림 4-10 가격효과의 분해: 힉스의 방법

다는 것을 의미한다. 이제 힉스의 방법에 따라 가격효과를 분해해 보자.

우리는 〈그림 4-10〉에서 가격하락 후의 예산선 AF_1에는 평행하면서, 가격하락 전의 효용수준을 보여주는 I_0에 접하는 임의의 선 A'F'를 그을 수 있다. A'F'를 가격하락 전의 효용수준 I_0에 대고 접하게 그은 것은 효용수준, 즉 실질소득 수준을 고정시키기 위한 것이다. 이때 임의의 접점 E'점을 찾을 수 있는데, 이 점은 X재 OX'단위를 구입하는 시장바구니이다.

이제 우리는 대체효과와 소득효과를 구분할 수 있게 되었다. 먼저 E_0점에서 E'점으로의 이동으로 증가한 X재 구입량은 대체효과이다. 이는 가격하락 전과 동일한 효용을 유지하면서, 즉 실질소득의 변화가 없다고 본 상태에서 상대가격만의 변화에 의한 X재 구입량의 증가분이다. 한편 E'에서 E_1로의 이동으로 증가한 X재 구입량 $X'X_1$은 소득효과로 인한 것이다. 이것은 상대가격은 묶어 둔 상태에서 예산선이 A'F'에서 AF_1로 평행 이동한, 즉 소득만의 증가에 의한 X재 구입의 증가분이다. 이러한 소득효과는 효용수준이 I_0에서 I_1로 증가한 것을 측정하는 것이기도 하다. 이상을 요약하면,

$$X_0X_1(\text{가격효과}) = X_0X'(\text{대체효과}) + X'X_1(\text{소득효과}).$$
$$(-) \qquad\qquad (-) \qquad\qquad (-)$$

(2) 슬러츠키에 의한 가격효과분해

러시아의 수학자 슬러츠키는 힉스가 실질소득을 효용으로 정의한 것과는 달리 실질소득을 구매력purchasing power으로 정의하였다. 따라서 그에 있어서 실질소득이 불변이라는 것은 구매력이 가격변화 전이나 후에 일정하다는 것을 의미한다. 슬러츠키의 방법에 따라 가격변화를 분해해 보면, 〈그림 4-11〉과 같다. 그림에서 보는 바와 같이 가격변화 후의 예산선 AF_1에는 평행하면서, 가격하락 전의 실질구매력 수준을 측정해 주는 점 E_0를 통과하는 선 A'F'를 그을 수 있다. 다시 반복하면 A'F'를 가격하락 전에 구매 가능하였던 점 E_0점을 통과하게 그린 것은 구매력, 즉 실질소득수준을 고정시키기 위한 것이다. 이때 A'F'와 무차별곡선 I'가 접하는 E'점을 찾을 수 있는데, 이 점은 X재 OX'단위를 구입하는 시장바구니이다.

이제 우리는 슬러츠키 방법에 의해 대체효과와 소득효과를 구분할 수 있게 되었다. 먼저 E_0점에서 E'점으로의 이동으로 증가한 X재 구입량은 대체효과이다. 이는 가격하락 전과 동일한 구매력을 유지하면서, 즉 실질소득의 변화가 없다고 본 상태에서 상대가격만의 변화에 의한 X재 구입량의 증가분이다. 한편 E'에서

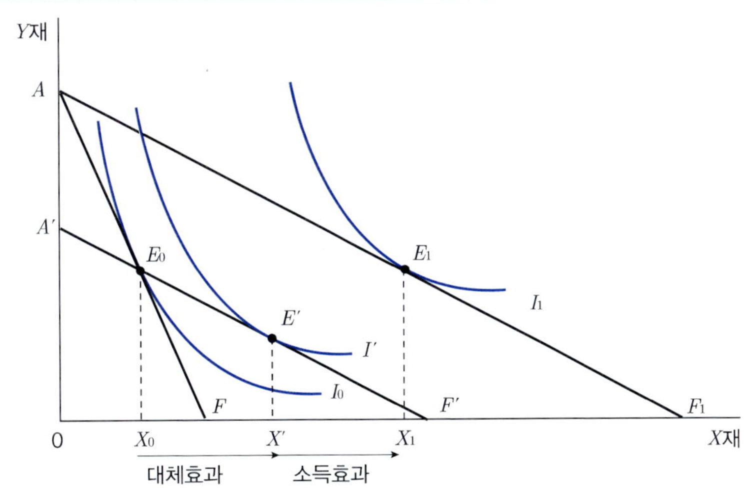

그림 4-11 가격효과의 분해: 슬러츠키 방법

E_1로의 이동으로 증가한 X재 구입량 $X'X_1$는 소득효과로 인한 것이다. 이것은 상대가격은 묶어 둔 상태에서 예산선이 A'F'에서 AF_1로 평행 이동한, 즉 실질소득만의 증가에 의한 X재 구입의 증가분이다. 이상을 요약하면,

$$\underset{(-)}{X_0X_1(\text{가격효과})} = \underset{(-)}{X_0X'(\text{대체효과})} + \underset{(-)}{X'X_1(\text{소득효과})}.$$

힉스의 방법과 슬러츠키의 방법에 의한 대체효과와 소득효과를 비교하면, 슬러츠키 방법에서 대체효과는 힉스와 달리 효용의 증가를 일부 동반하고 있는 반면에, 소득효과는 힉스와 달리 효용의 증가분을 일부 반영하지 못하고 있음을 알 수 있다.

(3) 완전대체재의 경우 힉스의 방법과 슬러츠키 방법 비교

각 방법에 의한 대체효과와 소득효과는 두 재화가 완전대체재의 경우에 극명하게 들어난다. 이를 〈그림 4-12〉를 통해서 알아보자.

그림에서 보는 바와 같이 X재와 Y재가 완전대체재라면 — 예를 들어 빨간 사

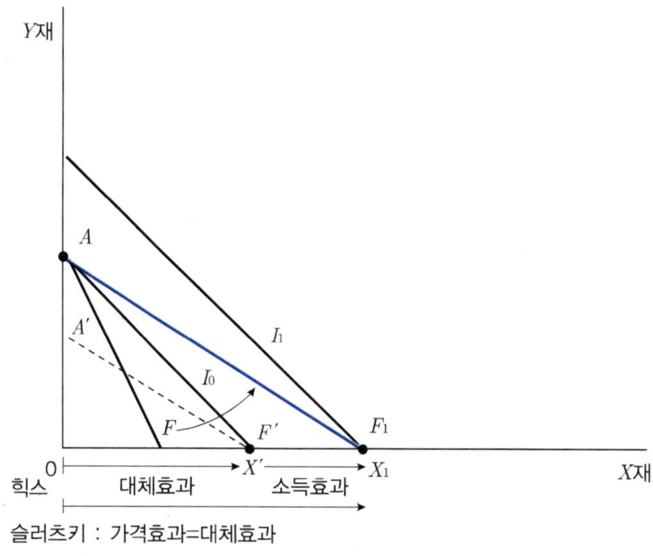

그림 4-12 완전대체재 경우의 대체효과와 소득효과

과와 파란 사과—무차별곡선은 우하향하는 직선이 될 것이다. 만약 예산선이 AF로 주어져 있으면 소비자균형점은 효용이 극대화 되는 점인 A점이 될 것이다.[6] 즉 소비자는 Y재(빨간사과)만 구입하고, X재(파란사과)를 전혀 구입하지 않는 것이 유리할 것이다. 예산선의 기울기를 보면, X재에 비해 Y재가 더 싼 것으로 나타나 있는데, 소비자 입장에서 X재와 Y재를 완전 동일하게 본다면, 당연히 1원이라도 더 싼 Y재만을 구입할 것이다.

이제 X재 가격이 하락하여 AF_1로 예산선이 이동하였다고 하자. 이 경우에는 새로운 소비자균형점은 F_1이 될 것이다. 즉 X재의 가격하락으로 Y재에 비해서 X재 가격이 더 싸지게 되었으므로 소비자는 주어진 예산제약 하에서 X재만 구입하게 된 것이다. 따라서 X재 가격하락으로 인한 가격효과는 OX_1이 된다.

OX_1이라는 가격효과를 대체효과와 소득효과로 구분하면 다음과 같다. 먼저 힉스에 의한 방법을 보면, OX'가 대체효과이고, $X'X_1$이 소득효과가 된다. 이것은 가격하락 후의 예산선 AF_1과 평행한 임의의 선 A'F'를 가격이 변하기 전의 무차별곡선 I_0에 그어보면 알 수 있다. 즉 이러한 작업을 하면 임의의 선 A'F'는 F'점에서 종전의 무차별곡선과 만나며, OX'만큼이 상대가격의 변화로 인한 대체효과가 되는 것이다. 물론 나머지 $X'X_1$은 효용의 증가를 수반하는 소득효과가 된다.

슬러츠키 방법에서는 가격효과 OX_1은 모두 대체효과가 된다. 슬러츠키 방법의 경우에는 가격변화 후의 예산선 AF_1과 평행한 임의의 선을 가격변화 전의 구매점을 통과하게 그어야 하는데, 이 선은 바로 가격하락 후의 예산선 AF_1과 동일하게 된다. 따라서 슬러츠키 방법에 따르면 임의의 균형점과 최종균형점이 겹치게 된다. 결과적으로 가격효과는 대체효과로만 구성된다. 이때 대체효과는 효용의 증가분 모두를 포함하고 있음을 알 수 있다.

X재와 Y재가 완전보완재의 경우 대체효과와 소득효과에 대해서는 독자들 스스로 그림을 그려 분석할 수 있을 것이다. 일단 머릿속으로 그려보면, 가격효과는 소득효과로만 구성될 것이다. 왜냐하면 완전보완재라 하였으므로 그 자체로 대체가능성은 전혀 없기 때문이다. 이는 힉스의 방법이든 슬러츠키 방법이든 마찬가지일 것이다.

6) 이를 코너 해(corner solution)라 하며, 이때는 소비자균형점에서 예산선의 기울기와 무차별곡선의 기울기가 같아야 한다는 조건이 성립하지 않는다.

더 알아보기 4-3 기펜재Giffen goods

가격이 하락하면 항상 수요는 증가하는 것일까? 다시 물으면 가격이 하락할 때, 대체효과와 소득효과가 항상 같은 방향으로 움직일 것인가라는 질문이다. 물론 앞에서 분석한 바와 같이 정상재의 경우에는 그렇다.[7] 즉,

$$\underset{(-)}{X_0X_1(\text{가격효과})} = \underset{(-)}{X_0X'(\text{대체효과})} + \underset{(-)}{X'X_1(\text{소득효과})}.$$

위식에서 보면 부호가 모두 (−)인데, 이는 가격이 수요량과 같은 방향으로 움직이면 (+), 가격이 수요량과 반대 방향으로 움직이면 (−)로 본 것이다. 예를 들어 X재 가격이 하락하여 X재 수요량이 증가하면 부호는 (−)가 되는 것이다. 따라서 가격효과가 (−)라는 것은 수요의 법칙이 성립함을 의미한다.

그런데 열등재의 경우에는 가격하락 시에 대체효과는 수요를 증가시키는 방향을 가지나, 소득효과는 수요를 감소시키는 쪽으로 작용한다. 다시 말해서 가격하락으로 실질소득이 증가하였음에도, 수요가 감소하는 재화가 바로 열등재이다. 이를 수식으로 표시하면,

$$\underset{(-)}{X_0X_1(\text{가격효과})} = \underset{(-)}{X_0X'(\text{대체효과})} + \underset{(+)}{X'X_1(\text{소득효과})}.$$

위식에서 소득효과가 (+)로 표시된 것은 가격하락으로 실질소득이 증가하였음에도 수요량이 감소하였기 때문이다. 즉 가격과 수요량이 각각 하락과 감소라는 같은 방향으로 움직였기 때문이다.

여기서 독자들은 하나의 의문점이 생길 것이다. 대체효과 소득효과의 크기를 고려하는 경우에는 어떻게 될 것인가? 사실 (−)의 대체효과보다 (+)의 소득효과가 더 커서, 가격하락에 따라 수요가 오히려 감소하는 경우가 있는데, 이러한 재화를 우리는 기펜재Giffen goods라고 부른다. 즉

$$\underset{(+)}{X_0X_1(\text{가격효과})} = \underset{|(-)|\ <}{X_0X'(\text{대체효과})} + \underset{|(+)|}{X'X_1(\text{소득효과})}.$$

인 경우이다. 이때는 가격효과가 (+)로 나타나기 때문에 수요의 법칙 자체가 깨어진다.

열등재와 기펜재의 관계는 〈그림 4-13〉과 같다. 그림에서 보는 바와 같이 열등재 중에서 대체효과보다 소득효과가 더 큰 재화가 바로 기펜재로서, 수요의 법칙이 지켜지지 않게 된다.[8] 경제학에서 감자가 열등재의 대표적인 예가 되지만, 동시에 기펜재로 등장하는 이유가 여기에 있는 것이다.

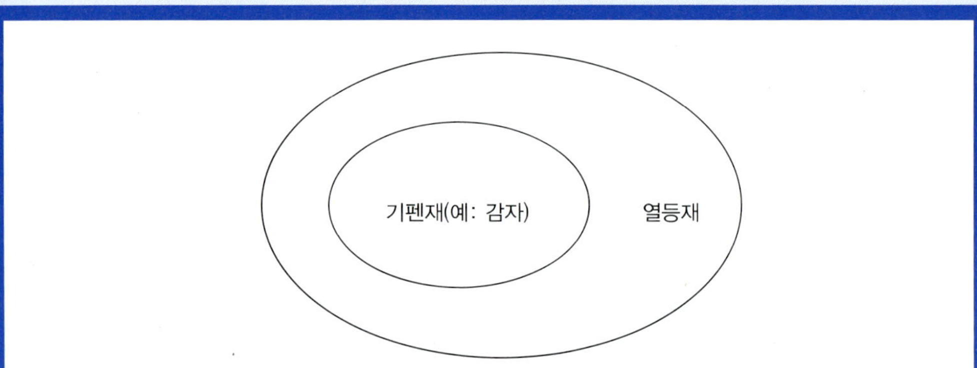

그림 4-13 기펜재와 열등재의 관계

7) 앞의 분석에서는 암묵적으로 정상재(normal goods)를 전제한 것이다.
8) 독자들 스스로 그림을 그려서 이를 확인해 볼 수 있을 것이다.

4.6 통상수요곡선과 보상수요곡선

통상수요곡선ordinary demand curve은 〈그림 4-14〉에서 보는 바와 같이 가격효과, 즉 대체효과와 소득효과를 모두 고려한 수요곡선 $D_{통상}$이다. 따라서 모든 정상재와 기펜재를 제외한 열등재의 경우 통상수요곡선은 우하향 한다.

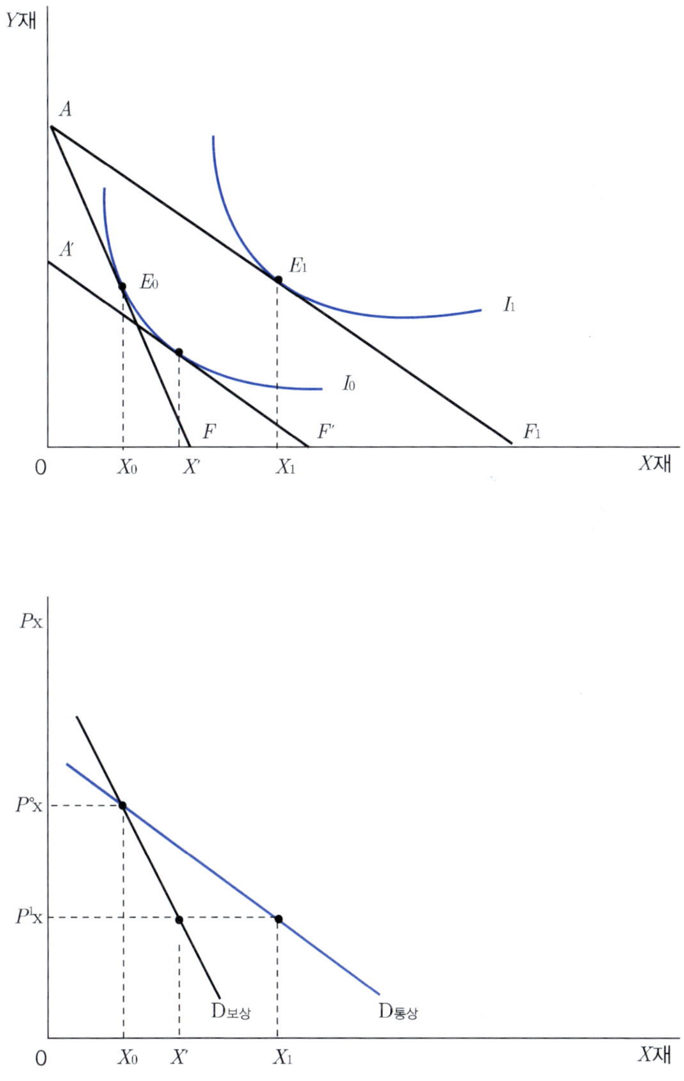

그림 4-14 통상수요곡선과 보상수요곡선

보상수요곡선compensated demand curve은 대체효과만 고려한 수요곡선 $D_{보상}$이다. 즉 보상수요곡선은 효용의 증가를 수반하는 소득효과는 제외한 것이다. 따라서 보상수요곡선은 종전의 효용수준을 유지한다는 가정하에 도출되는데, 이러한 의미에서 힉스의 수요곡선이라고 불린다. '보상'이라는 용어는 가격상승 시에 소비자들의 후생이 감소될 수 있는데, 이때 소비자들이 종전의 효용수준을 유지하게 하기 위해서 얼마를 보상해 주어야 하느냐하는 문제와 관련하여 나온 것이다. 바로 이러한 보상의 크기를 보여주는 것이 보상수요곡선인 것이다. 보상수요곡선은 대체효과만을 고려한 것이므로 어떠한 경우에도 — 예를 들어 기펜재의 경우 — 에도 우상향 하지 않는다. 즉 수요의 법칙이 깨어지지 않는다.

부록 대안적 이론으로서의 현시선호이론

현시선호이론은 노벨 경제학상 수상자인 새뮤얼슨P. Samuelson에 의해서 소개된 이론으로, 전통적 소비자이론이 선호로부터 구매행동을 예측하는 것과는 달리, 반대로 구매행동을 관찰하여 소비자의 선호를 찾아내고 있다(Samuelson, 1938; 1948). 이는 실생활에서는 소비자의 구매행동은 관찰할 수 있으나 선호는 직접 관찰할 수 없다는 사실에서 출발하고 있다.

선호는 무차별곡선에 의해서 파악할 수 있으므로 소비자의 구매행동을 관찰하여 그의 선호를 찾아낸다는 것은 바로 무차별지도를 복원하는 것을 의미한다. 이를 위해서 새뮤얼슨은 하나의 조건만을 제시한다. 그것은 "소비자가 주어진 예산제약 하에서 선택한 시장바구니market basket는 항상 최적best"이라는 것이다.

이제 갑이라는 소비자의 구매행동을 관찰함으로써 그의 선호를 복원해 보기로 하자. 〈그림 4-15〉 (a)에서 소비자는 예산집합 △OAB하에서 D라는 시장바구니를 선택하였고, 우리는 이 사실을 관찰하였다. D는 갑의 최적 선택이므로 이는 예산집합 △OAB에 있는 어떤 시장바구니들(예를 들어 S)에 비해서 우월한 선택이다. 구체적으로 "D는 S에 대해서 우월한 선택이다"라고 할 수 있다.[9] 한편 예산집합에서 벗어난 CDE영역은 달성 불가능한 시장바구니들의 집합이다.

9) 영문으로 표현하면 "D is chosen over S"이다. 그러나 새뮤얼슨은 "D is revealed preferred to S"라고 표현했는데, 한번의 관찰은 선호에 대한 정보를 주지 못하므로 그의 표현은 오해를 가져올 수 있다.

따라서 갑의 무차별곡선은 D를 통과하되, 예산집합 △OAB와 달성 불가능한 CDE 영역을 제외한 영역을 지나가게 될 것이다.

무차별곡선의 존재 영역은 추가적인 관찰을 통해서 좁혀질 수 있다. 이제 상

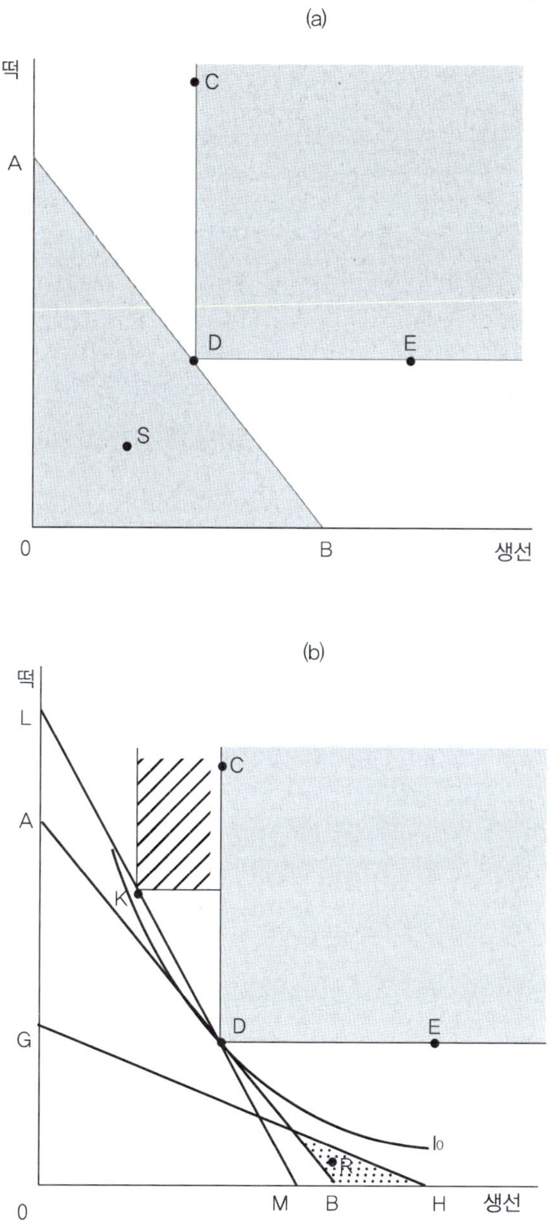

그림 4-15 구매행동 관찰로부터 선호의 복원

대가격의 변화로 인하여 예산집합이 그림 (b)에서 보듯이△OGH로 변하였고, 갑은 F점을 선택하는 행동을 취하였다고 하자. F는 'best'한 선택이므로 예산집합 △OGH에 있는 어떤 시장바구니보다 우월하다. 그러나 종전에 선택했던 D에 비해서는 우월하지 못하다. 따라서 D는 점으로 표시된 BFH 영역에 비해서는 우월하다는 정보를 얻을 수 있다. 즉 BFH 영역만큼 무지한 부분이 제거된 것이다.

또 다시 상대가격의 변화로 예산집합이 △OLM으로 변하였고, 갑은 K를 선택하였다고 하자. 이때 D는 예산선 LB 선상에 있기 때문에 D를 선택할 수 있었음에도 불구하고 K를 선택했으므로 K는 D보다 우월하다. 마찬가지로 K의 오른쪽과 위쪽에 있는 영역(빗금친 부분)은 D보다 우월한 영역이라는 정보를 얻을 수 있다. 즉 빗금친 영역만큼 무지한 부분이 제거된 것이다.

이러한 방법으로 무한히 갑의 구매행동을 관찰하게 되면, 무지한 영역이 줄어들게 되면서 D를 지나는 I_0와 같은 무차별곡선을 도출하게 될 것이다. D가 아닌 다른 점을 잡아서 같은 방법으로 구매행동을 관찰하면, 다른 무차별곡선(예: I_1)을 도출하게 되며, 최종적으로는 갑의 선호를 읽을 수 있는 무차별지도를 복원할 수 있다.

이상에서 구매행동을 관찰하여 선호를 찾아낼 수 있는 것은 소비자가 주어진 예산제약 하에서 선택한 '시장바구니'market basket는 항상 '최적'best이라고 전제했기 때문이다. 이제 이 전제에 대해서 좀 더 자세히 분석할 차례가 되었다. 결론부터 말하면, 이 조건이 성립한다는 것은 약공리weak axiom와 강공리strong axiom가 성립한다는 것을 의미한다. 약공리와 강공리를 〈그림 4-15〉 (b)를 활용하여 정의하면 다음과 같다.

- 약공리: 만약 K가 D에 대해서 우월한 것으로 선택되면, 어떤 경우에도 D는 K에 대해서 우월한 것으로 선택될 수 없다.

- 강공리: 만약 D가 F에 대해 우월한 것으로 선택되고, F가 R에 대해서 우월한 것으로 선택되면, R은 어떠한 경우에도 D에 대해서 우월한 것으로 선택될 수 없다.

그러므로 소비자가 주어진 예산제약하에서 선택한 '시장바구니'market basket는 항상 '최적'best이라는 전제를 활용하여 구매행동으로부터 선호를 복원해 내었다는 것은 약공리와 강공리를 이미 적용하였다는 것을 의미한다. 강공리는 예산집합이 △OGH로 변하여 소비자가 F점을 선택할 때 이미 사용하였다. 즉 "D는 F에 대하여 우월한 것으로 선택되었고, F는 예산집합 △OGH 안의 시장바구니들(예를 들어 R)에 대해서 우월한 것으로 선택되었으므로 △OGH 안의 시장바구니, 예를 들어 R은 어떠한 경우에도 D에 대해서 우월한 것으로 선택될 수 없다"는 강공리를 활용하여 점들로 표시된 영역만큼의 무지한 부분을 제거할 수 있었다. 이는 예산집합이 △OLM으로 변하여 소비자가 K점을 선택할 때에도 마찬가지였다. 또한 약공리가 성립하지 않는다면, 예를 들어 K가 D에 대해서 우월한 것으로 선택한 다음에, 상황이 변하여 D가 K에 대하여 우월한 것으로 선택된다면, 구매행동을 관찰하여 선호를 복원해 내는 것이 불가능할 것임은 자명하다.

약공리와 강공리는 어떠한 관계를 가지고 있는가? 강공리가 약공리를 포함하는 개념으로 보면 된다. 따라서 강공리만 성립하면 소비자의 구매행동으로부터 선호를 복원해 낼 수 있다. 즉 강공리는 구매행동으로부터 선호를 찾아내는데 있어서 필요조건이자 충분조건이다.

그렇다면 강공리는 어떠한 경제적 의미를 갖는가? 이미 내용 자체에서 알 수 있는 바와 같이 소비행위에 있어서 일관성consistency[10]을 의미한다. 결론적으로 일관성 있는 소비자의 경우 구매행동으로부터 진정한 선호true preference를 복원할 수 있다. 바꾸어 말하면 일관성 없는 소비자의 경우 구매행동으로부터 진정한 선호를 복원할 수 없다는 것이다.

---

10) 이를 이행성(transitivity)이라고도 한다.

5장

수요의 탄력성

우리는 수요곡선이 우하향한다는 사실, 즉 수요의 법칙에만 초점을 맞추어 왔다. 그러나 수요곡선이 우하향하는 정도가 다른 것이 현실이다. 이는 소비자와 상품에 따라서 가격변화에 반응하는 정도가 다르기 때문이다. 이 장에서는 수요의 탄력성에 대해서 자세히 알아본다.

5.1 수요의 탄력성이란

시장수요곡선은 현실적인 문제에 대한 답을 얻는데 중요한 실마리를 제공해 준다. 가령 독자가 한 기업—자동차회사, 전자제품회사, 전력회사—의 판매책임자가 되었다고 하자. 그러면 독자는 판매책임자로서 제품의 가격이 변하거나, 소비자들의 소득이 증대하거나, 또는 관련재화의 가격이 변한다고 할 경우에 제품의 판매량이 어떻게 될 것인가에 대해서 궁금해질 것이다. 왜냐하면 올바른 판매계획을 세우기 위해서는 단순히 수요곡선이 우하향한다는 사실뿐만 아니라 자기가 판매하는 제품의 가격이 상승하거나 하락할 때, 소득이 증가하거나 감소할 때 소비자들이 어떻게 반응할 것인가에 대한 계량적인 정보를 알아야 하기 때문이다. 독자가 경제정책을 수립하는 공무원이 되었다고 해도 마찬가지이다. 공무원 입장에서 가격이나 소득에 영향을 미치는 정책을 취할 경우 소비자들이 어떻게 반응할지에 대한 정확한 정보를 알아야만 올바른 정책을 수립할 수 있을 것이다.

이러한 문제들에 대한 해답은 수요의 탄력성elasticities of demand 개념을 통해서 얻을 수 있다. 탄력성이란 함수관계에 있는 변수 중에 하나가 변할 때 다른 경제변수가 어느 정도 민감한 반응을 보이는가를 측정하는 개념이기 때문이다. 시장수요곡선으로 표시되는 수요함수에서도 제품의 가격, 소득, 다른 제품의 가격 등이 수요량에 영향을 미치므로, 각각 수요의 가격탄력성own price elasticity, 수요의 소득탄력성income elasticity, 교차탄력성cross-price elasticity이 계산될 수 있다.

〈표 5-1〉에는 탄력성의 개념들이 요약되어 있는데, 여기에서 각각의 탄력성은 다른 사정이 일정하다는 전제하에서 수요량의 '퍼센트(%)' 변화를 변화요인의 '퍼센트(%)' 변화로 나눈 값임에 유의해야 한다. 이제 각각의 수요탄력성에 대해서 자세히 살펴보기로 하자.

표 5-1 수요의 탄력성 유형

$Qx = f(P_x, P_y, P_z, ...M, ...)$	
$\frac{\% \Delta Q_x}{\% \Delta P_x}$ = 수요의 가격탄력성: ε_d ⟨──	• P_y, P_z, M 등은 고정되었다고 가정 • 우하향 하는 수요곡선을 반영하여 항상 (−) 값을 가짐
$Qx = f(P_x, P_y, P_z, ...M, ...)$	
$\frac{\% \Delta Q_x}{\% \Delta P_y}$ = 수요의 교차탄력성: ε_{XY} ⟨──	• P_x, P_z, M 등은 고정되었다고 가정 • X재와 Y재가 대체재, 독립재, 보완재 관계에 있느냐에 따라 (+), 0, (−)의 값을 가짐
$Qx = f(P_x, P_y, P_z, ...M, ...)$	
$\frac{\% \Delta Q_x}{\% \Delta M}$ = 수요의 소득탄력성: ε_M ⟨──	• P_x, P_y, P_z, 등은 고정되었다고 가정 • X재가 정상재냐, 열등재냐에 따라 (+)와 (−) 값을 가짐

5.2 수요의 가격탄력성

1) 측정

가격의 변화에 대해서 수요량의 변화정도를 나타내는 수요의 가격탄력성 공식은 다음과 같다.

$$\varepsilon_d = \frac{\text{수요량의 변화율(\%)}}{\text{가격의 변화율(\%)}} = \frac{\% \Delta Q_x}{\% \Delta P_x} = \frac{\Delta Q_x / Q_x \times 100}{\Delta P_x / P_x \times 100}$$

위의 식에서 우리는 탄력성 개념을 절대적인 변화량 대신에 변화율—%로 표시된—을 사용하고 있는데, 그 이유는 무엇일까? 다시 말해서 탄력성 개념으로 '기울기'($\Delta Q_x/\Delta P_x$)를 쓰지 않는 이유는 무엇인가라는 질문이다. 이는 변화의 절대량, 즉 기울기 개념을 사용할 때 일어날 수 있는 다음과 같은 문제점을 없애기 위해서이다.

첫째, 수요량의 계산단위로부터 야기되는 문제점이다. 예를 들어 쌀가격이 1kg당 2,000원에서 1,500원으로 하락하여, 수요량이 100kg에서 110kg으로 증가되었다고 하자. 이때 쌀가격이 500단위 변했음에도 불구하고 수요량이 10단위밖에 변하지 않았으므로 쌀의 수요는 가격에 대해서 탄력적이지 못하다고 생각할 것이다. 그러나 쌀 수요량의 측정단위를 'kg'에서 'g'으로 바꾸면 얘기가 달라진다. 즉 쌀가격이 500단위 변할 때 수요량은 10,000단위가 변한 셈이 되어 쌀의 수요는 가격에 대해 탄력적이라는 느낌을 가지게 된다. 이러한 문제점은 변화량이 아닌 변화율을 사용함으로써 피할 수 있다. 앞의 두 경우에 모두 변화율은 10%가 되기 때문이다(10kg/100kg = 0.1, 10,000g/100,000g = 0.1).

둘째, 가격의 절대적인 변화만을 사용할 경우에는 재화간 탄력성의 비교가 무의미해진다는 문제점이다. 가령 쌀과 승용차의 탄력성을 비교할 때, 쌀과 승용차의 가격이 동일하게 단위당 10,000원씩 상승하였다고 하자. 그러면 쌀의 수요량은 크게 줄겠지만, 자동차에 대한 수요량은 쌀의 수요만큼 줄지는 않을 것이다. 그렇다고 해서 쌀의 수요가 승용차의 수요보다 탄력성이 훨씬 크다고 결론지을 수 없다는 것은 자명하다. 왜냐하면 쌀의 경우 10,000원의 가격변화는 엄청난 변화이지만(kg당 1,500원에서 11,500원으로 666% 상승), 자동차의 경우 10,000원의 가격변화는 그다지 큰 변화가 아니기 때문이다(대당 5,000,000원에서 5,010,000만원으로 0.2% 상승). 이 문제 역시 앞에서와 마찬가지로 가격의 변화율을 사용하면 풀리게 된다.

한편 수요의 가격탄력성 공식을 자세히 살펴보면, (−) 기호를 무시하고 있음을 발견할 수 있다. 수요의 법칙상 가격이 상승(하락)하면 수요량이 감소(증가)하므로 공식의 분모와 분자의 값은 항상 다른 부호를 가지게 되어, 탄력성의 값은 (−) 값을 가지게 된다. 그러나 탄력성 값에 (−) 부호를 무시하는 것이 관례이다. 이는 탄력성 앞에 (−) 부호를 붙임으로서 생기는 혼동을 막기 위해서 이다. 예를 들어 탄력성이 −2 혹은 −4라고 할 때, −2가 −4보다 더 크다고 볼 수도 있으므로 탄력성 계수의 절대치를 사용하여 2 또는 4라고 표시한다.

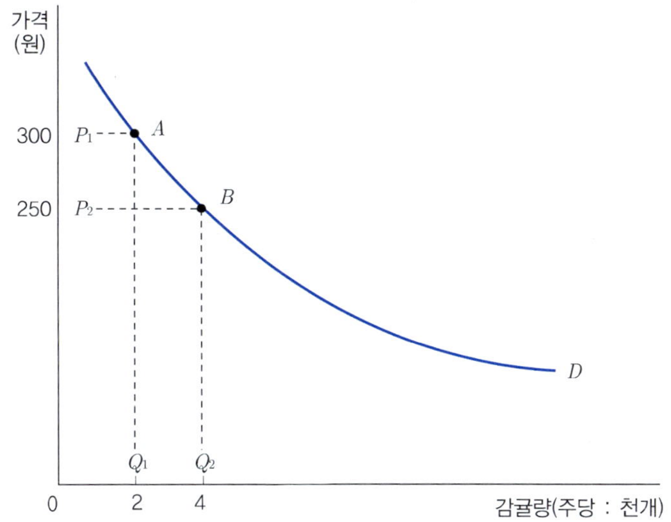

그림 5-1 탄력성의 계산

이제 위의 공식을 사용하여 수요의 가격탄력성 값을 구해 보기로 하자. 수요곡선이 〈그림 5-1〉과 같이 주어져 있고 A점에서 B점으로 이동하였다고 하자. 즉 가격이 300원에서 250원으로 하락하고, 이에 따라 수요량이 2단위에서 4단위로 증가하였다면 탄력성 값은 얼마가 될 것인가? 공식에 따르면,

$$\varepsilon_d \ (A \rightarrow B) = \frac{2 \div 2}{50 \div 300} = 6$$

이 될 것이다.

2) 탄력성의 해석

그러면 위에서 계산한 6라는 탄력성의 값은 어떻게 해석할 수 있을 것인가? 이제 탄력성의 값을 판정하는 기준에 대해서 알아보자.

(1) 탄력적 수요

수요량의 변화율이 가격의 변화율보다 클 때, 즉 ε_d가 1보다 클 때 수요는 가격에 대해 탄력적elastic이라고 한다. 가격 1%의 변화가 수요량 1% 이상의 변화를 가져올 경우이다. 따라서 앞에서 계산된 6이라는 탄력성의 값은 가격이 1% 변할 때 수요량이 6% 변하는 것을 의미하며, 매우 탄력적인 반응이라고 해석할 수 있다.

(2) 비탄력적 수요

수요량의 변화율이 가격의 변화율보다 작을 때, 즉 ε_d가 1보다 작을 때 수요는 가격에 대해 비탄력적inelastic이라고 한다. 가격 1% 변화가 수요량 1% 이하의 변화를 가져오는 경우이다.

(3) 단위탄력적 수요

수요량의 변화율과 가격의 변화율이 같을 때, 즉 ε_d가 1일 때 우리는 수요가 가격에 대해 단위탄력적unit elastic이라고 한다. 가격 1% 변화가 정확히 수요량 1%의 변화를 가져오는 경우이다.

그런데, 수요가 비탄력적이라고 해서 가격변화에 대해 수요량의 변화가 전혀 일어나지 않는다는 것은 아님에 유의해야 한다. 만약 가격변화에 대해서 수요량의 변화가 전혀 일어나지 않는 경우라면 우리는 '완전비탄력적'이라는 용어를 따로 사용한다. 반대로 수요가 탄력적이라고 해서 가격변화에 대해 수요량이 무한정 반응을 보이는 것이 아니며, 이런 경우에는 '완전탄력적'이라는 용어를 사용한다. 수요가 완전비탄력적인 경우에는 수요곡선이 수직선으로 나타나고, 수요가 완전탄력적인 경우에는 수요곡선이 수평선으로 나타난다.

3) 총수입과 탄력성

수요탄력성의 개념은 "생산자는 무조건 높은 가격을 책정할 것이다" 라는 일반적인 생각이 틀렸다는 것을 말해 준다. 수요가 완전비탄력적이라는 경우를 제외하고는 이 생각이 적용되지 않는다. 즉 가격이 상승하게 되면 총수입total revenue의 크기가 감소될 수도 있다. 이에 대해서 알아보기로 하자.

(1) 탄력적 수요

만일 수요가 탄력적이라면, 가격이 하락할 때 기업가의 총수입은 증가한다. 왜냐하면 가격이 떨어진다고 해도 그 대신에 판매량의 증가율이 더 크므로 총수입은 증가할 것이기 때문이다. 〈그림 5-2〉는 이를 잘 보여주고 있다. 처음에 가격이 300원, 수요량이 2,000단위였을 때 총수입은 □ OP_1AQ_1로 표시되며, 화폐액으로는 600,000원이 된다. 이제 귤의 가격이 300원에서 250원으로 하락한다면, 수요량은 4,000단위로 증가할 것이고 총수입은 1,000,000원(□ OP_2BQ_2)이 된다. 가격하락 전후를 비교하면 가격하락 후 총수입을 나타내는 □ OP_2BQ_2는 가격하락 전 총수입을 나타내는 □ OP_1AQ_1보다 분명히 크다. 이는 단위당 가격이 하락함으로써 생기는 총수입의 감소분(□ P_2P_1AC)이 판매량 증가로 인

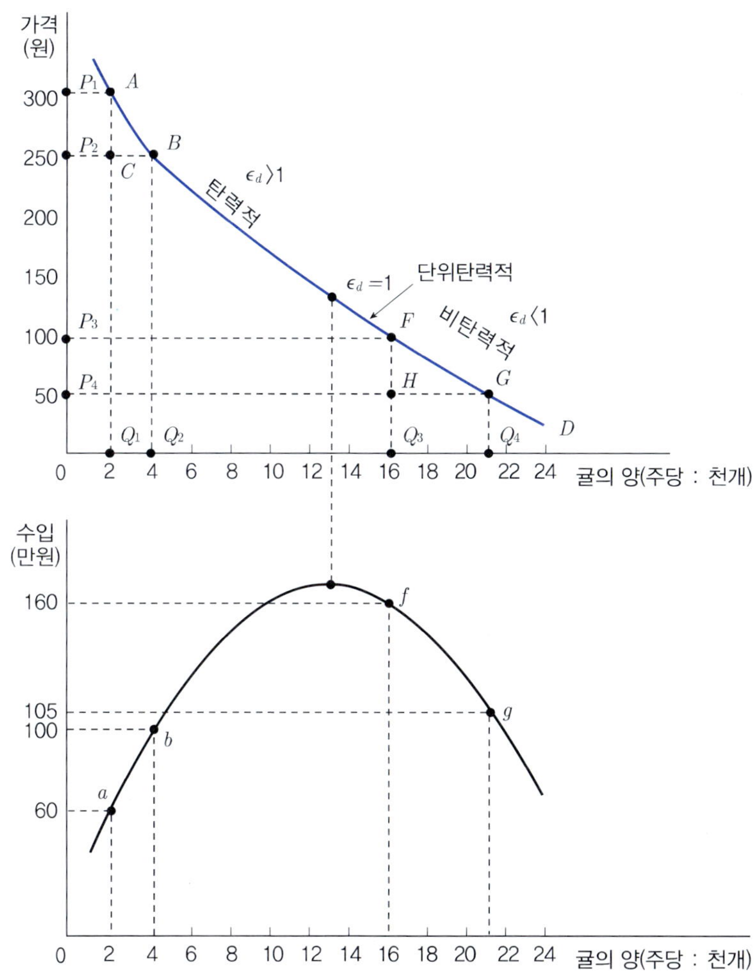

그림 5-2 탄력성과 판매수입의 관계

한 총수입의 증가분(□ Q_1CBQ_2)보다 더 작기 때문이다.

이러한 사정은 가격이 상승할 때도 마찬가지이다. 즉 수요가 탄력적일 때, 가격이 상승한다면 가격상승률보다 수요량의 감소율이 더 크므로 총수입은 감소하게 된다. 따라서 생산자가 "가능한 한 높은 가격을 책정할 것"이라는 생각은 틀린 것이다.

(2) 비탄력적인 수요

만일 수요가 비탄력적이라면, 가격이 하락할 때 기업의 총수입은 감소한다. 왜냐하면 수요가 비탄력적이라는 것은 가격의 변화율보다 수요량의 변화율이 더 작다는 것을 의미하므로, 가격하락으로 인한 판매량의 증가율이 가격하락률에 미치지 못하게 되어 총수입은 감소하게 된다. 〈그림 5-2〉에서는 가격이 100원에서 50원으로 하락하는 경우이다. 처음에 가격이 100원, 수요량이 16,000단위였을 때 총수입은 □ OP_3FQ_3으로 표시되며, 화폐액으로는 1,650,000원이 된다. 이제 가격이 100원에서 50원으로 하락한다면, 수요량은 21,000단위로 증가할 것이고 총수입은 1,050,000원(□ OP_4GQ_4)이 된다. 가격하락 전후를 비교하면 가격하락 후 총수입을 나타내는 □ OP_4GQ_4는 가격하락 전 총수입을 나타내는 □ OP_3FQ_3보다 분명히 작다. 이는 단위당 가격이 하락함으로써 생기는 총수입의 감소분(□ P_4P_3FH)이 판매량 증가로 인한 총수입의 증가분(□ Q_3HGQ_4)보다 더 크기 때문이다.

이때에도 탄력적인 경우와 마찬가지로 역의 논리가 성립한다. 즉 수요가 비탄력적일 때, 가격이 상승한다면 수요량의 감소율보다 가격상승률이 더 크므로 총수입은 증가하게 된다.

(3) 단위탄력적 수요

수요가 단위탄력적일 때는 가격이 상승하거나 하락하거나 간에 총수입액은 변하지 않는다. 가격하락으로 인한 총수입의 감소분은 수요량의 증가로 인한 총수입의 증가분에 의해 정확하게 상쇄된다. 반대로 가격상승으로 인한 총수입의 증가는 수요량의 감소로 인한 총수입의 감소에 의해 정확히 상쇄된다.

이상을 종합해 볼 때 〈그림 5-2〉에서 보는 바와 같이 동일 수요곡선상의 탄력적인 구간에서는 가격이 하락함에 따라서 총수입이 증가되고, 비탄력적인 구간에서는 가격이 하락함에 따라서 총수입이 감소된다. 단위탄력적인 구간에서는 총수입이 극대화된다. 물론 각 구간에서 가격상승은 반대의 효과를 갖는다.

4) 유의점

앞에서 우리는 탄력성이란 무엇이며, 어떻게 측정하며, 또 어떻게 해석하는가에 대해서 알아보았다. 이러한 탄력성의 개념은 경제학에서 중요하고도 널리 활용되는 것이므로 확실히 이해하도록 해야 한다. 이제 우리가 탄력성 문제를 접할 때 혼동하기 쉬운 다음 몇 가지 문제를 명확히 해 둠으로써 독자들의 이해를 돕고자 한다.

첫째는 동일한 수요곡선상에서의 탄력성 값에 대한 문제이다. 일반적으로 동일한 수요곡선상에서도 낮은 가격대의 경우 탄력성이 작고, 높은 가격대의 경우 탄력성이 크게 나타난다. 〈그림 5-3〉에서 보는 바와 같이 귤의 수요곡선에서도 가격이 낮을 때보다 가격이 높을 때 훨씬 더 탄력성의 값이 크게 나타나고 있다. 높은 가격대(A점에서 B점으로 이동)에서 탄력성은 6인데 비하여, 낮은 가격대(F점에서 G점으로의 이동)에서는 0.625이다. 그 이유는 다음과 같이 생각해 보면 쉽게 납득이 갈 것이다. 가격이 하락함에 따라 수요량은 점차 늘어나 포화점에 이르고 더 이상 가격이 하락하더라도, 수요량이 별로 늘지 않게 된다. 반대로 가격이 비교적 높은 수준일 때는 더 이상 가격이 상승한다면, 대체재를 찾거나 혹은 구매를 아예 포기해 버리므로 수요의 급격한 감소를 초래한다.

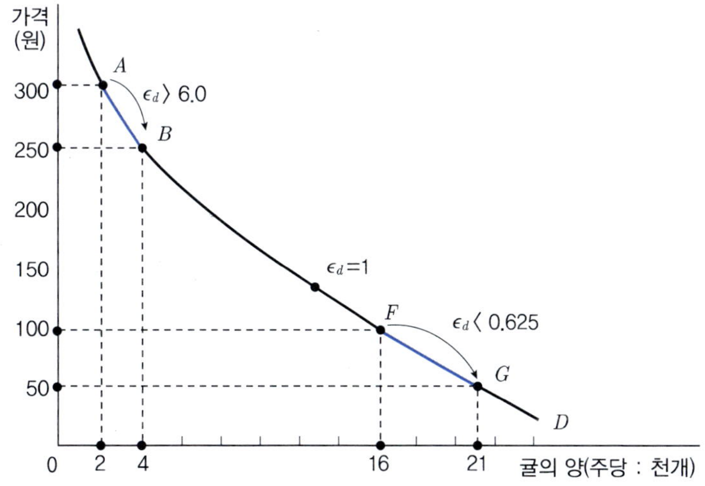

그림 5-3 동일 수요곡선상에서의 탄력성 비교

둘째는 가격하락의 경우와 가격상승의 경우에 탄력성의 값이 다르게 나타난다는 것이다. 가령 가격하락(A점에서 B점으로의 이동)의 경우에는 탄력성이 6인데, 가격상승(B점에서 A점으로의 이동)의 경우에는 탄력성이 2.5로 계산된다. 이것은 변화율을 계산하는데 있어서 무엇을 기준으로 삼을 것인가 하는 문제이다. 즉 가격하락의 경우에는 300원과 2,000개를 기준으로 삼은 반면에 가격상승의 경우에는 250원과 4,000개를 기준으로 삼았기 때문에 나타나는 문제이다. 경제학자들은 기준선택에 따른 상이한 결과에 대해 평균치를 사용함으로써, 계산상의 편의를 구하고 있다. 위의 경우 기준가격을 (300 + 250)/2 = 275원으로 하고 기준수요량을 (2,000 + 4,000) ÷ 2 = 3,000개로 하여 ε_d = (2,000 ÷ 3,000)/(50 ÷ 275) = 3.7의 값을 얻어낸다. 이와 같이 평균치를 이용하여 정의한 공식을 다시 정리해 보면,

$$\varepsilon_d = \frac{\text{수요량의 변화분}}{\text{수요량의 합/2}} \Big/ \frac{\text{가격의 변화분}}{\text{가격의 합/2}}$$

로 된다. 이렇게 구한 탄력성을 호탄력성arc elasticity이라 부른다.

셋째는 수요곡선들 간의 탄력성 비교문제이다. 〈그림 5-4〉에는 두개의 수요

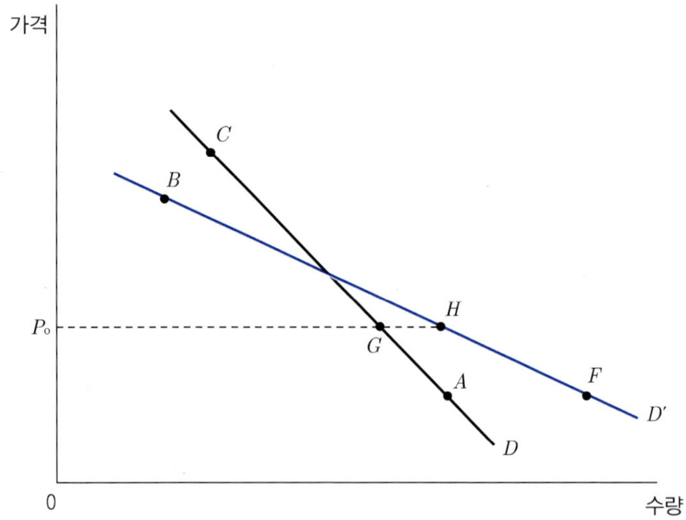

그림 5-4 수요곡선간의 탄력성 비교

곡선이 그려져 있다. 하나는 가파르고(D), 다른 하나는 편평한 모양(D')을 가지고 있다. 이 중에서 어느 수요곡선이 더 탄력적인가? 물론 편평한 모양의 D'가 더 탄력적일 것이라는 선입견을 가질 수 있다. 왜 그런 것일까? 두 개의 수요곡선을 비교함에 있어서 염두에 두어야 할 일은 같은 가격대에서 비교해야 한다는 것이다. 만약 D의 A점과 D'의 B점을 비교하면 B가 분명 더 탄력적으로 나타나고 반대로 D의 C점과 D'의 F점을 비교하면, C가 더 탄력적으로 나타나기 때문이다. 따라서 두 개의 수요곡선을 같은 가격대에서 비교해야 하며, 모든 동일한 가격대에서 D'가 D보다는 항상 탄력성이 더 크게 된다. 예를 들어 P_0 수준에서 D'의 H점은 D의 G점보다 탄력성이 더 크다.

5) 수요의 가격탄력성 결정요인

그러면 수요의 가격탄력성을 결정하는 요인은 무엇인가? 이에 대한 일반화된 이론은 없지만 대체로 다음과 같은 요인들이 지적되고 있다.

(1) 대체가능성

일반적으로 상품의 대체재의 수가 많을수록 그 제품에 대한 수요는 탄력적이다. 야채와 사과를 예로 들어보자. 야채는 가격이 오르더라도 이를 마땅히 대체할 상품이 없기 때문에 수요는 비탄력적이다. 야채를 고기로 대체할 수 없지 않은가? 반대로 사과는 배나 포도 등 대체할 상품이 존재하기 때문에 가격이 조금만 상승해도 소비자들은 민감한 반응을 보일 것이다.

(2) 소득 중 지출비중

다른 사정이 일정한 한, 상품에 대한 소비지출이 가계소득에서 차지하는 비중이 크면 클수록 수요의 탄력성은 커진다. 예를 들어 껌이나 학용품 가격의 10% 증가는 작은 화폐액의 증가를 가져와 수요량에는 크게 영향을 미치지 못한다. 반대로 소득 중 지출비중이 엄청난 승용차나 아파트 값이 10% 오르면 수요량이 급격히 감소될 수 있다.

(3) 사치품과 생필품

생필품에 대한 수요는 비탄력적, 사치품에 대한 수요는 탄력적으로 나타난다.

밥이나 전력 같은 생필품은 없이 지낼 수 없는 상품이므로 가격변동에 민감하지 않다. 반면에 「코냑」이나 보석 같은 사치품은 없이도 지낼 수 있으므로 가격변화에 민감하게 된다. 그런데 생필품과 사치품의 구분은 어디까지나 상대적인 개념임에 유의해야 한다. 왜냐하면 술을 좋아하는 사람에게는 「코냑」은 생필품이 될 수도 있기 때문이다.

소금의 경우는 위에서 열거한 세 가지 이유 때문에 수요가 비탄력적이다. 첫째로 소금가격이 오른다고 하더라도 이를 마땅히 대체할 상품이 없다. 둘째로 소금에 대한 지출이 가계소득에서 차지하는 비중이 미미하다. 셋째로 소금은 우리생활에 없어서는 안 될 생필품이다.

(4) 기간

일반적으로 장기의 수요탄력성은 단기의 수요탄력성보다 더 크다. 가령 휘발유가격이 폭등할 경우에 단기에 있어서는 차량 운행량을 줄이는 정도의 반응을 보일 수밖에 없지만, 장기에 있어서는 대형차를 소형차로 바꾸어 휘발유 사용을 크게 줄이는 반응을 보일 수 있다.

5.3 수요의 교차탄력성

앞에서 언급한 바와 한 상품(X재)의 수요는 다른 상품(Y재)의 가격변화에도 영향을 받으며, 이 정도는 수요의 교차탄력성에 의해서 측정된다. 경제학자들은 X재에 대한 수요의 교차탄력성cross-price elasticity을 다음과 같이 정의한다.

$$\varepsilon_{XY} = \frac{\text{X재 수요량의 변화율(\%)}}{\text{Y재 가격의 변화율(\%)}} = \frac{\%\ \Delta Q_x}{\%\ \Delta P_y} = \frac{\Delta Q_x/Q_x \times 100}{\Delta P_y/P_y \times 100}$$

더 알아보기 5-1 현실속에서의 가격탄력성

수요의 가격탄력성을 실제로 추정하기는 쉽지 않다. 왜냐하면 주어진 수요곡선을 찾아내기도 어려울 뿐만 아니라 수요곡선 자체가 시간에 지남에 따라 이동하기 때문이다. 마침 미국소비자들을 대상으로 하여 가격탄력성을 추정한 자료가 있어서 소개한다. 〈그림 5-5〉에 나타난 가격탄력성들은 장기에 걸쳐서 추정된 것으로서 1927년부터 1980년대 이전의 상황을 반영한다.

그림에서 보듯이 물은 생필품으로서 탄력성이 0.4로 비탄력적이다. 담배(0.35)와 맥주(0.8)도 비탄력적인 것으로 나타나고 있다. 휘발유(1.0)는 단위탄력적이며, 자동차(1.5)의 경우도 탄력적이다. 사치재에 속한다고 볼 수 있는 고급승용차(4.0)와 항공기여행(2.4)은 예상대로 매우 탄력적이다. 흥미로운 사실은 미국소비자들의 경우 가정용 전기(1.9) 소비에 있어서 상당히 탄력적이라는 점이다.

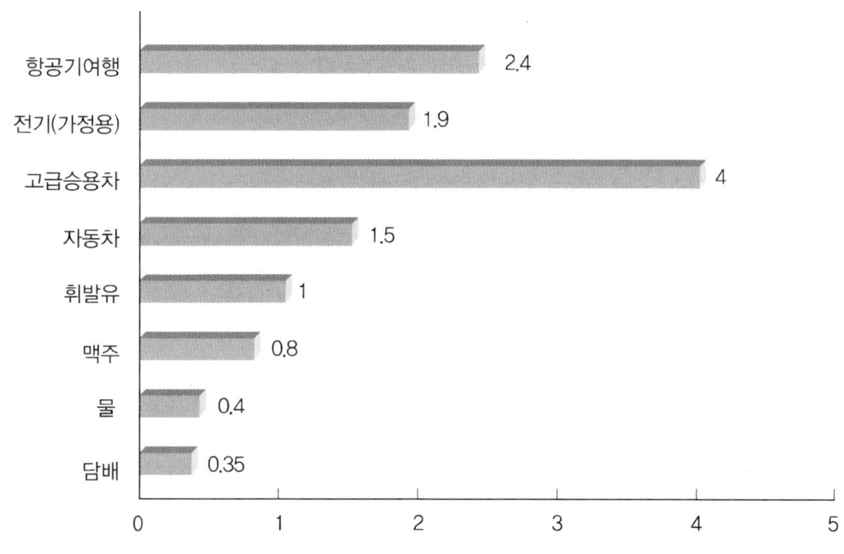

그림 5-5 주요 상품의 가격탄력성 추정치(미국소비자 대상)

자료: Edgar K. Browning and Mark A. Zupan, *Microeconomic Theory & Application*, Addison-Wesley Educational Publishers, 1998, p. 38.

사려깊은 독자라면 교차탄력성의 개념은 제4장에서 소개한 대체재와 보완재와 관련이 있음을 쉽게 알 수 있을 것이다. 만약 $\varepsilon_{XY} > 0$이면, 즉 X재의 수요량이 Y재의 가격과 같은 방향으로 변하면, X재와 Y재는 대체재이다. 예를 들어 커피(Y)의 가격이 상승하면 소비자들은 홍차(X)를 더 마시게 될 것이다. 물론 교차탄력성의 값이 크면 두 재화간의 대체성은 더 크다고 볼 수 있다. 반대로 $\varepsilon_{XY} < 0$ 이면, X재와 Y재는 보완재가 된다. 예를 들어 커피(Y)의 값이 상승하면, 프림(X)의 수요는 감소할 것이다. 이 경우에는 교차탄력성의 값이 클수록, 두 재화간 보완의 정도는 크게 된다. 교차탄력성의 값이 0이냐 0이 아니냐는 두 재화간에 관련이 있느냐 없느냐를 판정하는 기준이 된다. 만약 교차탄력성의 값이 0이면, 두 재화는 독립재이다. 예를 들어 커피 값은 상승은 신발의 수요에 거의 영향을 주지 않는다.

더 알아보기 5-2 교차탄력성과 시장의 정의

기업전략을 수립할 때 첫 단계는 시장을 정확하게 정의하는 일이다. 가령 우유와 콜라는 같은 음료수이지만 같은 시장으로 보기는 어려울 것이다. 마찬가지로 경차(예: 마티즈)와 고급승용차(예: 에쿠우스)는 같은 자동차이지만 별도의 시장으로 분석하는 것이 타당할 것이다. 그 이유는 우유와 콜라, 그리고 경차와 고급승용차는 서로 대체되는 정도가 매우 낮기 때문이다. 반대로 빨간 사과와 파란 사과는 대체가능성이 매우 크기 때문에 같은 시장으로 볼 수 있다.

경제학에서는 시장을 다음과 같이 정의하고 있다.

시장이란 대체가능성이 매우 높은 재화를 교환하는 구매자들과 판매자들의 그룹이다.

따라서 시장을 정의할 때, 앞에서 배운 교차탄력성을 활용할 수 있다. 즉 두 재화 간 교차탄력성이 클수록 동일한 시장으로 묶을 수 있다. 가령 빨간 사과의 가격이 10% 상승할 때 파란 사과의 수요가 40% 증가한다면, 교차탄력성이 4가 된다. 따라서 빨간 사과와 파란 사과는 같은 시장으로 분석하는 것이 타당하다. 반대로 신발의 가격이 10% 상승해도 아이스크림의 수요는 전혀 변화가 없을 것이다. 즉 교차탄력성은 0이다. 따라서 신발과 아이스크림은 독립재로서 별도의 시장으로 분석해야 한다.

교차탄력성은 지역적인 차원에서도 적용된다. 가령 서울에서 맥주 값이 올랐음에도 불구하고, 부산에서 맥주 수요가 전혀 변하지 않는다면 지역간 맥주의 교차탄력성은 0으로, 별도의 시장으로 분석하는 것이 타당할 것이다. 반대로 부산에서 맥주 수요가 감소한다면 서울과 부산을 동일한 시장으로 묶으면 된다. 지역 관점에서 보면, 주식시장, 금시장 등은 하나의 글로벌시장global market이 되었다. 반면 벽돌, 빵, 레미콘 등은 현지시장local market의 성격이 강하다.

5.4 수요의 소득탄력성

소득의 변화로 인한 수요의 변화정도를 측정하는 소득탄력성 역시 퍼센트(%) 변화로 측정한다. 즉

$$\varepsilon_m = \frac{\text{수요량의 변화율(\%)}}{\text{소득의 변화율(\%)}} = \frac{\%\ \Delta Q_x}{\%\ \Delta M} = \frac{\Delta Q_x / Q_x \times 100}{\Delta M / M \times 100}$$

제3장에서 살펴본 바와 같이 소득탄력성의 값은 정상재와 열등재의 구분과 관련이 있다. 대부분 재화의 소득탄력성은 양(+)의 값을 가지는데, 이러한 재화를 우리는 정상재라고 부른다. 즉 정상재는 소득이 증가함에 따라서 수요가 증가하는 재화이다. 같은 정상재라도 상품에 따라 소득탄력성은 크게 차이가 난다. 일반적으로 자동차의 소득탄력성은 큰 데 반하여, 농산물의 소득탄력성은 작게 나타난다. 반대로 어떤 재화의 소득탄력성이 음(−)의 값을 가지면, 우리는 그 재화를 열등재라고 부른다. 감자, 연탄, 직행버스표, 소주 등이 여기에 속한다고 볼 수 있다.

뿐만 아니라 소득탄력성은 경제성장과정에서 어떤 산업이 성장산업이고, 어떤 산업이 사양산업인지를 판가름하는 기준이 되기도 한다. 다른 사정이 일정한 한 소득탄력성이 매우 높은 산업은 성장산업이 되고, 소득탄력성이 낮거나 음(−)의 값을 가지는 산업은 사양산업임을 의미한다. 예를 들어 높은 소득탄력성을 가지는 자동차산업은 오랫동안 성장할 가능성이 있는 반면에, 낮은 소득탄력성을 가지는 농업부문은 심각한 문제에 직면할 것임을 짐작할 수 있다.

응용 5-1 농부는 흉년에는 항상 우는가?

이 물음은 농부는 풍년에는 항상 웃는가라는 물음과 마찬가지이다. 풍년에 농부들이 풍년가를 부르는 것을 보면, '풍년에는 항상 웃는다'라고 답할 수 있을 것이다. 그러나 역설적으로 농부들은 풍년보다는 흉년에 더 소득이 증대되는 경우가 있다. 우리는 이것을 〈그림 5-6〉의 곡물에 대한 수요곡선에서 알 수 있다. P_A부터 P_B까지의 가격대는 비탄력적인 구간으로 수요의 가격탄력성의 값이 작다.

농부들이 씨를 뿌린 후에 날씨에 따라 추수량은 달라지게 마련이다. 만약 가뭄 때문에 추수량이 적어 공급곡선이 S'라고 한다면, 가격은 매우 높게 결정될 것이다. 반대로 날씨가 좋아서 공급량이 많아 공급곡선이 S라고 한다면 가격은 매우 낮게 될 것이다. 농부들은 이 두 경우에 언제 더 많은 수입을 얻을 수 있겠는가? 이에 대한 답은 수요의 탄력성과 총수입과의 관계를 이해하면 쉽게 얻을 수 있다. 수요가 비탄력적이므로 가격이 하락하면 총수입은 감소한다. 그러므로 풍년으로 곡물가격이 떨어질수록 소비자들은 덜 지출하게 되며 농부들의 수입은 점차 감소하게 된다. 반대로 흉년이 들어 가격이 상승하면 할수록 농부들의 총수입은 증가하게 되어 오히려 공급곡선이 S'일 때 유리하다.

이러한 결론은 농부 전체를 함께 생각할 때 가능하다는 점에 유의해야 한다. 가령 한 농부만이 화재로 추수한 곡식의 상당부분을 잃어버렸다고 하면, 얘기가 달라지기 때문이다. 그 농부가 잃은 곡식은 시장가격에 전혀 영향을 줄 수 없으므로 단지 그 자신만 손해를 보는 데 그칠 것이다.

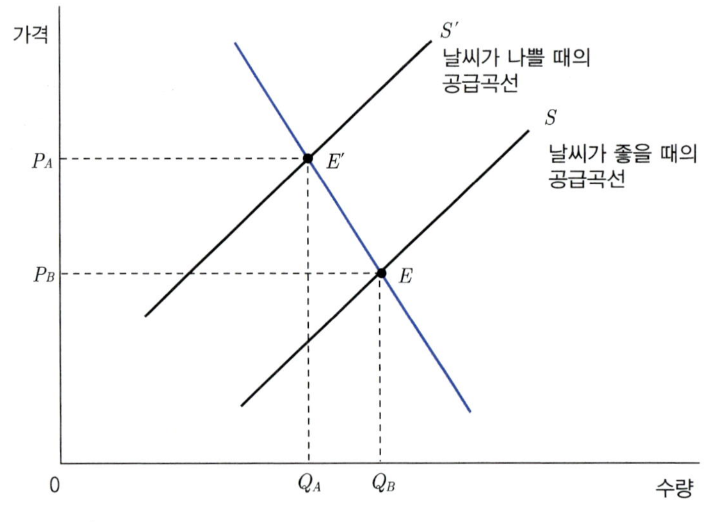

그림 5-6 농부는 흉년에 항상 우는가?

응용 5-2 생산자와 소비자 중 간접세를 누가 더 부담하나?

수요의 탄력성 개념은 특정 상품에 간접세를 부과하였을 때 그 세금을 과연 누가 부담하게 되는가 하는 문제—경제학 용어로 조세귀착tax incidence의 문제—를 분석하는 데 활용할 수 있다.

〈그림 5-7〉의 시장균형 상태에서 귤의 균형수량은 7,000개이고, 균형가격은 200원이라고 하자. 만일 정부가 귤 1개 거래당 50원씩의 종량세를 부과한다면, 이 50원의 세금을 누가 부담할 것인가?

세금의 부과는 먼저 공급의 변화를 가져온다는 점을 이미 배운 바 있다. 즉 세금을 부과하면, 추가비용이 되어 생산물의 공급가격이 세금만큼 증가하게 되므로 공급곡선 자체를 세금만큼 상향 이동시키게 된다. 예를 들어, 조세부과 전에는 귤 1개당 200원일 때 생산자들이 주당 7,000개를 공급할 의도가 있었지만, 1개당 50원씩의 세금이 부과된 후에는 개당 250원을 받아야만 종전과 동일한 양을 공급하려 할 것이다. 마찬가지로 개당 300원을 받아야만 10,000개를 공급하려 할 것이다. 이 관계가 〈그림 5-7〉의 공급곡선 S_t로 나타난다.

공급곡선이 S에서 S_t로 이동하게 되면, 시장균형은 E에서 E'로 이동된다. 새로운 균형에서의 균형가격은 225원이고 균형수량은 5,000개가 된다.

그렇다면 세금의 크기는 얼마이며, 이를 누가 부담하게 되는 것일까? 먼저 세금의 크기는 거래량(5,000개)에다가 단위당 세금(50원)을 곱한 250,000원이 된다(□ $P_1P_2E'B$). 이 세금은 기업의 총수입 중에서 정부에 지불된 것이므로 일차적으로 기업이 부담한 것이고 볼 수 있다. 그러나 궁극적인 조세귀착은 이렇게 단순한 것이 아니다. 소비자도 이 중 일부를 부담하고 있기 때문이다.

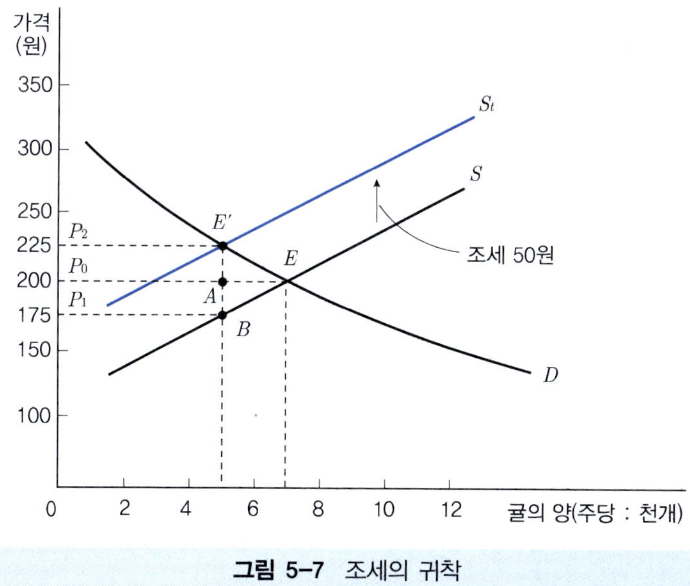

그림 5-7 조세의 귀착

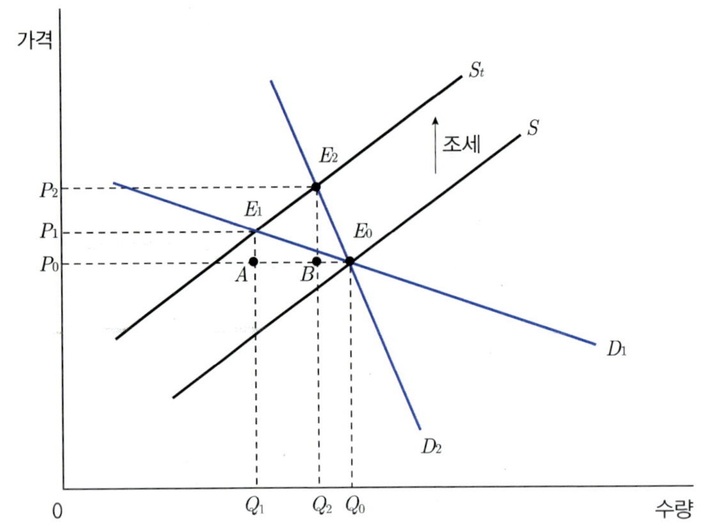

그림 5-8 수요의 가격탄력성에 따른 조세부담의 차이

왜냐하면 소비자는 세금부과 전에 개당 200원에 구입하던 것을 세금부과 후에는 개당 225원씩 지불해야 하므로 개당 25원, 총 125,000(25×5,000)원의 부담을 안게 된 것이다(□ $P_0P_2E'A$). 한편 기업은 세금부과 전에 개당 200원 받던 것을 세금부과 후에는 225원씩 받게 되었으나 개당 50원의 세금을 납부해야 하므로, 실제수입은 개당 25원밖에 되지 않는다. 결국 기업도 개당 25원, 총 125,000원의 세금을 부담하여야 한다(□ P_1P_0AB). 요컨대 우리가 가정한 예에서 기업은 부과된 세금의 반을 소비자에게 전가시키고, 나머지 반은 스스로 부담함으로써, 생산자와 소비자가 똑같이 세금을 분담하고 있다.

그러나 수요와 공급의 탄력성이 〈그림 5-7〉과 다를 때는 조세의 귀착 또한 달라지게 된다. 그러면 수요와 공급의 탄력성에 따라 조세의 귀착이 어떻게 달라지는지를 두 가지 경우로 크게 나누어 생각해 보기로 하자. 먼저 공급이 일정하게 주어져 있을 경우에는 수요가 비탄력적일수록 부과된 세금 중에서 소비자에게 전가되는 세금의 비중이 커진다. 극히 단적인 예로 수요가 완전비탄력적인 경우와 완전탄력적인 경우를 그려봄으로써 이를 쉽게 확인해 볼 수 있다. 완전비탄력적인 경우는 부과된 세금의 전부가 소비자에게 전가되는 반면에, 완전탄력적인 경우에는 부과된 세금을 전부 생산자가 부담하게 된다.

〈그림 5-8〉은 수요가 탄력적인 경우와 비탄력적인 경우를 같이 그려 놓은 것이다. 수요가 탄력적일 때는 부과된 세금 중에서 적은 부분(E_1A)만이 소비자에게 전가되고 나머지 대부분은 생산자가 부담하게 된다. 반대로 수요가 비탄력적일 경우에는 부과된 세금 중에서 대부분(E_2B)을 소비자에게 전가시키고 극히 적은 부분만을 생산자가 부담하게 된다. 또한 수요가 탄력적일수록 균형량의 감소폭도 더 크게 나타나고 있다.

3부

공급곡선 뒤에 숨어있는 것

한 상품의 가격은 수요와 공급의 상호작용에 의해서 결정되는데, 앞에서는 수요측면에 대해서 살펴보았으므로 이제는 공급측면에 초점을 맞추어 공부할 차례가 되었다. 기업의 공급의도는 시장에서 결정되는 상품가격뿐만 아니라 상품생산에 소요되는 생산요소의 가격(생산비)과 생산성에 의해서 결정되므로 공급을 이해하려면 먼저 생산비를 이해하여야 한다.

6장

생산과 비용

이 장에서는 먼저 비용의 개념을 검토하고 생산 및 생산비의 일반적 성질에 관하여 알아본다. 이를 토대로 시장형태에 따른 기업의 공급의도를 제7장부터 제10장에 걸쳐서 파악한다.

6.1 비용의 개념

1) 경제적 비용: 기회비용

경제학에서 말하는 비용의 개념은 무엇인가? 경제학자들은 비용의 개념을 자원이 희소하고, 여러 용처에 쓸 수 있다는 사실에서 찾는다. 즉 특정 재화의 생산에 요소를 투입하면, 다른 재화의 생산 기회가 포기된다는 사실이다. 따라서 경제학에서는 비용을 한 재화의 생산에 요소를 투입함으로써 포기된 다른 재화의 수량으로 정의한다. 가령 X재 1 단위를 생산하기 위한 비용은 Y재 생산에 투입되었더라면, 생산할 수 있었던 Y재 생산량이라는 것이다. 요컨대 경제학에서 말하는 비용은 기회비용opportunity cost의 개념이다.

2) 암묵적 비용과 명시적 비용

이상에서 설명한 기회비용은 사회 전체적 관점에서 본 것임에 유의해야 한다. 그렇다면 개인적인 입장에서 기회비용은 어떻게 보아야 하나? 가령 독자가 지금 이 책을 읽는 기회비용은 어떻게 측정될 수 있을까? 물론 독자가 책을 읽는 동안 포기되는 시간으로 할 수 있었을 다른 것으로서, 예를 들어 애인과의 데이트가 될 수 있다. 그러면 생산의 주체인 개별기업의 입장에서 본 비용은 어떻게 측정되나? 기회비용의 개념을 활용하면, 기업의 생산비용은 다음과 같이 정의 내릴 수 있다.

> X재의 생산비용은 기업이 고용하는 요소공급자(노동자, 기계소유자, 토지소유자)들이 X재 생산에 전념하게끔 지불해야만 하는 화폐액(임금, 이자, 지대)이다.

여기서 말하는 화폐액은 명시적 비용explicit cost뿐만 아니라 암묵적 비용implicit cost도 포함한다. 명시적 비용이란 기업이 소유하지 않은 요소에 대해 지불하는 돈이다. 명시적 비용은 흔히 회계사나 경리직원이 사용하는 개념이다. 즉 회계학에서는 비용을 단순히 기업 외부에서 노동, 원재료, 연료, 전력 등을 제공하는 요소소유자에게 기업이 그 대가로 지불하는 금액으로 보고 있다.

그러나 기업은 생산을 위해 직접 요소를 소유하며, 이에 대해서도 비용이 발생한다. 왜냐하면 기회비용이란 생산요소를 누가 소유 또는 고용하고 있느냐에 관계없이 발생하기 때문이다. 바로 기업이 내부적으로 보유하고 있는 요소에 대해서 발생하는 비용이 암묵적 비용으로, 기업에 있어서 암묵적 비용은 자가고용된 요소가 다른 용도로 사용되었을 때 얻을 수 있는 화폐액이다. 예를 들어 갑이라는 사람이 동네에서 자기소유의 점포와 자본금을 가지고 식품점을 부인과 함께 운영하고 있다고 하자. 그는 명시적인 임대료나 임금은 지불하지 않지만 암묵적인 임대료와 임금은 발생하고 있다. 왜냐하면 자기소유의 건물을 식품점으로 이용함으로써 갑은 타인에게 임대했을 경우 얻을 수 있었던 임대료—예를 들어 월 100만원—를 희생하고 있으며, 이와 마찬가지로 그와 부인의 노동력과 자본을 자신의 식품점에 투입함으로써, 만일 그와 부인이 다른 회사에 고용되거나 그의 자본을 타인에게 대여했더라면 얻을 수 있는 임금과 이자를 희생하고 있는 것이다. 뿐만 아니라 갑은 그 자신의 기업경영능력을 식품점 경영에만 전념시킴으로써 그렇지 않으면 다른 회사에서 발휘하여 얻을 수 있었던 소득도 포기하고 있는 것이다. 이와 같이 생산요소를 고용한 대가로 기업 외부에 돈을 지급하지는 않았지만 마땅히 생산비용에 넣어야 할 비용을 경제학에서는 암묵적 비용이라 한다. 이상을 요약하면 다음의 관계가 성립한다.

기회비용(경제적 비용) = 명시적 비용(회계학적 비용) + 암묵적 비용

3) 정상이윤

앞의 예에서 갑은 기업가로서의 능력과 재능을 식품점 경영에 투입하고 있는데, 이와 같이 기업가능력이 어떤 용처—앞의 예에서는 식품점—에 계속 투입되도록 하기 위해 지급되어야 하는 최소한의 보수를 정상이윤normal profit이라고 한다. 혹시 일부 독자들은 정상이윤이 말 그대로 이윤이지 왜 비용개념에 포함되느냐고 물을 수도 있다. 그러나 경영능력도 자기소유의 요소이므로 암묵적 임금이나 암묵적 이자와 마찬가지로 암묵적 비용이다. 만일 기업가가 이러한 최소한도의 이윤을 얻지 못한다면 그의 기업가로서의 능력을 다른 재화의 생산으로 돌리거나, 혹은 개인에 따라서는 사업을 포기하고 고용살이를 희망할 것이다. 요컨대 경제학에서 말하는 비용은 재화의 생산과정에서 고용되는 모든 생산요

소에 대해서 지급되는 일체의 지급액을 말하는 것으로서, 명시적 비용은 물론이고 정상이윤을 포함하는 암묵적 비용까지 포함하는 개념이다.

4) 경제적 이윤(순수이윤)

앞의 비용분석을 통해 독자들은 이윤에 대해서 경제학과 회계학에서 각기 그 해석을 달리하고 있음을 짐작할 수 있었을 것이다. 〈그림 6-1〉에서 보는 바와 같이 회계학에서 말하는 이윤은 총수입에서 명시적 비용만을 뺀 잔여분이라고 보나, 경제학에서는 총수입에서 모든 명시적 비용과 암묵적 비용(정상이윤 포함)을 뺀 잔여분을 말한다.

그러므로 경제학자가 "A 기업은 비용을 보상받고 있다"라고 말할 경우, 그가 의미하는 것은 모든 명시적 비용과 암묵적 비용이 '커버'되고 있으며, 따라서 A 기업의 경영자는 기존재화의 생산에 그의 경영능력을 계속 투입하기에 충분한 수입을 얻고 있다는 것이다. 만약 기업의 총수입이 기회비용을 초과할 경우 잔여분은 기업가에게 귀속되는데, 이 잔여분을 경제적 이윤economic profit 혹은 순수이윤pure profit이라고 부른다. 즉,

경제적 이윤(순수이윤) = 총비용 − 경제적 비용(기회비용)

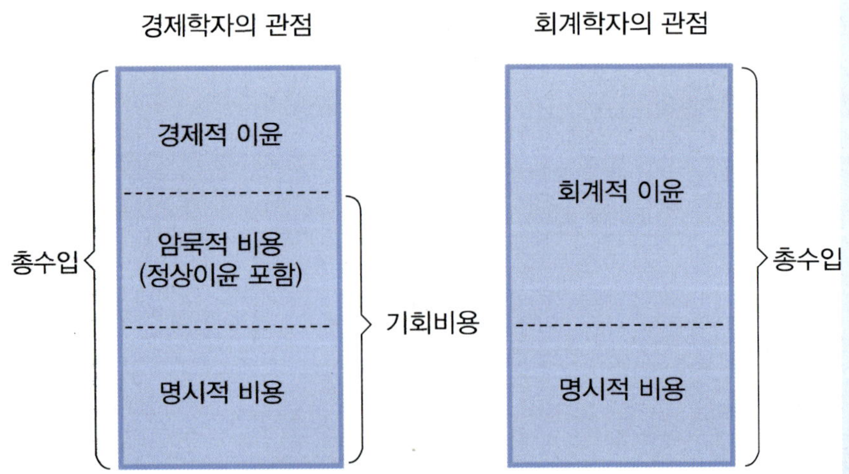

그림 6-1 경제적 이윤과 회계적 이윤

순수이윤은 기업가로 하여금 특정재화 생산에 계속 종사하도록 하는 데 필요한 정상이윤을 초과하는 수입이기 때문에 비용이 아니다.

5) 단기비용과 장기비용

이상에서 살펴본 비용은 기업이 생산에 소요되는 생산요소의 투입량을 변화시키는 데 걸리는 기간에 따라 단기비용short-run cost과 장기비용long-run cost으로 구분된다. 가령 승용차를 생산한다고 할 때, 노동력 등은 쉽고도 짧은 기간 내에 증가시킬 수 있으나, 공장, 기계 등 플랜트를 증가시키는 데는 몇 년씩 걸릴 것이다. 단기란 기계설비는 일단 주어진 것으로 보고 노동만을 변경시킬 수 있는 비교적 짧은 기간이다. 만약 X재 생산과정에 노동(L)과 기계설비(K) 두 요소만 투입된다고 하면, 단기의 생산관계는 다음과 같이 표현된다.

$$Q = f(L), \text{ K는 주어짐}$$

여기서 Q는 생산량을 나타낸다. 이러한 단기생산관계에서 노동을 가변요소variable inputs, 기계설비를 고정요소fixed inputs라 부르며, 이 때 발생하는 비용을 단기비용이라고 한다.

그러므로 이제 장기와 장기비용의 개념은 스스로 명백해졌다. 기업 입장에서 보면 장기란 노동뿐만 아니라 기계설비를 포함한 모든 요소를 변경시킬 수 있는 비교적 긴 기간이다. 이를 생산관계로 표시하면,

$$Q = f(L, K)$$

이다. 따라서 장기에 있어서 모든 요소가 가변요소이며, 이때 발생하는 비용이 장기비용이다.

그러나 이와 같은 장단기 개념은 어떤 구체적인 기간을 지칭하는 것이 아니라 관념적인 기간의 개념임에 유의해야 한다. 가령 Y-셔츠를 만드는 기업의 경우 1-2개월 이내에 재봉틀과 섬유절단기를 주문하고 설치하여 설비를 쉽게 증가시킬 수 있으나, 자동차 제조회사의 경우는 1-2년이 소요될 것이다. 물론 각각의 경우 같은 장기 개념이다. 이제 생산비용을 장기와 단기로 구분하여 자세히 분석해 보기로 하자.

6.2 단기에서의 생산과 생산비

1) 수확체감의 법칙

기업이 한 제품을 생산하는 데 드는 생산비는 소요되는 요소의 가격뿐만 아니라 요소의 양에도 의존한다. 그런데 생산기술이 요소의 양을 좌우하므로 이제부터 생산비의 기술적 측면을 분석해 보기로 한다. 앞에서 언급한 바와 같이 단기에서 기업은 고정설비에 가변요소의 양을 증가시킴으로써 산출량을 증가시킬 수 있다. 이때 가변요소의 투입량이 증가함에 따라 산출량은 어떻게 달라질 것인가?

이 질문에 대한 대답을 우리는 수확체감의 법칙law of diminishing returns을 통해서 구할 수 있다. 일반적으로 고정설비에 가변요소, 즉 노동을 1단위씩 계속 증가시켜 주면 총생산량은 증가한다. 이와 같은 생산량의 증가는 노동의 분업 및 전문화 등에 의해서 생산효율이 증가된 데 따른 것이다. 그러나 가변요소의 투입량을 계속 증가시킴에 따라 총생산량은 계속 증가하지만, 궁극적으로 그 증가율은 점차 감소하게 되며, 마침내 그 증가율은 0이 되고 총생산량은 더 이상 증가하지 않을 것이다. 만약 이 수준을 넘어서 계속 가변요소의 투입량을 증가시킬 경우에는 총생산량은 오히려 감소하게 될 것이다. 이와 같은 현상을 우리는 수확체감의 법칙이라고 부른다.

수확체감의 법칙을 예를 들어 설명해 보기로 하자. 가령 어느 학생이 겨울방학을 이용하여 학비도 벌 겸, 집 근처에 10평짜리 점포를 빌려 빵 굽는 기계 2대를 놓고 빵집을 차렸다고 하자. 장사가 잘되자 혼자하기가 바빠 친구들을 한두 명 더 고용하게 되었다. 그 결과 처음에는 혼자서 밀가루도 사 오고, 빵도 굽고, 판매하고, 경리장부까지 정리하던 일을 서로 나누어 맡게 되어 능률이 올라 빵의 생산량이 크게 증가할 것이다. 그러나 계속해서 친구들을 더 고용하게 되면—가령 기계 1대당 한 사람이 하던 것을 세 사람이 하게 되면—오히려 초기에 누리던 효율이 비효율로 변하게 될 것이다. 극단적인 경우에는 손님보다 친구 종업원들로 붐비게 될 것이고, 처음에 기대했던 종업원수의 증가에 따른 생산량의 증가를 기대할 수 없게 될 것이다.

또 다른 예를 들어보자. 목제 문짝을 만드는 회사가 톱, 망치 등 일정량의 설비를 갖추고 한 명의 목수만 고용하고 있다고 하자. 그러면 문짝 생산량과 생산성은 매우 낮은 수준에 머무를 것이다. 왜냐하면 목수 혼자서 목재를 재단하고, 자르고, 맞추고, 못질하는 등 여러 가지 일을 해야 할 뿐 아니라 한가지 일이 끝나고 다른 일로 넘어갈 때 시간이 걸리고, 그 동안 설비가 활용되지 않기 때문이다. 요컨대 기계에 비해서 목수가 너무 적어서 생산이 비능률적이다. 이러한 비능률은 목수를 더 고용함으로써 해결할 수 있다. 즉 사람을 더 쓰면 일이 전문화되고, 시간이 덜 걸리며, 기계가 놀지 않고 활용될 수 있다. 그 결과 생산성이 향상되어 추가적으로 고용되는 목수의 기여도는 증가하게 될 것이다. 그러나 목수가 자꾸 충원될수록 목수들이 작업장에 붐비게 되는 문제가 생긴다. 즉 기계설비는 고정되어 있는데 목수가 계속 증가되면, 나중에는 기계를 서로 사용하려고 줄까지 서게 될 것이다. 처음과는 달리 목수가 남아 돌게 된 것이다. 따라서 비능률이 증가되고 추가적으로 고용되는 목수의 기여도는 감소하여 생산량의 증가율은 떨어질 것이다. 극단적으로 어떤 순간에서 추가로 고용되는 목수의 기여도는 0이 되고, 그 이상에서 고용되는 목수는 오히려 작업장의 방해꾼이 될 것이다.

이와 같이 설비를 고정시켜 놓고, 이와 결합되는 노동력(가변요소)을 계속 증가시켜 나갈 경우 총생산량은 증가하지만, 일정수준을 넘어서면 총생산량의 증가분은 점차로 감소하게 된다.

그림을 통해서 수확체감의 법칙을 설명해 보기로 하자. 먼저 〈표 6-1〉을 보자. (1)란에는 가변요소인 노동의 투입량을 표시하고, (2)란은 노동의 투입에 따른 총생산Total Product; TP을 표시한다. 따라서 (1)란과 (2)란은 투입과 산출량과의 관계를 보여준다. 즉

$$Q = f(L), \text{ K는 주어짐.}$$

(3)란은 노동 한 단위의 추가 투입에 따른 총생산물의 변화, 즉 한계생산Marginal Product; MP을 표시하고 있다. 즉

$$MP = \Delta Q/\Delta L.$$

(4)란은 평균생산Average Product; AP을 나타내며 단순히 총생산(2란)을 노동투입량(1란)으로 나눈 것이다. 즉

표 6-1 수확체감의 법칙

(1) 노동력	(2) 총생산	(3) 한계생산 Δ(2)	(4) 평균생산 (2)÷(1)
0	0		–
1	12	12	12
2	26	14	13
3	35	9	$11\frac{2}{3}$
4	40	5	10
5	39	–1	$7\frac{4}{5}$
6	35	–4	$5\frac{5}{6}$

$$AP = Q/L$$

〈표 6-1〉을 그래프로 옮긴 것이 〈그림 6-2〉이다. 이 그림을 통해서 우리는 수확체감의 법칙과 TP, AP, MP의 관계를 보다 명확히 이해할 수 있다.

먼저 〈그림 6-2〉의 (a)에서 총생산은 세 가지 다른 국면을 나타내고 있다. 1단계에서는 노동투입량이 증가함에 따라 TP는 크게 증가한다. 2단계에서는 TP는 증가하나 그 증가율은 점차 둔화되고, 3단계에서는 TP가 최대점에 달한 뒤에 오히려 감소한다. 그런데 그래프 상으로 MP는 총생산곡선의 접선의 기울기이므로 TP의 3단계 변화 국면은 MP에 반영되어진다. 즉 TP가 크게 증가하는 1단계에서는 MP가 증가한다. TP가 증가하나 그 증가율이 둔화되는 2단계에서는 MP는 (+) 값을 가지지만 그 크기는 감소한다. TP가 극대화되는 순간 MP는 0이 되고, TP가 감소하면 MP는 (–) 값을 갖게 된다.

AP 역시 MP처럼 증가하다가 최고점에 도달한 이후 감소한다. 그러나 AP와 MP의 관계는 산술적인 관계임에 유의해야 한다. 즉 MP가 AP보다 크면 AP는 증가하고, 반대로 MP가 AP보다 작으면 평균생산은 감소한다. 당연히 MP는 평균생산의 최고점을 지난다. 이러한 관계는 학생들이 시험성적을 받을 때 쉽게 알 수 있을 것이다. 만일 4과목의 평균점수가 80점인 학생이 다섯 번째 과목에서 90점—한계점수임—을 받았다면 그의 새로운 평균점수는 올라갈 것이고, 반대로 60점을 받았다면 새로운 평균점수는 떨어질 것이다. 이런 이유로 해서 AP곡선은 MP곡선과 아래에서 교차할 때까지 상승하다가, MP가 AP보다 작아지는 곳부터는 우하향하게 된다.

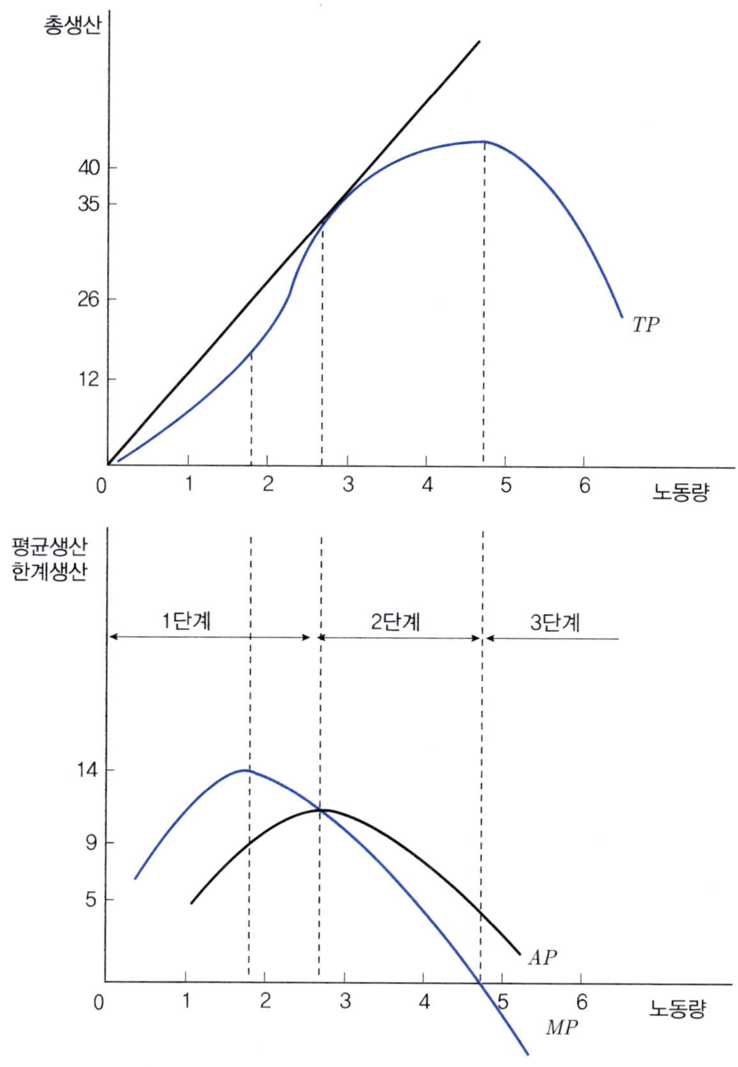

그림 6-2 총생산, 평균생산, 한계생산

수확체감의 법칙은 TP곡선, AP곡선, MP곡선의 모양에 그 의미가 함축되어 있다. 그러나 앞서 지적한 바와 같이 수확체감의 법칙은 한계생산(MP)에 초점을 맞추어 정의된다. 그러므로 수확체감의 법칙은 한계생산이 체감하는 제2단계를 지칭한다고 볼 수 있다.

더 알아보기 6-1 경제학은 '음울한 학문'dismal science?

18C 경제학자 맬더스T. R. Malthus는 그의 저서 인구론에서 "식량은 산술급수적으로 증가하나, 인구는 기하급수적으로 증가한다"고 하였다. 이는 농업생산에서 경작지가 고정되어 있을 때(즉 단기) 수확체감의 법칙이 작용하여, 증가하는 인구를 먹여 살리기에 어려움이 있다는 의미로 받아들여져, 당시 경제학자들이 미래를 비관적으로 보는 근거를 제공하였다. 이를 반영하여 카알라일T. Carlyle은 경제학을 음울한 학문이라고 하였다. 그러나 200년이 지난 지금에 와서 보면, 이러한 예측이 빗나갔음을 확인해 볼 수 있다. 식량은 농기계의 개발, 농업기술의 진보 등으로 산술급수 이상으로 크게 증가하였으며, 인구도 전쟁이나 전염병 등으로 기하급수적으로 증가하지 않았다는 것이 정설이다. 즉 맬더스는 농업분야에서의 변화를 '장기적' 관점에서 바라보지 못했던 것이다.

따라서 독자들은 수확체감의 법칙은 이제는 의미 없는 경제원리가 아닌가라고 생각할 수 있을 것이다. 그러나 그렇지 않다. 우리가 경제분석 시에 토지든 기계설비든 어떤 생산요소가 고정되었다고 전제하면, 수확체감의 법칙은 여전히 나타날 수 있는 불변의 경제원리인 것이다.

2) 기업의 단기비용

앞에서 살펴본 순수한 생산정보에다가 '화폐'로 평가되는 요소가격을 고려하면 생산비용이 결정된다. 즉 노동량에 노동의 가격인 임금을 곱하면 생산비가 결정된다. 이제 기업의 단기비용으로 눈을 돌려보자. 단기비용에 관한 정보가 〈표 6-2〉

표 6-2 기업의 단기비용구조

(1) 산출량 Q	(2) 총고정비용 TFC	(3) 총가변비용 TVC	(4) 총비용 TC $(TFC+TVC)$	(5) 한계비용 MC $\left(\frac{\Delta TC}{\Delta Q}\right)$	(6) 평균고정비용 AFC $\left(\frac{TFC}{Q}\right)$	(7) 평균가변비용 AVC $\left(\frac{TVC}{Q}\right)$	(8) 평균비용 AC $\left(\frac{TC}{Q}\right)$
0	2,500	0	2,500		–	–	–
				1,000			
1	2,500	1,000	3,500		2,500	1,000	3,500
				600			
2	2,500	1,600	4,100		1,250	800	2,050
				400			
3	2,500	2,000	4,500		833	657	1,500
				200			
4	2,500	2,200	4,700		625	550	1,175
				300			
5	2,500	2,400	4,900		500	480	980
				500			
6	2,500	2,700	5,200		417	450	867
				800			
7	2,500	3,200	5,700		357	457	814
				1,400			
8	2,500	4,000	6,500		313	500	813
				2,100			
9	2,500	5,400	7,900		278	600	878
10	2,500	7,500	10,000		250	750	1,000

에 나타나 있으며, 〈그림 6-3〉은 이 정보를 그래프로 그려 놓은 것이다.

(1) 총비용: 고정비용과 가변비용

우리는 앞에서 단기에서는 생산설비와 같은 고정요소가 있고, 노동 등과 같은 가변요소가 있음을 배웠다. 이는 단기에서 총비용Total Cost; TC은 총고정비용Total Fixed Cost; TFC과 총가변비용Total Variable Cost; TVC으로 구성된다는 것을 의미한다. 즉

$$총비용(TC) = 총고정비용(TFC) + 총가변비용(TVC)$$

① 고정비용

고정비용은 생산량에 관계없이 일정하게 지불해야 하는 비용이다. 고정비용은 생산설비 그 자체에 대해서 발생하는 비용이므로 생산량이 0이라고 하더라도 지불되어야 한다. 예를 들어 이자, 감가상각비, 임대료 등이 여기에 속한다. 그러므로 〈그림 6-3〉에서 보는 바와 같이 고정비용 2,500원은 0을 포함한 모든 산출량 수준에서 동일하다.

② 가변비용

가변비용은 생산량의 증감에 따라서 변동하는 비용이다. 예를 들어 임금, 원자재비, 연료비, 수송비 등이 여기에 속한다. 〈그림 6-3〉에서 보는 바와 같이 가변비용은 생산량의 증가와 함께 증가한다. 그런데 변동비의 증가율은 일정하지가 않다. 즉 1단위에서 4단위까지 생산할 때까지 가변비용은 서서히 증가하다가, 4단위를 넘어서서는 빠른 속도로 증가한다. 왜 그런 것일까? 이는 앞에서 배운 수확체감의 법칙 때문이다. 처음에는 한계생산이 증가하기 때문에 1 단위의 재화를 생산하는데 드는 요소의 증가분은 점차 줄어들 것이고, 요소에 대해서 동일가격이 적용되므로, 이는 가변비용이 서서히 증가함을 의미한다. 반대로 한계생산이 감소하는 국면에서는 한 단위의 재화를 생산하는데 드는 요소량의 증가분은 많아질 것이고, 역시 요소에 대해 동일한 가격이 적용되므로 가변비용이 빠르게 증가한다.

이상과 같이 총비용을 고정비용과 가변비용으로 구분하는 것은 기업을 직접 경영하는 사람에게는 매우 중요하다. 가변비용은 단기에서 경영자가 생산량 수준을 변동시킴으로써 통제할 수 있는 비용이지만, 고정비용은 생산량 수준에 관계없이 발생하므로 경영자의 통제범위를 벗어나는 비용이기 때문이다.

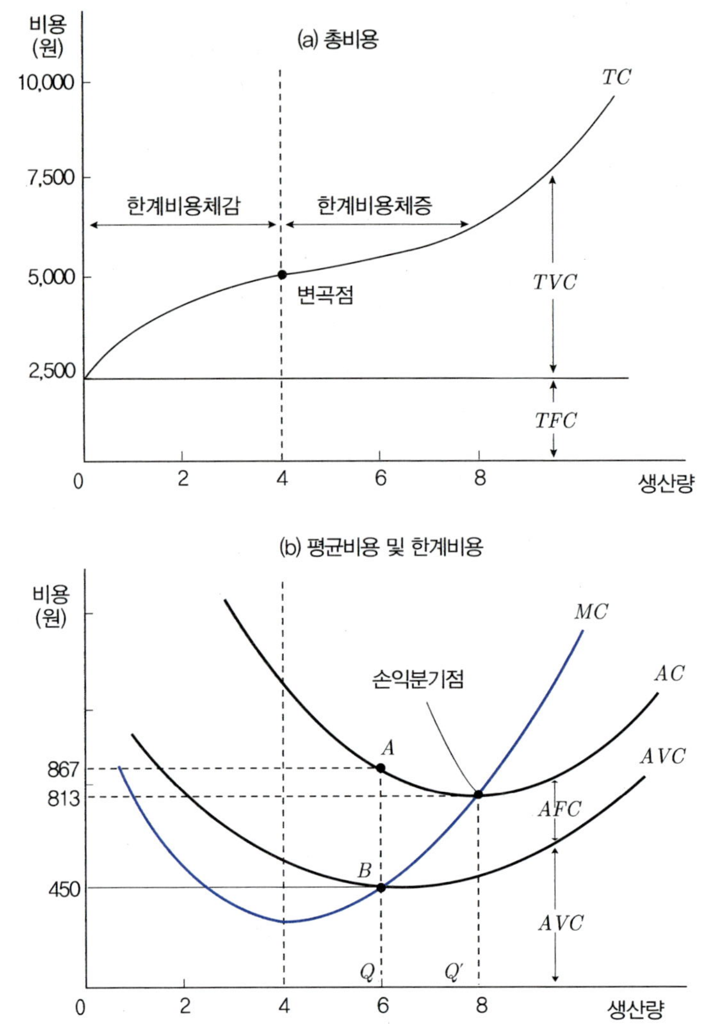

그림 6-3 총비용, 평균비용, 한계비용

(2) 평균비용

생산자는 총비용이 얼마냐 하는 것도 중요하게 여기지만, 생산량 1단위를 생산하는데 드는 비용, 즉 생산단가 또는 평균비용Average Cost; AC에 대해서도 관심을 갖지 않을 수 없다. 특히 제품 1단위를 기준으로 할 때 평균비용은 제품가격과 비교되는 아주 유용한 지표가 된다.

더 알아보기 6-2 매몰비용sunk cost

고정비용 중에는 매몰비용이라는 이름을 가지는 비용이 있다. 예를 들어 독자가 사업을 하기 위해 사무실을 1년 동안 임대한다고 하면, 이에 대해 매월 임대료를 지불하여야 한다. 이러한 임대료는 생산량에 관계없이 지불하여야 하므로 고정비용이다. 이제 쾌적한 업무 분위기를 위해 사무실 내벽을 도배하고, 소파를 샀다고 하자. 이 때 도배한 비용을 우리는 매몰비용이라고 한다. 왜냐하면 이는 회수 불가능한 비용이기 때문이다. 소파의 경우는 중고로 팔아서 일부 회수할 수 있으므로 전부가 매몰된 비용이 아니다.

구체적인 수치를 가지고 생각해 보자. 금년 1월 1일에 은행에서 2,000만원을 10%의 이자율로 빌려, 이 중 1,200만원을 1년치 임대료로 지불하고, 200만원을 들여 도배를 한 다음에 600만원짜리 소파를 사 놓았다고 하자. 1년이 지난 12월 31일에는 은행에 원금 2,000만원과 이자 200만원을 갚고, 소파는 500만원에 중고로 팔았다고 하자. 매몰비용은 얼마가 될 것인가? 물론 회수할 수 없는 비용을 더 해주면 될 것이다. 즉 임대료 1,200만원 + 이자 200만원 + 도배비용 200만원 + 소파에서 회수 불가능한 100만원 = 1,700만원이다.

경제적 의사결정시에 매몰비용, 즉 회수할 수 없는 비용과 회수할 수 있는 비용을 구분하여 생각하는 일은 매우 중요하다. 미국의 경우 중고 대학교재 시장이 잘 발달되어 있어서 100달러(약 11만원)짜리 경제학 책을 사서 깨끗하게 쓰면 중고로 70달러(약 7만 7천원) 받고 팔 수 있다. 우리의 실정에서는 한 권의 책을 사는데 100달러는 과도한 비용이라고 생각할 수 있으나, 실제 매몰비용은 30달러(3만 3천원) 정도 밖에 안 된다. 따라서 중고시장이 발달되어 있지 않아 비용의 모두가 매몰되는 우리의 사정과는 사뭇 대조된다.

이러한 매몰비용의 개념은 신규로 사업을 선정할 때도 매우 중요한 의사결정의 기준이 된다. 유태인들이 주로 금은방, 채소가게 등 비교적 매몰비용이 적은 업종에 종사하게 되는 것도 우연이 아니라 할 수 있다. 그들은 유대인에 대한 핍박으로 살던 곳을 언젠가 떠나게 되는 상황을 내다보았던 것이 아닌가 한다.

매몰비용의 개념은 앞으로 배우게 되는 시장이론에서도 매우 중요한 위치를 차지하고 있다. 미국의 경제학자 보몰W. Baumol은 매몰비용이 전혀 없는 아주 극단적인 시장을 경합시장이라고 부르고, 기업수(즉 독점이야 과점이냐)에 관계없이 완전경쟁시장과 같은 좋은 결과를 가져올 것이라고 주장하였다. 어떤 사업에 매몰비용이 전혀 없다는 것은 진입장벽이 전혀 없다는 것을 뜻하므로 잠재적 경쟁기업들이 주변에서 위협하기 때문에 기존의 기업들이 마음대로 행동할 수 없기 때문이다.

〈표 6-2〉의 (6), (7), (8)란을 옮겨 놓은 〈그림 6-3〉 (b)에는 평균고정비용, 평균가변비용, 평균비용이 나타나 있다.

① 평균고정비용

평균고정비용Average Fixed Cost: AFC은 총고정비용을 생산량으로 나눈 값이다. 즉

$$AFC = TFC/Q$$

그러므로 (6)란의 평균고정비용은 (2)란의 숫자를 (1)란의 숫자로 나누어서 구한 것임을 알 수 있다. 여기서 보면 2,500이라는 주어진 고정비용은 산출량이 증가함에 따라 점점 다량의 생산량에 분할되기 때문에 계속적으로 감소한다. 예를 들어 1단위를 생산할 때, TFC와 AFC는 2,500원으로 똑같다. 그러나 2단위 생산할 때는 TFC는 여전히 2,500원이나 AFC는 1,250원이다. 3단위 째는 TFC는 여전히 2,500원이나 AFC는 833원으로 줄어든다. 〈그림 6-3〉에서 보는 바와 같이 AFC는 생산량이 증가함에 따라 계속적으로 감소하여, AC곡선과 AVC곡선은 점차 간격이 줄어들지만, 만나지 않는다.

② 평균가변비용

평균가변비용Average Variable Cost; AVC은 총가변비용을 생산량으로 나눈 값이다. 즉

$$AVC = TVC/Q$$

AVC곡선은 〈그림 6-3〉 (b)에서 보는 바와 같이 U자로 처음에는 감소하다가 생산량이 6단위일 때 최소점에 이르고, 그 뒤로는 증가한다. 그 이유는 TC가 수확체감의 법칙을 반영하기 때문에 총비용에서 도출된 평균비용도 수확체감의 법칙을 반영한다는 데 있다. 처음 4단위를 생산할 때까지는 수확체증이 작용하므로, 생산을 증가시킴에 따라 요소량이 더 적게 들고, 결과적으로 단위당 가변비용이 감소한다. 6단위 째는 최소치에 도달하고 그 뒤부터는 수확체감의 법칙을 반영하여, 단위당 가변비용은 상승하게 된다.

이러한 AVC곡선이 말해 주는 경제적인 의미는 무엇인가? 적은 양을 생산할 때는 기업의 고정설비가 모두 활용되지 않기 때문에 생산이 비효율적이다. 즉 가변요소(노동)가 고정요소(기계)와 적절하게 협력하여 활용되지 않기 때문에 생산이 비효율적이고 단위당 비용이 높다. 그러나 생산량이 점차 확대됨에 따라서 전문화가 가능하게 되고 기계설비도 적절하게 활용되므로 생산의 효율성이 향상된다. 이는 당연히 단위당 가변비용이 감소함을 뜻하는 것이다. 그러나 이러한 현상이 끝없이 진행되는 것은 아니다. 생산이 계속 증가하면 일정수준에서 수확체감의 법칙이 다시 작용하게 된다. 기계설비가 고정된 상황에서 생산증대에 따라 가변요소가 너무 많이 고용되면, 생산의 효율성이 떨어지며, 이는 AVC가 상승함을 뜻하는 것이다. 요컨대 AVC곡선은 수확체감의 현상을 반영하여 U자 형태를 가지게 되는 것이다.

③ 평균비용

평균비용Average Cost; AC은 총비용을 생산량으로 나눈 값으로, 각 생산량 수준에서 평균고정비용과 평균가변비용을 더하여 구할 수 있다. 즉,

$$AC = TC/Q = AFC + AVC$$

〈그림 6-3〉에서 보면, AC는 AFC와 AVC를 수직으로 합한 것이다. 따라서 AC와 AVC의 수직거리는 각 생산량 수준에서의 AFC를 나타낸다. 예를 들어 6단위 생산시 AC의 값은 QA(867원)이고 AVC의 값은 QB(450원)로서, AC에서 AVC를 뺀 AB(417원)가 AFC의 값이다.

3) 한계비용

마지막으로 비용개념 중 가장 중요하다고 볼 수 있는 한계비용Marginal Cost; MC에 대해서 살펴보자. MC는 생산량을 추가적으로 한 단위 더 생산하는 데 드는 TC의 증가분이다. 즉

$$MC = \Delta TC/\Delta Q.$$

예를 들어 〈표 6-2〉에서 1번째 단위를 생산하면 TC가 2,500원에서 3,500원으로 증가하여, MC는 1,000원이 된다. 2번째 단위의 MC는 600원(4,100 − 3,500), 3번째 단위의 MC는 400원(4,500 − 4,100)이다. 10단위 각각의 한계비용이 (5)란 계산되어 있다. 그런데 생산량이 증가함에 따라서 고정비용은 불변이므로, 총비용의 증가분은 가변비용의 증가분과 같다. 가령 생산량이 2단위일 때와 3단위일 때를 비교해서 그 변화를 살펴보자. 2단위 째의 TC는 4,100원이고, 3단위 째의 TC는 4,500원으로 한계비용은 400원이다. 이 때 MC는 TVC의 변화분인 400원(2,000 − 1,600)과 같다.

경제학에서는 총비용이나 평균비용보다도 한계비용을 중시하는 경향이 있는데 그 이유는 무엇일까? 이는 한계비용은 기업이 직접 통제할 수 있는 비용으로 전략적인 변수가 되기 때문이다. 좀더 설명하면, 한계비용은 마지막 한 단위를 더 생산하는 데서 발생하는 추가적인 비용으로, 그 마지막 한 단위를 생산하지 않는다면 절약될 수 있는 비용이다. 평균비용은 이러한 정보를 주지 못한다. 예

를 들어 기업이 3단위를 생산할지 4단위 생산할지 고민에 빠져 있다고 하자. 4단위를 생산하면 AC가 1,175원이다. 그러나 기업이 4단위 째를 생산하면 1,175원이 더 들어가거나, 생산하지 않음으로써 1,175원이 절약되는 것이 아니다. 비용의 변화분은 1,175원이 아니라 (5)란의 MC가 나타내는 바와 같이 200원이다. 기업이 얼마만큼 생산하느냐를 결정하는 일은 결국 한계개념에 그 바탕을 두고 있는 것이다. 가령 한계수입이 주어지면, 이것과 한계비용을 비교하여 한계수입이 한계비용보다 더 크다면 더 생산하기로 결정하거나, 반대로 한계수입이 한계비용보다 더 작다면 생산을 감소시키기로 결정하는 것이 더 현명할 것이다.

〈그림 6-3〉에서 보는 바와 같이 MC는 처음에는 급격히 감소하다가 최소점에 도달한 이후에는 급격히 상승한다. 즉 MC곡선은 U자 형태를 띠는데, 이는 수확체감의 법칙을 반영하고 있기 때문이다. 〈표 6-1〉에 비용정보를 첨가시킨〈표 6-3〉을 통해서 MC와 MP의 관계를 알아보자. 만약 가변요소(노동)의 가격(임금)이 일정하게 주어져 있다면, 한계생산이 증가하고 있는 경우에는 한계비용은 감소하고 있다고 말할 수 있다. 이는 한계비용이란 한 사람 더 고용함으로서 드는 비용, 즉 임금을 단순히 한계생산으로 나누어준 값이기 때문이다. 따라서 다음의 관계가 성립한다.

$$MC = W/MP^{11)}$$

〈표 6-3〉에서 각 노동자가 1,000원에 고용된다고 가정하자. 첫 번째 노동자의 한계생산이 12이고 임금이 1,000원이므로 한계비용은 83원이 된다. 두 번째

표 6-3 한계생산과 한계비용의 관계

(1) 노동량 (*L*)	(2) 총생산 (*TP*)	(3) 한계생산 (*MP*)	(4) 임금(원) (*W*)	(5):(4)÷(3) 한계비용(원) (*MC*)
0	0			
1	12	12	1,000	83
2	26	14	1,000	71
3	35	9	1,000	111
4	40	5	1,000	200
5	39	−1	1,000	−
6	35	−4	1,000	−

11) $MC = \Delta TC/\Delta Q = \Delta(W \cdot L)/\Delta Q = W \cdot \Delta L/\Delta Q = W/MP$

노동자의 한계생산은 14이므로 한계비용은 71원이 된다. 이와 같이 MP가 증가하는 한 MC는 감소한다. 그러나 수확체감현상이 나타나면 한계비용은 상승하게 된다. 예를 들어 세 번째 노동자의 한계생산은 9로 감소하며 한계비용은 111원으로 상승하고, 네 번째 노동자의 한계생산은 5로 한계비용은 200원으로 증가한다. 요컨대 요소가격이 주어진 상태에서, MC의 하락은 MP의 증가를 반영하고 MC의 상승은 MP의 감소를 반영한다.

흔히들 생산성의 향상을 비용절감으로 동일시하는 이유도 여기에 있는 것이다. 이를 〈그림 6-4〉을 통해서 보면, 한계생산이 상승할 때 한계비용은 필연적으로 감소하며, 한계생산이 최고점에서는 한계비용은 최소가 되고, 한계생산이 감소할 때 한계비용은 필연적으로 증가한다.

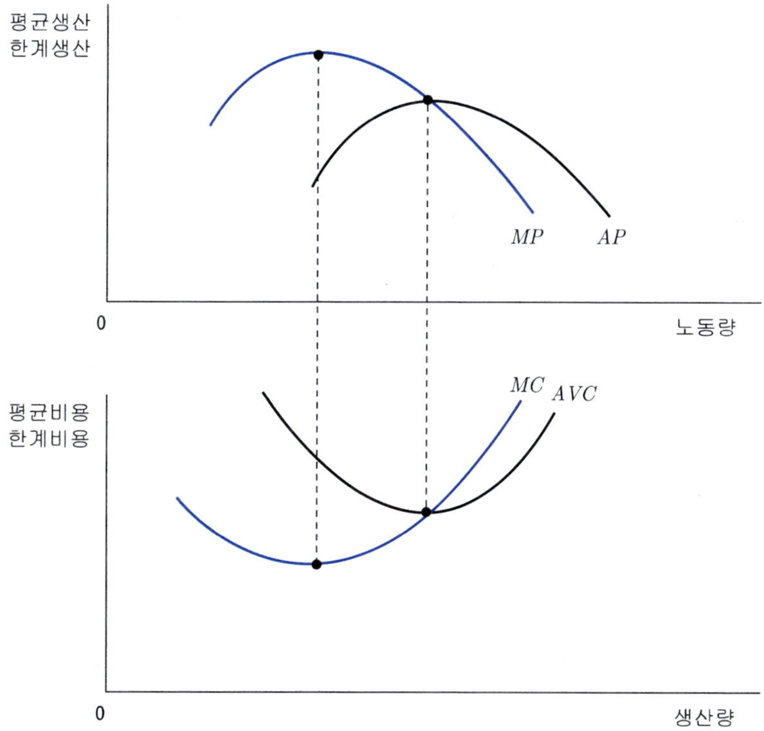

그림 6-4 생산과 비용과의 관계

4) 단기비용곡선간의 관계

〈그림 6-3〉에서 살펴본 단기에 있어서의 총비용, 평균비용, 한계비용간의 관계를 요점을 집어 설명해 보기로 하자.

첫째, 〈그림 6-3〉 (a)에서 TFC는 산출량에 관계없이 일정하지만, TVC와 TC는 산출량에 따라 변한다. 이는 TVC와 TC가 가변요소투입과 한계생산성의 변화에 의존하기 때문이다.

둘째, AC와 AFC와의 관계이다. 그림 (b)에서 보면 생산량이 증가함에 따라서 AC곡선과 AVC곡선이 서로 가까워지고 있는데, 그것은 AC와 AVC의 수직거리인 AFC가 생산량이 증가함에 따라 점차 작아지기 때문이다. 다시 말해서 생산량이 적을 때에는 AFC가 크기 때문에 AC와 AVC의 차가 크지만 생산량이 커짐에 따라서 AFC가 작아지기 때문에 AC곡선과 AVC곡선의 거리는 점차 좁혀진다. 하지만 서로 만나지 않는다.

셋째, MC, AC 및 AVC의 관계이다. 그림 (b)를 주의깊게 살펴보면 MC곡선이 AC곡선과 AVC곡선의 최저점에서 교차함을 발견할 수 있다. 이러한 한계와 평균의 관계는 앞에서 MP와 AP의 관계에서 언급한 바와 같이 산술적 이유로 성립한다. 즉 MC가 AC보다 작을 때에는 AC가 감소하나, 반대로 MC가 AC보다 클 때에는 AC가 증가한다. MC는 TC의 증가분임과 동시에 TVC의 증가분이므로 MC가 AVC보다 작을 경우에는 AVC가 감소하고, 반대로 MC가 AVC보다 클 때에는 AVC가 증가한다. 따라서 MC곡선은 AC곡선과 AVC곡선의 최저점을 지난다.

5) 단기비용곡선의 이동

기업의 단기비용곡선들은 항상 그 자리에 머물러 있는 것은 아니다. 요소가격이나 기술수준이 변하면 비용곡선 자체가 이동하게 된다. 만약 임금수준이 종전보다 상승한다면, AC곡선, AVC곡선, MC곡선은 상향 이동할 것이다. 물론 이 경우에 고정비용에는 변화가 없으므로 AFC는 변동되지 않는다. 만약 이자율이 올라 고정비용이 100원에서 200원으로 증가하면 어떻게 될까? 이때는 AFC가 상향 이동하고, AFC는 AC의 구성요소이므로 AC곡선 역시 상향 이동하게 된다. 그러나 AVC곡선과 MC곡선은 변동되지 않는다. 왜냐하면 AVC와 MC는 고정비용이 아닌 가변비용에 의존하기 때문이다.

기술수준의 변화도 비용곡선의 위치에 큰 영향을 미친다. 만약 보다 효율적인 생산방법(기술)이 개발된다면, 모든 생산요소의 생산성은 향상될 것이다. 그 결과로서 단기비용곡선들은 모두 하향 이동될 것이다.

6.3 장기에서의 생산과 생산비

1) 등량곡선

장기에 있어서는 모든 요소가 가변요소이다. 이를 생산관계로 표시하면,

$$Q = f(L, K)$$

이다. 이러한 생산관계는 소비자이론에서 공부한 무차별곡선—다른 말로는 등효용곡선—처럼 등량곡선isoquant으로 표현할 수 있다. 즉 등량선은 동일한 생산량을 가능하게 하는 모든 생산요소 배합점들을 연결한 선이다. 이는 무차별곡선과는 달리 기술적으로 가장 효율적인 기수적 실제 데이터에 근거하여 그려진 것이다.

〈그림 6-5〉에는 등량곡선이 그려져 있다. 그림에서 a점은 노동 2단위와 자본

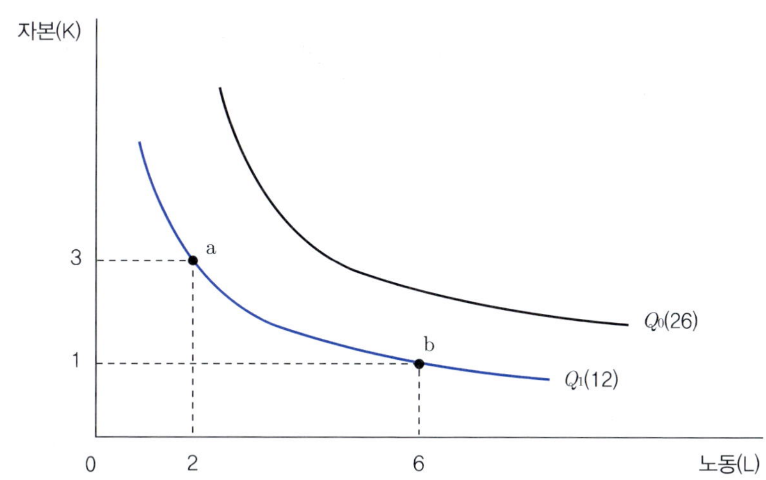

그림 6-5 등량곡선

3단위를 사용하여 12단위의 생산물을 산출해 내고 있음을 보여준다. 같은 등량곡선 상에 있는 b점도 12단위를 생산하는 점인데, 이때는 노동 6단위와 자본 1단위가 사용되고 있다. 등량곡선은 하나만 존재하는 것이 아니라 생산량 수준에 따라서 무수히 존재한다. 이를 등량지도isoquant map이라고 부르며, 우상향 방향에 위치할수록 생산량이 증가한다.

등량곡선이 원점에 대해서 볼록한 것은 한계기술대체율Marginal Rate of Technical Substitution, 이하 MRTS이 체감하는 현상을 나타내기 위한 것이다. MRTS는 다음과 같이 정의 된다.

$$MRTS_{LK} = -\triangle K/\triangle L$$

이는 노동 1단위를 더 증가시킬 때 △K만큼 자본이 감소하더라도 생산량에는 변화가 없음을 의미한다. $MRTS_{LK}$가 체감한다는 것은 노동을 더 많이 사용할수록 추가적으로 포기되는 자본의 량이 점차 감소한다는 것인데, 이는 노동을 많이 사용하는 상황에서 노동을 추가적으로 투입하면 그 기여도 — 다른 말로는 한계생산 — 가 감소하기 때문이다.

2) 등비용선

등비용선iso-cost line은 동일한 비용을 가지는 생산요소 배합점들을 연결한 선이다. 등비용선은 소비자이론에서 예산선이 선택의 제약을 보여주는 것처럼 생산에 있어서 제약을 나타내는 선이다. L과 K만 존재하는 경우 등비용선은 다음과 같이 표현할 수 있다.

$$C = wL + rK$$

C는 총비용이고, w와 r은 각각 노동과 자본의 단위가격이다.

이를 K에 대해서 정리하면,

$$K = C/r - w/r \cdot L$$

이 된다. 이를 그림으로 표현하면, 〈그림 6-6〉과 같이 우하향하는 직선 AF가 된다.

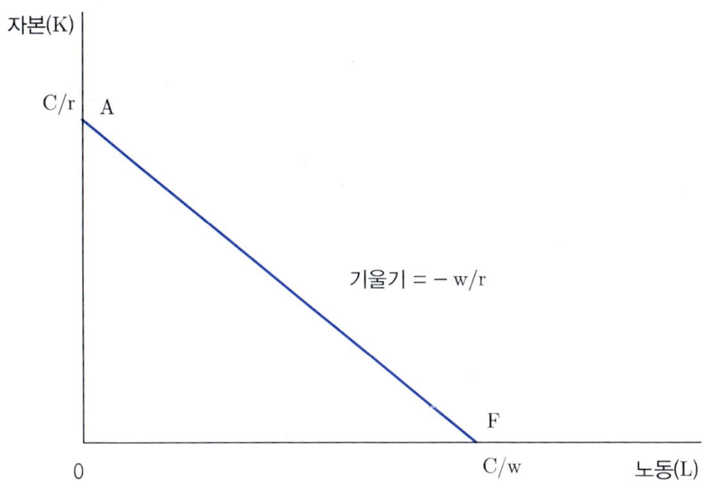

그림 6-6 등비용선: 일반적인 형태

만약 L의 단위당 가격이 200원이고, K의 단위가격이 100원일 때 총비용이 2,000원으로 주어지면, 등비용선은 〈그림 6-7〉과 같이 그릴 수 있다. 즉 K축의 절대 값은 20단위(2,000/100)이고 기울기가 −2(200/100)인 등비용선이다. 만약 총비용 수준이 3,000원으로 증가하면, 등비용선은 그림과 같이 A'F'로 우

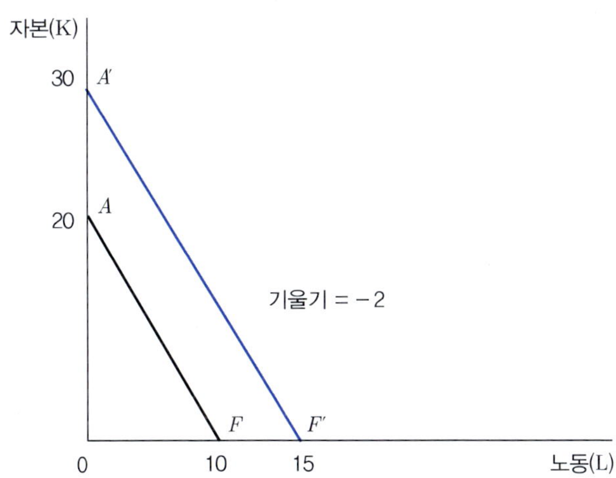

그림 6-7 등비용선의 예

상향 평행 이동할 것이다.

3) 생산자균형

생산자인 기업은 등비용선과 등량곡선이 주어지면, 산출량극대화 혹은 비용최소화라는 최적화 행동을 할 수 있다. 먼저 등비용선이 주어진 하에서 산출량을 극대화시키는 문제를 분석해 보자.

- 산출량극대화 문제: 공장장에게 예산을 B_0만큼 줄 테니, 생산량을 최대한 많이 생산하라. 즉

$$\text{Maximize } Q = f(L, K)$$
$$\text{Subject to } B_0 = wL + rK$$

라는 문제이다.

〈그림 6-8〉에는 이 문제에 대한 해답이 나타나 있다. 그림에는 등비용선이 AF로 주어질 때 가장 생산량이 많은 요소배합점을 찾는 문제가 나타 있는데, 경제적으로 가장 효율적인 요소배합점은 예산(즉 비용)제약을 만족시키면서도 원점에서 가장 멀리 떨어진 등량선 Q^*에 놓여 있는 점이 될 것이다. 이점은 바로 등량선과 등비용곡선이 접하는 E점이다. 이때 산출량은 Q^*(26단위)이고, 소요되는 노동량과 자본량은 각각 L^*와 K^*로서 최적 요소결합비율은 K^*/L^*이다.

물론 등비용선상에 있는 A점에도 생산이 가능하다. 왜냐하면 비용제약을 만족시키기 때문이다. 그러나 B_0라는 예산을 투입함에도 불구하고 Q_1(12단위) 정도 밖에 생산할 수 없다. 한편 Q_2는 예산선 밖에 있기 때문에, 주어진 예산으로는 달성할 수 없는 생산량이다. 일반적으로 등량선 AF 이하의 영역 안에 있는 어떤 요소결합점도 선택되어질 수 있으나, 단지 K^*와 L^*만이 최적이다.

경제학에서는 E점을 생산자균형점이라고 부른다. 이는 기업이 주어진 비용제약 하에서 생산량을 극대화하는 상태이기 때문이다. E점에서는 등량선과 등비용곡선이 접한다고 하였다. 즉 등량선의 기울기인 한계기술대체율과 요소가격비율이 일치하는데. 이를 수식으로 표시하면,

$$MRTS_{LK} = w/r \Rightarrow MP_L/w = MP_K/r$$

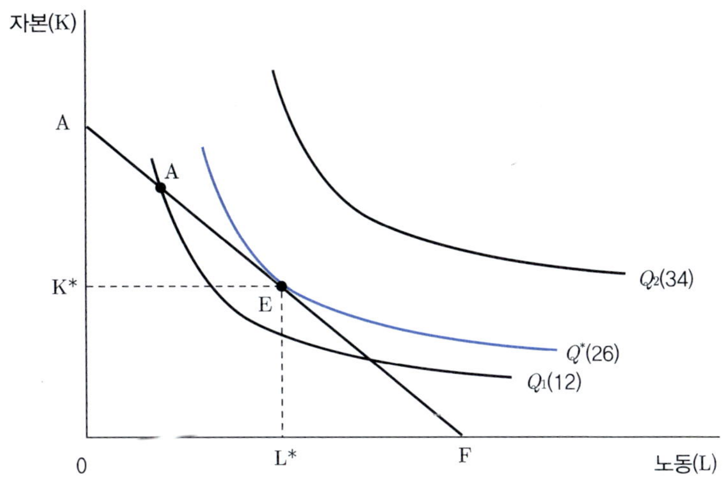

그림 6-8 생산자의 최적 선택: 산출량극대화

이 된다. MP_L/w은 1원당 노동의 한계생산성이고 MP_K/r은 1원당 자본의 한계생산성이므로 기업은 양자가 같아질 때까지 생산을 조정해 나가면 생산량을 극대화하는 점을 찾을 수 있게 된다는 것을 말해준다.

한편 기업은 다음과 같은 비용최소화의 문제를 생각해 볼 수 있다.

- 비용최소화 문제: 노동의 가격이 w, 자본의 가격이 r일 때, 26단위의 산출물을 생산하되 비용을 가장 적게 사용하여 생산해 보아라. 즉

$$\text{Minimize } B = wL + rK$$
$$\text{Subject to } Q_0(26\text{단위}) = f(L, K)$$

라는 문제이다. 이 문제에 대한 해답은 생산량극대화 문제와 마찬가지로 E점이 될 것이다. 〈그림 6-9〉에서 보는 바와 같이 등량곡선 Q_0(26단위)이 주어져 있을 때 비용을 최소화하는 점은 등량곡선에 등비용선이 접하는 E점이다. 이때 산출량은 Q_0(26단위)을 생산하는데 들어가는 최소비용은 등비용선 AF 수준이 된다.

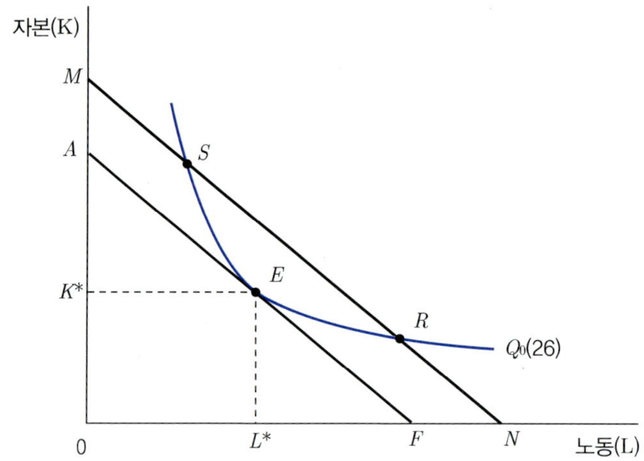

그림 6-9 생산자의 최적 선택: 비용최소화

여기서도 등량선의 기울기인 한계기술대체율과 요소가격비율이 일치한다. 즉,

$$MRTS_{LK} = w/r \quad => MP_L/w = MP_K/r$$

이 된다.

물론 등량곡선 상에 있는 S점에도 생산이 가능하다. 왜냐하면 주어진 등량곡선 Q_0(26단위) 상에 있기 때문이다. 그러나 MN이라는 등비용선 수준의 비용으로라야 가능하므로 비용을 최소화하는 생산점이 아니다. R점에서도 마찬가지이다. 일반적으로 등량곡선 Q_0(26단위)상에 있는 어떤 요소결합점도 선택되어질 수 있으나, 단지 K^*와 L^*만이 비용을 최소화하는 요소결합점이다.

결국 우리는 기업이 생산량극대화 문제를 푸는 것이나 비용최소화 문제를 푸는 것이나 동일한 문제임을 알 수 있다.

4) 기업의 장기비용곡선

앞에서 설명한 생산자균형은 요소가격, 비용, 기술 등이 불변임을 전제로 도출한 것이므로, 이와 같은 전제가 완화될 경우에는 생산자균형점도 이동하게 된다. 이때 우리는 생산량의 변화에 따른 비용변화를 추적함으로써 비용함수 및 곡선을 도출할 수 있다. 비용함수는 다음과 같이 표현된다.

$$C = C(Q)$$

여기서 C는 장기에서의 비용수준이다.

장기비용곡선을 도출하기 위해 먼저 노동과 자본의 가격은 각각 100원으로 고정되어 있다고 가정하자. 그리고 기업은 〈그림 6-10〉에서와 같이 생산자균형점인 E_0점에서 공장을 운영하고 있다고 하자. 즉 기업은 E_0점에서 노동과 자본을 각각 4단위 고용하여 100단위를 생산하고 있다. 물론 이때 생산비용은 800원(= 4 × 100 + 4 × 100)이 될 것이다.

이제 기업이 노동과 자본의 양을 각각 2배 증가시켜 생산량을 늘리려 한다고 하자. 이 경우에 생산비용은 1600원(= 8 × 100 + 8 × 100)이 될 것이다. 물론 기업은 생산량이 극대화되는 새로운 생산자균형점 E_1점을 선택할 것이다.

이와 같이 생산자균형점이 E_0에서 E_1으로 이동하는 과정에서 우리는 생산량의 변화에 따른 비용의 변화를 추적할 수 있다. 즉 처음에 100단위를 생산하기 위한 최소비용이 800원이었는데, 생산량이 400단위로 증가하면서 이에 대응되는 최소비용이 1,600원이 되었다. 이러한 관계를 그래프로 표현한 것이 〈그림

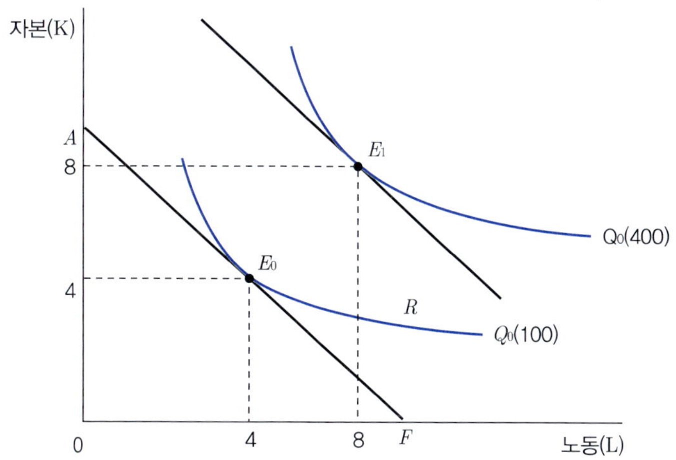

그림 6-10 생산자균형점의 이동과 비용

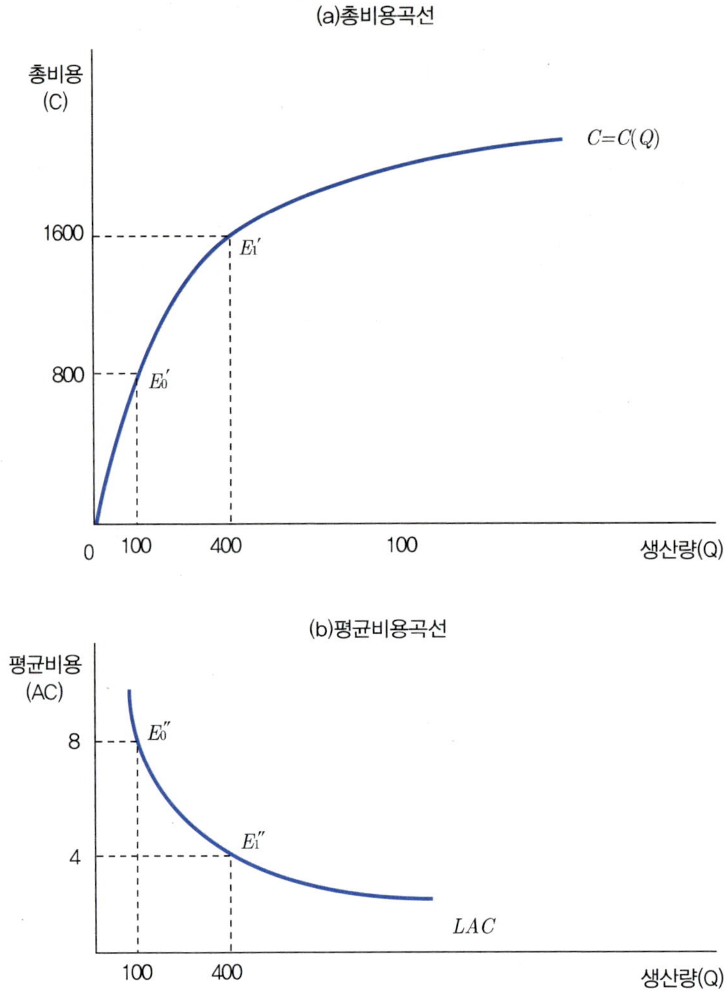

그림 6-11 장기비용곡선

6-11〉의 장기비용곡선이다. 〈그림 6-11〉 (a)에서 보는 바와 같이 생산량(횡축에 표시)이 100단위일 때는 최소비용이 800원(종축 표시)이었는데, 생산량이 400단위가 되면서 최소비용이 1,600원으로 증가하고 있다. 우리는 모든 생산량 수준에 대해서 생산량과 비용의 관계를 알 수 있는데, E_0'와 E_1'를 연결한 선이 바로 장기비용곡선이다. 이제 장기비용곡선 뒤에 숨어있는 경제적 의미를 살펴보기로 하자.

첫째, 장기비용곡선은 단기비용곡선과 달리 원점에서부터 시작하고 있다. 이는 장기에서 기업은 단기와 달리 모든 생산요소를 조정할 수 있기 때문에 고정비용의 개념이 없기 때문이다. 즉 장기비용곡선이 원점에서부터 출발하는 것은 장기에서 발생하는 모든 비용은 변동비용임을 보여주는 것이다.

둘째, 장기비용곡선은 단기비용곡선과 반대의 모양을 보여주고 있다. 즉 단기비용곡선은 생산량이 증가하면서 아래쪽으로 오목한 모양을 가지는 것과 반대로, 장기비용곡선은 위쪽으로 오목한 모양을 가지고 있다. 그 이유는 무엇일까? 단기비용곡선의 경우는 한계생산이 체감하기 때문이라고 배웠다. 그렇다면 장기비용곡선은 왜 그런 것일까? 이는 생산량이 증가하면서 규모의 경제Economies of Scale; EOS가 작용하기 때문이다. 규모의 경제란 생산량이 증가함에 따라서 평균비용Average Cost이 감소하는 현상이다. 〈그림 6-11〉 (b)에서 E_0"에서 평균비용은 8원(=800/100)이었지만, 생산량이 증가한 E_1"점에서는 평균비용이 4원(=1600/400)으로 크게 감소하고 있다.[12] E_0"점과 E_1"점을 연결한 장기평균비용곡선Long-run Average Cost; LAC은 생산량이 증가함에 따라서 감소하고 있는데, 이는 규모의 경제가 작용함을 보여주는 것이다.

셋째, 장기비용곡선상의 점은 예사로운 점들이 아니다. 이들은 생산자균형점에 대응하여 도출된 값으로, 주어진 생산량을 생산하는데 들어가는 최소비용을 나타내주는 점들이다.

5) 일반적인 장기비용곡선

〈그림 6-12〉에는 일반적인 장기비용곡선이 그려져 있다. 그림에서 장기총비용곡선의 모양을 보면, 원점에서 출발하여, 처음에는 위쪽으로 오목하다가, 일정 지점(H점)에서 다시 아래쪽으로 오목하게 된다. 이는 장기평균비용곡선LAC curve에서도 그대로 반영된다. 〈그림 6-12〉에서 보는 바와 같이 LAC곡선은 H'점까지 감소하다가 H'점부터는 다시 증가하고 있다. 이것은 이미 배운 바와 같이 처음에는 생산량이 증가함에 따라서 규모의 경제가 작용하지만, 생산량이 어느 정도 커지게 되면 반대로 규모의 비경제가 나타나는 현상을 보여주기 위한 것이

12) 규모의 경제는 기본적으로 규모에 대한 보수증가(Increasing Return to Scale; IRTS) 현상에 근거한 것이다. 즉 생산이 증가함에 따라서 평균생산이 감소하는 현상이다. 〈그림 6-10〉에서 생산자균형점이 E_0에서 E_1로 이동하는 과정을 보면, 처음에 노동 4단위 자본 4단위로 100단위를 생산하고 있었는데, 노동 8단위 자본 8단위로 400단위를 생산하게 되었다. 이때 100단위 생산 시 노동과 자본의 평균생산은 각각 25단위인데 비하여 400단위 생산 시에는 노동과 자본의 평균생산은 각각 50단위로 증가하고 있음을 발견할 수 있다.

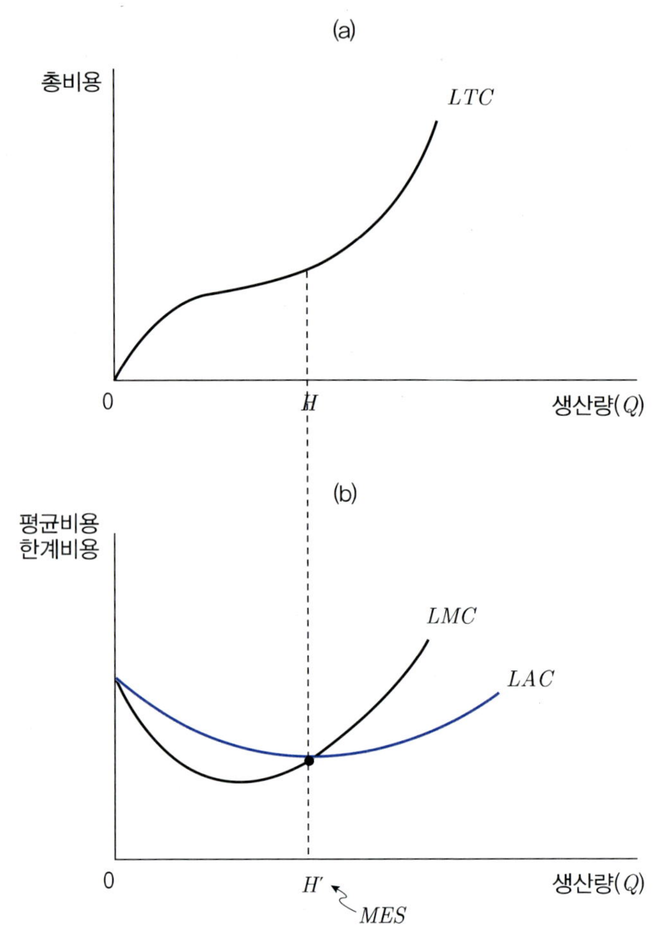

그림 6-12 장기비용곡선의 일반적인 형태

다. 특히 LAC의 값이 최소가 되는 H'에 대응되는 생산량을 최소효율규모Minimum Efficiency Scale; MES라고 부른다.

그러면 최소효율규모까지 규모의 경제가 나타나는 이유는 무엇일까? 이는 기업의 시설규모가 확대됨에 따라서 내부적으로 생산의 효율성이 높아져 평균생산비가 감소하기 때문이다. 구체적으로는 설비규모의 확대는 노동의 전문화를 가능하게 한다. 시장규모 확대로 설비규모가 증가하였을 경우에 기업은 생산요소의 투입량을 증가시킬 것이고, 이는 분업에 의한 생산요소(노동)의 전문화를 통해서 생산의 효율성을 제고시킬 것이다. 예를 들어 어떤 무역회사에서 처음에

두 사람이 모여 기업을 운영할 때는 한 사람의 사장 이외에 한 사람의 사원이 제품검사도 하고, 외국에 편지도 내고 경리와 타이핑까지 했다고 하자. 그러나 일이 너무 벅차서 컴퓨터 1대와 이를 다룰 줄 아는 여직원을 1명 더 채용했다면, 각자가 업무를 분담함으로써, 효율성을 제고시킬 수 있을 것이다. 이뿐만 아니라 기업규모가 증가하여 대기업이 되면 중소기업이었을 때에는 활용할 수 없었던 기계장비를 보다 정교하고 효율적으로 활용할 수 있다. 가령 자동차 조립회사의 경우 조립을 가장 효율적으로 하기 위해서는 로보트, 정교한 조립장비 등 고가의 설비를 갖추어야 하는데, 이것은 대량생산 — 예를 들어 20만대 내지 40만대 — 의 경우에만 가능하다. 대규모 기업만이 이 장비들을 구입할 수 있으며, 효율적으로 사용한다.

이제 반대로 최소효율규모를 지나서 규모의 비경제diseconomies of scale가 나타나는 이유를 알아보자. 규모의 비경제는 대부분이 기업관리 문제에 관련된 내부적 비효율성에 기인한다. 기업의 규모가 작을 때에는 경영자가 생산, 판매 등 경영전반을 일목요연하게 효율적으로 관리할 수 있다. 그러나 기업의 규모가 확대됨에 따라서 의사소통이 다단계화되고, 인적·물적 생산요소간의 조절이 어려워지기 때문에 기업의 의사결정과 효율적인 관리에 많은 어려움이 따르게 된다. 뿐만 아니라 시설규모가 커지고 여러 가지 권한이 계속 하급관리자에게 이양됨에 따라 최고경영자는 생산, 판매 등 실제적 경영문제로부터 멀어지게 된다. 이러한 관료화 경향은 대규모 생산의 비효율성을 초래한다. 그 결과 시설규모가 적정규모를 넘어서면 LAC곡선은 우상향 하게 된다.

마지막으로 우리는 장기한계비용Long-run Marginal Cost: LMC곡선을 도출할 수 있다. 〈그림 6-12〉에서 보는 바와 같이 장기총비용(LTC) 곡선의 기울기가 장기한계비용(LMC)이 되는데, 이 값은 처음에는 감소하다가 증가한다. 따라서 장기한계비용(LMC) 곡선은 처음에는 감소하다가 증가하는 모양을 가지며, 장기평균비용(LAC) 곡선의 최저점을 지난다. 장기평균비용(LAC) 곡선의 최저점에서는 장기평균비용(LAC)과 장기한계비용(LMC)이 항상 일치하기 때문이다.

더 알아보기 6-3 규모의 경제와 범위의 경제

우리는 흔히 규모의 경제Economies of Scale 시대가 지나고 범위의 경제Economies of Scope 시대가 왔다는 말을 듣는다. 소품종 대량생산의 이득보다는 다품종 소량생산의 이득이 더 커졌다는 의미일 것이다. 이는 한국경제의 발전과정에서도 관찰할 수 있는 현상이다. 1960-80년대까지는 우리는 와이셔츠, 신발, 모자, 철강 등의 제품을 대량생산하여, 값싸게 외국으로 수출하여 경제성장을 이룰 수 있었다. 그러나 1990년대 들어오면서부터 이러한 성장전략에 한계를 보이기 시작하였으며, 2000년대 들어와서는 성장이 크게 둔화되는 조짐을 보이고 있다. 이는 종전의 대량생산의 이득보다는 다품종 소량생산, 즉 범위의 경제가 주는 이득이 커짐에도 불구하고, 산업 및 생산구조가 이에 적절하게 대비하지 못했기 때문으로 보여진다.

왜 범위의 경제가 가능하게 되었는가? 먼저 수요측면에서는 소비자의 욕구가 다양화 및 개성화되었기 때문이며, 공급측면에서는 컴퓨터 및 통신기술의 발달로 유연생산체제flexible manufacturing system; FMS가 가능해 졌기 때문이다. 유연생산체제란 CAD(computer-aided design), CAM(computer-aided manufacturing), CIM(computer integrated manufacturing) 등을 주요 구성요소로 하는 생산체제로, 종전의 일관생산체제인 포드시스템과는 대비되는 개념이다. 그러므로 한국경제의 지속적 성장을 위해서는 기업들이 범위의 경제가 주는 이득을 향유하는 쪽으로 변신해야 하며, 이를 위해 소비자의 욕구와 생산체제의 변화에 적절하게 부응해야 할 것이다.

그렇다면 규모의 경제는 이제 박물관에 들어갈 골동품 같은 경제원리가 되었는가? 그렇지는 않다. 인터넷시대에 있어서 규모의 경제는 매우 중요한 경제법칙으로 작용할 것이기 때문이다. 가령 인터넷 사이트에서 혼자만 사용자로 등록되었다면 그 사이트는 전혀 가치가 없을 것이다. 사용자들이 점점 증가할수록 그 사이트의 가치는 급격하게 증가하는 것을 우리는 목격하고 있지 않은가? "기술은 변하지만 경제원리는 변하지 않는다"Technology changes, but economic laws do not는 말처럼 규모의 경제라는 기본 경제원리는 인류가 존재하는 한 영원히 성립할 것이다.

더 알아보기 6-4 최소효율규모와 산업조직

장기평균비용(LAC)의 형태는 기업과 산업에 따라서 다르다. 장기평균비용곡선의 형태가 다르게 되면 장기평균비용이 최소화되는 생산량 수준, 즉 최소효율규모minimum efficient scale: MES 역시 다르게 된다. 예를 들어 〈그림 6-13〉에서 보는 바와 같이 A산업에서는 매우 낮은 생산량 수준에서 최소효율규모(MES_A)가 실현되나, B산업에서는 매우 높은 생산량 수준에서 최소효율규모(MES_B)가 실현된다.

이러한 최소효율규모는 시장구조market structure의 중요한 결정요인 중 하나이다. 음식, 가구, 의복 등과 같은 산업에서는 기업들이 낮은 생산량 수준에서 최소효율규모를 실현하므로 많은 중소기업들로 구성되어 있다. 반대로 자동차, 전력 등과 같은 산업에서는 기업들이 매우 높은 생산량 수준에서도 최소효율규모를 실현하기가 어려우므로 소수의 기업만이 존재한다. 그러므로 최소효율규모는 시장에서의 경쟁정도를 결정하는데 있어서 중요한 역할을 하게 되는 것이다.

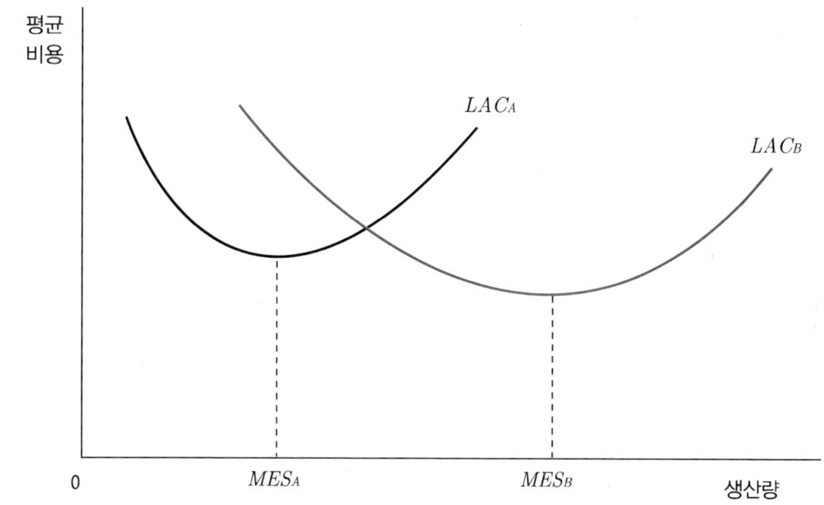

그림 6-13 최소효율규모와 시장구조

6.4 단기비용곡선과 장기비용곡선의 연관성

앞에서는 단기비용곡선과 장기비용곡선을 각각 살펴보았으나, 사실은 단기비용곡선과 장기비용곡선은 밀접히 연관되어 있다. 왜냐하면 단기비용곡선은 K가 고정된 상황에서 도출된 것이고, 장기비용곡선은 K도 변동하는 상황에서 도출된 것이기 때문에 완전히 동떨어진 개념이 아니기 때문이다. 그렇다면 양자는 어떠한 관계를 갖는 것일까? 〈그림 6-14〉를 통하여 이를 알아보기로 하자.

〈그림 6-14〉에서 초기 생산자균형점을 E라고 하자. E점에서 기업은 노동과 자본을 각각 4단위 고용하여 25단위를 생산한다. 그리고 이에 대응되는 최소비용은 등비용선 AF가 될 것이다. 이때 노동의 가격과 자본의 가격을 각각 100원이라고 가정하면, E점에서의 비용은 800원(4 × 100 + 4 × 100)이 된다. 여기서 중요한 점은 초기 균형점 E점은 단기균형점인 동시에 장기균형점이라는 것이다. 〈그림 6-14〉에서 보면 기업이 25단위를 생산할 때 단기총비용과 장기총비용이 각각 800원으로 같게 나타나고 있다.

이제 기업이 생산량을 25단위에서 40단위로 증가시킨다고 하자. 그러면 단기에서의 상황과 장기에서의 상황은 달라지게 된다. 먼저 장기상황에서는 노동과 자본을 모두 조정할 수 있기 때문에 합리적인 기업이라면 새로운 생산자균형점

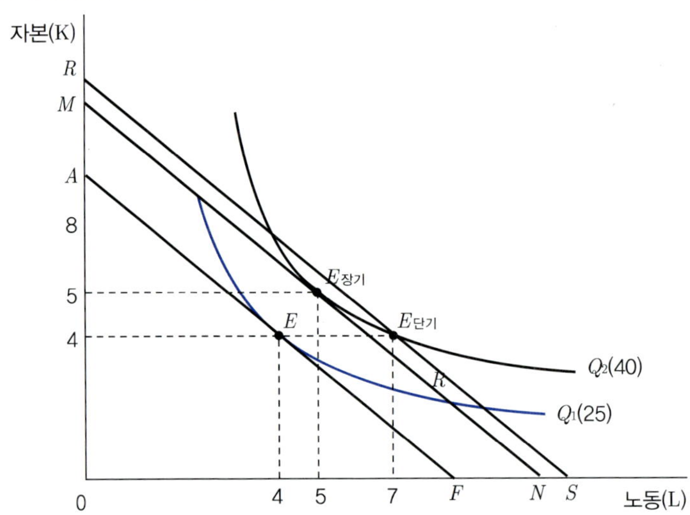

그림 6-14 단기와 장기에서의 생산과 생산비 비교

인 $E_{장기}$에서 생산하게 될 것이다. 이때 생산비용은 1,000원(5 × 100 + 5 × 100)이 된다. 하지만 단기상황에서는 $E_{단기}$로 갈 수밖에 없다. 자본이 4단위로 고정되어 있기 때문이다. 이때 생산비용은 1,100원(4 × 100 + 7 × 100)이 된다. 따라서 같은 40단위를 생산할 때 장기에서는 단기에 비해 더 낮은 비용으로 생산할 수 있다.

이러한 상황은 단기비용곡선과 장기비용곡선이 동시적으로 나타난 〈그림 6-15〉 (a)에서도 확인해 볼 수 있다. 그림에서 보는 바와 같이 25단위를 생산할 때는 단기총비용과 장기총비용이 800원(E')으로 같다. 그러나 40단위를 생산할 때는 단기총비용은 1,100원($E_{단기}$')이지만, 장기총비용은 1,000원($E_{장기}$')으로 나

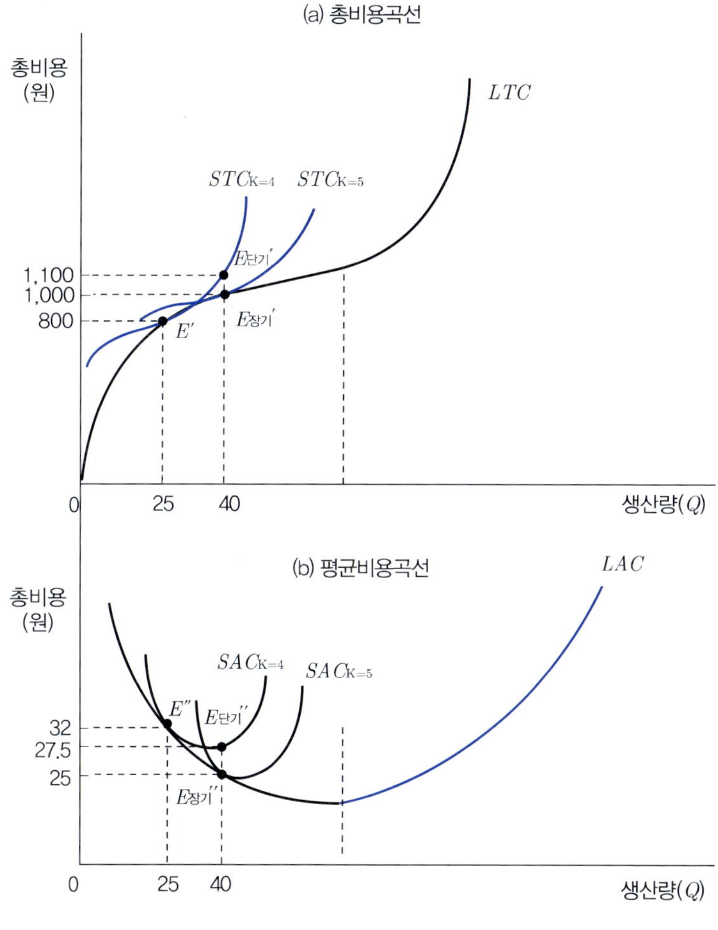

그림 6-15 단기비용곡선과 장기비용곡선의 연관성

타나고 있다.

평균비용을 보여 주는 (b)에서도 마찬가지이다. 25단위를 생산할 때는 단기평균비용과 장기평균비용이 32원(E'')으로 같다. 그러나 40단위를 생산할 때는 단기평균비용은 27.5원($E_{단기}$'')이지만, 장기평균비용은 25원($E_{단기}$'')이다.

이상에서 우리는 생산량이 25단위에서 40단위로 증가하는 경우를 보았지만, 다시 40단위에서 생산량이 더 증가하는 경우(예: 50단위)에도 상황은 마찬가지로 전개될 것이다. 이러한 분석이 반복되면, 〈그림 6-15〉 (a)와 (b)와 같이 연속적인 그래프가 도출된다.

그림을 보면, 단기총비용곡선들($STC_{K=4}$, $STC_{K=5}$ 등)은 장기비용곡선(LTC)보다 항상 위에 위치하게 된다. 이는 장기에서는 노동과 자본을 모두 조정할 수 있는 반면에, 단기에서는 자본은 고정된 상태에서 노동만 조정할 수 있어서, 장기가 단기보다 더 유리하기 때문이다. 가령 한발로 달리는 사람(단기상황)과 두발로 달리는 사람(장기상황) 중 누가 더 유리하겠는가? 당연히 두발로 달리는 사람일 것이다. 다만 단기총비용과 장기총비용은 한번은 같게 되는데, 출발할 때(예: 〈그림 6-14〉에서 E점)뿐이다.

마찬가지로 단기평균비용곡선들($SAC_{K=4}$, $SAC_{K=5}$ 등)도 장기평균곡선(LAC)과 한번 접할 뿐, 단기평균비용곡선들은 장기평균비용곡선보다 위에 위치하게 된다. 특히 〈그림 6-15〉 (b)에서 장기평균비용곡선(LAC)이 단기평균비용곡선들을 감싸 안는 것처럼 보이기 때문에, 장기평균비용곡선은 단기평균비용곡선들의 포락선envelop curve이라고 부른다.

4부

생산물시장

어느 한 기업의 공급의사는 시장정보, 즉 상품의 가격과 자신의 비용조건을 함께 고려하여 결정된다. 제6장에서 우리는 비용조건에 대해서 살펴보았으므로 여기에다가 가격정보를 감안하게 되면 기업의 공급의도를 파악할 수 있을 것이다.

그러나 문제는 기업이 시장에서 얻을 수 있는 가격정보가 그 기업이 속해 있는 시장의 특성에 따라 크게 차이가 있다는 것이다. 만약 대표적 혹은 평균적인 시장형태 하나만 상정할 수만 있다면 문제는 아주 쉬울 것이나, 현실경제에서는 천차만별의 무수한 시장형태가 존재한다. 한편에는 한국전력과 같이 하나의 기업이 시장을 지배하는 독점시장monopoly이 있고, 다른 한편에는 수천 개 정도의 기업으로 구성된 완전경쟁시장perfect competitive market이 있다. 독점시장과 완전경쟁시장 사이에는 무수히 많은 시장형태가 있고, 따라서 각각의 시장을 하나하나 분석한다는 것은 거의 불가능한 일이라고 할 수 있다. 그러므로 경제학자들은 분석의 편의상 무수한 시장형태를 4가지로 구분한다. 표에서 보는 바와 같이 양극단으로서 완전경쟁시장과 독점시장을 설정하고, 이 두 시장 사이의 시장유형을 독점적 경쟁시장monopolistic competitive market과 과점시장oligopoly으로 구분한다. 이들 4개의 시장형태는 시장내에 존재하는 기업의 수가 몇 개인지, 상품이 동질적인지 아니면 차별화되는지, 그리고 신규기업의 시장진입이 쉬운지, 아니면 어려운지에 따라서 구분된다.

표 4가지 시장유형

특징	완전경쟁	독점적 경쟁	과점	독점
기업의 수	매우 많음	많음	소수	하나
제품형태	동질적	차별화	동질적 또는 차별화	유일: 대체재 없음
가격통제력	없음	제한된 범위 내에서 약간	상호의존성에 의해 제한: 담합의 경우 상당한 통제력	상당한 통제력
진입여건	매우 쉬움 장벽 없음	비교적 쉬움	상당한 진입장벽 존재	봉쇄
비가격경쟁	없음	광고, 상표 등을 강조	제품차별화의 경우 상당함	대부분 PR광고
예	농산물 시장	소매업, 의복 신발	철강, 자동차 가정용품	전력, 통신

표에서 보는 바와 같이 완전경쟁시장에서는 동질적인 상품(예: 밀이나 옥수수)을 생산하는 다수의 기업들이 존재한다. 여기서 '다수'란 어떤 한 기업이 시장가격에 영향을 미칠 수 없을 정도로 많은 수이다. 또한 새로운 기업은 시장에 쉽게 진입하거나 이탈할 수 있다.

독점시장은 하나의 기업이 상품이나 서비스의 유일한 판매자인 시장을 말한다. 시장에는 제품이 하나이기 때문에 차별화되지 않는다. 그러나 다른 상품으로 대체할 수 없는 상품이다. 신규기업은 진입이 봉쇄되어 있어서 기업이 바로 산업이 된다. 우리나라의 경우 전력시장이 독점시장에 속한다.

독점적 경쟁시장은 차별화된 제품들(예: 여성의류, 가구, 책, 약, 화장품)을 생산하는 기업들이 상대적으로 많은 시장이다. 따라서 제품개발과 광고활동이 매우 활발하다. 독점적 경쟁시장으로의 진입은 비교적 쉽다.

과점시장oligopoly은 소수의 판매자가 존재하는 시장을 말한다. 여기서 '소수(few)'란 가격과 생산량에 대한 의사결정이 기업 간에 상호의존적인 상황을 의미한다. 즉 각 기업은 경쟁기업의 의사결정에 의해 영향을 받는다. 상품은 동질적일수도 있고(예: 철강이나 알루미늄), 차별화될 수도 있다(예: 자동차나 스마트폰).

이상과 같이 경제학자들은 4가지 시장을 상정하지만, 현실에서는 완전경쟁시장을 찾아보기 어렵고, 독점시장은 매우 드물다. 대부분 시장은 완전경쟁시장과 독점시장 사이에 속한다. 이하에서는 4가지 시장을 차례대로 공부한다.

7장

완전경쟁시장

이장에서는 완전경쟁시장을 분석대상으로 하여 기업의 공급의사결정과 시장성과를 살펴본다.

7.1 완전경쟁시장이란

어떤 시장이 완전경쟁시장이 되기 위해서는 다음의 네 가지 요건을 구비하여야 한다.

1) 다수의 판매자와 구매자

완전경쟁시장perfectly competitive market의 가장 기본적인 요건은 상품의 판매자와 구매자가 '다수' 존재하여야 한다는 것이다. 그렇다면 다수란 도대체 몇 개의 기업을 말하는 것일까? 여기서 다수란 어느 한 기업이나 구매자가 시장가격에 영향을 미칠 수 없을 정도로 많다는 것을 의미한다.

가령 X산업에 10,000개의 기업이 각기 100단위씩 생산하고 있다고 하면, 이 산업의 총공급량은 1,000,000단위가 될 것이다. 그런데 그 중 A라는 기업이 어떤 사정으로 인하여 생산량을 종전의 절반인 50단위로 감축하였다면, 지금까지 시장에서 성립하고 있던 가격은 어떻게 되겠는가? A기업의 생산량 감축으로 인하여 시장의 총공급량은 1,000,000단위에서 999,950단위로 감소될 것이다. 그런데 이러한 변화는 종전보다 0.005%가 감소한 것이므로 시장가격은 종전과 다름없을 것이다. 큰 호수에서 물 한 컵을 떠내었다고 해서 그 호수의 수면이 얼마나 낮아지겠는가?

이러한 이치는 구매자에 대해서도 마찬가지다. 가령 서울의 쌀시장을 생각해 보자. 어느 한 가계가 소비하는 쌀의 구매량은 전체 시장구매량에 비하면, 십만 분지 일, 혹은 백만 분지 일에 불과하므로, 이 가계가 쌀 소비량을 아무리 증감시킨다 해도 쌀의 시장가격은 전혀 영향을 받지 않을 것이다.

2) 동질적인 상품

완전경쟁시장에서의 제품은 '동질적'homogeneous이어야 한다. 다시 말해서 완전경쟁시장에 속한 기업들은 표준화되거나 혹은 동질적인 상품을 공급한다. 따라서 실제로 수많은 제품이 상이한 기업들에 의해서 생산되고 있지만 제품이 상호 완전대체될 수 있으므로, 소비자들 입장에서는 동일한 가격이라면 어떤 기업의 제품인가가 문제가 되지 않는다. 뿐만 아니라 제품이 동질적이기 때문에 기업들은 품질, 광고, 판매촉진 등 비가격경쟁을 할 필요를 느끼지 않는다.

3) 완전한 정보

완전경쟁시장에서 모든 판매자와 구매자들은 시장상황에 대해서 완전한 정보를 가지고 있다. 구체적으로 가격, 거래량 등의 시장정보가 신속 정확하게 모든 거래자에게 인지되는 시장이다. 이에 따라 하나의 동질적인 제품에 대해서 두개 이상의 가격이 성립하지 않는다. 즉 '일물일가'의 원칙이 성립한다. 만약 어떤 기업이 동질적인 제품에 대해서 현행가격보다 더 높은 가격을 받는다면, 이것은 모든 구매자에게 알려진 정보로서, 어느 누구도 그 제품을 구입하려 하지 않을 것이기 때문이다.

4) 자유로운 진입과 이탈

완전경쟁시장에서는 기업의 진입과 이탈이 자유롭다. 어떠한 기업이라도 원하기만 하면 원하는 산업에 진입하여, 생산판매활동을 개시할 수 있으며, 동시에 어떤 기존기업이라도 그 산업을 이탈하여 다른 산업으로 전출하기를 원한다면 그것을 제약하는 법적, 기술적 혹은 금융 면에서의 장애가 없다.

완전경쟁시장이 갖추어야 할 요건으로 우리는 이상의 네 가지를 열거하였는데, 현실에서는 이 조건 모두를 충족시키는 시장을 찾아보기 어려우며, 또 찾을 수 있다고 기대할 수도 없을 것이다. 그럼에도 불구하고 완전경쟁시장을 배우는 이유는 무엇일까? 첫째, 농산물시장처럼 완전경쟁시장에 가까운 시장이 있기 때문에 이들 시장을 이해하는 데 도움이 된다. 둘째, 시장에서의 가격과 생산량 결정이론을 공부하는 데 유용한 출발점이 된다. 셋째, 완전경쟁시장에 입각한 경제모형은 현실시장의 성과를 평가하는 데 하나의 기준을 제공해 주기 때문이다.

7.2 기업이 직면하는 수요

1) 가격수취자

완전경쟁시장에 속한 각 기업은 총공급 중 아주 미미한 양만을 공급하기 때문에 기업은 시장에서 결정된 가격에 영향을 미칠 수 없다. 이것은 앞에서 살펴본 1)과 2)의 요건이 성립하면 당연히 뒤따르게 되는 결론이다. 다시 말해서 판매자가 다수이고 이들이 동질적인 제품을 공급한다면, 기업은 시장가격을 설정하는 입장에 있는 것이 아니라 오히려 단순히 시장가격에 순응하는 가격수취자price taker의 입장에 서게 된다.

2) 완전탄력적 수요

가격수취자의 입장에 서게 되면, 기업이 직면하는 수요곡선은 완전탄력적인 형태를 띤다. 〈그림 7-1〉의 (a)는 (b)에서 시장가격이 1,000원으로 결정되었다고 가정할 때 완전탄력적인 수요곡선을 보여준다. 이러한 수요곡선 하에서는 기업은 생산량을 감축시킴으로써 가격을 올려 받을 수도 없고, 반대로 판매량을 늘리기 위하여 가격을 낮출 필요도 없다.

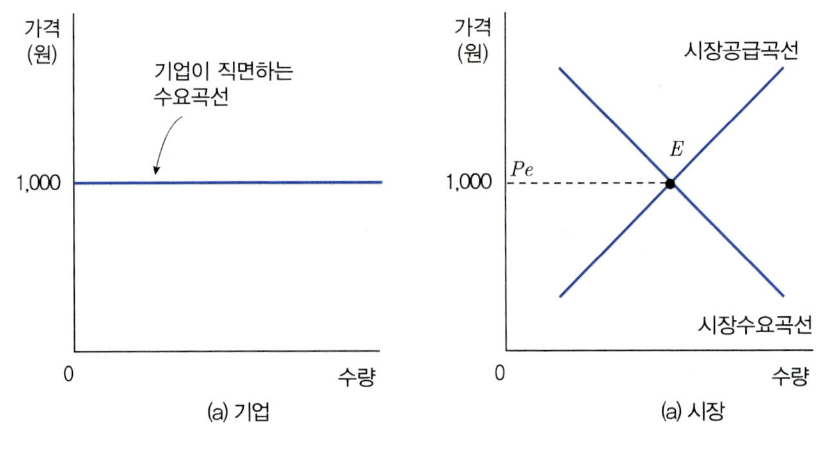

그림 7-1 완전경쟁시장에서 기업이 직면하는 수요곡선

여기서 독자들에게 강조하고 싶은 것이 있다. 수요곡선이 완전탄력적이라는 말은 하나의 기업이 직면하는 수요에 대해서 성립하는 것이지, 시장 전체의 수요가 그렇다는 것은 아니다. 물론 시장수요곡선은 앞에서 배운 바와 같이 우하향하는 모양을 가질 것이다. 이러한 차이에 대해서 좀 더 설명해 보자.

동질적 제품을 생산하는 모든 기업들, 즉 산업전체로는 가격을 낮춤으로써 판매량을 늘릴 수 있다. 동시적으로 그리고 독립적으로 행동하는 모든 기업들은 시장공급량에 영향을 미칠 수 있고, 실제로도 영향을 미침으로써 시장가격의 변화를 가져올 수 있다. 그러나 하나의 기업에 대하여는 다르다. 다른 모든 기업의 공급량이 일정한 상태 하에서 어느 한 기업만이 판매량을 증가 혹은 감소시킨다 하더라도 시장전체의 판매량과 시상가격에는 거의 영향을 줄 수 없을 것이다. 그러므로 시장수요곡선과 달리 한 기업의 판매예정표는 〈그림 7-1〉 (a)에서처럼 완전탄력적이다. 다시 강조하면,

어떤 상품의 시장수요곡선은 항상 우하향하나, 완전경쟁기업이 직면하는 수요곡선은 수평선이다.

적절한 예가 될지는 몰라도 2,000만명의 투표자가 대통령을 뽑는다고 할 때, 동시적 그리고 독립적으로 투표하는 투표자 전체가 대통령 당선자를 결정하나, 갑이라는 사람의 한 표는 선거결과에 영향을 미칠 수 없는 것과 같은 이치라고 볼 수 있다. 이는 제1장에서 공부한 바 있는 '구성의 모순'의 한 예이다. 전체, 즉 시장에 대해서 사실인 것은 개별, 즉 기업에 대해서는 사실이 아니다.

3) 총수입, 평균수입, 한계수입

기업이 직면하는 수요곡선은 기업의 판매수입에 관한 정보를 제공해 준다. 〈표 7-1〉에서 보는 바와 같이 구매자에게 있어서 제품 한 단위당 가격(P)은 판매자에게 있어서는 제품 한 단위당 수입, 즉 평균수입Average Revenue; AR과 같다. 구매자가 단위당 1,000원이라는 가격을 지불한다는 것은 판매자가 받는 단위당 수입, 즉 평균수입이 1,000원이라는 의미이다. 즉 P = AR로서, P와 AR은 같은 것을 다른 측면에서 본 것이다.

표 7-1 완전경쟁시장에 속한 기업의 수입스케줄

(1) 제품가격(P, 원)	(2) 수요량(q, 개)	(3) 총수입(TR, 원)	(4) 한계수입(MR, 원)
1,000	0	0	
1,000	1	1,000	1,000
1,000	2	2,000	1,000
1,000	3	3,000	1,000
1,000	4	4,000	1,000
1,000	5	5,000	1,000
1,000	6	6,000	1,000
1,000	7	7,000	1,000
1,000	8	8,000	1,000
1,000	9	9,000	1,000
1,000	10	10,000	1,000

총수입Total Revenue; TR은 기업이 판매한 양(q)에다가 단위당 가격(P)을 곱한 것이다. 완전경쟁기업에 대해 가격은 주어지므로 판매량이 증가하면 가격만큼씩 총수입이 증가한다. 따라서 총수입곡선은 〈그림 7-2〉에서 보는 바와 같이 원점을 지나는 직선으로 나타난다.

그러면 기업이 추가적으로 상품 한 단위를 더 판매하면, 수입은 추가적으로 얼마만큼 증가할 것인가? 이것이 한계수입Marginal Revenue; MR개념으로서, MR = $\Delta TR/\Delta q$가 된다. 기업이 한 단위도 판매하지 못하면 총수입은 0이지만 1단위를

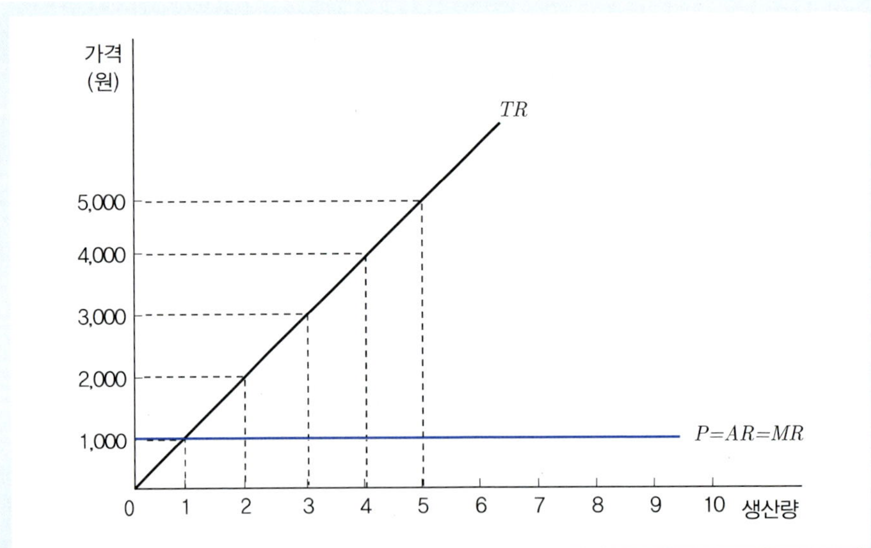

그림 7-2 완전경쟁기업의 총수입, 평균수입, 한계수입

판매하면 총수입은 1,000원이 된다. 즉 한계수입은 1,000원이다. 다시 1단위를 더 팔면 총수입은 1,000원에서 2,000원으로 증가하여 한계수입은 1,000원이 된다. 여기서 독자들은 한계수입이 1,000원으로 일정하다는 사실을 발견할 수 있을 것이다. 이것은 가격이 기업에게 일정하게 주어지므로 가격을 인하시키지 않고서도 상품을 추가적으로 판매할 수 있기 때문이다. 그러므로 한계수입은 단위당 가격과 같다. 즉 P = MR 이다. 그러므로 완전경쟁시장에 속한 기업에 대해서 P = AR = MR이 성립한다.

7.3 단기에서 기업의 공급의도와 시장균형

1) 경쟁기업의 이윤극대화 행동

기업은 완전경쟁시장에 속하든, 불완전경쟁시장에 속하든 이윤극대화profit maximization를 추구한다고 볼 수 있다. 그러나 현실적으로는 기업은 이윤극대화가 아닌 판매량극대화를 추구하기도 하고 사회적 책임을 기업목표라고 주장하기도 한다. 그렇지만 역시 대부분의 기업가들은 돈을 벌기 위해서 기업을 경영하므로, 우리는 기업의 유일한 목표는 이윤극대화라고 전제한다. 기업이 이윤을 극대화하는 생산량을 선택하면, 기업은 균형에 도달했다고 한다. 이것은 수요이론에서 소비자들이 효용극대화를 추구하고, 소비자가 효용이 극대화되는 시장바구니를 선택할 경우를 소비자균형이라고 부르는 것과 유사하다.

그렇다면 단기에 있어서 경쟁적 기업은 어떻게 해야 균형상태에 도달할 수 있게 되는가? 다시 말해서 이윤극대화를 위한 행동규칙은 무엇인가? 단기에 있어서 경쟁적 기업은 생산설비가 고정되어 있기 때문에 생산에 소요되는 가변생산요소—노동력, 원료—의 양을 고정된 생산설비에 알맞게 조절함으로써 이윤을 극대화할 것이다. 여기서 이들이 취하는 경제적 이윤은 생산된 상품을 판매하여 얻은 총수입과 생산에 소요된 총비용의 차액이다. 즉,

$$경제적\ 이윤(\pi) = 총수입(TR) - 총비용(TC).$$

기업은 앞 절에서 배운 총수입에 관한 정보와 제6장에서 배운 비용에 관한

정보를 함께 고려함으로써 이윤을 극대화하는 생산량 수준을 결정할 것이다. 이러한 기업의 의사결정에서 한계원칙이 적용된다. 즉 한계수입Marginal Revenue; MR과 한계비용Marginal Cost; MC을 비교하여 이윤극대화를 꾀할 수 있다. 다시 말해서 각기 다른 가격수준에서 시장에 공급하고자 하는 생산량은 생산량을 한 단위씩 증가시킴에 따른 총수입의 변화분과 총비용의 변화분을 비교함으로써 결정하는 것이다.

만약 어떤 상품 한 단위를 생산할 때 한계수입이 한계비용보다 크다면, 그 상품은 생산되어야 한다. 왜냐하면 기업이 한 단위를 더 생산하여 판매함으로써 얻는 수입이 그 한 단위를 생산하기 위해 들어가는 비용보다 더 크므로 그 한 단위의 생산은 총이윤을 증가시키기 때문이다. 이와는 반대로 어떤 한 상품 한 단위를 생산할 때 한계수입이 한계비용보다 작다면, 기업은 이를 생산하지 말아야 한다. 왜냐하면 이 경우에는 생산량을 1단위 더 추가함으로써 들어가는 비용이 그로부터 얻게 되는 수입보다 크므로 총이윤이 감소되기 때문이다. 그러므로 기업은 한계수입과 한계비용이 같아지는 점에서 조정을 끝낼 것이다. 즉, 기업은 한계수입(MR)과 한계비용(MC)이 일치하는 생산량을 공급함으로써 이윤을 극대화할 수 있다. 편의상 앞으로 우리는 이러한 이윤극대화 원리를 'MR = MC 준칙'이라고 부르기로 한다.

어떤 상품의 시장가격이 이미 결정되어 기업에 주어지면, 기업은 이윤극대화 과정에서 다음과 같은 세 가지 문제에 직면하게 될 것이다.

- 문제 1: 현행 시장가격 수준에서 생산을 할 것인가, 안할 것인가?
- 문제 2: 생산을 한다면 얼마만큼 할 것인가?
- 문제 3: 얼마만큼의 이윤 또는 손실이 생기겠는가?

이러한 문제에 대한 답은 시장에서 주어지는 가격수준에 따라서 달라질 것이다. 이제 비용조건은 동일하다는 전제하에 위의 세 가지 문제를 기업이 어떻게 해결하는가를 알아보자. 물론 각각의 경우에 이윤극대화 원리인 'MR = MC준칙'이 적용된다.

(1) Case 1: 이윤극대화

〈그림 7-3〉 에는 한 경쟁기업의 비용정보와 시장정보가 나타나 있다. 비용정

보는 한계비용과 평균비용으로 구분되어 있고, 시장정보는 시장에서 가격이 1,000원으로 결정된다는 것이다. 이로부터 우리는 한계수입이 1,000원임을 알 수 있다. 이제 위에서 제기했던 세 가지 질문에 답해 보기로 하자.

첫째, 이 기업은 생산을 할 것인가 하지 않을 것인가? 물론 생산을 할 것이다. 왜냐하면 〈그림 7-3〉에서 보는 바와 같이 가격이 평균비용보다 높아서 경제적 이윤을 얻을 수 있기 때문이다.

둘째, 그렇다면 얼마만큼 생산할 것인가? 물론 'MR = MC준칙'에 따르면 된다. 그림에서 보는 바와 같이 E점에서 'P(1,000원) = MC(1,000원)준칙'이 성립하며, 이 때 생산량수준은 8단위이다. 즉 E점은 가격이 1,000원일 때 기업의 단기균형점이 된다. 만약 이 기업이 B점에서 생산한다면, P(1,000원) 〉 MC(300원)의 상태가 되므로 총이윤을 증가시키기 위해서 생산을 더 하려고 할 것이고, 반면에 C점에서 생산한다면, P(1,000원) 〈 MC(1500원)의 상태가 되므로 총이윤을 증가시키기 위해서 생산량을 줄이려고 할 것이다. 결국 P = MC인 상태가 되는 E점에서 더 이상 움직이려 하지 않을 것이다.

셋째, 얼마만큼의 이윤이 생기겠는가? 기업의 총수입은 □ OPEq, 총비용은

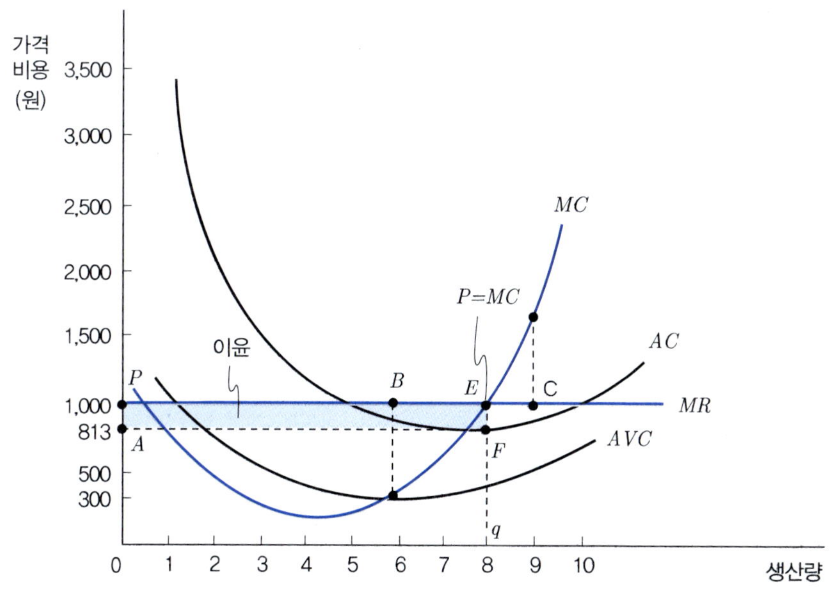

그림 7-3 경쟁기업의 이윤극대화

□ OAFq로서 경제적 이윤은 □ APEF가 된다. 경제적 이윤은 단위당 이윤을 먼저 구하고 이윤극대화 산출량을 곱하여 구할 수도 있다. 여기서 단위당 이윤은 AP의 길이로 표시되므로 여기에 생산량 8단위를 곱하면 경제적 이윤이 계산된다.

기업의 행동 중에서 유의할 점은 기업이 단위당 이윤을 극대화하고자 하는 것이 아니라 총이윤을 극대화하고자 한다는 것이다. 〈그림 7-3〉를 보면 기업의 단위당 이윤은 7단위와 8단위의 사이인 7.5단위 정도에서 가장 크지만, 여기서는 아직도 총이윤이 늘어날 여지가 있기 때문에 기업은 8단위로 생산량을 늘릴 것이다. 다시 말해서 기업은 추가적으로 한 단위 더 판매함으로써 단위당 이윤이 다소 감소하더라도 총이윤을 증가시킬 수만 있다면, 단위당 이윤의 감소를 기꺼이 받아들인다는 것이다.

(2) Case 2: 손실극소화

이제 시장가격이 1,000원이 아니라 700원으로 하락하였다고 가정하고 앞과 똑같이 분석해 보자.

첫째, 이 경우에 기업은 생산을 할 것인가 하지 않을 것인가? 그림에서 보는 바와 같이 손실이 발생하므로 언뜻 조업을 중단할 것이라고 볼 수 있으나 정답은 '생산한다'이다. 왜냐하면 생산을 중단하더라도 부담하지 않으면 안 되는 고정비용만큼의 손실보다는 생산을 함으로써 더 적은 손실을 유도할 수 있기 때문이다. 생산을 하지 않을 경우에는 어떤 경우이든 고정비용만큼의 손실이 발생한다. 그러나 그림에서 보는 바와 같이 시장가격이 평균비용곡선의 최저점 R보다는 낮지만 평균가변비용곡선의 최저점 T보다는 높으면, 언제나 기업은 생산을 함으로써 얻는 수입으로 가변비용은 물론, 고정비용의 일부까지도 회수할 수 있게 된다. 이 경우에 시장가격이 700원이므로 W와 T점의 중간에 위치하므로 생산하지 않음으로써 사각형 VARU 만큼의 손실을 보는 것보다는 생산하여, 이 중 일부를 회수하는 것이 더 유리할 것이다. 가령 공장문을 닫을 경우 고정비용 100만원 만큼의 손실이 발생하고, 공장문을 열 경우 60만원만큼의 손실이 발생한다고 하자. 독자가 기업가라면 어떻게 하겠는가? 100만원의 손실보다는 60만원의 손실이 더 적으므로 당연히 공장문을 열어 생산을 할 것이다. 요컨대, 기업은 손실을 보는 한이 있더라도 그 손실액이 고정비용보다 적은 액수라면 생산을 계속하는 것이 유리하다.

둘째, 생산한다면 얼마나 생산해야 하는가? 이 문제는 앞에서와 마찬가지로 'MR = MC 준칙'에 따르면 풀린다. 〈그림 7-4〉에서 보는 바와 같이 S점에서 'P(700원) = MC(700원) 준칙'이 성립하며, 이때의 생산량 수준은 7단위이다. 7단위보다 적은 생산량에서는 시장가격이 한계비용보다 크기 때문에 더 생산할수록 전단위 생산에서 부담해야 하는 손실보다는 손실을 더 감소시킬 있으며, 반대로 7단위보다 많은 수준에서 생산하면 한계비용이 시장가격보다 커지게 되므로 생산을 줄이는 것이 손실을 더 감소시킨다.

셋째. 이때 기업이 얻는 이윤 혹은 손실은 얼마가 되겠는가? 기업이 7단위를 생산할 때, 보게 되는 손실은 □ PARS이다. 총수입은 □ OARq인데 비하여, 총비용은 □ OPSq으로 총수입에서 총비용을 빼면 오히려 (-)값이 나온다. 여기서도 우리는 이 기업이 생산하는 것이 왜 더 유리한가를 알 수 있다. 이 기업이 생산을 하지 않을 때에는 □ VARU에 상당하는 고정비용만큼 손실을 보게 된다. 그러나 7단위를 생산하면 총고정비용인 □ VARU 중 □ VPSU에 해당하는 만큼의 고정비용을 회수할 수 있게 된다. 따라서 생산을 함으로써 손실이 □ PARS로 감소될 수 있다. 기업이 손실을 감수하면서까지 생산을 하는 이유가 바로 여

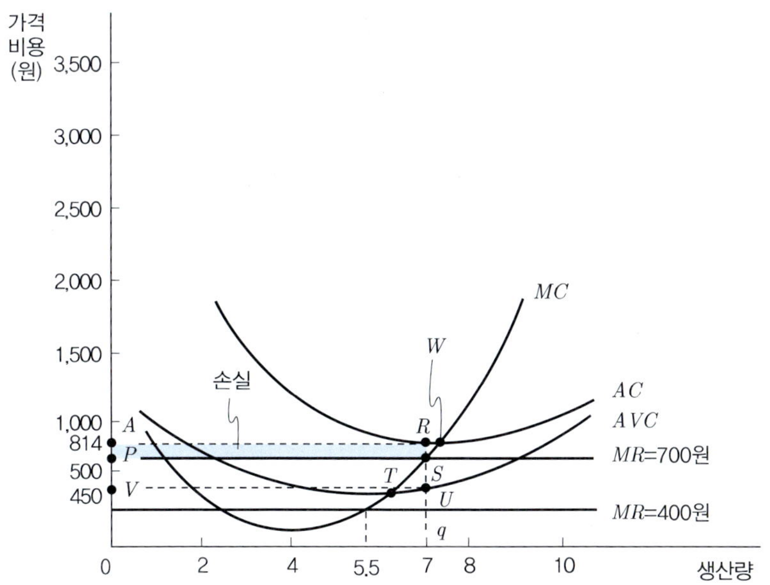

그림 7-4 경쟁기업의 손실극소화와 조업중단

기에 있다.

(3) 조업중단

이번에는 재화의 시장가격이 400원으로 하락하는 경우를 생각해 보자. 이 경우에는 기업이 공장문을 닫는 것이 손실을 극소화할 수 있는 유일한 방법이다. 〈그림 7-4〉에서 보는 바와 같이 시장가격이 400원일 경우에는 어느 생산량 수준에서도 가격(P)으로 평균비용(AC) 조차도 회수할 수 없기 때문이다. 다시 말해서 생산을 함으로써 기업이 부담해야 하는 손실은 생산을 중단했을 때 발생하는 고정비용 상당의 손실보다도 항상 크기 때문이다.

만일 이 기업이 'P = MC준칙'에 따라서 생산을 한다면 어떻게 될까? 그림에서 보는 바와 같이 P = MC가 되는 생산량에서는 한계수입곡선이 평균가변비용곡선에 가장 가까이 접근한다. P = MC가 되는 생산량 수준은 5.5단위일 때인데, 한계수입(400원)은 평균가변비용(450원)을 완전히 보상하지 못하기 때문에 단위당 50원의 손실이 추가되어 생산중단시에 부담하게 되는 손실보다도 275원(50원× 5.5단위)만큼이나 손실이 증가하게 된다. 이 경우에는 생산을 하여 얻는 수입을 가지고는 고정비용은 물론이고 가변비용마저도 회수하지 못하게 된다. 따라서 시장가격이 400원인 경우에는 현명한 기업가라면 조업을 중단할 것이다.

우리는 지금까지 이윤을 극대화하거나 손실을 극소화하기 위해서는 MR = MC의 상태에서 생산량수준을 결정해야 한다는 MR = MC준칙을 논의하여 왔으나, 이 원리가 항상 성립하는 것은 아니라는 점을 강조하지 않을 수 없다. 즉 경쟁시장에서의 시장가격이 평균가변비용곡선의 최저점보다 높을 경우에는 이윤극대화 또는 손실극소화를 위해서 MR = MC준칙이 타당하지만, 시장가격이 평균가변비용곡선의 최저점보다 낮은 경우에는 MR = MC인 생산량 수준에서 생산을 하는 것보다는 차라리 조업을 중단하는 편이 더 유리하게 된다. 그러므로 단기에 있어서 경쟁기업이 이윤을 극대화하거나 손실을 극소화하기 위해서는, 첫째 시장가격이 평균가변비용곡선의 최저점보다 높을 때는 MR = MC인 생산량수준에서 생산을 해야 하며, 둘째 시장가격이 평균가변비용곡선의 최저점보다 낮을 때는 생산을 중단해야 한다고 결론지을 수 있다.

2) 기업의 단기공급곡선

이제 우리는 중요한 학습목표인 기업의 공급곡선을 도출할 단계에 이르렀다. 공급이란 무엇을 말하는가? 제3장에서 공부한 바와 같이 공급이란 “어느 일정기간에 있을 수 있는 가격에 대응하여 생산자가 판매하려고 하는 상품의 양을 나타내는 예정표”이다.

따라서 사려깊은 독자라면 앞의 논의에서 공급곡선의 개념이 이미 언급되었음을 짐작할 것이다. 즉 있을 수 있는 가격으로는 1,000원, 700원, 400원 등 세 개의 가격이 주어졌고, 이에 대응하여 각각 8단위, 7단위, 0단위의 생산량을 공급하려 한다는 사실을 공부하였다. 따라서 〈그림 7-5〉에서 보는 바와 같이 b점과 c점은 각각 공급곡선상의 한 점이 된다. 〈표 7-2〉에는 세 개의 가격 이외에도 있을 수 있는 가격, 예를 들어 가격이 1,700원일 경우에 기업이 이윤을 극대화하기 위하여 공급하려고 하는 생산량을 추가로 나타내었다. 표에서 보는 바와 같이 가격수준 1,700원에 대응하여 P = MC준칙에 따를 때 생산량은 9단위로 a점은 공급곡선상의 한 점이 된다.

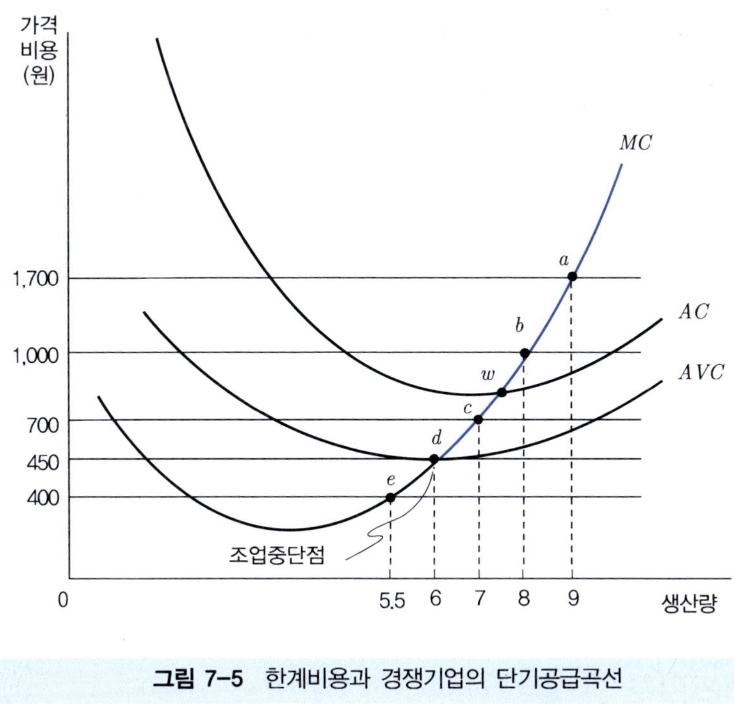

그림 7-5 한계비용과 경쟁기업의 단기공급곡선

표 7-2 경쟁기업의 단기공급스케줄

	가격 (원)	공급량	최대이윤(+) 혹은 최소손실(−)
a	1,700	9	+7,400
b	1,000	8	+1,500
c	700	7	−800
d	450	6	−2,500
e	400	0	−2,900

여기서 우리는 하나의 중요한 사실을 발견할 수 있다. 그것은 MC곡선 자체가 공급곡선이 된다는 것이다. 예를 들어 가격이 1,000원일 경우에 기업이 공급하려는 생산량 8단위는 'P = MC준칙'이 성립하는 MC곡선상의 b점에서 결정된다. 물론 이 경우에는 경제적 이윤이 가능하므로 당연히 공급곡선상의 한 점이 된다. 평균비용의 최소점보다 높은 가격대에 대응되는 a점과 c점도 마찬가지 이유로 공급곡선상의 한 점이 된다. 하지만 가격이 450원일 경우에는 손실(2,500원)과 고정비용(2,500원)이 일치하므로 조업을 중단하게 될 것이다. 일반적으로 가격이 평균비용의 최소점 w와 평균가변비용의 최소점 d의 사이에 주어지는 경우에 MC곡선은 공급곡선이 된다.

단 독자들이 유의해야 할 사항은 MC곡선의 전 구간이 공급곡선이 아니라는 것이다. 예를 들어 가격이 400원대로 주어지면 공급을 중단하는 것이 유리하다는 사실을 이미 배운 바 있는데, 이는 가격이 AVC곡선의 최소점보다 낮게 주어지면 공급의도가 없게 된다는 의미로, 엄밀히 말해서 e점은 공급곡선상의 한 점이 아니라는 것이다. 바꾸어 말하자면 가격이 평균가변비용의 최소점보다 높게 주어질 때만 공급의도가 생기는 것이다. 따라서 공급곡선은 MC곡선의 전 구간이 아닌 AVC곡선의 최저점인 d를 통과한 이후의 MC곡선에 국한된다. 결론적으로 **경쟁기업의 단기공급곡선** short-run supply curve**은 그 기업의 AVC곡선의 최저점(d점)을 통과한 이후의 MC곡선**이라고 말할 수 있다.

이상에서 우리는 공급곡선이 우상향하는 형태임을 알 수 있다. 즉 "다른 사정이 일정한 한, 가격이 상승하면 공급량은 늘고 가격이 하락하면 공급량이 감소한다"는 공급의 법칙이 성립한다. 그렇다면 거꾸로 공급곡선은 왜 우상향하느냐고 묻는다면 독자들은 어떻게 대답하겠는가? 이에 대한 대답은 두 가지로 볼 수가 있다. 첫째는 한계비용이 체증하기 때문이다. 다시 말해서 한계생산이 체감하기 때문이다. 둘째는 기업이 이윤극대화 행동을 하기 때문이다. 만약 기업이 이윤극대화 행동을 하지 않는다면 'P = MC준칙'이 성립되지 않기 때문에 MC곡선 자체가 공급곡선이 될 수 없는 것이다.

3) 기업과 산업의 균형가격

앞에서 우리는 'MR(P) = MC준칙'을 통해서 경쟁기업의 공급곡선을 도출하였는데, 이제는 여러 가지 가능한 가격들 중에서 어느 것이 실제로 균형가격이 되는지를 알아보아야 한다. 이미 우리는 제3장에서 시장공급곡선은 개별기업의 공급곡선을 '수평으로 합한' 것과 같다는 사실과 완전경쟁시장의 균형가격은 시장의 수요와 공급에 의해 결정된다는 것을 배웠다.

〈표 7-3〉은 시장균형가격의 결정을 설명하기 위한 가상적인 예로서, 〈표 7-2〉에서 도출된 공급스케줄을 그대로 원용한 것이다. 편의상 시장에는 1,000개의 기업이 있으며, 각 기업의 비용조건은 모두 동일하다고 가정하자. 또한 각 개별기업의 비용조건은 우리가 지금까지 예로 들어왔던 자료를 그대로 사용하기로 한다. 따라서 시장공급스케줄은 각 가격수준에서의 개별기업의 공급량에 1,000을 곱하여 구할 수 있게 된다. 그런데 균형가격이 결정되려면 시장수요스케줄을 알아야 하므로 〈표 7-3〉에는 각 가격수준에 대응하는 가상적인 시장수요스케줄도 함께 보여주고 있다.

표 7-3 기업 및 시장공급과 시장수요

(1) 기업의 공급량(q)	(2) 1,000개 기업의 시장공급량(Q)	(3) 가 격 (P, 원)	(4) 시장수요량(Q)
10	10,000	2,500	4,000
9	9,000	1,700	6,000
8	8,000	1,000	8,000
7	7,000	700	9,000
6	6,000	450	11,000
0	0	400	13,000
0	0	300	16,000

완전경쟁시장에서 시장균형가격은 시장수요스케줄과 시장공급스케줄이 일치하는 상태에서 결정된다. 이 표에서 볼 때 시장의 균형가격은 1,000원이 되며, 이때의 시장공급량과 시장수요량은 각각 8,000단위로서 수요와 공급은 일치하게 된다.

시장균형상태에서 각 개별기업의 공급량은 8단위가 되는데, 8단위는 시장가격이 1,000원일 경우에 각 개별기업들이 이윤을 극대화할 수 있는 생산량수준이다. 즉 각 개별기업은 8단위씩 생산함으로써 8,000원의 수입을 얻게 되며, 각 개별기업의 비용조건이 모두 동일하다고 가정했으므로 8단위를 생산하기 위한 총비용은 6,504원(8단위 × 평균비용 813원)이 된다. 따라서 개별기업의 이윤은 가격 8,000원에서 비용 6,504원을 뺀 1,496원이 되어 산업 전체의 이윤은 1,496,000원이 된다(1,000개 기업 × 1,496원). 그러므로 이 산업은 성장산업이라고 판단할 수 있다.

〈그림 7-6〉의 (a)와 (b)는 이상에서 설명한 개별기업과 시장의 균형을 잘 보여주고 있다. 그림 (a)에서 개별기업의 MC는 개별기업의 단기공급곡선이며, 이들을 수평으로 합한 것이 (b)의 S로서, 이것이 시장공급곡선이 됨은 앞에서 설명한 바와 같다. 가상적인 시장수요곡선이 D로 주어진다고 하면, 시장균형가격은 1,000원, 시장균형수량은 8,000개가 된다. 시장수요와 시장공급에 의해 결정된 1,000원이라는 시장가격은 개별기업의 입장에서 보면 주어진 가격이므로 개별기업이 직면하는 수요곡선은 d와 같이 1,000원 수준에서 완전탄력적이다.

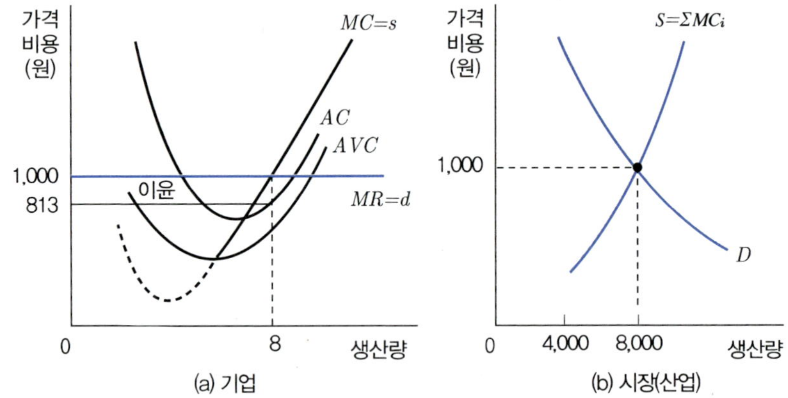

그림 7-6 기업과 산업의 단기균형

〈그림 7-6〉 (a)에서 보는 바와 같이 'MR(P) = MC 준칙'이 성립하는 점에서 개별기업의 균형은 달성된다. 이때 기업의 균형수량은 8단위이며 시장균형가격이 평균비용보다 높기 때문에 경제적 이윤을 얻게 된다.

이와 같이 기업의 비용조건과 시장수요에 변화가 없다고 가정하면 완전경쟁하에서의 개별기업과 산업의 단기균형상태는 〈그림 7-6〉이 보여주는 바와 같다. 이 균형상태에서는 균형가격이나 균형수량에 영향을 주는 초과공급 또는 초과수요가 없으며, 각 개별기업이 생산량을 변경함으로써 이윤을 증가시킬 수도 없다. 그러나 만약 기업의 비용조건이나 시장수요가 달라지면 시장균형가격과 균형생산량이 변하게 됨은 물론, 각 개별기업의 균형생산량 수준도 변하게 된다. 예를 들어 개별기업의 시장수요가 감소한다거나 생산성이 떨어지게 되면 균형가격이 하락하여 개별기업의 이윤이 줄어들거나 적자상태가 될 것이다. 독자들은 비용곡선이 얼마나 상향 이동하고 시장수요가 얼마나 감소되어야 단기균형상태에서 경쟁기업이 손실을 보게 되는지를 각자 생각해 보기 바란다.

더 알아보기 7-1 〈그림 7-6〉에서 구성의 모순 찾기

〈그림 7-6〉에서 보는 바와 같이 시장에서 결정된 제품가격은 개별경쟁기업에게는 하나의 정보로 주어진다. 그러나 동시에 하나의 집단으로서 모든 경쟁기업들의 공급의도는 제품가격결정에 중요한 요인이 된다. 따라서 언뜻 우리는 모순이라고 생각할 수 있으나 전체와 부분을 구분해 주는 구성의 모순라는 논리를 기억하는 독자라면 전혀 문제가 되지 않는다. 총공급 중에서 아주 미미한 부분을 공급하는 각 기업은 제품가격에 영향을 미칠 수 없을지라도, 시장에서는 모든 개별기업의 공급곡선—MC곡선의 일부—들을 수평으로 합한 것이 시장공급곡선이 되며, 이 시장공급곡선은 가격에 영향을 미친다. 요컨대 완전경쟁시장에서 경쟁가격은 개별기업에게 하나의 정보로 주어지는 동시에 집단으로서 모든 기업들이 공급하기로 결정한 의사결정의 결과이기도 한 것이다.

7.4 장기에서 기업과 산업의 공급의사결정

1) 기업의 장기균형과 장기공급곡선

단기에서는 산업내에 속해 있는 기업의 수가 일정하며, 각 기업의 시설규모가 고정되어 있다. 그러나 장기에서는 기업이 단기적으로 불가능했던 일련의 조정이 가능해진다. 앞에서 본 바와 같이 단기에서 기업은 0의 생산량을 택함으로써 생산을 중단할 수도 있으나, 그렇다고 기업이 공장을 처분하여 기업활동을 청산할 정도로 충분한 시간적 여유를 가지는 것은 아니다. 이와 달리 장기에서는 기업들이 시설규모를 확장하거나 축소할 시간적 여유를 가질 뿐만 아니라 더욱 중요한 것은 새로운 기업이 산업에 진입하거나 기존기업이 이탈함으로써 기업수가 증가하거나 감소할 수 있다.

그러면 우리가 앞에서 살펴본 단기에서의 상황이 장기에서는 어떻게 달라지는지를 살펴보기로 하자. 설명에 앞서 분석의 단순화를 위하여 다음과 같은 몇 가지 가정을 세우기로 한다.

첫째, 장기적인 조정은 기업들의 진입과 퇴출을 통해서만 가능하다고 가정한다. 또한 장기조정의 성격을 분명히 하기 위해서 앞에서 분석한 단기조정은 무시하기로 한다.

둘째, 산업내의 모든 기업은 동일한 비용곡선을 가진다고 가정한다. 이 가정 하에서는 분석대상이 되는 어떤 한 기업을 대표적 혹은 평균적 기업이라고 말할 수 있다. 따라서 한 기업이 장기조정을 겪으면 다른 모든 기업들도 똑같이 장기조정을 겪게 된다.

셋째, 당분간 분석대상이 되는 산업은 비용불변산업이라고 가정한다. 이 말은 기업의 진입과 퇴출이 발생하더라도 생산요소에는 영향을 미치지 않는다는 것이며, 따라서 개별기업들의 비용곡선은 변하지 않는다.

(1) 기업의 장기균형

장기에서도 'MR(P) = MC준칙'이 성립한다. 즉 장기에서 기업의 최적 — 이윤극대화 — 생산량수준은 한계수입(MR) 또는 가격(P)이 장기한계비용(LMC)과 같아지는 곳에서 결정된다. 그리고 최적설비는 기업이 가장 낮은 비용으로 최적

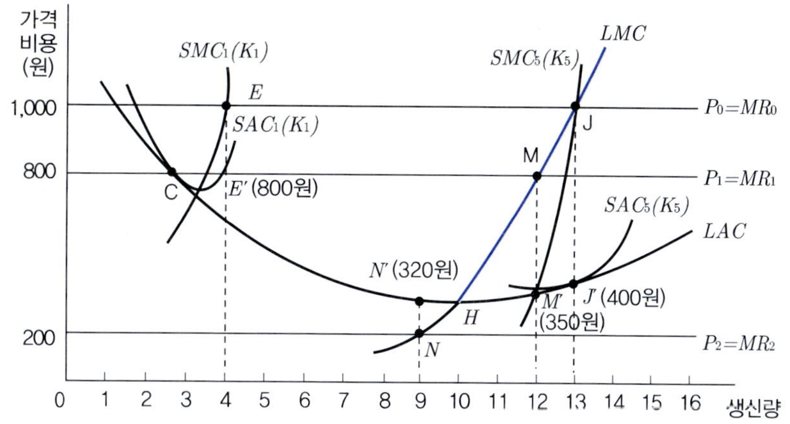

그림 7-7 경쟁기업의 장기균형과 장기공급곡선

생산량을 공급할 수 있게 하는 설비규모이다. 이것은 〈그림 7-7〉에서 기업의 최적생산량 수준에서 기업의 LAC에 접하는 SAC_5로 표시된 설비규모이다. 이제 〈그림 7-7〉을 통해서 기업의 단기균형과 장기균형을 비교해 봄으로써 장기균형의 의미를 분명히 해보자.

우리가 제6장에서 배운 바와 같이 LAC곡선은 SAC곡선들의 포락선envelop curve이다. 설비규모가 K_1로 주어진 단기상황이라고 가정하자. 만약 가격이 1,000원으로 주어지면 기업의 단기균형점은 E이고, 4단위를 생산하는 것이 최적이다. 이때 기업의 단위당 단기이윤은 200원이고, 총이윤은 800원이다.

이제 설비규모의 변경이 가능한 장기상황을 살펴보자. 장기에서도 'MR = MC 준칙'이 성립하므로 기업은 MR(P) = LMC가 성립하는 J점에서 이윤을 극대화한다. 즉 이윤극대화를 추구하는 경쟁기업은 장기상황에서 K_5에 상당하는 규모의 설비를 짓고 J점에서 운영한다. 그러므로 K_5가 최적설비이고 13단위가 최적생산량이다. 이때 기업은 단위당 600원의 이윤을 얻어 7,800원의 총이윤을 확보할 수 있으며, 이는 자본설비가 K_1로 고정되어 있는 단기상황의 이윤보다는 훨씬 크게 된다. 독자들은 기업이 장기균형에 있게 되면, P = SMC = LMC가 성립하므로 역시 단기균형도 성립함에 유의하라.

(2) 기업의 장기공급곡선

장단기를 막론하고 공급곡선은 있을 수 있는 가격에 대응하여 기업이 공급할 의도가 있는 생산량을 나타내는 예정표이다. 따라서 위에서 주어진 가격 P(1,000원)가 있을 수 있는 하나의 가격이라면, J점은 공급곡선상의 한 점이 된다. 만약 가격이 이보다 낮은 800원으로 주어진다면, 이 기업은 'P_1 = LMC준칙'이 만족되는 M점에서 12단위를 공급하고자 할 것이다. 왜냐하면 이 때 5,400원 (800×12 − 350×12)의 이윤이 생기기 때문이며, 따라서 M점도 공급곡선상의 한 점이 된다. 그런데 가격이 200원으로 주어진다면 어떻게 될까? 기업은 'P_2 = LMC준칙'이 만족되는 N점에서 9단위를 공급한다면, 1,080원(200×9− 320×9) 만큼의 손실을 보게 될 것이므로 이를 공급할 의도가 전혀 없을 것이다. 따라서 기업의 장기공급곡선long-run supply curve은 'LAC의 최소점인 H를 통과한 후의 LMC 곡선 그 자체'이다.

2) 산업의 장기균형과 장기공급곡선

(1) 산업의 장기균형

가격이 1,000원으로 주어질 때 J점에서 기업은 장기균형상태에 있게 되지만, 산업은 균형상태가 아니다. 왜냐하면 이 기업을 비롯한 모든 다른 기업들이 누리고 있는 7,800원이라는 막대한 경제적 이윤은 이 산업으로 새로운 기업들이 진입하도록 유인하기 때문이다. 새로 진입하는 기업 중에는 새로 설립된 기업도 있을 것이고, 혹은 조건이 나쁜 타산업으로부터 전입하는 기업도 있을 것이다. 여하튼 새로운 기업이 진입함에 따라 이 상품의 공급은 증가할 것이며, 이로 말미암아 〈그림 7-8〉에서 보는 바와 같이 단기공급곡선을 우하향 이동될 것이고 가격은 하락하기 시작할 것이다. 그러면 기업진입은 언제까지 일어날 것인가? 기업진입의 동기가 기존기업들이 누리고 있는 경제적 이윤에 있었기 때문에 당연히 경제적 이윤이 없어지면 기업의 진입이 멈추어질 것이다. 즉 기업의 진입은 단기공급곡선이 S에서 S'로 이동될 때까지 계속되는데, H점에 이르러서야 가격은 장기평균비용곡선의 최저점과 일치하여 — 300원 수준 — 기존기업이 누리고 있던 경제적 이윤은 소멸하며, 바로 이 H점에서 산업의 장기균형이 달성된다. 만약 기업진입이 과도하여 공급곡선이 S" 이동하였다고 하자. 이는 가격을 200원으로 하락시켜 기업들로 하여금 손실을 보게 할 것이다. 따라서 이 산업으로부터 퇴출하는 기업이 생겨, 이 산업내의 상품공급은 감소하게 될 것이다. 그러면 언제까지 기업퇴출이 일어날 것인가? 물론 손실이 없어지는, 즉 가격이 장기평균비용의 최소점과 일치할 때까지이다. 다시 말해서 공급곡선이 S"에서 S'로 이동할 때까지이다. 결국 산업의 장기균형점은 H점이 될 수밖에 없다.

〈그림 7-8〉에서 보면, 산업과 기업은 H점에서 동시적으로 장기균형상태에 있게 되는데, 균형점에서 P = MR = LMC = SMC = LAC = SAC라는 조건이 성립한다. 즉 기업은 LAC곡선의 최저점에서 생산하고, 이때 총수입과 총비용이 일치하므로 경제적 이윤은 0이다. 여기서 기업들이 과연 경제적 이윤이 0인데도 생산을 계속할 것인가라는 의문이 생긴다. 물론 기업들이 계속 생산하므로 H점은 균형점이 된다. 왜냐하면 기업과 산업의 장기균형상태에서 경제적 이윤이 0이라는 것은 기업경영자가 생산을 계속하도록 유인하는 최소한의 이윤, 즉 정상이윤은 확보한다는 것을 의미하기 때문이다. 다시 말해서 0의 경제적 이윤은 총수입이 총비용 즉, 명시적 비용과 암묵적 비용(정상이윤 포함)을 모두 '커버'하는 상태이다. 요컨대 H점에서 비록 경제적 이윤은 0이라 하더라도 생산을 계속할 정도의 최소한의 이윤은 건지고 있으므로 생산활동은 계속되는 것이다.

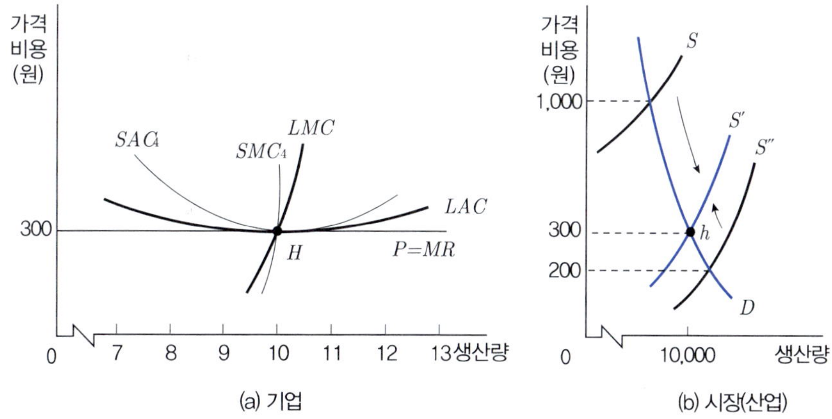

그림 7-8 기업과 산업의 동시적 장기균형

(2) 산업의 장기공급곡선

우리가 지금 장기분석을 하고 있음에도 불구하고 〈그림 7-8〉 (b)에서의 시장공급곡선은 단기공급곡선임을 강조한 바 있다. 이제 앞에서 배운 분석을 토대로 산업의 장기공급곡선을 도출해 보기로 하자. 산업의 장기공급곡선을 결정하는 가장 주요한 요인은 산업내의 기업수가 변화할 때, 개별기업들의 비용조건이 어떻게 변화하느냐 하는 것이다.

- Case 1: 비용불변산업

장기균형을 분석하기 앞서 산업이 비용불변산업constant cost industry이라고 가정하였는데, 이는 말 그대로 기업이 진입하여 생산이 증대될 때 생산요소의 가격, 즉 생산비 자체에는 아무런 변동이 없다는 뜻이다. 이 가정 때문에 앞에서 기업이 진입할 때, 개별기업의 장기평균비용곡선은 그 위치가 변하지 않았음을 기억할 것이다. 그러면 비용불변산업이라는 가정이 계속 유지될 경우에 산업의 장기공급곡선은 어떤 모양을 띨 것인가? 결론부터 말하자면, 〈그림 7-9〉에서 보는 바와 같이 수평이다.

〈그림 7-8〉 (b)에서 h점은 산업과 기업의 장기균형점이었다. 이는 시장가격 300원에 대응하여 이 기업은 10단위의 생산량을 공급할 의도가 있음을 나타낸

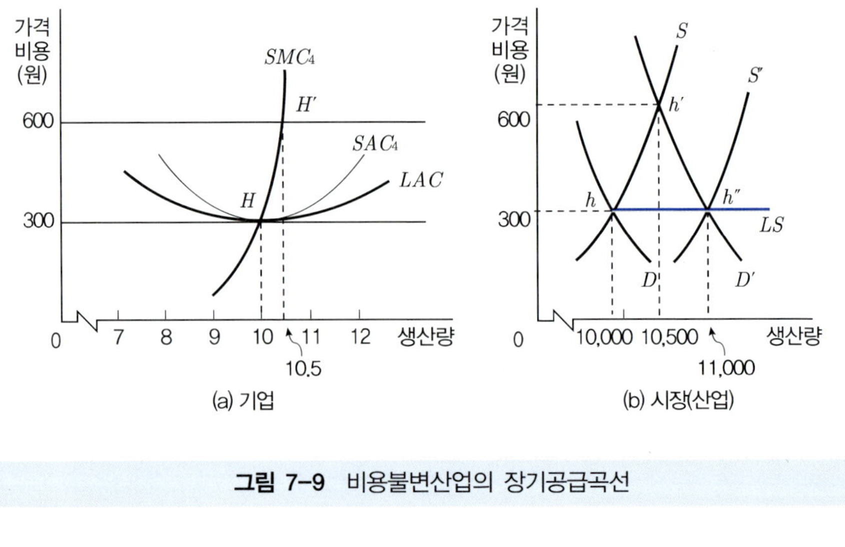

그림 7-9 비용불변산업의 장기공급곡선

다. 그러므로 h점은 장기공급곡선상의 한 점이 됨을 알 수 있다. 그런데 만약 시장수요곡선이 〈그림 7-9〉에서 보는 바와 같이 D에서 D'로 이동하여 균형가격이 300원보다 높은 600원으로 주어진다면 어떤 일이 일어날 것인가? 일단 균형점이 h'로 이동할 것이다. 하지만 이 상태에서는 경제적 이윤이 발생하므로 균형이 파괴되면서 새로운 기업이 진입할 것이다. 그런데 이 산업은 비용불변산업이므로 가격이 종전의 최저 장기평균비용과 같아질 때까지 기업의 진입과 생산량의 증가가 계속된다. 즉 단기공급곡선은 S에서 S'까지 이동한다. 따라서 새로운 균형은 h''점이며, 이때의 가격은 종전과 같은 300원이고 생산량은 11,000단위 — 이는 기업진입으로 인하여 기업의 수가 종전의 1,000개에서 1,100개로 증가한 결과임 — 가 된다. h''점도 산업의 장기공급곡선상의 한 점이 되므로 처음과 나중의 두 장기균형점을 연결한 궤적이 바로 이 산업의 장기공급곡선이 되며, 그림에서 보는 바와 같이 장기평균비용곡선의 최소점에서 수평으로 나타난다. 결국 비용불변산업의 장기공급곡선은 완전탄력적인 형태를 취한다고 말할 수 있다.

현실적으로 어느 경우 비용불변산업이 가능할 수 있겠는가? 만약 분석대상이 되는 산업의 요소수요량이 경제전체의 요소수요량에 비해서 극히 적을 경우라면, 이 산업은 요소가격과 비용의 변동 없이도 생산량을 증가시킬 수 있을 것이다. 또한 이 산업이 여러 산업에서 널리 사용되는 비전문적인 생산요소를 제공하고 있을 경우에도 비용의 변동이 없을 것이다.

• Case 2: 비용증가산업

앞에서 살펴본 비용불변산업은 특수한 경우에 한하며, 대부분의 경우 새로운 기업의 진입으로 제품의 생산량이 증가하면 생산요소의 가격에 영향을 미쳐 개별기업의 평균비용이 변하게 마련이다. 즉 비용불변산업의 경우와는 달리 특정 산업의 요소고용량이 전체 생산요소 중 비교적 큰 비중을 차지하거나, 고도로 전문화된 요소를 사용하고 있을 경우에는 새로운 기업이 진입함에 따라 생산요소에 대한 수요가 공급을 앞질러 요소가격을 상승시킨다. 그 결과 개별기업의 장기평균비용은 상승하여 장기평균비용곡선의 상향이동을 초래한다. 이 경우에는 산업의 장기공급곡선이 우상향할 것임을 짐작할 수 있을 것이다.

이를 그래프로 살펴보자. 〈그림 7-8〉 (b)에서 h점은 산업과 기업의 장기균형

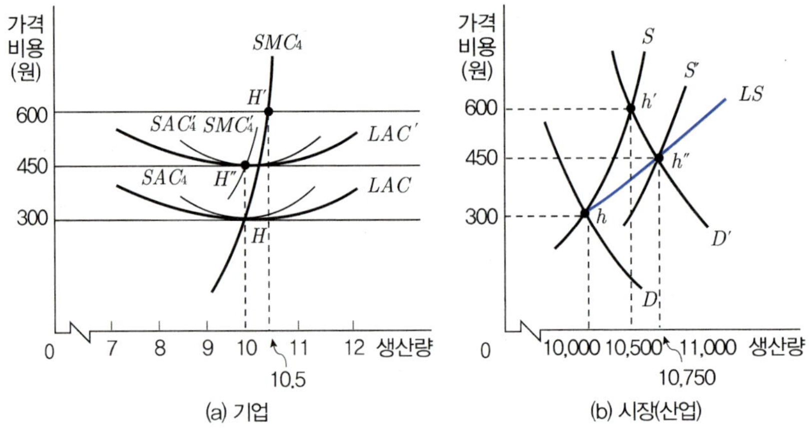

그림 7-10 비용증가산업의 장기공급곡선

점이자 장기공급곡선상의 한 점이었다. 이제 비용불변산업에서와 마찬가지로 〈그림 7-10〉에서 보는 바와 같이 수요곡선이 D에서 D'로 이동하여 가격이 600원으로 상승하였다고 하자. 일단 수요가 증가하면서 균형점이 h'로 균형점이 이동할 것이다. 하지만 이 상태에서는 경제적 이윤이 발생하고 새로운 기업들이 진입하게 되는데, 이는 비용불변산업에서와는 달리 두 가지 면에서 이윤을 삭감시킨다. 하나는 비용불변산업과 마찬가지로 새로운 기업이 진입함에 따라서 시장공급이 증가하여 가격을 하락시킴으로써 삭감되는 것이고, 다른 하나는 기업의 평균비용곡선이 상향 이동하므로써 삭감되는 것이다. 결국이 이윤이 모두 삭감될 때 다른 장기균형점에 도달하게 되는데, 새로운 균형점 h''이며, 이때의 가격은 450원이고, 산업전체의 생산량은 10,750단위—이는 75개의 신규기업이 진입한 결과임—이다.

이 점도 산업의 장기공급곡선상의 한 점이 된다. 처음과 나중의 장기균형가격을 비교하면, 나중의 가격수준이 높아진다는 것을 알 수 있는데, 그 이유는 산업의 확대가 평균비용곡선을 이동시키면 장기가격은 이 비용을 회수할 수 있는 수준으로 상승하여야 하기 때문이다. 따라서 비용증가산업increasing cost industry에서는 보다 높은 가격수준에서만 생산량의 확대가 가능해진다. 그러므로 비용증가산업의 장기공급곡선은 〈그림 7-10〉 (b)의 LS처럼 우상향의 기울기를 갖는다.

• Case 3: 비용감소산업

아주 예외적이기는 하지만 어떤 산업은 기업이 진입하여 산업이 확장될 때 요소가격이 하락하여 생산비가 감소하는 현상을 경험할 수 있다. 이러한 산업을 비용감소산업decreasing cost industry이라고 부르는데, 이러한 현상은 주로 일시적인 외부경제에 기인한다. 외부경제란 순전히 기업의 외부적인 요인들에 의해 기업의 평균비용이 감소하게 되는 것이다. 한 예로 어떤 산업이 확장되면서, 철도가 부설되어 수송비가 절감되고 기업의 생산비가 감소하는 것을 들 수 있다. 외부경제가 작용하게 되면 새로운 기업이 진입하여 산업이 확장할 때, 기업의 평균비용곡선은 하향 이동하고, 따라서 비용감소산업의 장기공급곡선은 우하향의 기울기를 갖는다.

이상에서 비용의 불변·증가·감소가 일어날 경우의 장기공급곡선을 분석하였으나, 비용증가일 경우가 가장 일반적일 것이다. 설사 특정 산업이 비용불변이나 비용감소를 경험한다 하더라도, 규모가 확장됨에 따라 요소시장에 큰 영향을 미치게 되어 마침내 비용증가의 경우로 전환될 것이기 때문이다.

7.5 완전경쟁의 시장성과평가

완전경쟁산업이 비용불변이든, 비용증가이든 간에 기업은 최종적인 장기균형상태에서는 공통적인 특성을 갖게 마련이다. 즉 〈그림 7-11〉에서 보는 바와 같이 장기균형점에서는 가격(한계수입)은 장기평균비용의 최저점에서 결정되며, 한계비용은 평균비용의 최저점을 지나므로 MR(P) = AC = MC이다. 이 세 개의 값이 동일하다는 것은 단순히 기하학적 흥미를 끄는 이상의 의미를 갖는다. 즉 경쟁기업이 'MR(P) = MC준칙'에 의해 생산함으로써 단기적으로는 이윤을 얻거나 손실을 볼지라도 장기적으로는 정상이윤normal profit만을 얻게 된다는 것이며, 사회적 관점에서 완전경쟁이 매우 효율적이라고 결론지을 수 있다. 완전경쟁산업의 모든 기업들이 왜 정상이윤만을 얻게 되는지는 앞에서 설명했으므로, 여기서는 왜 효율적인가에 대해서만 잠깐 언급하기로 한다.

대부분의 경제학들은 완전경쟁상태가 사회의 희소한 자원을 가장 효율적으로 사용하게끔 한다고 믿고 있다. 즉 완전경쟁하의 가격은 소비자의 만족을 극대화시키는 방향으로 사회 전체의 가용자원을 배분시키는 경향이 있다는 말이다. 이와 같은 결론은 다음 두 가지 조건이 만족되어질 때 가능한 것이다. 하나는 완전경쟁하의 기업들은 소비자들이 가장 원하는 재화를 생산하게 된다는 것이고, 둘째로 완전경쟁기업들은 이 재화를 생산함에 있어서 가장 효율적인 방법을 활용하게 된다는 것이다. 이해를 돕기 위해 두 번째 것부터 알아보기로 하자.

1) 생산적 효율성: P = AC

장기적으로 경쟁기업은 평균비용곡선의 최저점에서 생산을 하게 되고 단지 비용을 회수할 정도의 가격만 부과한다. 이러한 상태는 무엇을 의미하는가?

첫째, 이렇게 되기 위해서는 기업들이 최고의 기술을 사용하여야 하며, 그렇지 못한 기업은 도태된다는 것을 뜻한다. 다시 말해서 주어진 생산량을 생산하는 데 가장 적은 양의 요소가 사용된다는 것이다. 그림을 통해서 이를 확인해 보자.

〈그림 7-11〉의 장기균형점에서 300원 상당의 자원을 사용하여 10단위의 생산량을 공급하고 있다. 만약 100단위를 생산하는 데 500원 상당의 자원이 사용

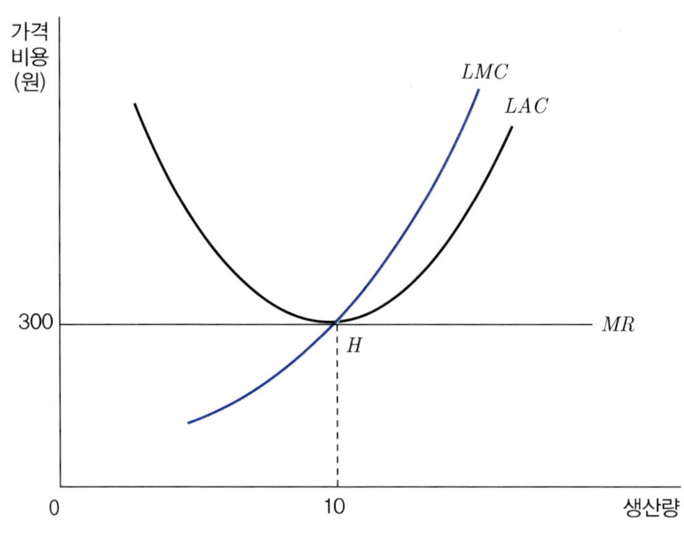

그림 7-11 경쟁시장의 성과

된다면, 이는 분명 자원이 비효율적으로 사용되는 것이라고 말할 수 있다. 요컨대 장기균형점에서는 200원의 생산비용이 절감된다.

둘째, 소비자입장에서 보면 경쟁시장의 장기균형점은 매우 바람직스럽다. 왜냐하면 소비자가 현행 비용조건이 허용하는 한도 내에서 가장 싼 가격으로 구매할 수 있기 때문이다.

셋째, 여기서 말하는 비용은 순전히 생산에 필요불가결한 비용만을 말하는 것이다. 왜냐하면 경쟁산업에서는 생산물이 동질적이므로 생산비에 추가하여 가격결정의 요인이 되는 판매비나 판매촉진비용이 전혀 없기 때문이다.

2) 배분적 효율성: P = MC

자원의 효율적 배분이 달성되려면 가장 효율적인 기술의 사용과 함께 소비자가 가장 원하는 재화를 생산해야만 한다. 그런데 경쟁적 시장가격체제에서는 소비자의 소망을 가장 잘 충족시킬 수 있도록 자원이 배분된다.

어떻게 이것이 가능한가를 자세히 살펴보자. 먼저 경쟁적인 재화와 생산요소의 가격이 사회적으로 어떤 의미를 갖는가를 확실히 이해할 필요가 있다. 어떤 재화—X재라고 하자—의 화폐가격이란 사회가 그 재화의 마지막 한 단위에 대해 부여하는 상대적인 가치를 말해 주는 것이다. 이와 마찬가지로 X재 1단위의 한계비용이란 X재를 1단위 더 생산하는 데 사용된 생산요소로 타재화를 생산할 경우, 거기서 얻을 수 있었던 생산물의 상대적 가치를 측정한 것이다. 요컨대 생산물가격이란 사회가 X재를 1단위 더 생산함으로써 얻는 만족을 나타내며, 한계비용이란 X재를 추가 생산함으로써 사회가 희생한 타재화로부터의 만족을 나타낸다.

그런데 경쟁하에서는 모든 재화의 생산이 〈그림 7-11〉에서 보는 바와 같이 가격이 한계비용과 같은 점에 이루어진다. 다시 말해서 이윤을 추구하는 경쟁기업들은 P=MC준칙을 준수함으로써만 이윤을 극대화할 수 있다. 만일 MR(P)=MC 수준보다 적은 생산량을 택한다면 개별기업은 이윤을 극대화할 수 없으며, 사회전체적인 관점에서 볼 때 이 재화의 생산에 대한 자원의 과소배분을 초래하는 것이 된다. 왜냐하면 이 수준에서는 가격이 한계비용을 초과하므로 X재의 추가생산에 사용하는 생산요소로 타재화를 생산하였을 경우보다 X재를 생산하는 것이 훨씬 큰 사회적 만족을 주기 때문이다. 이와 비슷한 이유로, P=MC수준 이상의 점에서 생산을 한다면 경쟁기업은 이윤을 극대화할 수 없고, 사회적으로는 이 재화의 생산에 대해 자원을 과잉배분하게 된다. 결국 경쟁기업들은 가격이 한계비용과 같은 점에서 생산하지 않을 수 없으며, 이것은 완전경쟁하에서 자원이 효율적으로 배분되고 있음을 의미하는 것이다.

완전경쟁의 또 하나의 이점은 경제사회의 여건 ― 소비자의 기호, 생산요소의 공급, 기술진보 등 ― 이 변하였을 때, 이를 생산요소의 사용에 반영하여 자원의 배분을 적절히 조정할 수 있는 능력을 보유하고 있다는 점이다. 예를 들어 X재에 대한 소비자들의 수요가 증가하여 가격이 상승한 경우를 보자. 이때 현재의 생산량 수준에서는 X재 가격이 한계비용을 초과하므로 불균형이 발생한다. 또한 X재 산업은 초과이윤을 누리게 됨으로써 규모가 팽창하게 되고, 보다 낮은 이윤을 얻는 산업으로부터 생산요소를 끌어 올 수 있다. 그리하여 마침내 X재 가격이 다시 한계비용과 같아질 때, 즉 한계생산물의 가치가 X재를 생산하기 위해 포기한 타생산 요소의 가치와 일치하게 될 때 산업의 확장은 끝난다. 마찬가지로 특정 생산요소의 공급상태가 변화하거나, 생산기술이 변하게 되면 한계비용이 변하게 되어 균형이 파괴된다. 이 불균형은 다시 경쟁기업이 이윤을 추구하고 손실을 회피하는 과정을 통하여 가격이 한계비용과 일치할 때까지 자원을 재배분시킨다. 이와 같이 하여 완전경쟁시장에서는 경제여건의 변동으로 야기될 어떠한 자원의 비효율적 배분도 자동적으로 수정됨을 알 수 있다.

마지막으로 완전경쟁하의 효율적 자원배분은 어떤 외부의 간섭없이 기업가나 생산요소공급자의 자유로운 이윤추구에 의해 자동적으로 이루어진다는 점이다. 즉 완전경쟁하에서는 '보이지 않는 손'이 작용하고 있다.

이것은 앞에서 본 바와 같이 완전경쟁상태에 있는 기업들이 자기 자신의 이윤을 극대화하기 위하여 가격과 한계비용이 일치하는 점에서 생산을 할 경우, 이것이 동시에 소비자의 만족을 극대화하는 자원의 배분을 초래하게 되는 사실로서 알 수 있다. 다시 말해서 경쟁체제는 생산자 개인의 이익과 사회전체의 이익이 일치하도록 유도한다.

8장

독점시장

이 장에서는 완전경쟁시장과는 극단적으로 대비되는 시장형태인 독점시장으로 눈을 돌려 가격 및 생산량의 결정행위를 살펴보고자 한다.

8.1 독점시장이란

1) 유일한 공급자

독점시장은 완전경쟁시장과는 극단적으로 대립되는 시장으로, 상품의 공급자가 하나밖에 존재하지 않는다. 즉 하나의 기업이 시장을 지배하는 시장형태이다. 한 산업에 오직 하나의 기업만이 존재하므로 독점기업 그 자체가 산업을 형성한다. 따라서 경쟁시장과는 달리 기업과 산업을 구분하여 분석할 필요가 없다.

2) 대체상품의 부재

독점시장에서는 한 기업이 한 상품의 유일한 공급자이므로 일반적으로 그 상품을 적당히 대체할 만한 상품이 존재하지 않는다. 그러므로 구매자가 독점기업의 제품을 소비하려면 그 상품을 독점기업에서 구입하든지 아니면, 그 상품 없이 그냥 지내야 한다. 대표적인 예가 전력, 수도 등이다. 가정에서 전등을 켜기 위해 전력을 구입할 수도 있지만, 촛불로 대신할 수도 있다. 하지만 전력과 촛불은 넓은 의미에서 대체관계에 있으나, 엄격히 말해서 적당한 대체상품이라고 할 수는 없을 것이다.

3) 가격결정자

완전경쟁시장 하에서는 한 기업의 공급량이 시장전체의 공급량에 비해 극히 일부에 지나지 않으므로 어느 기업도 제품의 시장가격에 영향을 미칠 수 없다. 완전경쟁기업은 시장에서 결정된 가격을 그대로 받아들일 수밖에 없는 가격수취자price-taker이다. 이와 달리 독점시장에서 기업은 제품가격을 임의로 조정할 수 있는 힘을 가진 가격결정자price-maker이다. 왜냐하면 독점기업의 공급량은 이 시장전체의 공급량이 되기 때문이다. 독점기업이 가격결정자라는 것은 독점시장의 가격 및 생산량의 결정과정을 분석하는 데 가장 중요한 특징이다.

8.2 독점기업의 행동

우리가 분석대상으로 하는 기업은 특허획득이나 원료독점을 통해 신규기업의 진입을 완전히 봉쇄할 수 있는 순수독점기업으로서[1], 정부의 규제를 일체 받지 않는다고 가정하자. 즉 이 독점기업은 신규기업의 진입위협 없이 자기의 독점력을 시장에서 십분 활용할 수 있다는 것이다. 만약 이러한 가정을 하지 않으면 독점기업은 신규기업의 진입위협에 시달리게 되거나 정부의 눈치를 보게 되어, 독점기업의 가격결정행동을 정형화시키기 어렵기 때문이다.

독점기업도 경쟁기업과 마찬가지로 시장에서 직면하는 수요와 자신의 비용여건을 비교하여 이윤을 극대화하는 가격과 산출량을 결정한다. 이제 단기와 장기로 나누어 독점기업의 의사결정과정을 알아보기로 하자.

1) 단기에서 독점기업의 공급의사결정

(1) 독점기업이 직면하는 수요

완전경쟁기업과 독점기업 사이의 가장 뚜렷한 차이는 각 기업이 시장에서 직면하는 수요곡선의 형태에서 나타난다. 제7장에서 본 바와 같이 완전경쟁시장하의 기업들은 시장수요와 시장공급에 의해 결정되는 유일한 가격에서 완전탄력적인 수요곡선에 직면한다. 이것은 개별경쟁기업이 판매량의 많고 적음에 관계없이 현행 시장가격에서 판매할 수밖에 없는 가격수취자임을 뜻한다. 따라서 제품 한 단위를 더 판매함으로써 얻게 되는 수입도 항상 일정하다(즉 MR = P = 불변). 시장에서 힘이 전혀 없는 완전경쟁기업은 싫든 좋든 주어진 시장가격을 받아들여야 하며, 임의적인 가격정책은 존재하지 않는다.

한편 독점기업이 시장에서 직면하는 수요는 완전경쟁기업의 경우와 다르다. 결론부터 말하자면, 독점기업이 직면하는 수요곡선은 우하향한다. 왜냐하면 독점기업 그 자신이 산업이므로 그 산업에 대한 수요를 혼자서 해결하게 되는데, 우리가 배운 바로는 시장의 수요곡선은 항상 우하향하기 때문이다[2]. 이 관계가

1) 독점의 발생 원인으로는 규모의 경제를 들 수 있다. 규모의 경제란 산출량이 증가함에 따라서 평균비용이 감소하는 현상으로서 규모의 경제가 작용하는 산업은 하나의 기업이 시장에 존재하는 것이 더 효율적이다. 규모의 경제로 인해서 초래되는 독점을 자연독점(natural monopoly)이라고 한다.

2) 물론 경쟁시장의 수요곡선도 우하향한다. 단지 개별기업이 직면하는 수요가 수평이라는 것이다.

표 8-1 독점기업의 수입과 비용

(단위: 원)

수 입				비 용			
(1) 생산량 Q (개)	(2) 가격 (평균수입) $P=AR$	(3) 총수입 TR	(4) 한계 수입 MR	(5) 평균 비용 AC	(6) 총비용 TC	(7) 한계 비용 MC	(8) 이윤(+)혹은 손실(−) (3)−(6)
0	1,600	0		−	2,500		−2,500
1	1,500	1,500	1,500	3,500	3,500	1,000	−2,000
2	1,400	2,800	1,300	2,050	4,100	600	−1,300
3	1,300	3,900	1,100	1,500	4,500	400	−600
4	1,200	4,800	900	1,175	4,700	200	100
5	1,100	5,500	700	980	4,900	200	600
6	1,000	6,000	500	867	5,200	300	800
7	900	6,300	300	814	5,700	500	600
8	800	6,400	100	813	6,500	800	−100
9	700	6,300	−100	878	7,900	1,400	−1,600
10	600	6,000	−300	1,000	10,000	2,100	−4,000

〈표 8-1〉의 (1)란과 (2)란에 나타나 있다. 독점기업이 우하향하는 수요곡선에 직면하므로 우리는 경쟁기업에서 볼 수 없었던 다음의 두 가지 사실을 알 수 있다.

첫째, 독점기업이 판매량을 늘리기 위해서는 반드시 재화의 가격을 인하하여야만 한다. 그런데 이러한 사실은 가격인하 시 첫 단위 판매량을 제외한 모든 생산량 수준에서 한계수입marginal revenue이 가격(=평균수입)보다 작다는 것을 의미한다. 이는 독점기업이 가격을 인하할 때 인하된 가격이 가격인하로 인해 늘어나 판매량은 물론이고, 가격인하 전의 판매량 — 보다 높은 가격을 받을 수 있었던 — 에까지도 적용되기 때문이다. 따라서 판매량 증가로부터 오는 단위당 수입의 순증가는 단위당 가격이 아니라, 그 가격에서 가격인하 후의 가격으로 평가한 종전 판매량들에 대한 수입감소분을 공제한 금액만큼 밖에 이루어지지 않는다. 〈그림 8-1〉을 통해서 이를 확인해 보자. 가령 독점기업이 제품가격을 1,300원에서 1,200원으로 낮추어 판매량을 3단위에서 4단위로 증가시키려고 하면 추가적으로 4번째 단위의 가격인 1,200원(면적 a)을 얻을 수 있을 것이다. 그러나 1,200원에서 4단위를 판매하기 위해서는 독점기업은 1,300원에 판매하던 처음

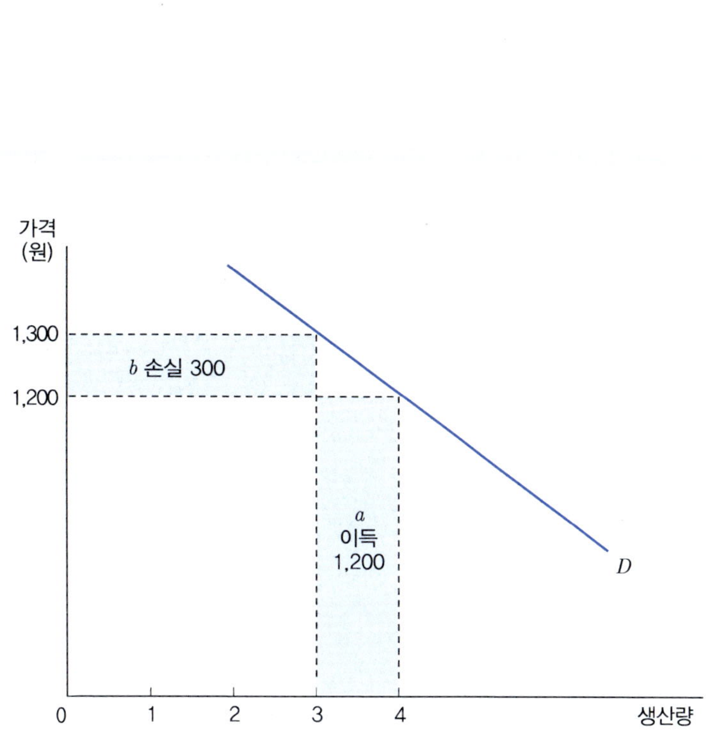

그림 8-1 독점시장에서 가격과 한계수입의 관계

3단위에 대한 가격도 1,200원으로 낮추어야 할 것이다. 이와 같이 종전에 판매되던 3단위에 대한 100원의 가격하락은 300원의 손실을 가져올 것이다. 따라서 총수입의 순증가, 즉 한계수입은 가격 1,200원에서 300원(면적 b)을 뺀 900원이 될 것이다. 지금까지의 설명으로 독자들은 〈표 8-1〉의 (4)란에 표시된 한계수입이 (2)란의 가격보다 작게 되는 이유를 이해할 수 있을 것이다.

둘째, 수요곡선이 우하향의 기울기를 가진다는 것은 기업측에서 볼 때 가격정책을 실시할 수 있다는 것을 의미한다. 독점기업은 총공급량을 마음대로 조정할 수 있으므로, 그들이 생산량을 결정하게 되면 반드시 생산물가격에 영향을 미친다. 그런데 앞에서 본 바와 같이 우하향의 기울기를 가진 수요곡선은 생산물의 양과 그에 대응한 가격을 보여주므로, 독점기업이 생산량을 결정하면 가격은 자동적으로 결정된다. 즉 〈표 8-1〉에서 독점기업은 1단위를 생산하여 1,500원을 받을 수도 있고, 2단위를 생산하여 1,400원을 받을 수도 있다.

그러나 그렇다고 해서 독점기업이 자유롭게 시장가격과 생산량을 결정할 수 있고, 소비자는 그저 그에 순종할 수밖에 딴 도리가 없다는 것을 의미하는 것은 아니다. 앞서 말한 바와 같이 독점기업이 직면하는 수요곡선은 우하향의 수요곡선이기 때문에 판매량을 증가시키려면 가격을 인하해야 하고, 반대로 가격을 인상시키면 판매량은 감소된다. 그렇다면 독점기업은 구체적으로 수요곡선상의 어떤 점을 선택할 것인가?[3] 즉 얼마만큼을 생산하여 얼마를 받을 것인가? 이것은 수요 및 한계수입은 물론, 생산비에도 의존한다.[4]

(2) 독점기업의 생산비

비록 생산물시장이 독점이라고 하더라도, 독점기업은 완전경쟁적인 생산요소시장에 속해 있는 것이 일반적이다. 즉 독점기업은 제7장에서 공부한 완전경쟁기업과 마찬가지로 생산요소를 경쟁적으로 고용하고, 동일한 기술을 이용하고 있다고 봐도 무리가 없을 것이다. 그러므로 독점기업의 비용조건은 제6장에서 이용한 비용곡선을 그대로 사용하기로 한다. 〈표 8-1〉의 (5)란에서 (7)란까지는 제6장의 비용조건을 그대로 옮겨 놓은 것이다.

(3) 독점기업의 가격 및 생산량 결정

독점기업의 행동준칙도 이윤극대화를 추구하는 이상, 경쟁기업의 그것과 다르지 않다. 다시 말해서 독점기업은 총수입(TR)과 총비용(TC)의 차이를 가장 크게 하는, 즉 'MR = MC준칙'이 성립하는 생산량을 선택함으로써 이윤을 극대화한다. 〈그림 8-2〉의 (b)는 〈그림 8-1〉에다가 비용곡선을 포개어 그린 것이다. 여기서 독점기업은 6단위 생산하여 이윤을 극대화하는 것으로 나타나고 있다.

먼저 〈그림 8-2〉의 (a)를 보자. A점의 왼쪽이나 B점의 오른쪽에서는 총비용이 총수입보다 많기 때문에 손실이 발생하는 생산량수준이다. 따라서 이윤극대화 생산량은 A점과 B점 사이에서 결정되는데, 여기서 생산량이 6단위일 때 총수입과 총비용은 가장 큰 차이를 나타내어 6단위가 이윤극대화 생산량임을 알 수 있다.

---

3) 독점기업은 수요곡선의 탄력적인 부분에서만 가격을 책정할 것이다. 왜냐하면 제5장에서 배운 바와 같이 수요곡선의 비탄력적인 부분에서는 한계수입이 음(-)의 값을 가지므로 고려의 대상조차 되지 않기 때문이다.

4) 순수독점을 포함한 불완전경쟁시장에서는 판매자가 생산물의 가격을 임의로 조절할 수 있기 때문에 공급곡선의 개념이 적용될 수 없다. 왜냐하면 공급곡선이란 주어진 가격에 대응하여 생산자가 공급하려고 하는 생산물의 양을 가리키는 데 반하여, 공급독점자에게는 가격이 주어진 것이 아니라 자신이 가격을 결정하기 때문이다. 따라서 우리는 '공급곡선'이라는 표현 대신 '독점기업의 비용'을 분석하게 될 것이다.

〈그림 8-2〉의 (b)에 있는 한계수입-한계비용 접근법에서도 같은 결론이 도출된다. 여기서 각 생산량 수준에서의 총수입곡선의 기울기는 한계수입곡선의 높이로 표시되고, 각 생산량 수준에서의 총비용곡선의 기울기는 한계비용곡선의 높이로 표시된다. 'MR = MC준칙'이 성립하면 이윤극대화가 되므로 독점기업은 F점에서 생산량을 결정할 것이다. 즉 6단위를 생산할 때 이윤이 극대화된다. 이때 소비자가 지불하려는 가격은 MR과 MC가 만나는 F점에서 수직선을 그어 시장수요곡선과 만나는 E점의 종좌표—P_m 혹은 1,000원—를 읽으면 된다.

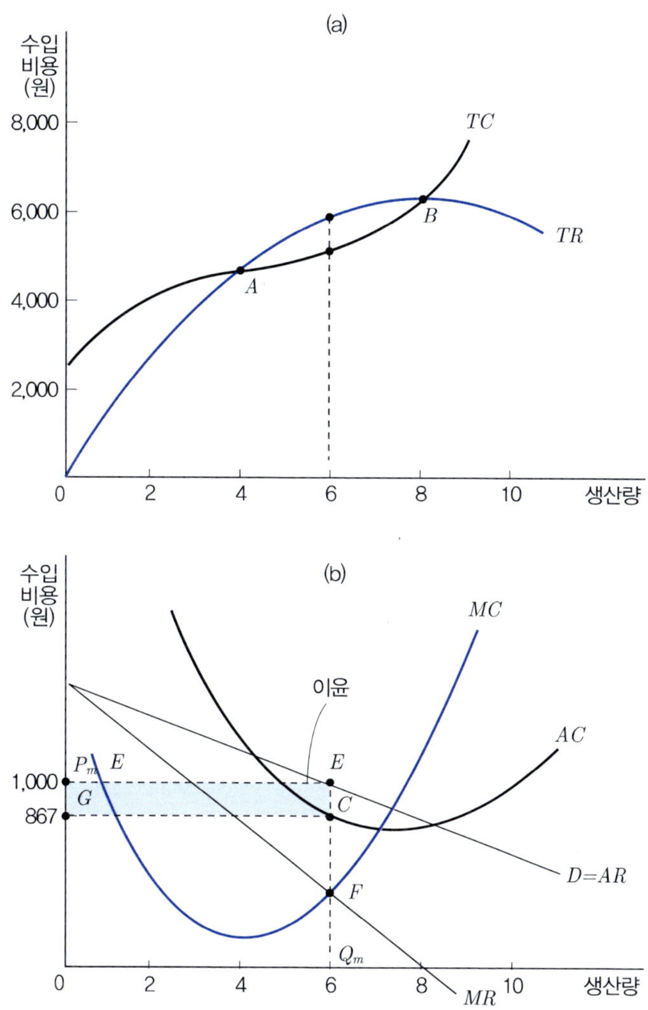

그림 8-2 독점기업의 단기균형

만일 독점기업이 P_m보다 높은 가격을 요구한다면 판매량은 이윤극대화 생산량(Q_m)에 미달할 것이고 이와 반대로 P_m보다 낮은 가격을 요구한다면 판매량은 Q_m보다 더 커지게 될 것이다. 여기서 한가지 덧붙이고 싶은 것은 〈그림 8-2〉(a)의 이윤극대화 생산량수준에서 TR의 기울기와 TC의 기울기는 동일해야 하는데, 이 말은 MR = MC라는 것과 표현을 달리하였을 뿐, 결국 같은 내용이라는 사실이다.

그러면 이때 독점기업의 이윤은 얼마인가? 〈그림 8-2〉에서 총수입이 □ OP_mEQ_m(6,000원 = 6단위×1,000원)이고 총비용은 □ $OGCQ_m$(5,202원 = 6단위×867원)이므로 총수입에서 총비용을 뺀 총이윤은 □ GP_mEC(798원 = 6단위×133원)이다.

2) 가격차별

(1) 가격차별이란

지금까지 우리는 독점기업이 여러 구매자들에 대해 하나의 가격, 즉 P_m만을 설정하는 것으로 가정하였다. 그러나 독점기업은 여건이 허락만 되면 자신의 독점적 지위를 십분 활용하여 동일한 제품에 대해 각기 다른 가격으로 판매함으로써 이윤을 더 증대시킬 수 있다. 이러한 예는 우리 주변에서 쉽게 찾아 볼 수 있다. 술집에서 일반손님보다는 단골손님에게는 술값을 싸게 받는다거나, 한국전력공사가 가정용 전력요금과 공장용 전력요금을 구분하여 매긴다거나, Time지의 연간 구독료를 일반인보다 학생에게 싸게 책정한다거나, 더 나아가서 우리나라 자동차회사가 수출가격을 국내판매가격보다 낮게 매기는 것 등이 그 대표적인 예이다. 이러한 독점기업의 행동을 경제학에서는 가격차별price discrimination이라고 하며 독점에서 생겨날 수 있는 재미난 현상이다. 가격차별이란 "동일한 상품을 소비자에게 각기 다른 가격으로 판매하는 행동"으로 정의되며, 이는 비용상의 차이 때문이 아니라 구매상황이나 소비자행태의 차이 때문에 나타난다.

(2) 가격차별의 성립요건

독점기업이라고 해서 모두 가격차별을 할 수 있는 것은 아니며, 다음이 세가지 조건이 만족되어야 가격차별이 가능하다.

더 알아보기 8-1 독점가격에 대한 오해

이상의 분석을 통해서 우리가 독점가격에 대해서 흔히 범하기 쉬운 다음과 같은 오해를 불식시킬 수 있다.

첫째, 독점기업은 생산량과 가격을 스스로 설정할 수 있다는 이유로, 일반사람들은 독점기업이 가능한 한 최고의 가격을 매길 것이라고 생각하기 쉽다. 그러나 이것은 잘못된 생각이다. 왜냐하면 독점기업은 무조건 높은 가격을 책정하는 것이 아니라 총이윤을 극대화하는 가격을 설정하기 때문이다. 〈그림 8-2〉에서 본 바와 같이 독점기업이 P_m(1,000원)보다 높은 가격을 요구할 수도 있지만 이것은 오히려 총이윤을 감소시키는 결과를 초래할 뿐이다. 총이윤은 총수입과 총비용의 차액이며, 이들은 가격뿐만 아니라 판매량에 의해서도 결정된다는 사실을 간과한 데서 이와 같은 오해가 생기는 것이다.

둘째, 흔히 독점기업은 항상 높은 이윤을 누리는 것으로 생각하지만, 반드시 그렇지만은 않다는 점이다. 물론 동일한 비용과 수요조건 하에서는 독점기업이 경쟁기업에 비해 보다 높은 이윤을 누리는 것이 사실이다. 그러나 비용조건이 나쁜 경우에는 단기적으로 손실을 보면서 조업을 할 수도 있다. 비용조건이 〈그림 8-2〉보다 불리하게, 즉 전반적으로 높게 나타나는 경우에는 독점적 지위에도 불구하고, 적은 수요와 높은 비용으로 말미암아 손실을 보게 된다. 만약 〈그림 8-3〉에서처럼 독점가격이 평균가변비용보다는 높고 평균비용보다는 낮다면, 독점기업은 손실극소화 행동을 하는 상황에 처했다고 볼 수 있다.

셋째, 현실적인 문제로서 독점기업이 이윤을 극대화하는 가격 P_m보다 높거나 낮은 가격을 책정하는 경우가 있다는 점이다. 그 이유로 다음 세 가지 경우를 들 수 있다.

① 독점기업이 "MR = MC준칙"을 지키지 못

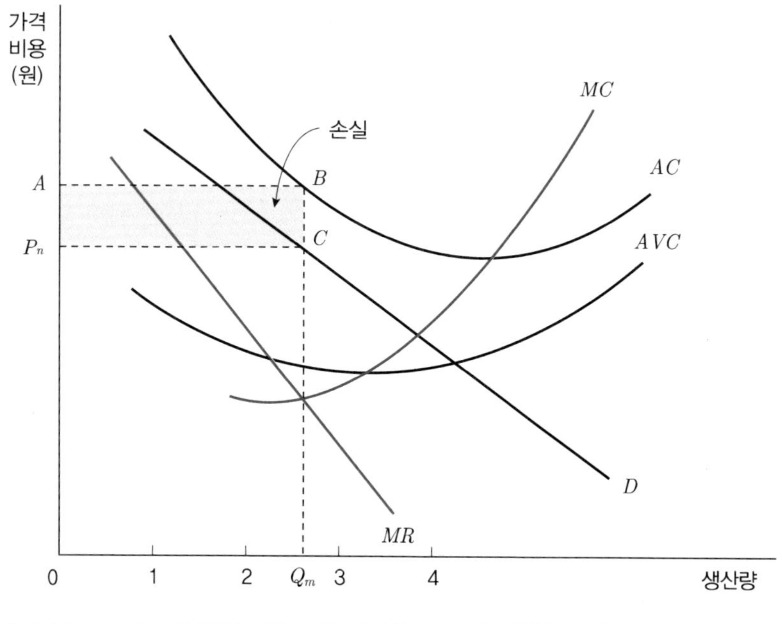

그림 8-3 독점기업의 손실극소화 행동

더 알아보기 8-1

함으로써 이윤을 극대화하지 못하는 경우다. 현실적으로 기업이 수요상황, MR, MC 등에 대한 정확한 정보를 가지기 어려우며, 이에 따라 P_m보다 높은 가격 혹은 낮은 가격을 책정하는 경우가 더 많다고 보는 것이 타당할 것이다.

② 독점기업이 단기적 이윤보다는 장기적 이윤을 극대화하려는 계획을 수립하는 경우가 흔히 있는데, 이때에는 단기적으로 이윤을 극대화하는 가격보다 낮게 가격을 책정한다. 가령 독점기업이 이윤을 얻고 있다고 하면, 이를 보고 신규기업이 진입하려고 할 것인 바, 진입을 막기 위해 고의적으로 낮은 가격을 설정하는 경우이다. 독점기업이 신규기업의 진입을 막기 위해 설정하는 가격을 진입저지가격limit pricing이라고 한다.[5)]

③ 사회적인 이목이나 정부규제 때문에 P_m보다 낮은 가격을 설정하는 경우가 있다. 왜냐하면 독점기업은 일반에게 널리 알려져 있고 그로 인해 대중들에게 비판의 대상이 되기 쉬우므로 과다한 이윤추구는 독과점 금지법과 같은 정부규제를 자초할 우려가 있기 때문이다.

5) 이것은 처음에 언급했던 가정, 즉 독점기업이 신규기업의 진입위협을 전혀 받지 않는다는 가정을 완화시킨 것이다.

첫째, 구매자들이 각 특성에 따라 소집단으로 구분되어야 한다. 이는 소득수준, 연령, 입지적 조건, 기호 등의 차이로 말미암아 구매자들 간에 수요의 탄력성이 달라야 함을 말한다. 수요의 탄력성이 달라야 동일상품에 대한 지불의사 willingness to pay에 차이가 있기 때문이다. 수요의 탄력성이 작은 집단의 소비자들은 더 많이 지불할 의도가 있을 것이고, 수요의 탄력성이 큰 집단의 소비자들은 그 반대일 것이다.

둘째, 독점기업은 구매자의 수요행태가 집단별로 차이가 있음을 인식해야 하며, 이를 손쉽게 구분해야 한다. 가령 영화관람 요금할인의 경우, 학생임을 확인하기 위해 '신원조회'까지 해야 한다면 가격차별을 하지 않는 편이 나을 것이다.

셋째, 구매자의 전매가 불가능해야 한다. 즉 구매자가 싼 가격으로 구입하여 비싼 가격으로 다시 팔 수 없도록 분할된 시장 사이에 분리가 가능해야 한다. 만일 분할된 시장간에 전매가 가능하다면 가격차별의 이득이 없게 될 것이다.

(3) 가격차별의 유형

가격차별의 유형은 기준에 따라 다양하게 구분할 수 있다. 여기서는 수요량에 따른 가격차별과 시장에 따른 가격차별로 구분하여 설명하고자 한다.

(1) 수요량에 따른 가격차별

가격차별의 첫 번째 형태는 모든 판매량에 단일가격을 적용하는 대신 구매량이 많아질수록 낮은 가격으로 판매함으로써 독점기업이 소비자의 수요곡선을 이용하여 각 소비자가 지불하고자 하는 최고의 가격을 받아내는 방법이다. 이와 같은 가격차별의 방법은 소비자를 집단으로 구분하여 각 집단별로 상이한 가격을 부과하는 식으로 흔히 사용되고 있다. 우리나라에서는 자원절약시책의 일환으로 경우가 다르긴 하지만, 미국의 경우 전력회사들은 모든 전력수요자들에 대하여 동일한 가격을 부과하지 않고, 전력수요자를 소집단—이를테면 주거용, 상업용, 산업용 수요자—으로 구분하여 각기 다른 가격을 부과함으로써 동일한 가격을 부과할 때보다 더욱 많은 이윤을 얻고 있는데, 이것도 이러한 방법의 한 예라고 볼 수 있다.

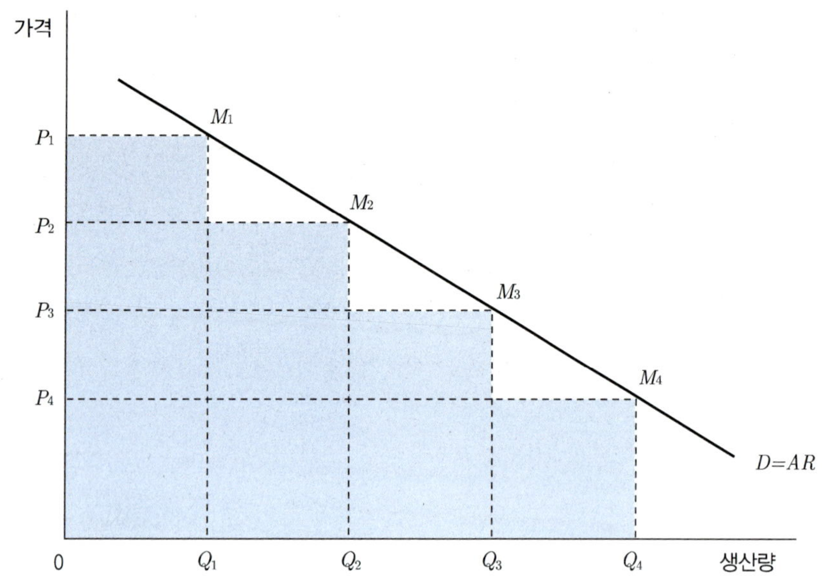

그림 8–4 수요량에 따른 가격차별

〈그림 8–4〉를 이용하여 독점기업이 가격차별을 할 경우 어떻게 이윤의 증가를 꾀할 수 있는지 살펴보자. 소비자의 수요곡선이 그림과 같을 때 독점기업이 Q_4를 생산하여 가격차별이 없이 P_4의 단일가격으로 판매한다면 독점기업의 총수입은 $\square OP_4M_4Q_4$의 면적과 동일하게 나타난다. 그러나 만일 독점기업이 가격차별을 실시한다면 총수입을 훨씬 증가시킬 수 있다. 즉 처음 Q_1의 판매분에 대해서는 P_1의 가격으로 판매함으로써 $\square OP_1M_1Q_1$ 면적만큼의 수입을 얻고, 다음에는 가격을 P_2로 인하함으로써 Q_1Q_2의 양을 추가로 판매한다. 같은 방법으로 다시 가격을 P_3, P_4로 인하시킴으로써 Q_2Q_3, Q_3Q_4의 생산량을 추가로 판매할 수 있다. 이처럼 독점기업이 가격차별을 행할 때 독점기업은 가격차별 전과 동일한 Q_4의 양을 판매하고 있지만, 가격차별을 하지 않고 P_4의 단일가격을 부과하였을 때의 수입 $\square OP_4M_4Q_4$보다 훨씬 큰 수입—색으로 표시된 부분—을 얻는다. 만일 독점기업이 가격을 좀 더 적은 폭으로 인하한다면 그림에 나타난 계단의 폭은 좁아질 것이고 총수입은 더욱 커진다. 또한 이론적으로만 가능한 이

야기긴 하지만 판매량을 무한히 나눈다면,[6] 총수입은 수요곡선하의 전체 면적에 해당된다. 그러나 현실적으로는 가격인하가 몇 개의 계층으로 나누어져 행해지고, 판매에 있어서는 각기 상이한 집단의 구매자에게 다른 가격으로 동시에 판매된다.

(2) 시장분할에 따른 가격차별

가격차별의 또 다른 형태는 독점기업이 동일한 상품을 각기 다른 시장에서 상이한 가격으로 판매할 때도 발생한다. 이러한 가격차별은 국제무역에 '덤핑 dumping'이라는 용어로 널리 알려져 있는데, 그 근본원리는 국내시장에서도 마찬가지로 적용될 수 있다.

'덤핑'의 개념을 〈그림 8-5〉를 이용하여 설명해 보기로 하자. 지금 국내시장에서 독점적 위치를 확보하고 있는 기업의 수요곡선을 살펴보면, 이 제품에 대한 국내시장에서의 수요곡선이 해외시장에서의 수요곡선에 비해 훨씬 비탄력적으로 나타난다. 왜냐하면 외국수요자들은 이 기업의 제품 외에도 다른 대체품을 선택할 수 있으며, 그러므로 이 기업이 해외시장에서 직면하는 수요조건은 독점적 경쟁 내지 완전경쟁상태에 가깝기 때문이다. 따라서 〈그림 8-5〉(a)는 보다 비탄력적인 국내시장의 수요곡선을, (b)는 보다 탄력적인 해외시장의 수요곡선을 보여 주고 있다. 이때 양시장에서의 수요의 합, 즉 총수요곡선은 국내시장과 해외시장의 수요를 수평으로 집계하여 구할 수 있으며, 또한 총한계수입곡선도 양시장에서의 한계수입곡선 MR_1과 MR_2를 같은 방법으로 집계하여 얻을 수 있다.

한편 전체시장의 MC곡선은 독점기업의 한계비용곡선을 나타낸다. 기업의 이윤극대화는 MR=MC되는 점에서 이루어지므로 독점기업은 한계비용곡선(MC)과 총한계수입곡선($MR_1 + MR_2$)의 교차점이 가리키는 Q_3의 산출량을 택할 것이다. 여기서 한 가지 유의할 점은 생산물이 국내에서 판매되든 해외에서 판매되든 간에 생산은 같은 곳에서 이루어지므로 비용조건에는 차이가 없으며, 한계비용곡선은 총생산에 의해 결정되는 단 하나만이 존재한다는 것이다. 따라서 Q_3의 생산수준에서 독점기업의 한계비용은 Q_3L_3이며, 이것은 국내시장에서의 Q_1L_1과 해외시장에서의 Q_2L_2와 일치한다.

6) 이러한 가격차별을 완전가격차별 혹은 1차 가격차별이라고도 한다.

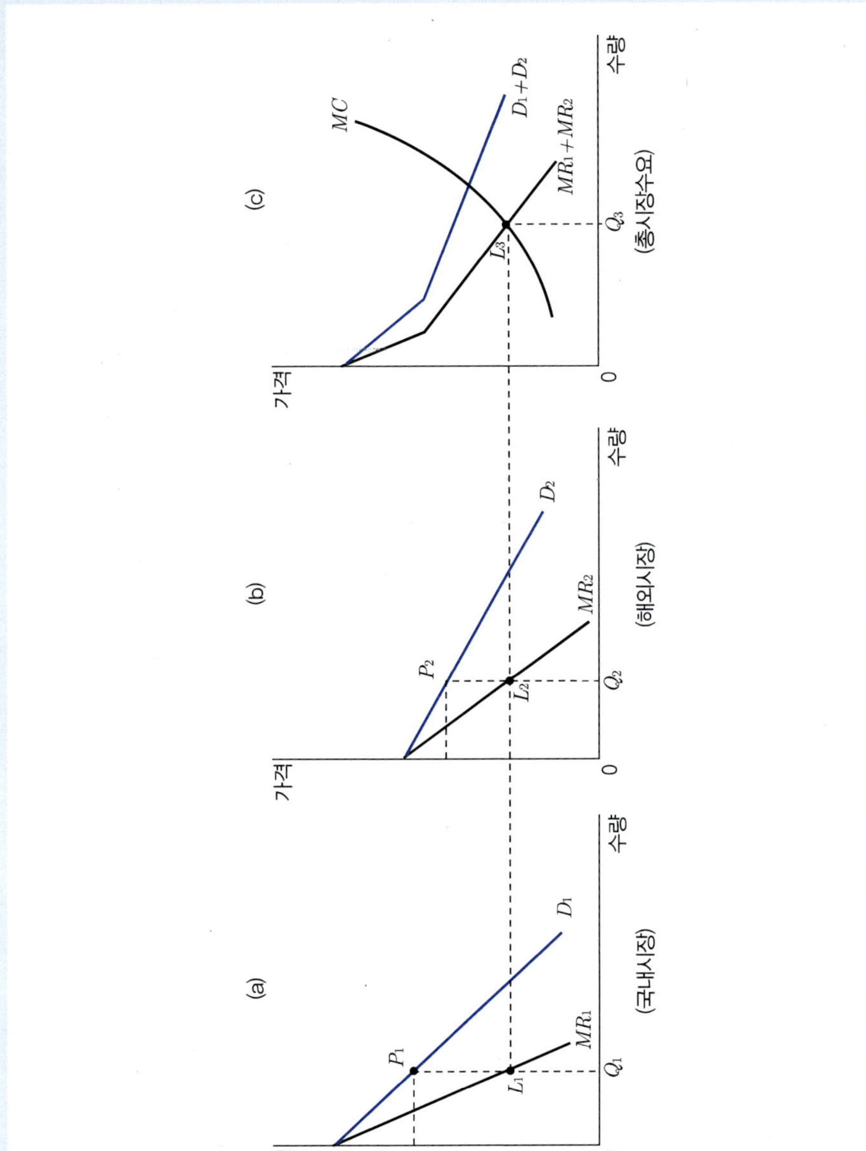

그림 8–5 시장분할에 따른 가격차별(덤핑)

그러면 독점기업은 그의 총생산물을 얼마나 생산할 것이며, 어떤 가격으로 판매할 것인가? 여기서도 우리가 익히 알고 있는 'MR = MC준칙'을 다시 한번 적용하자. 이윤을 극대화하기 위해 독점기업은 각 시장의 한계수입곡선과 한계비용곡선이 일치하는 점의 양, 즉 국내시장에서는 Q_1, 해외시장에서는 Q_2를 공급한다. 이에 따라 국내시장에는 P_1, 해외시장에서는 P_2의 가격이 형성되게 된다.

지금까지 설명한 '덤핑'의 예는 국내판매나 해외판매에서 많이 볼 수 있다. 이를테면 우유협동조합이 생우유소비자에게는 비싼 가격으로 판매하고, 버터나 치즈 제조업자에게는 싼 가격으로 판매한다든지, 타이어 생산업자가 국내시장에서는 자기 상표로 판매하고, 해외시장에서는 다른 판매망을 통하여 타상표로 판매하는 것 등이다. 방법이야 어떻든 추가 생산으로 인한 한계비용이 한계수입을 초과하지 않는 이상, 독점기업은 초과생산시설을 최대한 활용함으로써 더욱 높은 이윤을 얻을 수 있다.

3) 장기에서 독점기업의 의사결정

경쟁기업은 장기적으로 볼 때, 신규기업의 진입으로 정상이윤밖에 건지지 못한다. 그러나 독점시장에서는 신규진입에 대한 장벽이 존재하므로 장기상황에서도 정상이윤은 물론 경제적 이윤을 지속적으로 획득할 수 있다. 다시 말해서 경쟁시장과는 달리 독점시장에서의 진입장벽은 공급증대 -> 가격하락 -> 경제적 이윤의 소진이라는 일련의 과정을 가져올 잠재적 기업의 시장진입을 막아 준다. 장기에서 손실을 보는 경우에는 어떤가? 경쟁기업과 마찬가지로 그 손실을 감내하면서까지 생산을 계속하지는 않을 것이다. 그러므로 우리는 장기상황에서 독점기업은 정상이윤 또는 그 이상의 경제적 이윤을 누리기 때문에 조업을 계속하는 것으로 예상할 수 있다.

위와 같이 독점시장에서는 진입장벽이 존재하기 때문에 독점시장 분석시에 단기와 장기를 구분하는 자체가 별로 중요하지 않다. 그러나 현실적으로 완벽한 진입장벽은 찾아보기 어렵다. 독점기업이 '엄청난' 독점이윤을 챙기고 있을 경우에는 그 상품에 대한 대체재를 개발하려는 움직임이 나타나는 것이 일반적인 현상이다. 예를 들어 미국의 철도산업이 오랜 동안 독점상태에서 독점이윤을 누리고 있었으나, 항공운수와 화물트럭의 발전으로 독점적 지위를 잃게 되었다. 요컨대, 독점시장에서는 이윤 수준이 정상이윤으로 낮아지게 하는 자동적인 힘은 작용하지 않지만, 장기적인 관점에서는 높은 독점이윤은 대체재를 개발하게끔 하는 유인을 제공한다.

8.3 독점시장의 성과: 완전경쟁시장과의 비교

흔히들 사회적인 관점에서 독점은 나쁘다고 한다. 즉 독점은 완전경쟁에 비해서 비효율적일 뿐만 아니라 불공정한 결과를 초래하는 것으로 인식되고 있다. 앞에서 독점기업의 행태를 분석했으므로 이러한 통념의 진위 여부에 대해서 검토해 볼 차례가 되었다. 독점시장에서의 산업은 독점기업 자체이므로 독점시장과 완전경쟁시장의 성과를 분석함에 있어서 이를 산업의 입장에서 효율성efficiency과 공평성equity의 기준을 가지고 비교하고자 한다.

1) 자원배분의 효율성

이 기준은 과연 독점시장과 경쟁시장 중 어느 시장에서 사회적으로 바람직한 양의 상품이 생산되는지를 따져보는 것이다.

먼저 경쟁시장의 상황부터 복습해 보기로 하자. 〈그림 8-6〉에서 경쟁시장의 공급곡선 S는 그 산업 내에 존재하는 모든 개별기업—가령 200개—의 한계비용곡선들을 수평으로 합한 것이다. 한편 시장수요곡선 D도 개별소비자의 수요곡선을 수평 합한 것으로 우하향 한다. 우리는 수요와 공급이 일치하는 E_c점이 완전경쟁시장의 균형점이고, 이때의 균형가격은 P_c, 균형수량은 Q_c임을 알 수 있다.

이제 독점상황으로 눈을 돌려보자. 이제 이 산업이 독점화되었다고 가정하자. 가령 어느 한 독점기업이 200개의 경쟁기업들을 인수하여 공장을 계속 가동시키는 경우이다. 이렇게 되면 종전의 200개 개별기업들은 이제 200개의 분리된 공장으로 이루어진 순수독점기업이 될 것이다. 〈그림 8-6〉에서 시장공급곡선은 독점기업의 MC곡선이 되며, 이는 다름 아닌 각 분리된 공장의 한계비용곡선을 합한 것이 된다. 물론 수요곡선 D는 시장수요곡선이자, 독점기업이 직면하는 수요곡선으로 우하향의 기울기를 갖는다. 이는 곧 독점기업의 MR곡선이 가격보다 낮은 것을 의미하는데, 독점기업은 이윤극대화를 위하여 MR = MC가 되는 생산량 수준을 택할 것이므로 독점기업의 생산량은 Q_m, 가격은 P_m이 된다.

이상의 비교에서 우리는 만약 독점시장과 경쟁시장이 동일한 비용과 수요조건에 직면한다면, 독점은 경쟁시장에 비해 덜 생산할 뿐만 아니라($Q_m < Q_c$) 더 높

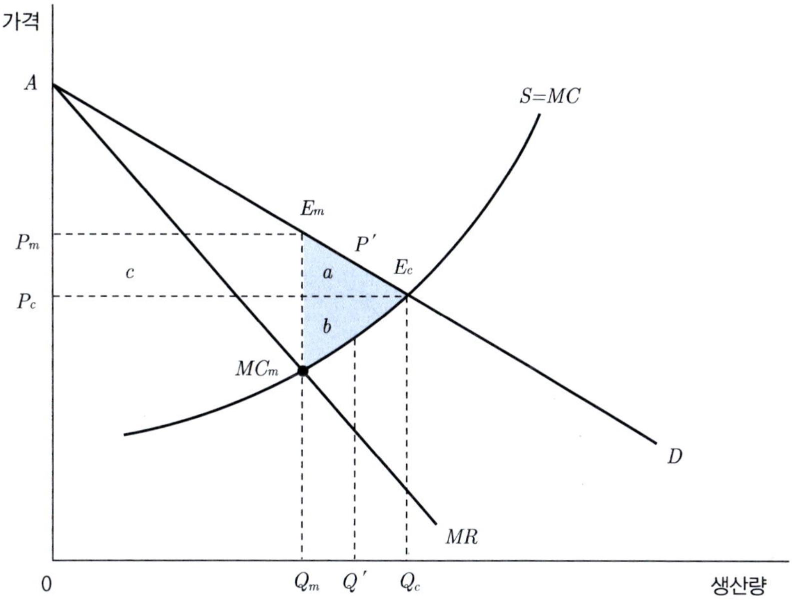

그림 8-6 독점과 경쟁의 성과비교

은 가격($P_m > P_c$)을 받게 됨을 알 수 있다. 이와 같이 독점기업은 생산량을 제한하고, 가격을 올린다는 점이 바로 독점기업이 자원배분상 비효율적이라고 비난받는 기본적 이유이다. 이에 대해서는 자세한 설명이 필요하다.

먼저 Q_c를 생산하게 되는 경쟁시장에서는 가격과 한계비용은 같게 된다. 즉

$$P = MC.$$

그렇다면 좌변의 가격은 무엇을 의미하는가? 가격은 수요곡선상에서 결정되므로 수요곡선의 개념부터 다시 상기해 보자. 수요곡선이란 있을 수 있는 가격에 대응하여 소비자가 구입하고자 하는 상품의 량을 나타내는 예정표로서, 이를 거꾸로 해석하면 수요곡선은 각 수요량의 수준에서 상품 한 단위에 대해서 소비자가 지불하고자 하는 가격을 보여준다고 할 수 있다. 따라서 가격은 추가적인 상품 1단위에 대해서 소비자들이 부여하는 가치를 나타내는 지표가 된다. 한편 우변의 한계비용이란 무엇인가? 이것은 말 그대로 상품 1단위를 더 생산하는데

들어가는 추가적인 비용이다. 따라서 P = MC는 소비자가 1단위의 상품에 대해서 부여하는 가치와 생산자가 그 상품 1단위를 생산하는 데 소요되는 비용이 같다는 것의 의미한다. 이러한 상태에서 생산과 소비가 이루어지면 우리는 배분적 효율allocative efficiency이 달성된다고 한다. 즉 균형가격에 생산되는 Q_c는 사회적으로 적정한 생산량인 것이다.

그러나 Q_m를 생산하는 독점균형에서는 가격이 한계비용보다 크다. 즉

$$P_m > MC_m.$$

이는 1단위의 상품에 대해서 부여하는 가치가 그 상품 1단위를 생산하는 데 소요되는 비용보다 크다는 것을 의미한다. 따라서 타산업에서라도 자원을 끌어와서 이 상품의 생산과 소비를 추가적으로 늘려 주는 것이 비용에 비해서 이득이 더 클 것이며, 궁극적으로는 사회의 후생수준을 증가시킬 것이다. 거꾸로 말하자면, 독점시장에서는 $(P_m - MC_m)$만큼 사회적으로 손실이 발생하고 있다고 할 수 있다. 이러한 손실을 없애기 위해 가령 Q'로 생산량 수준을 올린다고 하면 어떻게 될까? 여기서는 (P − MC)의 크기는 줄어들지언정 여전히 $P' > MC'$이므로 사회적 손실이 여전히 발생한다. 결국 경쟁시장의 생산량인 Q_c까지 생산이 확대되어야만 P = MC가 되어 사회적 손실이 없어지게 된다. 그러므로 독점시장은 생산량을 제한하고 가격을 올림으로써, 경쟁시장에 비해 $\triangle MC_mE_mE_c$만큼의 사회적 손실을 가져온다고 평가할 수 있다.[7)]

2) 생산방법의 효율성

독점과 경쟁의 성과를 비교함에 있어서 우리는 기업내부적 비용조건이 동일한 것으로 가정하였으나 실제에 있어서는 반드시 그런 것만은 아니다. 규모의 경제가 작용한다든가 X-비효율X-inefficiency이 존재하는 경우에는 독점기업의 단위당 비용이 경쟁의 경우보다 작을 수도 있고 클 수도 있다. 더 나아가서 어느 시장에서 기술진보가 활발하게 일어날 것인가의 여부도 따져 보아야 한다.

---

7) △ 의 면적은 각 생산량 수준에서의 P − MC의 크기를 누적적으로 합한 것이다.

(1) 규모의 경제

규모의 경제가 현저하게 작용하는 산업이라든가 시장수요가 불충분하여 독점을 통하여서만 규모의 경제를 실현할 수 있는 경우에는 독점을 허용하는 것이 오히려 비용을 절감하는 방법이 될 수 있다. 그림을 통해 이를 분명히 해 보자. 〈그림 8-7〉에는 규모의 경제가 작용하는 산업의 장기평균비용곡선이 나타나 있다. 이 산업이 경쟁시장이라고 하면, 이 산업은 수많은 중소기업들로 구성되어 있을 것이고, 각 기업의 생산량은 Q_c로서 이때 평균비용은 AC_c로 매우 높다. 이는 규모의 경제가 실현되지 못하고 있음을 말해 준다. 반대로 이 시장이 독점기업에 의해 장악된다면 이 기업은 규모의 경제를 실현하여 평균비용을 낮출 수 있다. 그림에서 보는 바와 같이 독점기업은 경쟁의 경우보다 낮은 평균생산비로 Q_m을 생산하여, 결국 완전경쟁의 경우보다 더 낮은 가격을 책정할 수 있다. 규모의 경제가 작용하여 독점이 형성되는 경우를 자연독점natural monopoly이라고 한다.

그러나 이와 같은 경우는 철도나 전력 등과 같은 공익사업에만 예외적으로 적용될 수 있을 뿐, 독점이 가져오는 자원배분의 효율성을 상쇄할 만큼 사회적으로 중요하다고 보기는 어렵다.

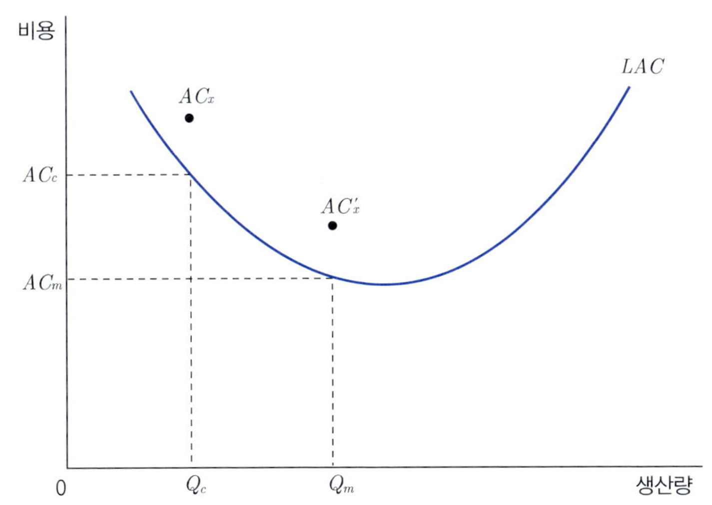

그림 8-7 규모의 경제와 X-비효율

(2) X-비효율

규모의 경제와는 반대로 X-비효율은 경쟁기업에 비해 독점기업의 비용을 높게 하는 역할을 한다. X-비효율이란 기업의 실제비용이 평균비용곡선상의 비용보다 높을 때 발생한다. 〈그림 8-7〉에서 보면 X-비효율은 Q_m을 생산할 때 AC_x'에 의해서 표시된다. 이러한 X-비효율이 발생하는 이유는 한마디로 경영자나 근로자들이 최선을 다하지 않기 때문에 생긴다. 예를 들어 경영자가 비용최소화를 위해 노력하기보다는 판매액을 극대화하거나, 사업위험의 감소에 너무 신경 쓰거나, 친인척들을 중심으로 직원을 채용하는 경우에는 X-비효율이 생긴다. 근로자들도 동기부여가 되지 않아 낭비를 방관할 때 발생한다.

그러면 왜 이러한 X-비효율이 경쟁기업보다 독점기업에서 발생할 것으로 볼 수 있는가? 경쟁기업은 타기업과의 경쟁으로 기업내부의 효율을 달성하지 못하면 도태될 수밖에 없는 반면에, 독점기업은 그렇게 하지 않더라도 최소한 망할 염려가 없기 때문이다.

3) 소득분배의 공정성

독점은 우리 사회의 소득분배를 보다 불균등하게 만드는 경향이 있다. 앞에서 살펴본 바와 같이 독점기업은 점하고 있는 시장지배력을 이용하여 경쟁기업보다 높은 가격을 소비자에게 부과함으로써 소비자들이 누리던 소비자잉여를 가져가 버린다. 다른 표현을 빌린다면 독점기업이 소비자에게 사적으로 조세를 부과하여 초과이윤을 누리는 셈이다. 〈그림 8-6〉을 보면, 경쟁상태에서 소비자잉여는 $\triangle P_cAE_c$였으나 독점가격부과 후에는 $\triangle P_mAE_m$으로 $\square P_cP_mE_mE_c$만큼 줄어들었다. 이 중 면적 a와 b는 사회적 손실로 없어져 버렸으나, 면적 c는 독점기업의 손으로 넘어간 부분이다. 문제는 대다수의 소비자들이 누리던 소비자잉여가 고소득층에 속하는 일부 주주들에게 귀속됨으로써 공평성이 저해된다는 것이다. 뿐만 아니라 독점기업의 이윤증대는 주식가치를 상승시켜 주주들의 부의 증대를 가져온다. 요컨대 독점기업의 소유주들은 이들을 제외한 대다수의 소비자들의 희생 위에 그들의 부를 축적한다고 볼 수 있다.

4) 기술진보

이제 독점기업이 경쟁기업보다 기술혁신에 더 힘을 기울이는가 그렇지 못한가 하는 문제, 즉 동태적 효율성dynamic efficiency에 눈을 돌려보자. 결론적으로 동태적 효율성 측면에서 어느 시장형태가 더 바람직한지 여부는 판가름하기 어렵다.

경쟁기업은 생존을 위해 이미 개발되어 알려진 기술을 채용하지 않을 수 없다. 만약 현행 기술수준보다 낮은 생산방법을 택하고 있다면 정상이윤도 얻지 못하여 도태하고 말 것이기 때문이다. 그러나 신공정이나 신제품의 개발에 대한 유인은 별로 없다고 할 수 있다. 왜냐하면 어떤 한 기업이 기술개발에 성공하면 일시적으로 경제적 이윤을 얻을 수 있으나, 결국 타경쟁기업들이 이를 모방하여 기술진보로 인한 이득이 없어질 것이기 때문이다. 즉 기술진보의 이득은 서로 나누어 가지나 기술개발에 소요된 비용은 기술을 개발한 기업만이 지게 된다. 요컨대 경쟁기업은 기존의 최고기술을 채용할 동기는 가지지만, 신기술의 개발에는 미온적일 가능성이 있다.

독점기업의 경우는 이와 다르다. 독점기업은 진입장벽 덕분에 장기간 높은 이윤을 누림으로 해서 경쟁기업보다는 기술진보를 위한 재원 면에서 훨씬 풍족하기 때문에 중소기업으로서는 불가능한 대대적인 R&D활동을 할 수 있다. 특히 반도체산업과 같이 대규모 기술개발투자비가 요구되는 첨단산업에서는 독점기업이 오히려 기술개발에 적극적일 수 있다. 그러나 그 반대의 힘도 작용한다. 독점기업에게는 진입장벽으로 경쟁자가 출현하기 어렵고 그로 인해 안정적인 지위를 장기적으로 누릴 수 있다. 경쟁자가 없다는 말은 다시 기술진보를 적극 추진할 만한 자발적인 유인이 존재하지 않는다는 말과도 상통한다. 즉 독점기업은 그의 독점적 지위로 말미암아 가장 효율적인 생산기술을 사용할 만한 자극을 받지 않으며, 더구나 신기술을 개발할 의욕을 느끼지 않으므로 해서 기술진보를 저해하는 경향이 있다. 예를 들어 독점의 대표적인 예로 손꼽히는 철도, 전화, 전력과 같은 공기업들은 기존시설의 경제적 노후화를 억제하기 위해 고의적으로 신상품의 개발을 미루는 측면도 없지 않다.

따라서 독점과 경쟁 중 어느 시장이 더 기술개발을 촉진하는지에 대한 분명한 결론을 내리기 어려우며, 실증분석에 맡길 수밖에 없는 문제이다.

8.4 독점의 규제

앞에서 살펴본 바와 같이 독점이 나쁜 이유는 기본적으로 독점기업이 생산량을 제한하여 가격을 인상시킴으로써 자원의 비효율적 배분을 초래한다는 것이다. 이를 시정하기 위해 정부는 독점시장에 개입하게 되는데, 정부의 개입방법에는 크게 두 가지가 있다. 하나는 독점가격을 직접 통제하는 것이고, 다른 하나는 조세제도를 통한 것이다. 물론 이 중에서 어느 방법도 독점의 문제점을 완전히 해결할 수는 없지만, 그 정도를 다소나마 완화시키는 데 도움이 될 수 있다. 여기서는 전자의 방법, 즉 가격을 정책수단으로 하는 방법만을 살펴보기로 한다. 가격을 직접 통제하는 방법은 전력, 철도, 우편 등과 같이 규모의 경제로 인한 자연독점natural monopoly의 경우에 해당되므로 이에 국한하여 살펴본다.

〈그림 8-8〉은 자연독점인 경우의 수요와 비용조건을 보여준다. 여기서 중요한 특징은 초기투자가 매우 크기 때문에 규모의 경제가 상당히 오랫동안 작용하고, 수요곡선이 평균비용이 하락하는 F점에서 평균비용곡선과 교차한다는 것이다. 만약 정부의 통제가 없다면 독점기업은 'MR = MC준칙'에 따를 것이고, 이

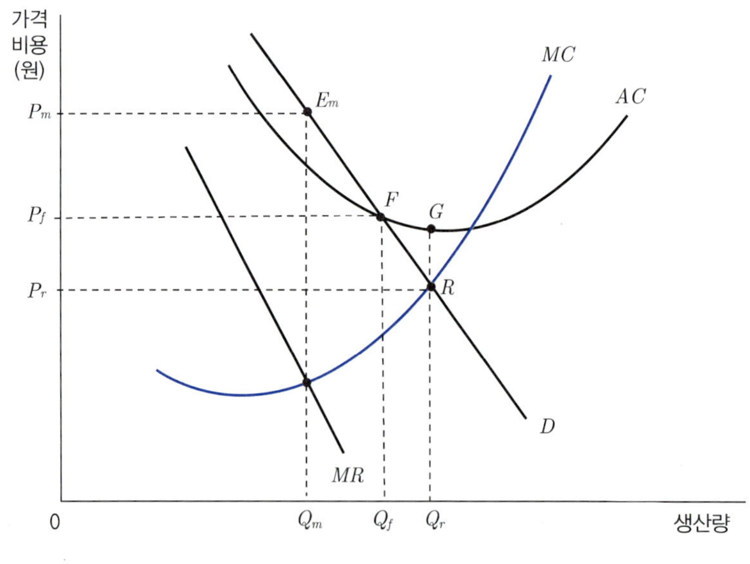

그림 8-8 독점의 규제

때 이윤을 극대화하는 가격과 생산량은 각각 P_m과 Q_m이다. 이 상태에서는 가격이 한계비용을 초과함으로써 배분적 효율이 저해되고, 가격이 평균비용을 상회함으로써 독점기업은 상당한 이윤을 누리게 되어 소득의 불균등화를 심화시킨다. 이 경우에 정부의 정책과제는 가격통제를 통하여 사회적으로 바람직한 상태로 가게 하는 것이다.

1) 한계비용가격의 책정($P = MC$)

이제 만일 정부의 목적이 자원의 효율적 배분을 달성하기 위한 것이라면 정부는 법정가격(최고가격)을 한계비용과 일치하도록 설정하여야 할 것이다. 앞에서 공부한 바와 같이 시장수요곡선상의 모든 점은 가격과 수요량의 조합을 나타내는데, 〈그림 8-8〉에서 수요곡선과 한계비용곡선은 R점에서 교차하며, 이 점의 가격 P_r에서만 한계비용과 가격이 일치한다. 그러므로 정부가 P_r을 상한으로 하는 최고가격제를 실시한다면 독점기업의 실제 수요곡선은 P_rRD로 변하고, 한계수입곡선도 바뀌어서 수요곡선이 완전탄력적인 R점까지는 수요곡선과 동일하게 나타난다(P_r=MR). 이처럼 새로운 수요조건 하에서 독점기업의 이윤을 극대화시키는(MR=MC) 산출량을 찾으면 Q_r이 된다. 그런데 여기서 중요한 점은 P_r을 최고가격으로 하였을 때, 독점기업의 이윤극대화 생산량이 바로 Q_r이라는 사실이다. 즉 P_r 이상의 가격을 받지 못하게 함으로써 독점기업으로 하여금 가격을 올리기 위한 생산제한유인을 완전히 제거한 것이다. 요컨대 P_r을 최고가격으로 정하고 독점기업이 스스로 이윤을 극대로 하는 생산수준을 택하도록 하면, 생산은 P=MC되는 점에서 이루어져 완전경쟁의 자원배분과 같은 효율적인 자원배분이 달성된다.

자원의 최적배분을 위한 가격 P_r이 물론 사회 전체적인 관점에서는 소망스럽다고 할지라도, 〈그림 8-8〉에서 보는 바와 같이 만약 그 수준이 평균비용보다 낮다면, 가격통제를 받고 있는 독점기업의 입장으로서는 계속해서 손실을 보게 된다. 이러한 비용조건은 공익기업에서 흔히 볼 수 있는 것인데, 일반적으로 공익기업에서는 수요가 정상일 때라도 성수기의 수요를 충족시키기 위하여 상당한 초과생산능력을 보유하는 것이 통례이다. 이와 같이 자본설비에 대해 과잉투자를 하게 되면 생산물 단위당 생산비 — 평균비용 — 는 생산량이 상당한 수준에 이를 때까지 계속 감소되어 〈그림 8-8〉에서처럼 수요곡선이 MC곡선과 만나는 점이 MC와 AC교차점의 왼쪽에 위치하게 되며, 따라서 최적자원배분가격은 항상 평균비용보다 낮다. 그러므로 독점기업에 대해 최고가격을 실시하면 단기적인 손실을 발생시키고 장기적으로 기업은 파산을 면치 못할 것이므로, 정부가 계속해서 단위당 GR만큼의 보조금을 지급해야 하는 부담을 안게 된다.

2) 평균비용가격의 책정($P=AC$)

만약 정부가 보조금지급을 위한 충분한 재정을 확보하고 있다면, 한계비용가격의 책정은 사회적으로 가장 바람직한 자원배분을 초래하므로 우선적으로 추천할 만한 정책이다. 그러나 정부라고 해서 매년 누적되는 적자를 어떻게 감당할 수 있겠는가? 이 문제를 해결하기 위해 생각해 낼 수 있는 방법은 독점기업 스스로 비용을 회수할 수 있는 가격을 책정하는 것이다. 이것이 평균비용가격책정으로 독점기업에게 정상이윤만을 허용하는 가격정책이다. 이를 〈그림 8-8〉에서 보면, 가격은 수요곡선이 평균비용과 만나는 점 F에서 결정되는 P_f가 되며, 이 때의 생산량은 Q_f로 사회적으로 바람직한 수준 Q_r에는 미치지 못한다. 정부가 가격을 P_f로 유지하는 데는 두가지 방법이 가능하다.

첫 번째 방법은 독점기업의 성과에 관계없이 항상 가격을 평균가격과 같이 (P=AC) 책정하는 것이다. 그런데 문제는 이렇게 하면 독점기업이 비용최소화 노력을 해야 할 동기가 없어진다는 것이다. 다시 말해서 X-비효율이 발생할 가능성이 존재한다.

두 번째 방법은 정부가 일정한 P_f를 목표로 설정하여 P=AC가 되게끔 하는 것이다. 이 경우는 독점기업이 경영합리화를 달성하면, 그만큼 이윤을 얻을 수 있으므로 첫 번째 방법의 문제점은 사라진다. 그러나 문제는 정부가 과연 목표치로 제시하는 가격수준을 올바르게 정할 수 있는 능력과 정보를 가지고 있느냐 하는 것이다.

3) 독점규제의 「딜레마」

여하튼 정부가 P_f를 최고가격으로 정하면 앞에서와 같은 원리로 생산량은 Q_f에서 결정된다. 비록 정상이윤만을 허용하는 가격이 독점가격보다 낮고 생산량은 독점생산량보다 많기는 하지만, 최적자원배분가격 P_r보다는 아직도 높고 생산량 또한 적다. 결국 정상이윤만을 허용하는 가격에서는 독점의 초과이윤은 소멸되고, 생산비는 보상되지만 최적자원배분의 목표는 달성치 못한다. 그러므로 여기서 독점기업을 규제할 경우 최고가격을 최적자원배분을 보장하는 선으로 책정할 것이냐, 아니면 최적자원배분보다는 정상이윤을 보장하는 선으로 할 것이냐는 정책상의 「딜레마」가 생긴다. 하지만, 우리가 여기서 분명히 알 수 있는 사실은 규제가 없는 것보다는 규제를 함으로써 사회적으로 독점의 피해를 어느 정도 감소시킬 수 있다는 점이다.

9장

완전경쟁과 독점 사이: 독점적 경쟁시장

앞에서 살펴본 완전경쟁시장과 순수독점시장은 극단적인 모형으로서 한국경제의 현실에서는 찾아보기 어려우며, 대부분의 시장구조는 완전경쟁과 순수독점의 중간에 있다고 할 수 있다.
이 장에서는 먼저 경쟁과 독점의 사이에서 비교적 경쟁시장에 가까운 독점적 경쟁시장을 분석한다. 어떤 시장이 독점적 경쟁시장이며, 독점적 경쟁시장에서 가격과 생산량은 어떻게 결정되는가? 독점적 경쟁시장은 사회적으로 바람직한가? 독점적 경쟁시장에서 광고나 품질경쟁과 같은 비가격경쟁의 역할은 무엇인가? 이러한 질문에 답하는 순서로 진행될 것이다.

9.1 독점적 경쟁시장이란

독점적 경쟁monopolistic competition이란 그 말이 암시하는 바와 같이 완전경쟁과 순수 독점의 중간에 위치하는 시장의 한 형태이다. 독점적 경쟁시장은 이들 두 극단적인 시장의 특성을 공유하고 있으나, 대체로 완전경쟁시장에 가깝다. 그 중요 특징은 다음과 같다.

1) 비교적 많은 다수

완전경쟁과 마찬가지로 독점적 경쟁시장에서도 상호 독립적인 판매자가 다수 존재하나, 다수의 정도가 완전경쟁처럼 천 개, 만 개 등의 고단위가 아니라 삼십 개, 사십 개, 혹은 백 개 정도의 비슷한 기업들이 존재함을 뜻한다. 이와 같이 비교적 많은 다수의 기업들이 존재하기 때문에 각 기업은 총공급량의 일부분만을 공급할뿐더러 다른 기업들을 의식하지 않고 행동할 수 있다. 따라서 독점시장에서의 분석과는 달리, 다시 기업과 산업을 구분하여 분석해야 한다.

2) 차별화된 제품

독점적 경쟁시장에서는 완전경쟁시장과는 달리 상당한 정도의 제품차별화 product differentiation가 이루어진다. 제품차별화란 한 산업 내에 존재하는 제품의 기능적 혹은 질적 차이뿐만 아니라 포장, 상표, 디자인, 입지 그리고 심지어는 소비자에게 제공하는 신용, 배달, 친절 등 각종의 서비스까지도 포함하여 말하는 것이다. 가령 같은 휘발유라고 하더라도 고속도로 입구의 주유소가 제공하는 휘발유와 도심의 주유소가 제공하는 휘발유는 소비자 입장에서 분명 동일제품이라고 볼 수 없다. 그러므로 한 산업내의 모든 기업들은 일반적으로 동종의 제품을 생산하고 있지만, 개별회사의 제품은 다른 회사의 제품과 구별되는 특성을 가지고 있다. 달리 표현하면, 독점적 경쟁기업들의 제품은 상호 유사성은 크나, 그렇다고 해서 상호 완전대체적인 것은 아니다.

3) 비가격경쟁

독점적 경쟁시장에서는 제품차별화가 이루어지므로 가격경쟁뿐만 아니라 비가격경쟁도 행해진다. 즉 품질, 광고, 판매조건, 서비스 등 가격 이외의 분야에서 치열한 경쟁이 벌어진다. 특히 독점적 경쟁기업들은 자기회사 제품이 다른 회사의 유사제품과는 다른 것이라는 것을 강조해야 할 필요성 때문에 상표나 상호 등을 중시한다.

4) 시장진입과 퇴출의 용이

독점적 경쟁시장의 진입은 비교적 쉬운 편이다. 왜냐하면 독점적 경쟁시장에서 많은 중소기업이 존재한다는 것은 이 산업에 규모의 경제가 크게 작용하지 않거나, 기업설립 시에 그다지 큰 자본이 필요하지 않음을 뜻하기 때문이다. 물론 제품차별화 때문에 완전경쟁시장에 비해서는 진입이 어렵다. 기존기업은 상표권 등에서 기득권을 가지므로 이를 극복하기 위해서는 추가적인 노력이 필요하다. 예를 들어 기존제품과 구별되는 특성을 지닌 제품의 개발을 위해 많은 연구비를 투입해야 함은 물론 소비자들에게 자기네들의 신제품개발 사실을 알리고, 신제품으로의 대체를 권유하기 위한 광고비까지도 투입해야 한다. 요컨대 독점적 경쟁시장으로의 진입은 제품차별화로 인하여 완전경쟁에 비해 어려우나, 장기에서는 비교적 용이하다고 할 수 있다.

한국경제에서 상당수의 산업들은 독점적 경쟁시장에 가깝다고 하겠다. 각종 소매업, 다방, 세탁소, 양화점, 주유소, 식당, 약국 등등이 제각기 차별화된 제품이나 서비스를 공급해 주고 있는 독점적 경쟁시장의 좋은 예이다.

9.2 독점적 경쟁기업의 행동: 가격 및 생산량 결정

독점적 경쟁시장의 분석방법은 단지 시장에서 직면하는 수요조건만 차이가 있을 뿐 완전경쟁이나 독점의 경우와 다를 바 없다. 독점적 경쟁하의 개별기업의 비용조건은 완전경쟁 및 순수독점과 같으며, 이윤극대화를 위해 'MR=MC준칙'을 지킨다. 물론 제품차별화로 비가격경쟁이 이루어질 수 있으나, 분석을 쉽게 하기 위해 품질이나 광고수준은 당분간 일정하게 주어진 것으로 가정한다.

1) 독점적 경쟁기업이 직면하는 수요

〈그림 9-1〉에는 독점적 경쟁시장에서 개별기업이 직면하는 수요곡선이 그려져 있다. 그림에서 보는 바와 같이 독점적 경쟁에서의 수요곡선이 완전경쟁이나 순수독점에서의 수요곡선과 다른 점은 단지 그 탄력성의 크기에 있을 뿐이다. 독점적 경쟁시장에서 개별기업이 직면하는 수요곡선 d_{mc}는 독점의 경우보다는 탄력적이지만, 완전경쟁의 경우처럼 완전탄력적이지는 못하다. 독점적 경쟁의 경우가 독점의 경우보다 더 탄력적인 이유는 순수독점에서는 경쟁자가 전혀 없는 데 비하여 독점적 경쟁 하에서는 유사한 대체재들을 생산하는 경쟁기업들이 다수 존재하기 때문이다. 독자들은 상품의 대체정도가 높으면 높을수록 수요의 가격탄력성이 커진다는 것을 배운 바 있다. 한편 독점적 경쟁의 경우가 완전경쟁의 경우보다 완전탄력적이지 못하는 이유는 독점적 경쟁시장에서는 완전경쟁시장에서보다 적은 경쟁자를 가지고, 개별기업들이 생산하는 제품이 유사하여 대체성을 지니기는 하나 서로 완전대체재가 아니기 때문이다.

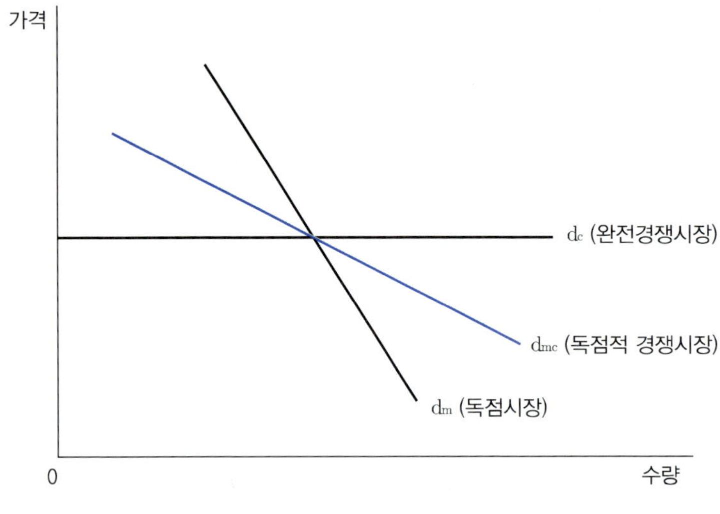

그림 9-1 기업이 직면하는 수요곡선의 시장형태별 비교

일반적으로 독점적 경쟁기업이 직면하는 수요곡선이 어느 정도 탄력적이냐 하는 것은 경쟁자의 수와 제품차별화의 정도에 달려 있다. 경쟁자가 많고 제품 간의 차이가 작을수록 개별기업이 직면하는 수요곡선의 탄력성은 커지고, 완전 경쟁과 유사한 상황에 이를 것이다.

2) 단기에서 가격 및 생산량 결정

독점적 경쟁기업도 완전경쟁기업이나 독점기업과 마찬가지로 'MR = MC준칙'에 따라 이윤을 극대화하거나 손실을 극소화할 수 있다. 〈그림 9-2〉 (a)에서 독점적 경쟁기업은 'MR=MC준칙'이 성립하는 E점에서 생산량 Q_{mc}를 결정하고, 독점에서와 같은 원리로 가격 P_{mc}를 매김으로써 □$AP_{mc}EB$의 면적과 동일한 경제적 이윤을 단기적으로 누릴 수 있다. 그러나 〈그림 9-2〉(b)에서와 같이 비용이 높거나, 적은 수요에 직면하는 기업은 단기적으로 □$P_{mc}FGH$만큼의 손실을 보게 된다. 요컨대 독점적 경쟁하의 기업은 단기적으로 수요 및 공급조건에 따라 이윤을 누릴 수도 있고, 손실을 경험할 수도 있는 것이다.

3) 장기에서 가격 및 생산량 결정

단기의 경우와는 달리 장기상황에서 독점적 경쟁기업들은 정상이윤만을 얻는 수준, 즉 손익분기점에서 안정을 유지하는 경향이 있다. 먼저 〈그림 9-2〉(a)에서와 같이 단기적으로 이윤을 누리고 있을 경우, 독점적 경쟁에서는 새로운 기업의 진입이 비교적 자유로우므로 초과이윤은 새로운 경쟁자들을 자극하여 이 산업으로 진입토록 한다. 이와 같이 새로운 기업들이 진입함에 따라 유사한 대체상품의 수가 많아져서 지금까지 전체 수요의 일부분을 담당하던 기존기업의 제품에 대한 수요는 감소한다. 그 결과 기존기업의 수요곡선은 좌하향 이동하고 보다 탄력적으로 된다. 이는 기존기업의 초과이윤을 소멸시킨다. 그리하여 〈그림 9-3〉에서 보듯이 수요곡선이 이윤극대화 생산량수준에서 평균비용곡선과 접하게 될 때 기업은 균형상태에 이르게 되며, 이때 기업의 장기균형생산량은 Q_{LR}이 된다. 만일 Q_{LR}이 아닌 다른 수순에서 생산을 한다면 평균비용이 제품가격을 초과하여 손실이 발생하기 때문이다. 한편 〈그림 9-2〉(b)처럼 기업이 단기적으로 손실을 보는 경우, 이러한 상태가 계속된다면 장기적으로는 타산업으

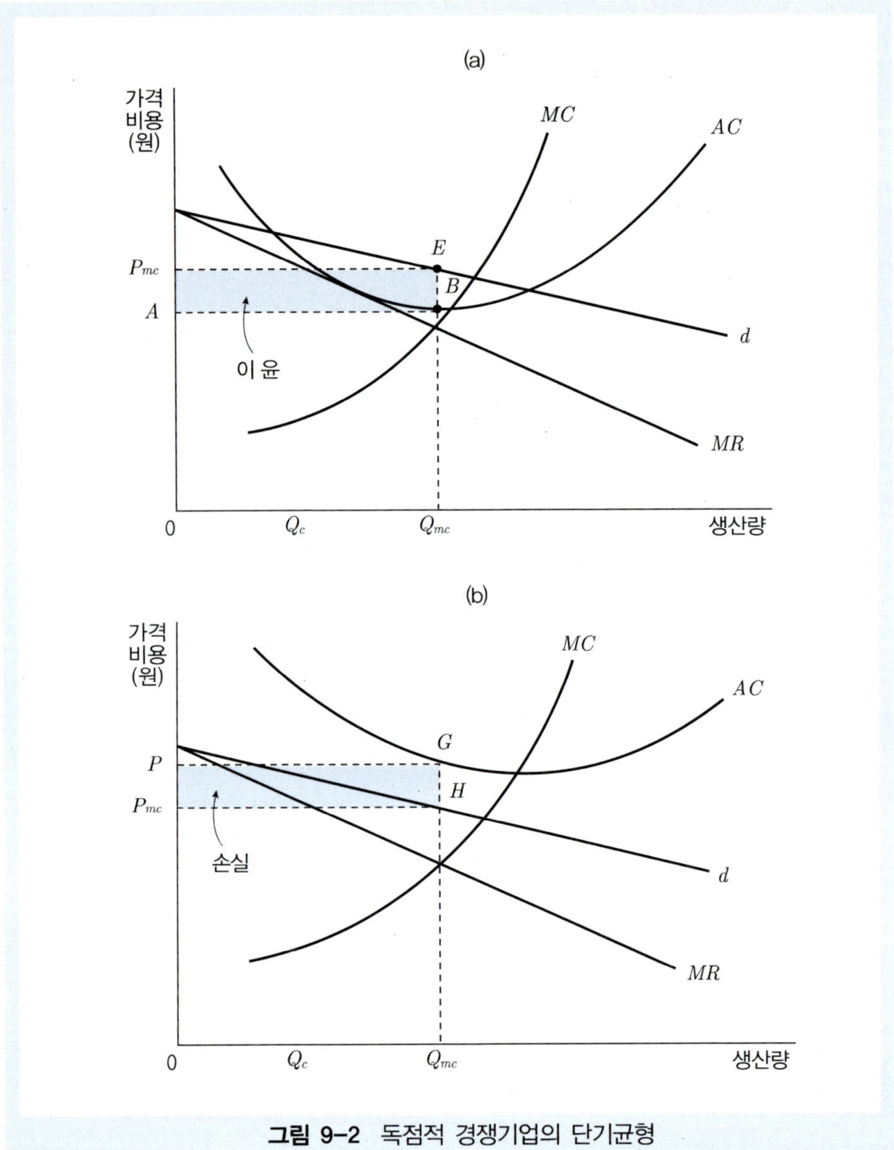

그림 9-2 독점적 경쟁기업의 단기균형

로 전출하는 기업이 생기게 된다. 그 결과 유사한 대체상품의 수는 감소하고 잔여기업은 보다 많은 수요를 담당하게 되어 — 수요곡선의 상향이동 — 손실은 감소하고 점차 정상이윤상태로 회복된다.[8)]

앞에서 우리는 장기분석의 결과를 언급함에 있어서 '경향'이라는 표현을 사용

---

8) 여기서는 분석을 단순화하기 위해 비용불변을 가정하였다. 기업이 진입하거나 진출할 때 비용조건이 변화한다면 추론과정은 더욱 복잡해지지만 결론은 마찬가지이다.

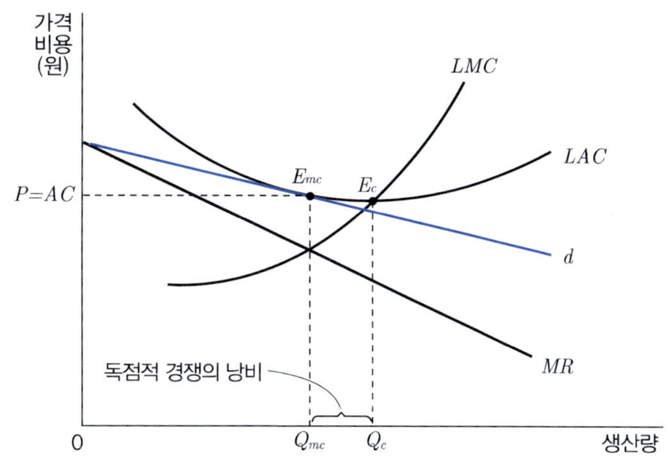

그림 9-3 독점적 경쟁기업의 장기균형

하였는데, 굳이 '경향'이라는 표현을 사용한 이유는 다음에 보게 되는 요인들로 말미암아 장기적인 독점적 경쟁의 균형이라고 해서, 모든 기업이 항상 정상이윤만을 획득하는 것은 아니기 때문이다. 첫째로, 어떤 기업은 장기간 동안 경쟁기업이 모방할 수 없도록 제품차별에 특별한 조치를 취할 수도 있다. 즉 타기업이 모방할 수 없도록 특허권을 보유한다든지, 인근에 주유소를 설치할 수 없는 도심지의 십자로에 주유소를 설치한 경우 등은 이의 좋은 예로, 이러한 조치를 취한 기업은 장기간 초과이윤을 누릴 수 있다. 둘째로, 기업의 진입이 완전히 자유로운 것은 아니다. 독점적 경쟁시장에서는 제품차별이 생기므로 타기업이 진입하는 데 제품차별이 없을 경우 보다 큰 재정적인 장애가 발생한다. 따라서 기존기업은 장기간 초과이윤을 누릴 수도 있다. 셋째로, 위의 경우와는 반대로 장기간 손실을 발생시키는 경우도 있다. 물론 이러한 경우는 그다지 흔한 것은 아니지만, 자기의 직업을 천직으로 받아들이고 정상이윤에 미달하는 보수로 평생을 바치는 자영영세기업에서 볼 수 있는 현상이다.

9.3 독점적 경쟁기업의 행동: 비가격경쟁

〈그림 9-3〉에서 보는 바와 같이 독점적 경쟁하의 기업은 장기적으로 정상이윤만을 유지하는 경향이 있으며, 가격을 인하하여 수요량을 늘리더라도 손실만을 자초할 뿐이다. 따라서 각 기업은 비가격경쟁을 통하여 수요곡선을 상향 이동시킴으로써 〈그림 9-2〉 (a)의 경우와 같은 초과이윤상태를 유지하려고 노력하게 된다. 비가격경쟁이란 제품의 질, 포장, 디자인 및 이에 따르는 서비스, 판매촉진활동 등 가격 이외의 요소로서 자사 제품에 대한 수요를 증가시키기 위한 경쟁활동을 말하며, 크게 제품차별 및 개발과 광고로 나누어진다. 물론 이러한 비가격경쟁이 기업의 비용을 증가시키는 하지만, 수요증가가 비용증가보다 크기만 하다면 가격경쟁이 불가능한 기업측으로서는 비가격경쟁에 눈을 돌리지 않을 수 없을 것이다.

1) 제품차별과 제품개발

제품의 다양화와 제품의 개선은 독점적 경쟁상태에 내재하고 있는 낭비의 요소를 상쇄하는 중요한 요소이기도 하다. 여기서 제품의 차별 내지 다양화는 일정시점에서 본 현상이며, 제품의 개발 내지 개선은 일정기간에 걸쳐서 본 현상이다.

제품차별이란 일정시점에서 볼 때 특정생산물의 형태, 스타일, 품종, 등급 등이 다양한 것을 말하며, 이것은 소비자의 기호나 취향에 맞추어 선택을 할 수 있는 여지를 넓혀 주고 있다. 그러나 상품이 다양하다고만 해서 좋은 것은 아니며, 오히려 다양하므로 해서 소비자의 사고에 혼란을 일으켜 합리적인 선택을 그르칠 우려도 있다. 더욱이 어떤 소비자는 산더미처럼 쌓여있는 비슷비슷한 상품더미 앞에서 가격으로 상품의 질을 평가하는 우를 범하는 경우도 생기게 된다.

제품경쟁은 일정기간에 걸쳐 보면, 기술진보와 제품의 개선을 위한 첩경이기도 하다. 이와 같은 제품의 개선 및 개발은 일면으로 해당기업의 시장을 확대시켜 이윤을 가져오며, 다른 일면으로는 축적된 이윤을 이용하여 신제품개발에 박차를 가할 수도 있다.

2) 광고

수요를 증가시키는 데는 제품차별 및 개발 이외에도 광고라든가 판매촉진활동 등에 의해서도 같은 결과를 얻을 수 있다. 제품의 다양화가 생산물을 소비자 수요에 적응시키는 것이라면, 광고는 소비자의 수요를 생산물에 적응시키는 방법이라고 할 수 있다. 그러나 사실상 비가격경쟁의 이러한 양측면을 서로 분리해서 생각하기가 곤란할 때도 가끔 있다.

광고를 통해서 제품개발이 촉진되는 경우가 있다. 광고가 성공을 거두기 위해서는 제품의 특유한 장점을 활용해야 하는데, 이러한 '판매상품의 강점'을 살리기 위해서 기업은 제품개선을 소홀히 할 수 없기 때문이다.

9.4 독점적 경쟁시장의 성과

이미 배운 완전경쟁시장의 성과를 기준으로 독점적 경쟁시장의 성과를 평가하면 쉽게 이해할 수 있다. 〈그림 9-3〉을 다시 살펴보면, 독점적 경쟁기업이 직면하는 수요곡선은 독점적 요소, 즉 제품차별화로 인해 우하향하며, 결과적으로 독점적 경쟁기업의 장기균형점(E_{mc})은 완전경쟁기업의 장기균형점(E_c)과 일치하지 않게 된다.

여기서 우리는 완전경쟁시장과 독점적 경쟁시장의 같은 점을 발견할 수 있다. 그것은 E_{mc}에서 독점적 경쟁기업들은 정상이윤을 얻는 수준, 즉 손익분기점에서 안정을 유지하려는 '경향'이 있다는 것이다. 기업들이 단기적으로 이윤을 누리고 있는 경우에, 독점적 경쟁시장에서는 기업의 진입이 비교적 자유로우므로 초과이윤이 경쟁자들을 자극하여 시장에 진입토록하기 때문이다. 이렇게 하여 정상이윤상태로 회복하게 되는 과정은 완전경쟁시장의 경우와 유사하다.

다른 점은 독점적 경쟁시장에서는 '독점적 요소', 즉 제품차별화 때문에 자원배분이 다소 왜곡될 수 있다는 것이다. Q_{mc}에서는 가격이 한계비용을 초과함으로써 자원배분의 효율성을 달성할 수 없게 된다. 더구나 독점적 경쟁기업은 가장 효율적—최저의 단위당 비용—인 생산량 수준보다 다소 적은 양을 생산함으로써 실제 가능한 단위당 최저 생산비보다 높은 단위당 생산비를 부담하여야 한다는 것이다. 이는 완전경쟁의 경우보다 기업이 높은 가격을 받아야 한다는 의미로, 소비자는 비용조건이 허용하는 한도 내에서 '최대의 재화를 최저의 가격으로' 이용할 수 없게 된다. 사실 독점적 경쟁기업들은 장기적으로 정상이윤을 획득하기 위하여 경쟁가격보다 높은 가격을 요구하지 않을 수 없다. 이것을 달리 보면, 모든 기업이 가장 효율적인 생산량 수준에서 조업을 할 경우 똑같은 생산량을 보다 적은 수의 기업으로 생산할 수 있으며, 생산물은 보다 낮은 가격으로 판매될 수 있다. 독점적 경쟁시장에서는 일반적으로 기업의 수가 필요 이상으로 난립하여, 각 기업은 최적수준 이하로 조업을 하게 되므로 항상 초과생산능력 — 그림에서는 $Q_{mc}Q_c$로 표시 — 을 보유하기 마련이다. 이러한 예는 우리 주변에서 흔히 볼 수 있는데, 오밀조밀하게 모여 있는 약국, 다방, 주유소 등을 들 수 있다. 요컨대 독점적 경쟁시장에서는 완전경쟁시장과는 달리 기업이 최적조업률 이하로 가동하고, 이로 인해 소비자는 경쟁가격보다 높은 가격을 지불하게 된다. 이를 경제학에서는 '독점적 경쟁의 낭비'라고 한다.

그러나 이와 같은 비능률이 따른다고 해서 독점적 경쟁 상태를 항상 나쁘다고만은 할 수 없다. 일부 경제학자들은 독점적 경쟁 하에서 개별기업들이 직면하는 수요곡선의 탄력성이 매우 크므로, 이때 가격과 생산량 수준은 완전경쟁과 크게 다를 바 없고 주장한다. 더구나 이러한 다소의 괴리는 제품차별화 및 제품개선을 통해 소비자가 기호에 맞추어 다양한 상품을 선택할 수 있게 하는 장점에 비추어 볼 때, 충분히 상쇄될 수 있다고 보기도 한다.

그러나 여기에서도 비판의 여지는 충분히 있다. 많은 상품들은 실제 내구성이라든가 유용성 면에서는 전혀 개선 없이, 단지 외양면에서 피상적인 변화만을 일으켜 놓고는 품질개선을 하였다고 광고하는 경우가 있다. 더군다나 내구소비재의 경우에는 「~년 형」식의 모델을 만들어 놓고 소비자의 감정에 '고의적인 진부화'를 강요하는 경우도 있다. 그러므로 제품의 다양화와 개선이 항상 독점적 경쟁의 낭비를 상쇄할 정도로 소비자에게 유용한 것이라고는 일률적으로 말할 수 없으며, 구체적인 사례에 따라 결론이 달라질 수 있다.

더 나아가서 광고활동이 초래하는 사회적 비용에 대해서도 논쟁이 여지가 있다. 광고가 사회적으로 낭비가 매우 큰 행위라면, 다양한 제품의 선택이라는 독점적 경쟁의 장점은 무색하게 될 것이기 때문이다.

10장

완전경쟁과 독점 사이: 과점시장

한국경제를 구성하고 있는 대부분의 산업들은 앞에서의 분석과는 달리 '소수(few)'의 기업들에 의해서 지배되고 있다. 예를 들어 이동통신시장은 SK, KT, LG 등 3사가 지배하고 있으며, 가전산업에서도 삼성전자, LG전자, 대우일렉트로닉스 등 3사가 시장을 지배하고 있다. 이러한 시장을 과점시장이라고 부른다. 이 장에서는 과점시장에 속한 기업들의 가격 및 생산량 결정행위를 분석하고 시장성과를 평가한다.

10.1 과점시장의 특징

1) 소수

과점시장oligopoly이 독점시장이나 경쟁시장과 가장 뚜렷하게 구별되는 특징은 기업의 수가 '소수'few이기 때문에 기업간 상호의존성interdependence이 존재하게 된다는 것이다. 예를 들어 맥주시장의 경우 동양맥주, 조선맥주, 진로맥주 등 3개 기업이 있는데, 이 중 동양맥주가 맥주 값을 50% 인하했다고 가정하자. 이때 나머지 두 회사도 가격을 인하하지 않는 한, 시장을 동양맥주에 빼앗길 것은 당연한 일이고, 이에 따라 판매고도 감소될 것이다. 그러므로 나머지 두 회사들도 가격을 동양맥주와 같은 정도로 인하하든지, 아니면 오히려 더 가격을 인하하여 역습으로 나올 수도 있다.

이와 같이 과점시장에서는 어느 기업도 타기업의 반응을 고려하지 않고 독자적인 행동을 취할 수 없다. 즉 기업간 상호의존성이 존재하며, 바로 이것이 완전경쟁이나 독점과 다른 점이다. 과점시장 하에서는 한 기업이 가격 및 생산량 결정에 있어서 상대방 경쟁기업의 반응을 고려해야 하는데, 이는 결국 경쟁상대의 속셈을 파악해야 하는 것이므로 결코 용이한 일이 아니다. 결국 한 기업이 상대 경쟁기업의 반응을 확실하게 예측할 수 없다는 것이 그 기업이 직면해 있는 수요량이나 한계수입이 얼마나 되는지를 정확히 예측할 수 없게 하는 것이다.

2) 동질적 혹은 차별화된 과점

과점기업은 동질적인 제품을 생산할 수도 있고, 이질적인 제품을 생산할 수도 있다. 전자를 우리는 동질적 과점homogeneous oligopoly이라 하고, 후자를 이질적 과점heterogeneous oligopoly이라고 부른다. 철강, 구리, 시멘트 등 원료 및 반제품을 생산하는 과점기업들은 동질적 과점에 속하며 자동차, 타이어, 맥주, 가전 등 소비제품을 생산하는 과점기업들은 이질적 과점에 속한다고 볼 수 있다

3) 비가격경쟁

이질적 과점하에서는 제품차별화가 가능하므로 광고, 판촉활동 등 비가격경쟁이 이루어진다. 자동차, 맥주 등이 가장 좋은 예이다. 반면에 동질적 시장하에서는 개별기업은 어떠한 제품을 생산하고 있다는 사실만 알리는 광고만으로 충분하다. 예를 들어 철강의 경우 구매자들은 어떤 회사의 제품을 구입하든 간에 질적 차이가 거의 없음을 알고 있을 것이므로 과점기업들은 자사제품이 타사제품보다 더 우월하다는 식의 광고를 할 필요가 없을 것이다.

4) 상당한 정도의 진입장벽

새로운 기업이 과점시장에 진입한다는 것은 결코 용이한 일이 아니다. 기존기업들은 특허권이나 핵심원료를 보유하고 있는 경우가 많으므로 신규기업의 진입은 사실상 봉쇄된 것이나 다름없다. 그밖에도 기존기업들은 그 동안 닦아 놓은 사업기반에 의한 여러 가지 경쟁우위를 가지고 있으므로 신참기업이 섣불리 뛰어들어가기가 쉽지 않다. 그러나 독점의 경우처럼 신참기업의 진입이 완전 배제되는 것은 아니다.

이러한 과점시장이 생성·유지되는 이유는 규모의 경제, 진입장벽 등 독점의 경우와 본질적으로 같으며, 다만 그 정도가 약할 따름이다.

10.2 과점시장에서의 기업행동

앞에서 살펴본 바와 같이 과점시장에서는 소수의 기업간 상호의존성이 존재하므로 과점시장에 대한 정형화된 이론이 존재하지 않는다. 그러나 과점기업의 반응과 관련하여 두 가지 경우로 나누어 기업행동을 살펴볼 수는 있다. 하나는 경쟁기업의 반응이 예측 불가능하여 기업들이 서로 경쟁기업을 이기기 위해서 전략적으로 행동하는 경우이고, 다른 하나는 기업반응의 패턴이 관습이나 협정에 의해서 모든 과점기업들에게 인식되어 있는 경우이다.

1) 전략적 행동하의 과점시장

먼저 과점기업들이 담합하지 않고 전략적으로 행동하는 경우부터 살펴보자. 분석을 단순화하기 위해서 다음과 같이 가정한다.

- 가정 1: 과점시장에는 A와 B라는 두 기업만 존재한다. 즉, 복점duopoly시장의 형태를 가진다.
- 가정 2 : A기업의 이윤은 B기업이 가격을 어떻게 책정하는가에 따라서 달라진다. 마찬가지로 B기업의 이윤은 A기업의 가격에 의존한다.
- 가정 3 : 만약 두 기업이 동일한 가격을 책정한다면, 두 기업은 동일한 이윤을 얻는다. 그러나 한 기업이 다른 기업보다 낮은 가격을 책정한다면, 그 기업은 높은 이윤을 얻으나 가격을 높게 책정한 기업은 낮은 이윤을 얻게 될 것이다.

〈표 10-1〉의 '상자'[1]에서는 이러한 상황을 수치적으로 보여주고 있다. 각 기업은 가격을 고가(2만원)로 책정할 수도 있고, 저가(1만원)로 책정할 수도 있다. A기업의 가격선택은 상자의 왼쪽에 나타나 있고, B기업의 가격선택은 상자의 위쪽에 나타나 있다. 한편, 각 기업이 얻게 되는 이윤은 각 기업이 선택한 가격이 무엇이냐에 따라서 달라진다. 각 기업의 이윤은 상자 안에 있는 '방'cell에 표시되어 있는데, 방의 왼쪽의 수치가 A기업의 이윤이고 방의 오른쪽의 수치가 B기업의 이윤이다.

표 10-1 복점기업의 전략적 행동과 균형

단위: 억원

		B기업의 가격전략	
		고가(2만원)	저가(1만원)
A기업의 가격전략	고가(2만원)	5, 5	3, 6
	저가(1만원)	6, 3	4, 4

1) 이와 같이 상자 혹은 행렬에 의해서 과점기업의 행동을 분석하는 것은 게임이론(game theory)에 속한다. 게임이론을 통해 전략적 개념을 익히게 되면, 기업경영전략은 물론, 정치문제와 외교안보문제 등에도 활용할 수 있다.

만약 두 기업이 모두 가격을 2만원으로 책정하면, 두 기업은 각각 5억원 이윤을 얻는다. 만약 A기업이 높은 가격(2만원)을 책정하고 B기업이 낮은 가격(1만원)을 책정하면, A기업은 6억원의 이윤을 얻는 반면에 B기업은 3억원의 이윤을 얻는다.

이러한 상황 하에서 기업은 어떻게 행동할 것인가? A기업의 경우 B기업이 고가격전략(2만원)을 선택한다면, 저가격전략(1만원)을 선택함으로써을 6억원이라는 높은 이윤을 얻을 것이다. 이는 B기업의 경우에도 마찬가지이다. 그런데 문제는 이 두 기업이 담합하지 않은 상태이므로 상대방 기업이 어떻게 행동할지 모르는 상태에서 의사결정을 해야 한다는 것이다.

그러므로 의사결정 시에 다른 기업이 어떤 반응을 보일 것인가를 추측해야 한다. 아마도 A기업의 경영자라면 다음과 같이 추측할 것이다. "경쟁기업인 B기업은 우리 기업이 낮은 가격(1만원)을 책정하는 경우를 두려워하여 높은 가격(2만원)을 책정하는 위험을 감수하지는 않을 것이다. 나는 B기업이 낮은 가격(1만원)을 책정할 것으로 확신한다. 이 경우에 내가 높은 가격(2만원)으로 책정하면 3억원의 이윤을 얻고, 낮은 가격(1만원)으로 책정하면 4억원의 이윤을 얻을 것이다. 그러므로 나는 낮은 가격(1만원)을 책정할 것이다." 만약 경쟁기업인 B기업도 A기업과 똑같이 생각하여 낮은 가격(1만원)을 책정한다면, 두 기업은 서로의 행동을 정확히 예측하여 적절한 가격전략을 구사한 셈이 된다. 위와 같은 상황이 전개되면, A기업과 B기업은 모두 1만원이라는 저가전략을 채택하며, 각각 4억원의 이윤을 얻는다. 이러한 상황이 과점시장의 균형점이 된다. 이를 경제학에서는 내쉬균형Nash equilibrium이라고 한다. 내쉬균형은 B기업이 최선의 전략을 선택한 상황에서, A기업이 최선의 전략을 선택하고, 반대로 A기업이 최선의 전략을 선택한 상황에서 B기업이 최선의 전략을 선택할 때 달성된다.[2)]

그러나 이 두 기업은 여기에 만족하지 않을 것이다. 두 기업 모두 2만원의 고가전략을 채택하면, 각각 5억원의 이윤을 얻게 된다는 것을 알게 될 것이기 때문이다. 즉 장기간에 걸쳐 가격에 대한 의사결정이 반복되게 되면, 이 두 기업이 모두 고가전략을 채택하는 경우 두 기업 모두에게 유리해진다는 사실을 알게 될 것이다. 이에 따라 두 기업은 담합을 시도하여 최적 전략, 즉 고가전략을 채

2) 내쉬균형에 대해서는 부록에서 다시 다룬다.

택할 것이다. 물론 두 기업이 고가전략(2만원)을 택하자는 협정을 맺으면, 즉각적으로 5억원의 이윤을 향유하게 될 것이다.

이상은 전략변수가 가격이다. 그러나 전략변수가 가격이 아닌 생산량이 될 수도 있으며, 광고수준 혹은 A/S수준이 될 수도 있다. 특히 생산량을 전략변수로 하여 내쉬균형이 달성되면, 이를 쿠르노 균형점Cournot equilibrium이라고 한다.

2) 담합하의 과점시장

과점시장의 '소수성'과 이로 인한 상호의존성으로 과점기업들이 담합행동을 할 가능성이 항상 존재한다. 담합은 과점기업들이 가격이나 판매량에 대해 신사협정을 맺거나 경쟁을 하지 않기로 약속할 때 일어나는 행동이다. 물론 이러한 협정은 공식적일 수도 있고, 비공식적일 수도 있다.

담합이 일어나는 이유는 무엇인가? 이는 기업이 앞에서 지적한 바와 같이 비담합 상황에서는 확실성 있는 시장행위를 기대할 수 없기 때문이다. 비록 현재의 가격이 안정적이라고 하더라도 언제 어떻게 가격전쟁price war과 같은 심각한 상황에 빠질는지는 예측할 수 없다. 특히 불황인 경우 각 기업은 가동률을 높이기 위한 방편으로 시장점유율을 증대시키려 할 것이고, 시장확보를 위한 무리한 가격인하경쟁, 즉 가격전쟁을 시도할 수도 있다. 또한 새로운 기업이 여러 가지 진입장벽에도 불구하고 과점시장에 뛰어들 때, 자신의 발판을 구축하기 위해서 파격적인 가격인하를 단행할 수도 있을 것이다. 이러한 비담합 상황의 불확실성을 제거하고, 이윤을 확보하며, 신참기업의 진입을 막기 위하여 카르텔cartel을 형성하는 등 담합행동을 하게 된다.

(1) 공식적 담합: 카르텔

이제 카르텔과 같은 공식적 담합과점 하에서의 가격과 생산량은 어떻게 결정되는지를 알아보자. 이를 위해서 다음과 같이 상황을 단순화시켜 보자.

- 가정 1: A, B, C라는 세 기업이 동질의 제품을 생산하고 있으며, 각 기업의 비용조건은 동일하다고 하자.
- 가정 2: 각 기업은 자신이 가격을 변화시킬 때 상대 과점기업의 반응을 알고

있다고 가정한다. 이 경우 각 기업이 직면하는 수요곡선은 〈그림 10-1〉의 D가 될 것이다.

- 가정 3: 세 기업이 각각 직면하는 수요곡선은 동일하다고 가정한다.

그러면 이러한 가정 하에서 과연 각 기업은 가격과 생산량을 어떻게 결정하겠는가? 물론 위의 가정이 성립하면 각 기업의 비용조건, 수요곡선, 한계수입곡선이 동일하므로 세 기업 각각에 대해 〈그림 10-1〉과 같은 결과를 얻을 수 있다. 따라서 한 기업에 초점을 맞추어 분석하면 그 결과는 다른 기업에게도 동일하다. A기업에 초점을 맞추어 분석해 보자. 만약 A기업이 독점기업이라면 문제는 간단하다. 즉 〈그림 10-1〉에서와 같이 MR = MC준칙이 성립되는 E점에서 가격 P와 생산량 Q를 결정하면 간단히 이윤극대화를 달성할 수 있다. 그러나 A기업에게는 동일상품을 판매하는 B와 C라는 타경쟁기업이 존재하므로 만약 가정 2, 즉 A기업의 가격정책에 B와 C가 동조한다는 가정이 지켜지지 않는다면 A기업은 당초의 기대와는 다른 엉뚱한 결과를 당할 것이다. 특히 B기업과 C기업이 P 이하로 가격인하를 단행했다면, 종전에 A기업의 고객 중 상당수가 B기업이나 C기업으로 돌아설 것이며, 이에 따라 A기업이 직면하는 수요곡선은 좌하향 이동할 것이다. 이렇게 되면 치열한 가격전쟁에 불이 당겨진 셈이며, 결과적으로 세

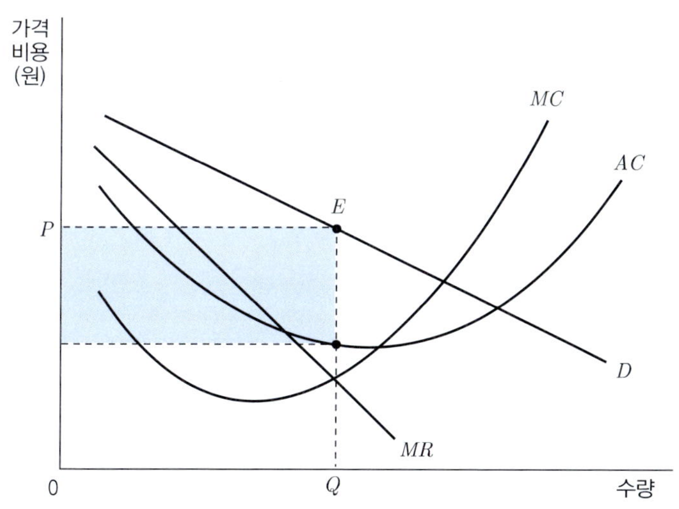

그림 10-1 공식적 담합과 결합이윤의 극대화

기업의 수요곡선은 모두 좌하향 이동됨으로써 이윤이 감소되거나 심지어는 가격이 평균비용보다 낮아지는 수준으로까지 하향 이동될 수도 있을 것이다. 이러한 불행한 사태를 예견하면서까지 과연 B기업과 C기업이 A기업이 책정한 가격 P 이하로 가격인하를 단행하려고 하겠는가? 그렇지는 않을 것이다. 위에서 세운 가정 하에서라면, 각 과점기업들은 적당한 이윤을 유지하는 한 동일한 가격 하에서 행동을 통일하는 것이 각자에게 유리함을 인식하게 될 것이기 때문이다. 결국 A기업과 동일한 수요조건과 비용조건을 가진 B기업과 C기업은 Q만큼 생산하고 가격을 P로 매기는 것이 현명할 것이다. 그러나 아직도 문제는 남아 있다. 각 기업은 P로 동일하게 가격을 매기는 것이 유리하다는 것을 알고 있으나, 이는 타경쟁기업이 실제로 동일한 가격을 매기는 경우에만 가능하다는 것이다. 과연 이 세 기업은 어떻게 각자에게 유리한 가격 P와 생산량 Q를 실현시킬 수 있겠는가? 그 방법은 하나밖에 없을 것이다. 그것은 동일가격을 책정하기 위한 담합을 꾀하는 방법일 것이다. 이러한 담합의 형태는 다양하나 가장 흔한 형태가 가격과 판매량에 대해서 공식협정을 맺는 카르텔로서, 대표적인 예로 OPEC(석유수출국기구)를 들 수 있다.

이와 같은 과점시장 하에서의 기업간 공식적 담합은 사회적 관점에서 보면 하나의 독점기업과 같은 결과를 초래할 수 있으며, 이러한 독점적인 성격은 담합과 이윤극대화와의 관계를 잘 설명해 주고 있다. 그러나 여기서 한 가지 유의해야 할 점이 있다. 아무리 담합하의 과점이 독점적인 성격을 띠더라도 근본적으로 독점기업과 다르므로 이윤극대화의 개념도 독점과 구별하여 이해되어야 할 것이다. 즉, 카르텔이 추구하는 이윤극대화라는 개념은 소속 회원기업들이 모두 제각기 이윤을 극대화한다는 뜻이 아니라, 산업전체적으로 비용을 극소화하고 각 회원기업의 결합이윤joint profit을 극대화한다는 말이다.

(2) 비공식적 담합과점 : 가격선도제

카르텔과 같은 공식적 담합은 사회적으로 바람직하지 않다는 이유로 대부분의 나라에서 독과점금지법에 의해 규제되고 있다. 따라서 과점기업들이 카르텔과 같은 기업연합체를 형성하는 공개적인 담합행위는 제한받지 않을 수 없다. 그렇다고 해서 이러한 법적 규제로 인하여 과점기업의 담합행위가 완전히 봉쇄되어 있다는 뜻은 아니다. 오히려 담합현상은 법적 규제 혹은 여론의 지탄을 피하기 위해서 공식적으로 드러나는 형태보다도 묵시적 또는 비공개적 형태로 나타날 수 있다. 이러한 비공식적 형태의 담합행위는 소위 말하는 '신사협정'식의 약정이다.

이러한 암묵적 담합에 속하는 대표적인 예가 가격선도제price leadership이다. 가격선도제는 공식적인 협정이나 모임이 없이, 다만 지배기업—대체로 과점시장에서 점유율이 가장 크거나 효율적인 기업—이 가격을 변화시키면 다른 추종기업들이 이에 자동적으로 동조하는 하나의 관례이다. 이렇게 비공식적으로 담합하면, 가격전쟁 등 비담합의 불리한 점을 극복할 수 있을 뿐 아니라 정부의 규제도 피할 수 있다.

가격선도제의 사례는 여러 산업에서 찾아 볼 수 있다. 철강회사와 같이 시설규모에 현저한 차이가 있는 업종에서는 한 기업이 계속적으로 가격선도자로서의 지위를 유지할 수 있을 것이다. 이외에도 신문, 자동차, 비료 등의 업종에서도 가격선도제의 실례가 발견되고 있다. 특히 미국의 자동차산업에서의 가격선도제가 대표적 예로 자주 인용되고 있다. 즉 GM이 새로운 모델을 개발하여 가격을 정하면 포드와 크라이슬러가 이를 기준으로 동급의 자동차에 대해 가격을 정하는 것이 관례로 되어 있다.

이제 앞에서 설정한 가정을 완화시킴으로써 공식적 담합이 현실적으로 어떤 입장에 처하게 될 것인가를 알아보자.

① 제품차별과 수요 및 비용조건의 차이

각 기업의 비용과 수요곡선이 동일하다는 가정은 사실 현실과는 거리가 멀다. 왜냐하면 제품이 차별화되어 있는 경우에는 마땅히 그에 따라 비용이나 수요곡선에서 차이를 보일 것이기 때문이다. 설혹 아무리 고도로 표준화된 제품의 경우일지라도 각 기업들이 차지하고 있는 시장점유율이나 생산성에 차이가 있을 것이므로 기업간에 수요곡선과 비용곡선은 서로 다르다. 이렇게 수요곡선과 비용곡선이 각 기업마다 다르다는 사실은 곧 각 기업이 이윤을 극대화할 수 있는 가격수준이 다르다는 말이며, 따라서 담합하의 모든 기업이 동일한 만족을 느끼는 유일한 가격은 존재할 수 없게 된다.[3] 결국 가격의 담합은 기업 상호간의 협상이나 웬만한 양보에 의할 수밖에 없다. 가령 $MR = MC$가 되는 점에서 A, B,

3) 앞에서 설명했듯이 결합이윤의 극대화와 개별기업의 이윤극대화는 다르기 때문이다.

C 세 기업이 가지는 가격수준은 각기 다를 것이므로, 어느 한 수준의 단일가격을 결정했을 때, 일부로부터의 불만은 당연히 예상되는 일이다. 그러므로 제품의 차별은 담합행위에 대한 장애요소가 아닐 수 없다.

② 기업의 수

다른 모든 조건이 일정하다면, 기업의 수가 적을수록 과점시장에서의 가격 및 산출량 결정에 관한 담합행위는 비교적 용이할 것이다. 그러나 앞서 언급했듯이 과점시장의 정의가 지니는 '소수'의 모호성으로 인하여 꼭 두 세 개 정도의 소수의 기업만으로 과점시장이 형성되는 것은 아니다. 어느 산업에서는 서너 개의 소수 대기업이 시장의 70% 정도를 차지하고 비교적 작은 규모의 7~8개 기업이 나머지 시장을 점유하고 있을 수도 있다. 이런 경우 소규모의 기업들 중의 어떤 의욕에 찬 기업이 대기업군으로 뛰어 오르기 위해서, 담합에 의해서 이윤이 극대화되고 있는 현재의 가격수준보다 낮게 가격을 인하할지도 모른다. 또한 대기업들이 평소 광고에 상당한 비용을 지출하는 데 비해 소규모기업들은 그럴 필요가 없을 것이므로 그만큼의 몫에 해당하는 가격인하를 시도할 수도 있다. 따라서 이러한 움직임들도 기업의 담합을 방해하는 요인으로 간주될 수 있다.

더 알아보기 10-1 비용할증에 의한 가격결정

앞의 분석과는 달리 현실에 있어서 과점가격은 정교하게 결정된다기보다는 '주먹구구식' 으로 대충 결정된다는 주장이 있다. 이 과점모형은 비용할증가격결정 방식으로 알려져 있다. 즉 기업이 평균비용에 적당하다고 생각되는 이윤을 붙여서 가격을 설정하는 방법이다. 구체적으로는 다음과 같은 공식에 따라 가격이 결정된다.

$$P = AC(1 + m)$$

여기서 m은 마진율(margin rate)이라고 불리는데, 여기서 유의할 점은 비용할증가격설정방법은 앞에서 살펴본 카르텔이나 가격선도제와 상충되지 않는다는 것이다. 한 산업에서 여러 기업들의 비용조건이 동일하다면, 공통되는 가격설정공식으로 말미암아 비슷한 가격수준과 가격변화가 가능하게 될 것이다. 앞에서 실례로 들었던 GM의 경우 미국 자동차산업에서 가격선도자의 역할을 하기도 했지만, 비용할증가격설정을 해 온 것으로 알려지고 있다.

10.3 과점시장의 장기적 조정

지금까지는 단기적 관점에서 과점시장을 분석하였다. 그러나 다른 시장형태와 마찬가지로 과점시장도 장기조정을 겪게 될 것이다. 다시 말해서 과점기업 역시 장기적 관점에서 최적설비규모를 선택해야 하며, 신규기업이 진입하게 되는 문제에 직면하게 된다.

장기상황에서 어떤 과점기업이 최적설비를 선택한 후에도 손실을 보고 있다면, 이 기업은 산업을 떠날 것이다. 반대로 이윤을 얻고 있다면 새로운 기업이 진입하려고 할 것이며, 만약 진입이 봉쇄되지 않는다면 정상이윤을 얻는 수준으로까지 기업진입이 이루어질 것이다. 이렇게 되면 수많은 기업이 시장에 존재하게 되어 과점시장의 가장 중요한 특징인 '소수성'이 깨지며, 기업상호간의 영향력은 전혀 작용하지 않게 된다. 이 경우에 산업은 더 이상 과점시장이 아니다.

그러나 과점기업에서는 상당한 정도의 진입장벽이 존재하므로 위와 같은 일은 벌어지지 않을 것이다. 이것은 기본적으로 독점과 마찬가지이다. 예를 들어 규모의 경제가 작용하거나, 특허 또는 핵심원료를 과점기업이 쥐고 있는 경우이다. 여기서 과점시장의 장기조정에서 한 가지 중요한 현상을 지적한다면, 그것은 진입저지가격limit price의 설정이다. 진입저지가격이란 기존의 과점기업이 신규기업의 진입을 막기 위하여 단기이윤극대화를 가져다주는 가격보다도 낮게 설정하는 가격이다. 과점기업의 진입저지가격 설정은 장기이윤을 극대화하기 위해서 단기이윤을 희생하는 행동이라고 볼 수 있다.

10.4 과점시장의 성과

앞에서 우리는 만족스럽지는 못하지만 과점시장에서의 가격 및 생산량에 관한 분석을 시도해 보았다. 이제 남은 과제는 과점이 가져올 수 있는 경제적 성과를 평가해 보는 일이다. 구체적으로 과점시장은 완전경쟁시장에 비해서 바람직한가라는 질문에 답하는 것이다. 그런데 앞에서 살펴본 과점모형들은 기업간 상호

의존관계가 작용하는 과점시장에 대한 분석 중 '빙산의 일각'에도 못 미칠 정도로 미흡하므로 이는 사실 어려운 작업이다. 그럼에도 불구하고 과점의 경제적 성과를 효율성, 기술진보, 공정성 면에서 평가해 보기로 하자.

1) 효율성

독점과 독점적 경쟁에 있어서와 마찬가지로 과점기업들은 장기평균비용곡선의 최소점에서 생산하지 않는다. 단지 완전경쟁시장에서만 기업들이 장기평균비용의 최저점에서 생산한다. 따라서 과점시장도 완전경쟁시장에 비해서 생산적 효율성 면에서 뒤떨어진다고 하겠다.

배분적 효율성 면에서는 어떤가? 역시 독점과 독점적 경쟁에 있어서와 마찬가지로 과점에서는 $P > MC$인 상태로 생산이 중단된다. 그러므로 가격이 한계비용을 초과하는 만큼 사회적 비효율이 발생한다고 평가할 수 있다.

2) 기술진보

과점에서는 독점과 마찬가지로 경제적 이윤을 얻으므로 가격이 평균비용보다 크다는 사실을 알 수 있다. 이는 완전경쟁시장과 독점적 경쟁시장에서 $P = LAC$가 달성된다는 점과 대조된다. 그런데 과점기업들이 이러한 이윤을 R&D지출에 활용하여 생산기술이나 제품개발을 선도할 수 있다는 주장이 가능하다. 이에 동조하는 경제학자들은 과점기업의 기술진보동기는 독점, 완전경쟁, 독점적 경쟁 등에 비해서는 월등하게 높다고 주장한다. 이러한 주장의 근거는 다음과 같다.

첫째, 앞서 보았듯이 같은 경쟁이라도 위험부담이 큰 가격인하경쟁과는 달리 기술개발이나 비용절감을 위한 경쟁은 항상 긍정적인 결과를 가져올 수 있다.

둘째, 과점기업이 가격전쟁에 어쩔 수 없이 휘말렸다고 해도 이를 극복할 수 있는 최선의 방책은 역시 기술우위를 유지하는 것이다.

셋째, 과점체제 하에서는 기업이 많은 연구비와 노력을 들여서 일단 얻은 혜택에 대해서는 비교적 안심하고 보장받을 수 있다. 왜냐하면 독점적 경쟁에서와는 달리 상대 경쟁자들의 수도 적고, 자체의 보안유지가 비교적 용이하므로 공들여 얻은 정보를 타기업에게 빼돌린다든지, 기술을 모방하는 일이 쉽지 않기 때문이다. 그러나 경쟁자가 많은 경우라면 비록 기술개발을 통한 비용절감이 이루어졌다 해도 상호경쟁에 의해서 서로 가격을 인하하려고 할 것이므로 기대했던 이득의 증가는 크지 않을 것이다.

3) 공정성

과점에서는 단기뿐만 아니라 장기에서도 경제적 이윤을 얻을 수 있다. 따라서 독점분석에 있어서와 마찬가지로 소득분배 면에서 완전경쟁시장에 비해서 불공정하다고 볼 수 있다.

10.5 과점시장에 대한 규제

독점시장이 사회적 관점에서 나쁜 이유는 기본적으로 독점기업이 생산을 제한하여 가격을 인상시킴으로써 자원의 비효율적 배분을 초래한다는 데 있다. 이러한 자원배분의 비효율성은 정도는 다르겠으나 과점시장에서도 나타난다. 따라서 정부는 과점시장에 개입하여 기업 간 경쟁을 도모하는데, 이를 우리는 독과점정책 혹은 경쟁정책이라고 부른다. 이와 관련된 몇 가지 정책수단을 알아보기로 하자.

1) 독과점금지법

독과점금지법은 기업활동에 대한 '게임의 법적 규칙'을 규정한다. 일반적으로 독과점금지법은 시장구조 자체에 대한 것과 기업행동에 대한 것으로 나누어 볼 수 있다. 시장구조에 대한 것으로는 기업결합의 제한, 재벌의 규제 등이 있으며, 기업행동에 대한 것으로는 부당한 공동행위, 불공정 거래행위, 불공정한 국제계약 등에 대한 규제가 있다. 우리나라에서는 1980년 독점규제 및 공정거래에 관한 법률이 제정되어 시행되어 오고 있다.

2) 수입자유화 정책

대부분의 나라에서는 자국 내의 기업을 보호하기 위해서 관세장벽 혹은 비관세장벽을 설치하고 있다. 이러한 무역장벽들은 독과점시장 형성의 중요한 요인으로 이들이 제거된다면, 해외기업이 국내시장에 진입하게 되어 국내시장의 경쟁정도는 크게 향상될 것이다. 다시 말해서 국내시장의 개방은 가격을 낮추게 하고, 생산비를 인하시킬 것이다.

3) 규제완화

규제완화란 가격, 생산량, 품질 등에 대한 정부의 통제를 제거하는 정책이다. 경쟁에 대한 잠재력이 존재하는 경우에 정부관료가 아닌 전문경영인이 가격을 결정하게 되면 경쟁이 촉진된다. 또한 정부의 각종 인허가 사항을 없애거나 민간에 자율권을 주게 되면 경쟁이 촉진되면서 자원배분상의 효율성이 증가될 수 있다.

부록 게임이론

독자들은 'Beautiful Mind'라는 영화를 기억할 것이다. 1994년 노벨 경제학상을 받은 존 내쉬John Nash의 생애를 그린 영화이다. 그는 젊은 시절 게임이론의 주요 개념인 내쉬균형Nash equilibrium이라는 개념을 학계에 발표한 직후에 노년까지 정신분열증으로 시달리다가 게임이론에 기여한 공로로 노벨상을 받았다. 그렇다면 내쉬균형이란 어떤 개념인가? 이미 본문에서 설명하였으나, 기초부터 자세히 공부해 보기로 하자.

1) 게임의 3요소

먼저 게임의 요소부터 알아보자. 게임은 경기자players, 전략strategies, 그리고 보수payoff라는 3요소가 있어야만 성립한다. '고스톱'이라는 게임을 생각해 보면 쉽게 이해될 수 있을 것이다. 3명 이상의 경기자가 있어야 하고, '못 먹어도 고go',

무조건 스톱stop' 등 복잡하고도 다양한 전략들이 있으며, 게임 후에는 '점당 얼마'를 주고받는다. 고스톱은 설명하기 어려운 고도의 게임이므로 아주 단순한 게임을 예로 들어 보자. 갑과 을이라는 경기자가 있고, 갑이 취할 수 있는 전략은 위Top아니면 아래Bottom이고, 을이 취할 수 있는 전략은 왼쪽Left 아니면 오른쪽Right이라고 하자. 보수는 〈표 10-2〉와 같이 주어져 있다고 하자.

그림에서 보는 것처럼 갑은 위(T) 혹은 아래(B)라는 전략을 써낼 수 있고, 동시에 을은 독립적으로 왼쪽(L) 혹은 오른쪽(R)이라는 전략을 써낼 수 있다. 이에 따라 갑과 을이 보수를 받게 되는데, 만약 갑이 위(T), 을이 왼쪽(L)이라고 썼다면, 갑은 1점, 을은 2점을 받게 되는 게임이다. 즉 앞의 숫자가 갑의 보수이고, 뒤의 숫자가 을의 보수이다.

2) 지배전략균형

그렇다면 〈표 10-2〉에서 게임은 어떻게 진행될 것인가? 먼저 갑의 입장에서 알아보자.

- 만약 을이 왼쪽(L)을 선택하면, 갑은 아래(B)를 선택할 것이다. 왜냐하면 1점(T)보다는 2점(B)이 더 크기 때문이다.
- 만약 을이 오른쪽(R)을 선택하면, 갑은 이번에도 아래(B)를 선택할 것이다. 왜냐하면 0점(T)보다는 1점(B)이 더 크기 때문이다.

따라서 갑은 을의 선택이 관계없이 항상 아래(B)를 선택함을 알 수 있다. 이러한 경우에 갑은 아래(B)라는 지배전략dominant strategy을 가진다고 한다. 지배전략이란 다른 경기자의 전략에 관계없이 선택하는 전략이다. 갑의 경우 을이 오

표 10-2 단순한 게임의 예

		경기자 을	
		왼쪽(L)	오른쪽(R)
경기자 갑	위(T)	1, 2	0, 1
	아래(B)	2, 1	1, 0

른쪽(R)을 택하든 왼쪽(L)을 택하든 항상 아래(B)를 선택한다.

이제 을의 입장에서 살펴보자.

- 만약 갑이 위(T)를 선택하면, 을은 왼쪽(L)을 선택할 것이다. 왜냐하면 1점(R)보다는 2점(L)이 더 크기 때문이다.
- 만약 갑이 아래(B)를 선택하면, 을은 이번에도 왼쪽(L)을 선택할 것이다. 왜냐하면 0점(R)보다는 1점(L)이 더 크기 때문이다.

따라서 을은 항상 오른쪽(R)보다는 왼쪽(L)을 선택하게 될 것임을 알 수 있다. 이와 같이 을은 갑의 선택이 관계없이 왼쪽(L)을 항상 선택할 것이므로, 왼쪽(L)은 을의 지배전략이다.

이러한 상황에서 게임의 결과는 어떻게 될 것인가? 갑은 항상 지배전략인 아래(B)를 선택하고, 을은 항상 지배전략인 왼쪽(L)을 선택할 것이므로 당연히 갑이 2점, 을이 1점을 얻게 되는 (2, 1)이 균형점이 된다. 이를 지배전략균형dominant strategy equilibrium이라고 부른다. 즉 지배전략이란 갑(을)은 을(갑)의 전략에 관계없이 선택하는 전략이며, 이때 지배전략균형이 성립되는 것이다.

3) 내쉬균형

이상과 같은 지배전략균형과 대조적으로 내쉬균형은 다른 사람이 어떤 전략을 취하느냐에 따라서 나의 전략이 달라질 때 성립하는 균형이다. 〈표 10-3〉의 예를 통해서 설명해 보기로 하자. 〈표 10-3〉은 〈표 10-2〉에서 보수가 달라진 게임을 나타낸다. 이제 게임의 진행과정과 결과를 살펴보자. 먼저 갑의 입장에서 보자.

표 10-3 내쉬균형의 예

		경기자 을	
		왼쪽(L)	오른쪽(R)
경기자 갑	위(T)	2, 1	0, 0
	아래(B)	0, 0	1, 2

- 만약 을이 왼쪽(L)을 선택하면, 갑은 위(T)를 선택할 것이다. 왜냐하면 0점(B)보다는 2점(T)이 더 크기 때문이다.
- 만약 을이 오른쪽(R)을 선택하면, 갑은 이번에는 아래(B)를 선택할 것이다. 왜냐하면 0점(T)보다는 1점(B)이 더 크기 때문이다.

따라서 갑의 최선의 선택은 을이 어떤 전략을 취하느냐에 따라서 달라짐을 알 수 있다. 다시 말해서 갑에게는 지배전략이 없다.

이제 을의 입장에서 보자.

- 만약 갑이 위(T)를 선택하면, 을은 왼쪽(L)을 선택할 것이다. 왜냐하면 0점(R)보다는 1점(L)이 더 크기 때문이다.
- 만약 갑이 아래(B)를 선택하면, 을은 이번에는 오른쪽(R)을 선택할 것이다. 왜냐하면 0점(L)보다는 2점(R)이 더 크기 때문이다.

을 역시 갑과 마찬가지로 지배전략이 없으며, 을의 최선의 선택은 갑이 어떤 전략을 취하느냐에 따라서 달라진다.

그렇다면 갑과 을의 게임에서 어떤 결과를 예측할 수 있겠는가? 결론부터 말하면 〈표 10-3〉에서 갑이 위(T), 을이 왼쪽(L)을 선택하는 (2, 1)이 하나의 균형점이 된다. 왜냐하면 을이 왼쪽(L)을 선택했을 때 갑은 위(T)를 선택하고, 반대로 갑이 위(T)를 선택하면 을은 왼쪽(L)을 선택하기 때문이다. 이러한 상태를 우리는 내쉬균형이라고 한다. 내쉬균형은 을의 선택이 주어진 하에서 갑은 최선의 선택을 하고, 동시에 갑의 선택이 주어진 하에서 을이 최선의 선택을 한 상태이다. 이는 지배전략균형, 즉 을의 모든 선택에 대해서 갑의 선택이 최선인 상태와는 다르다.

이러한 내쉬균형의 개념은 과점시장이론에서 매우 유용하다. 특히 내쉬균형은 과점이론의 기초가 되는 쿠르노균형Cournot equilibrium을 일반화시킨 것이다. 쿠르노균형에 대해서는 독자들 스스로 공부해 보기 바란다.

이상에서 설명한 바와 같이 내쉬균형은 매우 논리적이며 유용하다. 하지만 다음과 같은 문제점도 가지고 있다.

첫째, 내쉬균형은 한 개 이상이 존재할 수 있다. 〈표 10-3〉에서 보면, 갑이 위(T), 을이 왼쪽(L)을 선택하는 (2, 1)이 내쉬균형이다. 그러나 갑이 아래(B),

표 10-4 내쉬균형이 존재하지 않는 경우

		경기자 을	
		왼쪽(L)	오른쪽(R)
경기자 갑	위(T)	0, 0	0, −1
	아래(B)	1, 0	−1, 3

을이 오른쪽(R)을 선택하는 (1, 2)도 내쉬균형점이 된다. 을이 왼쪽(L)을 선택하면 갑은 0점을 주는 위(T)보다는 1점을 주는 아래(B)를 선택하고, 동시에 갑이 아래(B)를 선택하면 을은 0점을 주는 오른쪽(R)보다는 2점을 주는 왼쪽(L)을 선택할 것이기 때문이다.

둘째, 어떤 게임에서는 내쉬균형이 존재하지 않는 경우가 있다. 〈표 10−4〉와 같이 보수체계가 주어지면, 내쉬균형점을 찾을 수 없다. 먼저 갑의 입장에서 보자.

- 만약 을이 왼쪽(L)을 선택하면, 갑은 아래(B)를 선택할 것이다. 왜냐하면 0점(T)보다는 1점(B)이 더 크기 때문이다.
- 만약 을이 오른쪽(R)을 선택하면, 갑은 이번에는 위(T)를 선택할 것이다. 왜냐하면 −1점(B)보다는 0점(B)이 더 크기 때문이다.

이제 을의 입장에서 보자.

- 만약 갑이 위(T)를 선택하면, 을은 왼쪽(L)을 선택할 것이다. 왜냐하면 −1점(R)보다는 0점(L)이 더 크기 때문이다.
- 만약 갑이 아래(B)를 선택하면, 을은 이번에는 오른쪽(R)을 선택할 것이다. 왜냐하면 1점(L)보다는 3점(R)이 더 크기 때문이다.

따라서 이 경우에는 내쉬균형이 존재하지 않음을 알 수 있다.[4)]

---

4) 이는 둘 중에 하나만 선택하는 순수전략의 경우에만 국한된다. 두 전략을 혼합하는 경우에는 내쉬균형을 찾을 수도 있다.

4) 용의자의 딜레마

게임에서 각 경기자들은 자신에게 가장 유리한 선택을 하지만 파레토 최적 상태가 아닐 수도 있다. 이러한 문제는 경제학에서 '용의자의 딜레마'prisoner's dilemma로 알려져 있다.

이제 두 은행강도가 공범으로 경찰에 체포되어 격리된 방에서 심문을 받는다고 하자. 이들은 자백 혹은 부인이라는 전략을 선택할 수 있으며, 이에 따른 보수(징역형의 기간)가 〈표 10-5〉에 나타나 있다. 만약 둘 다 범행사실을 자백하면 각각 5년형(마이너스로 표시)을 살고, 둘 다 범행사실을 부인하면 각각 1년형을 산다. 둘 중에 한 사람은 자백하고, 한 사람은 부인하면 자백한 사람은 풀려나지만, 부인한 사람은 20년형을 살게 된다.

먼저 갑의 입장부터 살펴보자.

- 만약 을이 부인을 선택하면, 갑은 자백하는 것이 유리하다. 왜냐하면 이 경우 자신은 풀려날 수 있기 때문이다.
- 만약 을이 자백하는 경우에도, 갑은 자백하는 것이 유리하다. 이때 부인하면 20년형을 받지만 자백하면 5년형에 그치기 때문이다.

이제 을의 입장에서 보자.

- 만약 갑이 부인을 선택하면, 을은 자백하는 것이 유리하다. 왜냐하면 이 경우 자신은 풀려날 수 있기 때문이다.
- 만약 갑이 자백하는 경우에도, 을은 자백하는 것이 유리하다. 이때 부인하면 20년형을 받지만 자백하면 5년형에 그치기 때문이다.

표 10-5 용의자의 딜레마

		공범 을의 전략	
		자백	부인
공범 갑의 전략	자백	−5, −5	0, −20
	부인	−20, 0	−1, −1

따라서 공범 갑과 을은 자백이라는 지배전략을 가지며, (−5, −5)가 지배전략 균형이 된다. 하지만 공범 갑과 을이 모두 부인하여 (−1, −1)의 결과를 취하는 것이 양자 모두에게 더 유리하다. 즉 〈표 10−5〉의 상황에서는 (−1, −1)이 파레토 최적의 상태이다. 그렇다면 왜 이들은 (부인, 부인)이라는 전략을 선택하지 못하는가? 이는 갑과 을이 격리된 방에서 심문을 받고 있고, 상대방의 의중을 모르기 때문이다. 혹시 상대방이 자백을 할 가능성에 대하여 두려워하기 때문이다. 따라서 상대방이 자백하든 부인하든 자백을 선택하는 것이 최선의 선택이 된다. 이러한 상황에서 (−1, −1)로 갈 수 있는 방법이 하나 있다. 그것은 상호간의 신뢰이다. 만약 상대방이 자기만 풀려나기 위해서 절대 자백을 하지 않는다고 믿으면, 둘 다 5년형 받는 상황에서 둘 다 1년형에 그치는 가장 유리한 상황으로 갈 수 있다.

물론 상황을 달리하여 두 용의자가 담합할 수 있다면, 범행사실을 부인하여 둘 다 1년만 살고 나올 수 있다. 또한 게임에서 한번만 의사 결정하는 것이 아니라 반복적으로 하는 상황이라면 상대방에게 영향력을 행사함으로써 더 나은 성과를 얻을 수 있다. 가령 첫 번째 라운드에서 상대방이 '자백'했다고 하면, 다음 라운드에서 '자백'을 함으로써 상대방의 행위에 대하여 제제를 가할 수 있다. 반대로 반복게임에서는 각 경기자들은 협력을 위한 평판reputation을 구축하고, 그럼으로써 상대방도 똑같이 행동하도록 할 기회를 가질 수 있다.

5부

생산요소시장

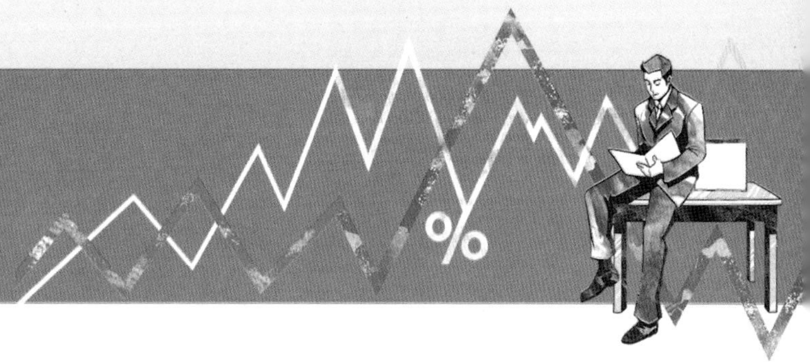

제4부에서는 가계가 생산물을 수요하고 기업이 상품을 공급하는 생산물시장을 네 개의 유형 — 완전경쟁, 독점적 경쟁, 과점, 독점 — 으로 나누어 분석하였다. 그런데 어떤 생산물을 생산하든지 기업은 가계가 제공하는 생산요소, 즉 노동, 자본, 토지, 경영능력 등을 합당한 대가를 치르고 고용해야 한다. 사실 생산물시장이론은 요소시장이론에도 그대로 적용된다. 그러나 가계와 기업의 역할이 서로 바뀔 뿐만 아니라 생산요소는 생산물과 다른 독특한 특성을 가지고 있기 때문에 따로 분석할 필요가 있다.

11장

노동과 임금

이 장에서는 생산요소 중 노동에 대해서 공부한다. 먼저 노동에 대한 수요와 공급을 이해한 다음에 시장유형별로 임금결정의 문제를 다루고, 정부가 노동시장에 개입하는 사례로서 최저임금제를 분석한다.

11.1 생산요소로서 노동의 특성

생산요소로서의 노동은 생산물이나 다른 생산요소에 비해서 매우 독특한 특성을 가진다. 먼저 재화나 서비스는 그 자체가 시장에서 거래되나 노동은 사람이라는 주체로부터 나오는 노동서비스—이하에서는 노동으로 표기—가 시장에서 거래된다. 또한 토지시장이나 자본시장에 비해서 노동시장만이 가지는 독특한 특성이 있다. 첫째는 노동서비스의 공급주체가 인격체라는 것이다. 둘째 사람들은 직업에 대해서 서로 다른 선호를 가지고 있다는 것이다. 셋째, 노동자들은 작업조건과 임금수준에 영향을 미치기 위하여 노동조합을 결성하기도 한다는 것이다.

노동시장에서 결정되는 임금(율)은 기업이 노동을 사용하고, 그 대가로서 노동을 제공한 사람에게 지불하는 보수를 말한다. 그런데 임금은 이를 받는 근로자의 입장이나 이를 주는 기업가의 입장, 더 나아가서 국민경제 전체적인 입장에서 보는 관점이 각각 다르다. 임금은 근로자에게는 자신과 자신에 의존하는 가족들이 쓰는 생계비의 주요 원천이 되는 반면에, 기업의 입장에서는 생산비용이 되며, 국민경제 전체로 봐서는 물가라든가 수출경쟁력과 관련이 있다.

11.2 노동에 대한 수요

1) 개별기업의 노동수요

(1) 파생수요

기업은 재화시장에서 소비자들에 의해 구매되는 상품을 생산하기 위해서 생산요소를 수요한다. 따라서 생산요소에 대한 수요는 그 요소를 고용하여 만들어 내는 생산물의 수요에 의존한다. 이러한 의미에서 요소에 대한 수요를 파생수요 derived demand라고 부른다.

노동에 대한 수요 역시 파생수요이다. 컴퓨터 사용이 증가함에 따라 컴퓨터 제조업체는 더 많은 기술자를 찾게 되고, 보험에 드는 사람이 많아질수록 보험회사는 직원을 더 많이 뽑으려고 할 것이다. 반대로 연탄에 대한 수요가 감소됨에 따라 광부에 대한 수요는 감소한다.

(2) 한계수입생산과 한계요소비용

파생수요라는 특성으로부터 우리는 노동에 대한 수요의 정도가 (i)노동이 상품생산에 기여하는 정도, 즉 생산성과 (ii)노동이 생산한 상품의 시장가치, 즉 상품가격에 의존한다는 것을 유추해 낼 수 있다. 바꾸어 말하면 노동의 생산성과 노동에 의해 생산된 상품의 가격이 노동에 대한 수요를 결정한다는 것이다. 그러므로 사회적으로 높이 평가되는 상품생산에 종사하는 사람에 대한 수요는 매우 클 것이고, 반대로 사회적으로 낮게 평가되는 상품생산에 참여하는 사람에 대한 수요는 별로 크지 않을 것이다. 극단적으로 아무도 구입하기를 원하지 않는 상품의 생산에 효율적인 사람에 대한 수요는 0일 것이다. 이제 노동에 대한 수요를 결정하는 데 있어서, 이 두 요인이 어떻게 작용하는가를 구체적으로 살펴보기로 하자.

〈표 11-1〉은 기업이 노동생산성과 상품가격을 감안하여 얼마만큼 노동을 고용할 것인가를 보여주기 위한 가상적인 예이다. 여기서 기계설비는 고정되어 있고 노동만 변화시킬 수 있는 단기상황을 가정하면, 〈표 11-1〉의 (1)란, (2)란, (3)란에서 보는 바와 같이 수확체감의 법칙을 반영하여 노동의 투입량이 증가됨에 따라 총생산량은 증가하되, 그 증가분은 감소하고 있다. 노동에 대한 수요는 상품가격에도 의존하므로 가격에 대한 정보도 있어야 한다. (4)란에는 상품가격

표 11-1 노동수요「스케줄」로서의 MRP

(1) 노동량 L(명)	(2) 총생산 Q_X	(3) 한계생산 MP_L	(4) 상품가격 P_X(만원)	(5) 한계수입생산 $MRP_L=VMP_L$(만원)	(6) 한계요소비용 $MRC_L=W$(만원)
0	0	–	10	–	40
1	12	12	10	120	40
2	22	10	10	100	40
3	30	8	10	80	40
4	36	6	10	60	40
5	40	4	10	40	40
6	42	2	10	20	40

이 10만원으로 일정하게 주어져 있다. 이는 상품시장이 완전경쟁적이어서 기업이 가격수취자라는 사실을 반영하는 것이다.

이제 총생산량(2란)과 상품가격(4란)을 곱하면 총수입액을 얻게 되는데, 총수입액의 증가분이 바로 한계수입생산Marginal Revenue Product: MRP이다. 다시 말해서 MRP_L은 노동 한 단위를 추가적으로 고용함에 따른 총수입의 증가분이다. 이것이 (5)란에 나타나 있다. MRP_L은 노동의 한계생산(3란)에 상품가격(4란)을 곱하여 직접 구할 수도 있다. 즉

$$MRP_L = MP_L \times P_X$$

우리는 분석의 편의를 위하여 생산물시장이 완전경쟁적일 경우, MRP를 특별히 VMPValue of Marginal Product라고 부른다.

이와 같이 기업이 노동 한 단위를 추가로 고용할 때 VMP라는 이득을 얻을 수 있는 반면에 기업은 대가, 즉 비용을 지불해야만 한다. 우리는 이러한 비용을 한계요소비용Marginal Resource Cost; MRC이라고 한다. 다시 말해서 MRC_L은 노동을 한 단위 추가로 고용할 때 들어가는 추가적인 비용이다. 이것은 〈표 11-1〉의 (6)란에 나타나 있다. (6)란에서 MRC_L(W)은 월 40만원 — 이하 특별한 표기가 없는 한 월급기준임 — 으로 일정하게 주어져 있는데, 이는 노동시장이 완전경쟁시장이라는 가정을 반영하는 것이다. 요소시장이 경쟁적이라 함은 요소를 수요하는 기업의 수가 너무 많아서 어느 한 기업의 수요량은 노동가격에 영향을 전혀 미치지 못할 정도로 미미하다는 것을 의미한다. 따라서 완전경쟁시장하의 개별기업은 임금수취자wage-taker라고 할 수 있으며, 이렇기 때문에 기업이 '직면'하는 노동공급곡선은 완전탄력적 혹은 수평으로 나타나게 되는 것이다.

(3) MRP = MRC준칙

기업이 이윤극대화를 추구한다면, 노동 한 단위를 추가로 고용할 때의 이득과 손실을 비교하여 이득이 손실을 초과하는 한, 노동을 더 수요하려고 할 것이다. 물론 우리가 배운 경제학 지식에 따르면 추가적 이득과 추가적 손실이 같아질 때까지 노동을 수요할 것이다. 즉

$$MRP_L = MRC_L$$

이 될 때까지이다. 이를 우리는 'MRP = MRC준칙'이라고 한다. 이 준칙은 상품시장에서 'MR = MC준칙'과 같은 원리이다. 다만 차이점이 있다면 'MRP = MRC준칙'은 생산요소시장에서 본 이윤극대화 원리이고, 'MR = MC준칙'은 생산물시장에서 본 이윤극대화 원리이다. 생산물시장과 요소시장이 모두 완전경쟁일 경우 MRP_L은 VMP_L이고, MRC_L은 기업에게 W로 일정하게 주어지므로 완전경쟁하의 'MRP = MRC준칙'은 다음과 같이 표현할 수 있다.

$$VMP_L = W$$

이제 〈그림 11-1〉을 통해서 기업의 노동에 대한 수요행태를 이해해 보기로 하자. 이 기업은 첫 번째 노동자를 고용할 것인가 고용하지 않을 것인가? 기업이 이 사람을 고용함으로써 얻는 추가적 수입은 120만원(즉 VMP_L=120만원)인 반면에 추가적인 비용은 단지 40만원(즉 W=40만원)이다. 첫 번째 노동자에 대해서 VMP_L 〉 W 이므로 이 기업은 그를 고용하여 임금을 지불할 것이다. 두 번째 노동자에 대해서는 어떤가? 역시 VMP_L(100만원) 〉 W(40만원)이므로 그도 고용할 것이다. 이렇게 하여 기업은 VMP_L(40만원) = W(40만원)이 되는 다섯 번째 노동자까지 고용할 것이다. 그러나 여섯 번째 노동자는 고용하지 않을 것이

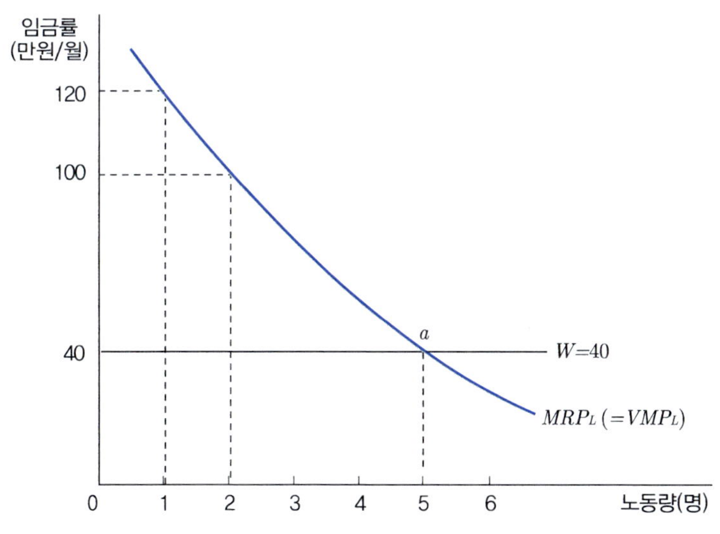

그림 11-1 기업의 이윤극대화 고용량

다. 왜냐하면 기업이 이 사람은 고용함으로써 얻는 추가적 수입은 단지 20만원(즉 VMP_L=20만원)인 반면에 추가적인 비용은 이보다 큰 40만원(즉 W=40만원)이기 때문이다. 요컨대 완전경쟁적 노동시장에서 임금이 40만원으로 주어지면 기업은 5명을 고용하고자 할 것이다.

(4) VMP곡선 자체가 노동수요곡선

이제 노동수요곡선을 도출할 차례가 되었다. 먼저 노동수요곡선이란 있을 수 있는 주어진 임금에 대응하여 기업이 고용하려고 하는 노동의 양을 나타내 주는 예정표임을 상기하라.

앞에서 살펴본 바와 같이 여러 가지 가능한 임금 중에서 임금이 40만원으로 주어지면 'MRP = MRC준칙'에 의해서 5명을 고용하고자 할 것이다. 따라서 일단 a점은 노동수요곡선상의 한 점임을 알 수 있다. 이제 여러 가지 가능한 임금 중에서 임금이 100만원으로 주어진다면 기업은 노동 몇 단위를 고용하고자 할 것인가? 우리가 배운 바에 의하면 'MRP = MRC준칙'이 성립하는 b점도 노동수요곡선상의 한 점이 된다. 마찬가지로 임금이 80만원으로 주어지면 기업은 3명을 고용하고자 하고, 임금이 60만원으로 주어지면 기업은 4명을 고용하고자 할 것이다. 이와 같이 각 임금수준에 대응하여 기업이 고용하고자 하는 노동량은 a

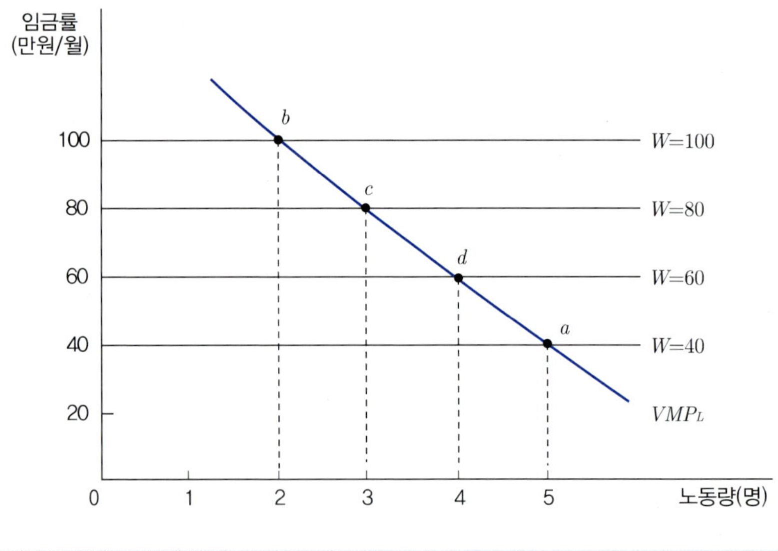

그림 11-2 노동의 수요곡선 도출

점, b점, c점, d점에서 결정되므로 이 점들을 연결한 궤적이 노동에 대한 수요곡선이 된다. 그런데 a점, b점, c점, d점은 VMP_L곡선과 기업이 직면하는 임금수준 W와 교차하는 점이므로 VMP_L곡선 자체가 바로 노동에 대한 수요곡선이 된다.

이상에서 우리는 자본설비는 고정되어 있고 노동만이 변할 수 있는 단기상황에서의 노동수요곡선을 도출하였다. 그렇다면 노동뿐만 아니라 자본설비도 변할 수 있는 장기상황에서의 노동에 대한 수요곡선은 어떻게 될 것인가? 이 경우에도 'MRP = MRC준칙'을 확대 적용하면 된다. 즉 노동의 VMP/임금 = 자본의 VMP/자본가격 = 1이 되도록 수요하면 된다.

2) 노동에 대한 시장수요

우리는 제3장에서 상품에 대한 시장수요곡선은 개별수요곡선의 '수평합'이라고 배웠다. 마찬가지로 요소에 대한 시장수요곡선도 생산물시장과 요소시장의 연관성을 고려하지 않을 경우 개별수요곡선, 즉 VMP곡선을 수평으로 합함으로

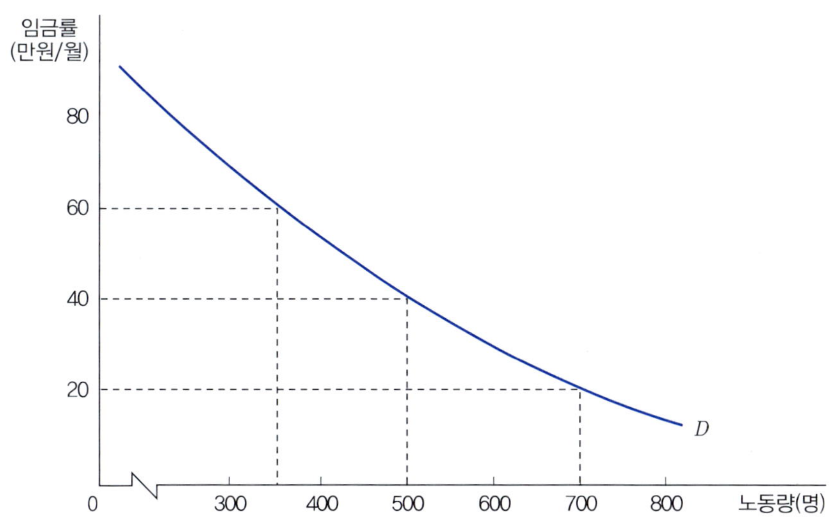

그림 11-3 노동의 시장수요곡선

써 도출할 수 있다.[5] 따라서 노동에 대한 시장수요곡선 역시 우하향하는 모양을 가진다. 만약 우리가 예로든 기업과 비슷한 생산기술을 가지는—즉 VMP_L이 비슷—기업이 100개가 존재한다면, 노동의 시장수요곡선은 〈그림 11-3〉과 같이 될 것이다.

3) 노동수요의 변화

노동수요곡선을 이동시키는 요인은 무엇인가? 노동수요곡선이 이동하는 것은 '노동수요의 변화'로서, 임금 이외의 다른 요인이 변화했을 때 노동수요량이 변화하는 것을 말한다. 이상에서 우리는 VMP_L곡선 자체가 노동에 대한 수요곡선임을 알았고, $VMP_L = MP_L \times P_X$이므로 노동의 한계생산(MP_L)과 상품가격(P_X)이 수요의 변화요인임을 쉽게 짐작할 수 있다. 한 가지 더 든다면 다른 생산요소의 가격도 중요한 변화요인이다.

(1) 상품수요의 변화

노동수요는 파생수요이므로 생산물시장에서 상품수요변화가 상품가격을 변화시켜, 궁극적 VMP_L에 영향을 미치는 것은 당연하다.

만일 상품에 대한 수요의 증가로 시장가격이 단위당 10만원에서 30만원으로 상승한다면, 노동에 대한 수요곡선은 〈그림 11-4〉에서와 같이 $d'(VMP_L')$로 우상향 이동할 것이다. 이에 따라 기업은 새로운 이윤극대화 점 E'에서 L'만큼을 고용하려 할 것이다. 반대로 상품수요의 감소와 이로 인한 가격의 하락은 노동수요곡선을 좌하향 이동시킨다. 일반적으로 다른 사정이 일정한 한, 특정 노동력이 생산하는 상품에 대한 수요의 변화는 그 노동에 대한 수요의 변화와 같은 방향으로 변한다.

(2) 생산성의 변화

다른 사정이 일정한 한, 노동생산성의 증가는 노동수요곡선을 우상향 이동시

---

5) 생산물시장과 요소시장의 연관성을 고려한 시장수요곡선은 개별수요곡선을 수평 합한 것보다 더 비탄력적일 것이다. 그 이유는 다음과 같다. 만약 임금이 하락한다고 하면 기업은 고용량을 늘릴 것이고, 이는 상품생산의 증가를 가져와 다른 사정이 일정한 한 시장가격을 하락시킬 것이다. 시장가격이 하락하면 VMP곡선이 좌하향 이동되어 하락된 임금하에서의 고용량은 생산물시장을 고려하지 않을 경우보다 줄어들 것이다. 여하튼 이 경우에도 시장수요곡선은 우하향한다.

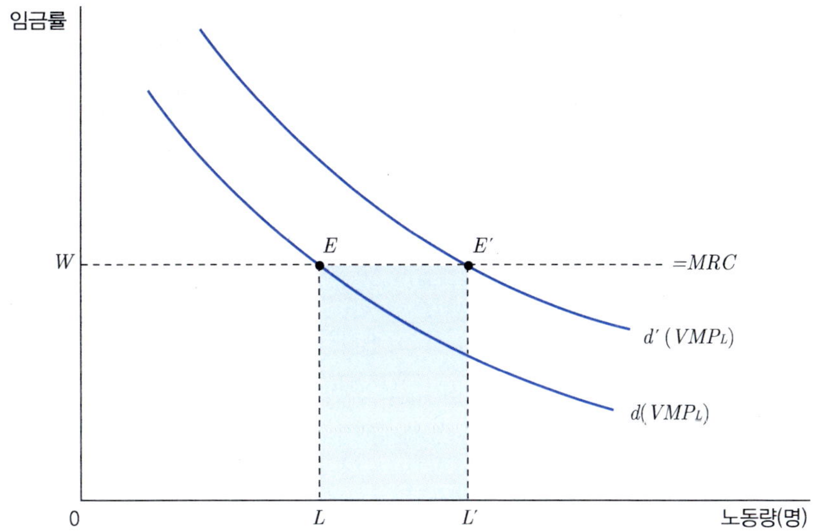

그림 11-4 노동수요곡선의 이동

킬 것이다. 만약 MP_L이 2배가 되면, VMP_L 역시 2배가 되어 노동의 수요는 증가할 것이다.

노동의 생산성을 변화시키는 요인은 무엇인가? 첫째, 노동의 생산성은 노동과 결합되는 타생산요소의 양에 의존한다. 노동과 결합되는 기계설비와 토지의 양이 많으면 많을수록 노동생산성과 노동에 대한 수요는 커질 것이다. 둘째, 기술진보이다. 기술진보로 기계의 성능이 개선되면 될수록 노동의 생산성은 증가될 것이다. 예를 들어 1990년에 제작된 컴퓨터로 작업하는 사람의 생산성과 2010년에 제작된 컴퓨터로 작업하는 사람의 생산성은 누가 더 크겠는가? 당연히 최근의 기술지식이 담겨 있는 2010년형 컴퓨터의 경우가 더 클 것이다. 셋째, 학교교육과 직업교육을 통한 노동 그 자체의 질 개선도 노동생산성을 증가시킨다.

(3) 다른 생산요소의 가격변화

한 재화를 생산하는 데는 노동이 여러 가지 다양한 요소들과 서로 협동한다. 따라서 어떤 상품의 수요가 다른 상품의 가격에 의해서 영향을 받는 것처럼, 노동에 대한 수요도 자본 등 다른 생산요소의 가격변화에 영향을 받는다. 또한 Y재 가격의 변화가 X재의 수요에 미치는 영향이 X재와 Y재가 보완관계에 있느냐 아니면 대체관계에 있느냐에 따라 달라지듯이, 다른 생산요소의 가격이 노동에 미치는 영향도 노동과 다른 생산요소가 보완관계에 있느냐 아니면 대체관계에 있느냐에 따라 달라진다.

먼저 노동이 자본과 대체관계에 있는 경우부터 살펴보자. 은행에서 여직원과 컴퓨터가 대체관계에 있다고 하자. 다시 말해서 주어진 작업량을 달성함에 있어서 많은 여직원과 적은 컴퓨터로도 가능하며, 반대로 적은 여직원과 여러 대의 컴퓨터로도 가능하다고 하자. 이제 기술진보와 컴퓨터 제조업체간의 경쟁으로 컴퓨터의 가격이 하락한다고 하면 여직원에 대한 수요는 어떻게 될 것인가? 이는 대체효과substitution effect와 산출량효과output effect라는 두 가지의 상반된 효과를 가져올 것이다. 먼저 컴퓨터의 가격이 하락하면 기업은 여직원 대신에 컴퓨터를 구입하게 될 것이다. 이는 은행이 비용최소화 행동을 한다면 쉽게 예상할 수 있는 현상으로 대체효과라고 부른다. 여직원의 임금이 고정된 경우에 기업은 더 적은 수의 여직원을 고용하고자 할 것이다. 일반적으로 이러한 대체효과는 노동의 수요를 감소시킨다. 또한 컴퓨터가격의 하락으로 인하여 은행의 작업처리비용이 감소할 것이며, 비용이 낮아지게 되면 은행은 더 많은 일을 처리하는 것이 이득이 될 것임을 알게 될 것이다. 따라서 여직원을 포함한 다른 요소에 대한 수요가 증가될 것이다. 이것을 우리는 산출량효과라고 부른다.

이러한 효과는 다른 예에서도 찾아볼 수 있다. 최근 자동차 제조업체에서 노동력이 자동화설비로 대체되었으나(대체효과), 생산비용감소로 '마이카'시대가 열림에 따라 노동에 대한 수요가 증가하는(산출량효과) 현상을 볼 수 있다. 따라서 다른 생산요소가격의 하락에 따른 노동의 대한 수요의 변화는 대체효과와 산출량효과의 상대적 크기에 의존한다. 만약 대체효과가 산출량효과보다 크다면, 다른 생산요소가격의 하락에 따라 노동에 대한 수요는 감소할 것이고, 반대로 산출량효과가 대체효과보다 크다면 노동에 대한 수요는 증가할 것이다.

한편 노동이 기계와 보완관계에 있으면, 기계의 대수가 증가할 때 그 만큼의 노동에 대한 수요도 증가하게 된다. 가령 금속제조업자가 금속압축기 한 대를 가지고 작업을 하는데, 압축기 한 대에 한 사람만 필요하다고 하자. 그런데 만약 금속압축기의 가격이 대폭 하락하여 압축기 한 대를 추가로 들여놓으면 한 사람의 종업원을 필히 구해야 할 것이다. 이 경우에는 대체효과는 전혀 없으며 노동에 대한 산출량효과만 있게 된다. 일반적으로 노동과 기계가 보완관계에 있으면 기계가격의 하락은 노동에 대한 수요를 증가시킨다.

4) 노동수요의 탄력성

생산물에 대한 수요의 탄력성과 마찬가지로 노동에 대한 수요의 탄력성이란 임금의 변화율에 대한 고용량의 변화율이다. 즉 노동의 수요탄력성은 임금이 1% 변했을 때 고용량이 몇 % 증감하는가를 나타낸다. 이것은 앞에서 살펴본 '노동수요의 변화'와 달리 '노동수요량의 변화'를 의미하는 것이다.

그러면 임금변화에 대한 기업의 반응정도를 결정하는 요인은 무엇인가? 다시 말해서 임금탄력성의 결정요인은 무엇인가? 이는 대체로 (i)생산물 수요의 탄력성, (ii)한계생산의 체감 정도, (iii)요소의 대체가능성, (iv)총비용 중 인건비의 비중 등 네 가지가 있다.

(1) 생산물 수요의 탄력성

생산물에 대한 수요의 탄력성과 요소에 대한 수요의 탄력성은 직접적으로 관련이 있다. 즉 생산물에 대한 수요탄력성이 클수록 요소에 대한 수요탄력성도 크다. 가령 생산물에 대한 수요가 비교적 탄력적인데 생산물가격이 상승한다고 가정해 보자. 생산물에 대한 수요가 탄력적이므로 수요량은 급격히 감소할 것인즉, 이 생산물을 생산하는 요소에 대한 수요량 역시 급격히 감소할 것이다. 반대로 만약 생산물에 대한 수요가 비탄력적이라면, 생산물가격의 상승으로 인한 수요량 감소는 크지 않을 것이므로 요소에 대한 수요량의 감소 역시 미미할 것이다.

(2) 한계생산의 체감 정도

비숙련노동의 경우 한계생산이 노동고용량의 증가에 따라 급속히 감소할 것이므로 노동수요는 비탄력적일 것이다. 왜냐하면 완전경쟁시장에서는 $VMP_L=MP_L \times P_X$이므로 MP_L의 급격한 감소는 VMP_L을 급격히 감소시키기 때문이다.

(3) 요소의 대체가능성

노동이 다른 생산요소에 의해 기술적으로 용이하게 대체될수록 노동에 대한 수요는 탄력적이다. 가령 기업의 회계업무를 '컴퓨터'화 시키는 것이 기술적으로 가능하다면 경리사원에 대한 수요는 매우 탄력적일 것이다.

(4) 총비용 중 인건비의 비중

총생산비에서 노동비용이 차지하는 비중이 작을수록 노동에 대한 수요는 비탄력적이다. 예를 들어 임금상승으로 노동비용이 증가했을 경우에 노동비용이 기업의 총생산비에서 차지하는 비중이 작다면, 총비용과 생산물가격은 약간 증가할 것이고, 따라서 노동수요량의 감소 역시 적을 것이므로 노동가격(임금률)에 대한 노동수요는 비탄력적이 된다. 반대로 만일 자본비용이 총비용의 90%를 차지한다면, 자본재가격의 상승은 총비용을 대폭 증가시켜 생산물에 대한 수요량을 크게 감소시키고, 이에 따라 자본수요량도 크게 감소될 것이므로 자본수요의 탄력성은 클 수밖에 없다.

11.3 노동의 공급

1) 개인의 노동공급

상품의 공급곡선이 우상향하는 것과 마찬가지로 개별노동자의 노동공급곡선도 우상향한다. 즉 기업은 상품가격이 상승할수록 공급량을 증가시키는 것처럼 개별노동자는 임금률이 높아질수록 노동공급량을 증가시킨다. 차이점이 있다면 우상향하는 이유가 서로 다르고, 노동공급곡선의 경우에는 일정수준 이상으로 임금률이 높아지면 오히려 노동공급량이 감소할 수 있다는 것이다. 요컨대 노동공급곡선은 〈그림 11-5〉(b)에서 보는 바와 같이 우상향하나 e수준 이상으로 임금률이 높아지면—일정소득이 확보되면—오히려 근로시간을 줄이는 후방굴절공급곡선backward-bending supply curve형태를 가진다.

이제 우리가 제4장에서 배운 예산선과 무차별곡선을 활용하여 노동공급곡선을 도출해 보자. 〈그림 11-5〉(a)의 횡축은 개인이 활용할 수 있는 여가 또는 근로시간을 나타낸다. 횡축의 왼쪽에서 오른쪽으로서의 이동은 개인의 여가시간을 측정해 주는데, 하루는 24시간이므로 24에서 여가시간을 빼면 근로시간이 된다. 근로시간은 횡축의 오른쪽에서 왼쪽으로의 이동으로 측정되며, 여가와 근로시간을 합하면 24시간이 된다. 한편 종축은 화폐소득을 나타낸다.

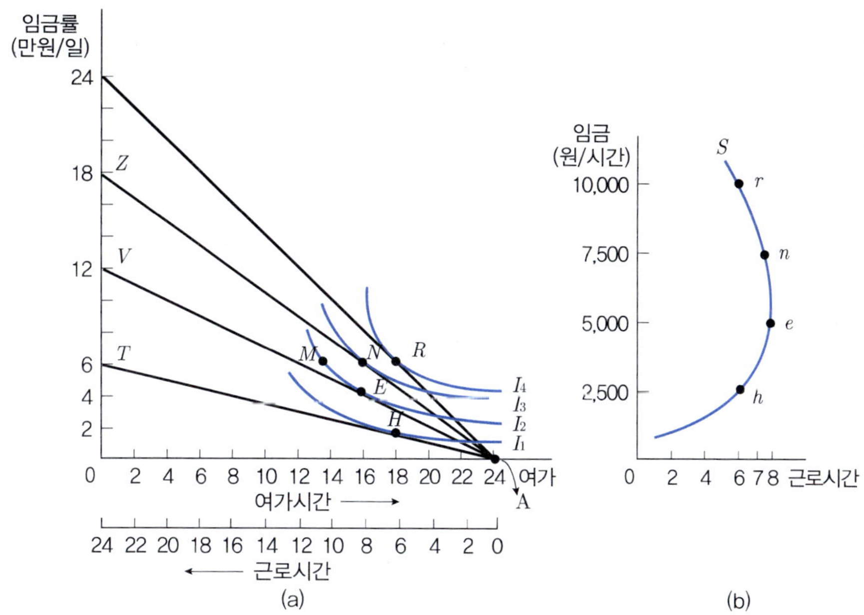

그림 11-5 개인의 노동공급곡선

그림에는 I_1, I_2, I_3, I_4등의 무차별곡선이 그려져 있는데, 여가와 화폐소득을 양(+)의 효용을 주는 상품으로 간주하면, 이는 제4장에서 배운 두 상품에 대한 무차별곡선과 동일하다. 예를 들어 개별노동자는 M점과 E점에 대해 무차별하다. 즉 14시간의 여가(10시간의 일)와 6만원의 화폐소득이라는 배합점 M은 16시간의 여가(8시간의 일)와 4만원의 화폐소득이라는 배합점 E와 무차별하다. 이는 2시간의 여가를 얻기 위해서 2만원의 소득을 기꺼이 포기할 용의가 있음을 의미한다.

한편 시간당 2,500원이라는 임금률이 주어지면, 개인의 예산선을 쉽게 알 수 있다. 만약 24시간 모두를 여가로 활용한다면, 임금률이 주어지더라도 화폐소득은 0일 것이다. 그러므로 항상 A점에서 출발하는 선이 된다. 반대로 24시간 모두 일을 한다면, 화폐소득은 6만원이 될 것이다. 따라서 예산선은 A와 T점을 잇는 선분 AT가 된다. 임금률이 시간당 5,000원으로 변하면 예산선은 어떻게 되겠는가? 출발점은 변화가 없고 24시간 일할 때의 화폐소득이 12만원이므로 예산선은 AV가 된다. 마찬가지로 임금률이 시간당 7,500원일 때 예산선은 AZ이다. 그러면 개별노동자는 어떠한 선택을 할 것인가? 당연히 개별노동자는 주어진 예산선하에서 가장 높은 효용을 주는 무차별곡선에 도달함으로써, 만족을 극대화하려고 할 것이다. 이는 예산선과 무차별곡선이 접하는 곳에서 달성된다. 만약 임금률이 시간당 2,500원일 경우에 개별노동자는 무차별곡선과 예산선이 접하는 H점에서 18시간의 여가(6시간의 일)와 15,000원의 화폐소득을 선택할 것이다. H점은 옆 그림에서 노동공급곡선상의 h점으로 표시된다. 즉 시간당 2,500원이라는 임금률에 대응하여 이 노동자는 6시간의 노동을 공급할 의도를 가지고 있음을 나타낸다. 임금률이 시간당 5,000원으로 상승하면 개별노동자는 E점에서 하루에 16시간의 여가(8시간의 일)와 4만원의 화폐소득을 선택할 것이고, 이는 노동공급곡선상에서 e점으로 표시된다. 마찬가지로 시간당 7,500원과 1만원의 임금율에 대해서 각각 N점과 R점이 선택되며, 이는 노동공급곡선상에서 n점과 r점으로 표시된다. 따라서 시간당 5,000원까지는 우상향하나, 그 이후부터는 후방굴절하는 노동공급곡선을 도출할 수 있다.

2) 시장의 노동공급

생산물의 시장공급곡선이 개별공급곡선들의 수평 합인 것과 마찬가지로 노동의 시장공급곡선은 개별노동공급곡선들을 단순히 수평 합함으로써 얻을 수 있다. 개별노동공급곡선이 후방굴절하므로 이를 수평 합한 시장노동공급곡선도 후방굴절할 수 있다.

〈그림 11-6〉에는 가상적인 시장노동공급곡선이 나타나 있다. 여기서 횡축은 노동자의 수를 측정하고, 종축은 임금률을 측정한다. 이 공급 「스케줄」에 따르면 임금률이 20만원이면 350명의 노동자가 이 시장에 참여하려 하고, 만약 임금률이 40만원이면 500명의 노동자가 이 시장에 참여하려고 할 의도가 있음을 알 수 있다. 여기서 우리는 시장노동공급곡선의 우상향하는 부분만을 그려 놓았는데, 이는 특정산업에 대한 시장공급곡선은 개인 혹은 경제 전체보다 후방굴절할 가능성이 적다는 사실을 반영한 것이다. 가령 컴퓨터산업의 임금이 충분히 오른다면, 다른 산업에서 노동자들이 전입해 올 수 있기 때문이다.

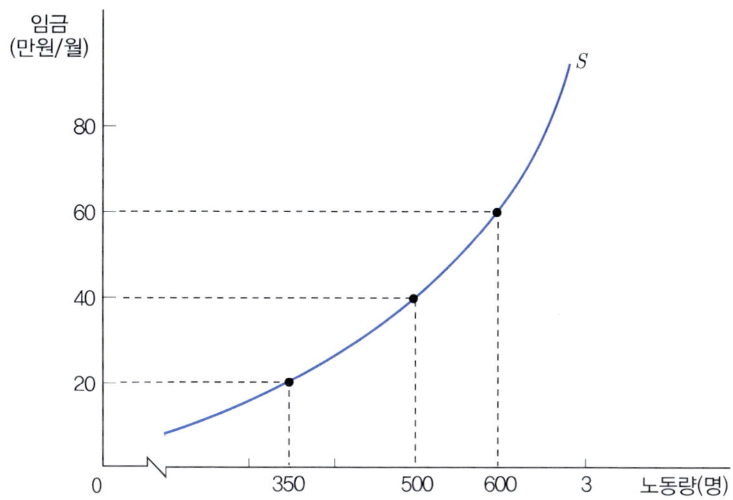

그림 11-6 시장의 노동공급곡선

그러면 특정산업에서 우상향하는 노동공급곡선 뒤에 숨은 얘기를 해보자. 우선 노동공급곡선이 우상향한다는 것은 놀고 있는 사람이 없다면, 기업이 더 많은 노동자를 고용하기 위해서는 더 높은 임금을 지불하여야 한다는 사실을 반영한다. 그 이유는 무엇일까? 기업은 노동자를 더 채용하기 위해서는 다른 산업, 다른 직업, 다른 지역에 있는 사람들을 빼내어와야 한다. 노동자들은 일정범위 내에서 여러 가지 직업선택의 기회를 가질 수 있다. 가령 어떤 사람이 현재 서울에서 은행에 근무하고 있다면, 증권회사 등 다른 직종에서 일할 수도 있을 것이다. 아니면 부산이나 제주도에 있는 은행에 근무할 수 있다. 그러므로 특정 노동시장에서 기업은 더 높은 임금을 주어야만 해당 노동자로 하여금 다른 직업 기회를 버리고 이 산업에 종사하게 할 수 있다. 마찬가지로 더 높은 임금을 주어야만 신규노동자를 끌어들일 수 있을 것이다.

요컨대 노동에 대한 시장공급곡선은 그 자체가 기회비용을 의미하므로 우상향한다고 할 수 있다. 특정산업으로 노동자들을 끌어오기 위해서는 지불되는 임금은 이로 인해 포기되는 시간의 가치(예를 들어 다른 산업에의 종사, 여가, 가사활동 등), 즉 기회비용을 상쇄해 주어야 한다. 그러므로 더 높은 임금은 기회비용이 높기 때문에 낮은 임금에서는 일을 하려고 하지 않는 사람들을 일하게끔 하는 유인이 되는 것이다.

11.4 노동시장에서의 임금결정

이상에서 우리는 노동에 대한 수요와 공급을 각각 살펴보았다. 이제는 이들을 활용하여 노동의 가격, 즉 임금이 어떻게 결정되는가를 분석할 차례가 되었다. 그런데 생산물시장에서와 마찬가지로 노동시장에서도 시장의 유형에 따라서 결정되는 임금수준과 성과가 다르게 나타난다. 뿐만 아니라 노동에 대한 수요는 생산물시장에 의존하는 파생수요이므로 생산물시장의 유형도 동시에 고려해야 한다. 우리가 분석할 노동시장의 유형은 다음과 같이 구분할 수 있다.

- 노동시장과 생산물시장이 모두 완전경쟁시장인 경우
- 노동시장은 완전경쟁이나 생산물시장이 불완전경쟁인 경우
- 노동시장과 생산물시장이 모두 불완전경쟁인 경우

1) 노동시장과 생산물시장 모두 완전경쟁시장인 경우

먼저 노동시장과 생산물시장이 모두 완전경쟁인 경우를 분석해 보자. 결론부터 말하면, 이러한 시장에서 균형임금과 균형고용량은 생산물시장에서와 마찬가지로 노동의 시장수요와 노동의 시장공급이 일치하는 곳에서 결정된다.

〈그림 11-7〉(b)에서 D는 노동에 대한 시장수요곡선이고 S는 노동에 대한 시장공급곡선으로서, E점에서 D와 S가 만나고 균형임금률은 W_e(40만원), 균형고용량은 L_e(500명)로 결정된다. 만약 임금률이 균형임금률보다 낮은 20만원으로 결정된다면 기업은 700명을 고용하려 하나, 일을 하려고 하는 사람은 350명밖에 안되어 노동의 초과수요가 나타난다. 따라서 기업들은 경쟁적으로 더 높은 임금을 주고서라도 사람을 고용하려 하고 그 결과 임금은 올라갈 것이다. 반대로 임금률이 균형임금률보다 높은 60만원에서 결정 된다면 기업은 350명을 채용하려고 하나, 일을 하려는 사람은 600명이므로 250명 만큼의 노동의 초과공급이 나타난다. 따라서 일하려는 사람은 경쟁적으로 더 낮은 임금을 받고서라도 취직하려 하고, 그 결과 시장임금률은 하락할 것이다. 결국 40만원에서 이러한 조정이 끝나므로, 여기서 균형이 달성된다.

이제 개별기업의 상황으로 눈을 돌려보자. 일단 시장에서 균형임금이 40만원으로 결정되면, 각각의 기업은—동일한 VMP곡선을 가지는 100개의 기업으로

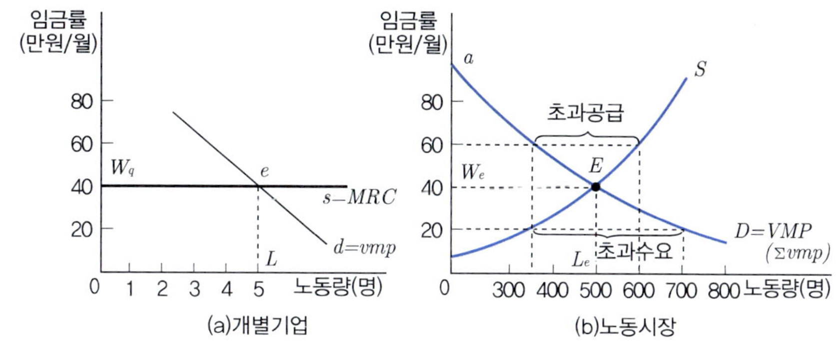

그림 11-7 경쟁적 노동시장에서의 임금 및 고용량의 결정

가정하자—5명을 고용하려 할 것이다. 왜 그런 것일까? 이에 대한 대답은 앞에서 배운 것을 확인해 보면 알 수 있다. 노동시장이 완전경쟁시장이라고 가정하고 있으므로 개별기업들은 시장공급량의 극히 일부만을 고용하게 되어, 어느 기업도 시장에서 결정되는 임금률에 영향력을 행사할 수 없게 된다. 다시 말해서 〈그림 11-7〉(a)에서 보는 바와 같이 개별기업은 시장균형 임금 40만원에서 수평 또는 완전탄력적인 노동공급곡선에 직면하는 임금수취자wage-taker가 된다.[6)]

이러한 상황에서 개별기업은 시장에서 결정된 현행 임금과 VMP가 같아지는 점에서 고용량을 결정함으로써 이윤을 극대화시킬 수 있다. 이는 결국 'MRP = MRC 준칙'을 재현한 것에 지나지 않으며, 기업은 임금률(W)이 완전경쟁이라는 특수한 경우의 MRP, 즉 VMP와 같아지는 e점에서 5명을 고용함으로써 이윤을 극대화할 것이다.

그러면 노동시장이 균형에 있다는 것은 어떠한 경제적 의미를 가지는가? 첫째, 균형임금수준에서는 임금과 VMP가 일치하므로, 노동자가 기여한 만큼 소득을 분배받는다는 의미에서 이상의 분석을 한계생산력설theory of marginal product이라고 부른다. 둘째, 균형임금수준이 결정되면 소득의 분배 몫에 대해서 알 수 있다. 산업이 500명을 고용함으로써 얻는 총수입을 VMP를 집계하면 되는데, 이 경우에 500명으로부터의 총수입은 □$OaEL_e$이다. 이 중 사각형 OW_eEL_e가 임금으로 지불되고 나머지 △W_eaE가 이자, 지대, 이윤으로 분배되어질 것이다. 셋째, 임금으로 지불되는 사각형 OW_eEL_e 속에는 경제적 지대economic rent로 볼 수

6) 이것은 완전경쟁적인 생산물시장에서 개별기업은 완전탄력적인 수요곡선에 직면하는 가격수취자라는 것과 유사하다.

있는 부분도 포함되어 있다. 이는 보다 자세한 분석을 요하므로 제12장의 지대 부분에서 다시 다루기로 한다.

더 알아보기 11-1 임금격차

한계생산이론에 의하면 경쟁시장에서는 동일한 노동에 대한 임금은 같을 수 밖에 없다. 그러나 임금결정을 한계생산이론만으로 설명한다는 것은 현실을 지나치게 단순화시킨 것이다. 실제로 임금은 직종에 따라 혹은 동일한 직종이라 하더라도 사람에 따라 다른 경우가 많다. 그러면 왜 이런 현상이 나타나는가?

이것도 수요·공급분석을 다시 한번 이용하여 그 해답을 구할 수 있을 것이다. 특정 직종에 있어서 만일 노동의 공급이 수요보다 크다면 임금률은 낮아지고, 이와 반대로 수요가 공급보다 크다면 임금률은 높아질 것이다. 그러면 노동시장에 따라 각기 수요·공급조건이 다른 이유는 무엇인가? 경제학자들은 경쟁시장이라 할지라도 임금률이 달라지는 이유로 다음과 같은 세 가지 점을 들고 있다.

첫째, 직업간의 질적인 차이로 인하여 임금의 격차가 생긴다. 즉 아무리 노동시장이 동일한 생산성을 가진 노동으로 구성되고 경쟁적이라 할지라도, 직종이 다름에 따라 발생하는 임금 이외의 비금전적 요인으로 인하여 직종간에 임금격차가 생기게 마련이다. 이를테면 중장비기사라는 직종의 경우 항상 작업복 차림에 위험도 높고 일하는 시간이 불규칙한 데 반해, 은행원이라는 직종은 단정한 차림으로 쾌적한 환경에서 사고나 해고 위험이 거의 없다. 따라서 은행원은 중장비기사에 비하여 매력적인 직종이 되며, 중장비 기사처럼 불리한 여건의 직종의 노동은 노동조건의 질적 열세를 보상하기 위하여 더 높은 임금을 받아야만 할 것이다. 이와 같은 임금의 격차는 직종에 따른 비금전적 격차를 보상하기 위하여 지불되는 까닭에 균등화격차 equalizing differences라고 부른다. 우리가 흔히 볼 수 있는 균등화격차의 예로는 비행수당, 벽지수당, 야간수당, 현장수당 등이 있다.

둘째, 노동 자체의 질적 차이로 인하여 임금의 격차가 생긴다. 노동자라고 해서 동질적인 것은 아니며 그들은 정신적·육체적으로 뿐만 아니라 교육수준이나 훈련정도에서 많은 차이를 가지고 있다. 따라서 어느 시대를 막론하고 노동시장은 그 집단마다 특수한 자질을 갖추어야만 하는 수많은 비경쟁집단noncompeting groups으로 구성되어 있다. 예를 들어 비교적 소수의 사람들만이 의사나 음악가나 미술가가 될 선천적인 재능을 가지고 태어나며, 더구나 이 중에서 자기 능력을 개발할 수 있는 재력을 갖춘 사람은 더욱 적다. 그 결과 이와 같이 특정한 노동에 대한 공급은 수요에 미달하게 되고, 이 직종에 대한 임금은 높아진다. 그렇다고 의사가 화가를 대신할 수 없고, 화가가 의사를 대신할 수 없듯이 각 직종간의 노동의 이동은 사실상 용이하지 않으며, 특히 최근과 같이 기술이 고도화되고 전문화된 재능을 요구하는 사회에서는 더욱 그렇다. 결국 선천적인 재능과 교육을 받을 수 있는 기회가 모든 사람에게 공평하게 부여되어 있지 않으므로 비경쟁집단간의 임금격차는 존재할 수밖에 없다.

셋째, 노동시장의 불완전한 운용으로 인하여 임금의 격차가 발생한다. 노동의 주체는 인간인 까닭에 노동자가 과거의 교육, 관습, 가정 및 지역적 연대의식과 관련됨으로써 직종이나 직장을 바꾸는 데는 상당한 제약을 받기 마련이다. 더구나 노동자가 전직할 수 있는 기회를 완전히 알고 있지도 못할 뿐더러, 직업선택의 기회가 누구에게나 공평하게 주어지는 것은 아니다. 이와 같이 노동의 이동성을 제약하는 것으로는 이 밖에도 제도적인 장애와 사회적인 장애를 들 수 있다. 교육대학 졸업생이 아니면 초등학교 교사를 할 수 없도록 제도적 조치를 취한 경우 등은 전자의 예이며, 성이나 인종에 따라 차별을 두는 것 등은 후자의 예에 속한다.

그러면 이러한 이유들로 인하여 실제로 우리나라에서 임금격차가 존재하는가?

성, 학력, 직종, 업종, 기업규모, 고용형태, 지역 등을 기준으로 알아보기로 하자

① 성별 임금격차

우리나라에서 성에 따른 임금격차는 여전히 존재한다. 〈그림 11-8〉에서 보는 바와 같이 10인 이상 비농산업에서 2010년 말 현재 남자근로자의 월 임금총액은 328만원인데 비해서 여자근로자의 월 임금총액은 211만원에 불과한 것으로 나타나고 있다. 남자근로자의 임금을 100으로 보면 여성근로자의 상대적 임금은 64 정도에 그치는 수준이다. 이러한 임금격차는 과거에 비해서는 줄어든 것이다. 그림에서 보는 바와 같이 1980년 여성 근로자의 상대적 임금은 44 정도였으나 그 후 꾸준히 증가하여 64에 이르게 된 것이다. OECD국가 중에서는 한국이 가장 성별격차가 큰 것으로 알려져 있다.

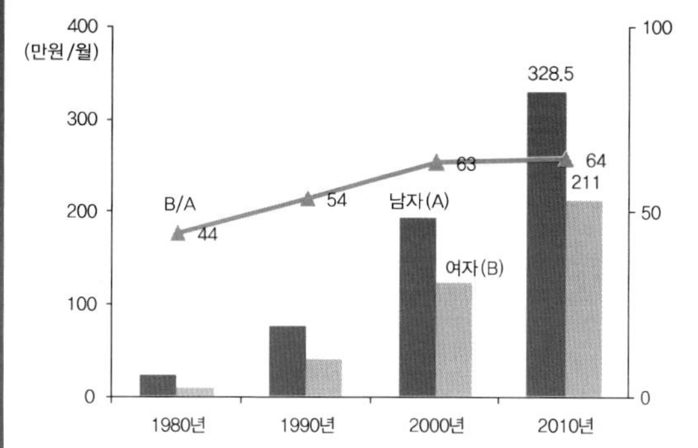

자료: 고용노동부

그림 11-8 성별 임금격차

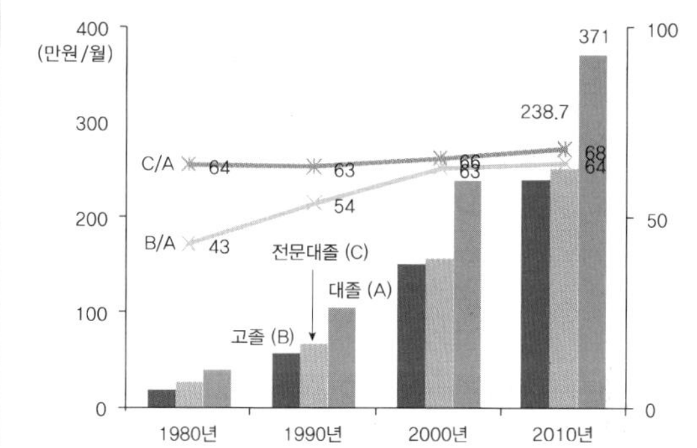

자료: 고용노동부

그림 11-9 학력별 임금격차

② 학력별 임금격차

학력별 임금격차, 특히 대졸자와 고졸자의 임금격차는 소득분배측면뿐만 아니라 교육 등 사회전반에 걸친 문제로 인식되어 왔다. 학력별 임금수준을 보기 위해 대졸자의 임금을 100으로 보면, 〈그림 11-9〉에서와 같이 1980년의 경우 고졸자가 43, 초(전문)대졸자가 64로 그 격차가 매우 컸으나, 2010년에는 각각 64와 68로 줄어들었다. 특히 고졸자와 전문대졸자의 임금격차는 거의 비슷한 수준이다. 2010년 대졸 근로자의 월 임금총액이 약 371만 원인데 비하여 고졸 근로자의 월 임금총액은 239만원이다.

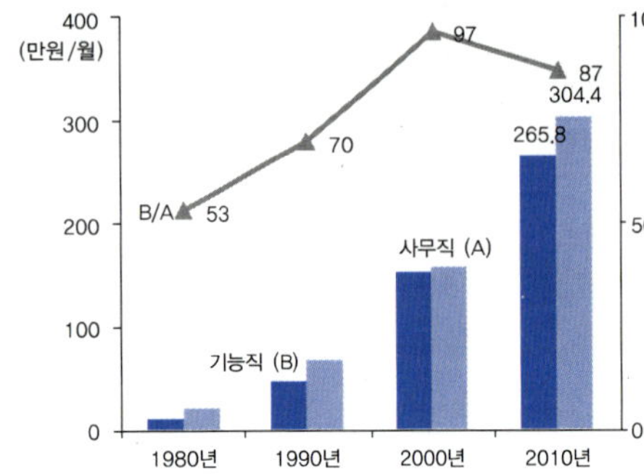

자료: 고용노동부

그림 11-10 직종별 임금격차

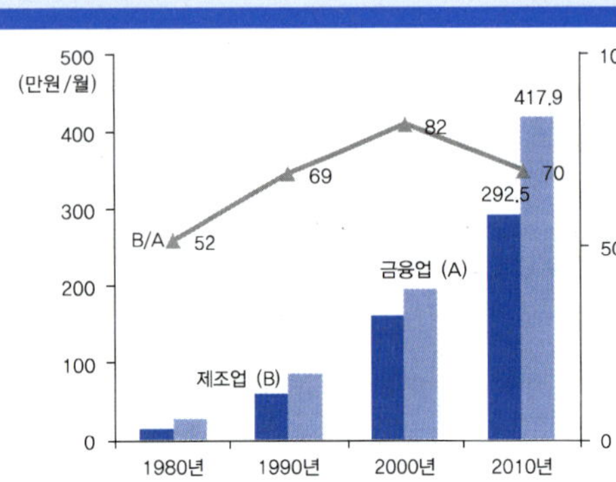

자료: 고용노동부

그림 11-11 산업별 임금격차

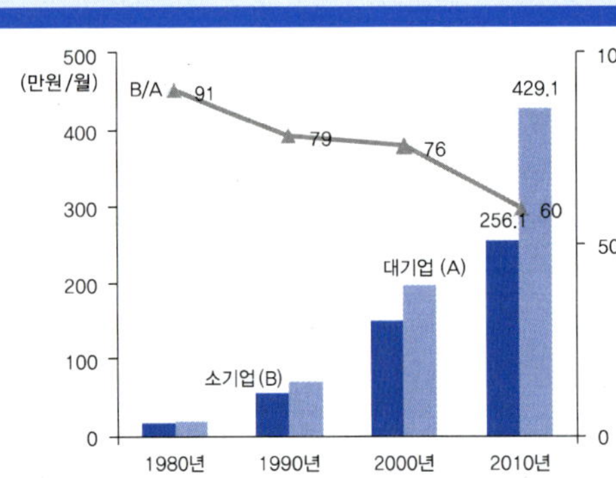

주: 소기업은 종업원수 10-29인 기준
자료: 고용노동부

그림 11-12 기업규모별 임금격차

③ 직종별 임금격차

흔히들 생산직보다는 사무직의 경우가 근로환경이 더 좋을 뿐만 아니라 임금수준도 더 높을 것으로 생각하는 경향이 있다. 우리나라에서도 예외가 아니다. 〈그림 11-10〉에서 보는 바와 같이 사무직근로자의 임금을 100으로 볼 때 생산직근로자의 상대적 임금은 1980년 53에 불과하였다. 그러나 1980년대 후반 이후 노동운동이 자유화되면서 생산직의 임금이 크게 증가하여 그 격차는 2000년 97 수준까지 좁혀졌다. 그러나 그림에서 보는 바와 같이 지난 10년간 다시 격차가 벌어져 2010년 현재 87 수준을 기록하고 있다. 2010년 생산직 근로자의 월 임금총액이 약 266만원인데 비하여 사무직 근로자의 월 임금총액은 304만원이다.

④ 산업별 임금격차

산업별로도 근로자간에 상당한 임금격차가 존재하고 있다. 2010년 금융업 월 임금총액은 418만원, 제조업은 292만원으로 금융업을 100으로 보았을 때 제조업 종사자의 임금은 70정도의 수준이다. 더구나 금융업과 제조업의 격차는 1980년 52에서 2000년 82까지 좁혀져 왔으나, 2010년 70으로 다시 커지는 경향을 보이고 있다.

⑤ 기업규모별 임금격차

앞에서 살펴본 바와 같이 성별·학력별·직종별·산업별로 볼 때 2000년대를 제외하고 임금격차가 줄어들어 왔다. 그러나 기업규모별 임금격차는 오히려 1980년에 비해서 커지고 있는 추세이다. 〈그림 11-12〉에서 보는 바와 같이 대기업 근로자의 임금을 100으로 볼 때 중소기업근로자의 상대적 임금은 1980년 91 수준이었다. 그러나 오히려 1990년에 79 수준으로 격차가 벌어지고, 약간 주춤하다가 2010년에는 60 수준으로 크게 떨어졌다. 2010년 대기업 근로자의 월 임금총액이 약 429만원인데 비하여 중소기업 근로자의 월 임금총액은 256만원이다. 이는 취업지망자들이 대기업을 극도로 선호하고, 중소기업을 기피하는 원인이 되고 있다.

⑥ 고용형태별 임금격차

IMF 이후 우리나라 고용시장에서 나타난 하나의 중요한 현상은 비정규직의 비중의 증가이다. 2002년 전체 근로자 중 비정규직근로자가 27%를 차지하게 되었으며, 그 이후 꾸준히 증가하여 2011년 현재 34%를 기록하고 있다. 이는 국제적으로도 매우 높은 수준이다.

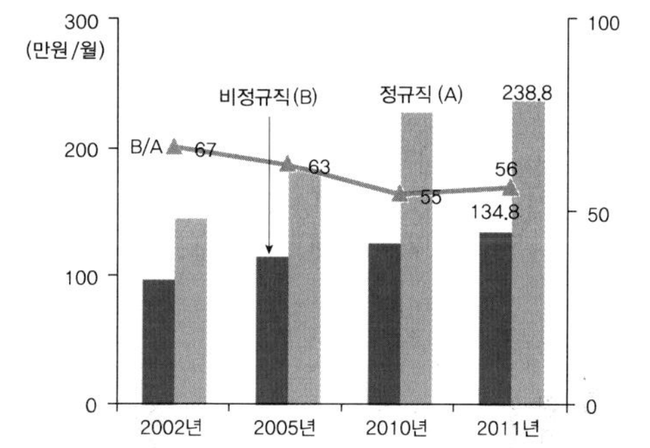

자료: 고용노동부

그림 11-13 고용형태별 임금격차

비정규직근로자의 임금수준은 정규직 근로자에 비해서 낮을 것임은 분명하다. 그러나 문제는 그 격차가 커져 왔다는 것이다. 〈그림 11-13〉에서 보는 바와 같이 정규직 근로자의 임금을 100으로 볼 때 비정규직 근로자의 상대적 임금은 2002년 67수준이었다. 그러나 그 격차가 벌어져 2010년에는 55를 기록하였다. 2011에는 56으로 증가하기는 하였으나 아직도 정규직과 비정규직의 임금격차는 개선될 것 같지는 않다. 2011년 정규직 근로자의 월 임금총액이 약 239만원인데 비하여 비정규직 근로자의 월 임금총액은 135만원으로 나타나고 있다.

⑦ 지역별 임금격차

지역별로도 임금격차가 존재한다. 〈그림 11-14〉에서 보는 바와 같이 2011년의 경우 서울특별시의 월평균임금 292만원을 100으로 놓았을 때 제주도는 70 수준으로 가장 낮고, 울산시는 97로 서울특별시와 비슷한 수준으로 나타났다. 70 수준대에 속하는 지역으로는 대구광역시(74), 광주광역시(76), 강원(77), 충북(79), 전북(79) 등이다. 이러한 지역간 임금격차는 지역간 산업구조와 발전 정도의 차이에 때문에 발생하는 것으로 보인다.

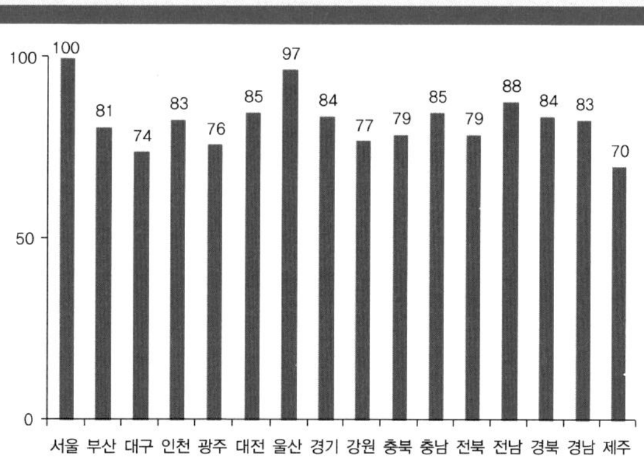

주: 서울 월평균임금 292만원을 100으로 놓음.
자료: 한국노동연구원

그림 11-14 지역별 임금격차(2011년)

2) 노동시장은 완전경쟁이나 생산물시장이 불완전경쟁인 경우

(1) 개별기업의 노동수요곡선

앞에서 우리는 생산물시장과 노동시장이 모두 완전경쟁인 경우 이윤극대화를 추구하는 기업은 MRP가 MRC보다 더 크다면 노동을 더 고용하려 하고, 반대로 MRP가 MRC보다 더 작다면 노동의 고용량을 줄이려 한다고 배웠다. 즉 기업이 'MRP = MRC준칙'을 지킨다는 전제하에서 노동의 수요곡선을 도출하였다. 이와 마찬가지로 노동시장은 완전경쟁이지만 생산물시장이 불완전경쟁인 경우, 기업의 노동수요곡선도 'MRP = MRC준칙'하에서 도출해 낼 수 있다.

먼저 기업의 MRP_L, 즉 한 사람을 추가적으로 더 고용함으로써 얻는 한계수입은 노동의 한계생산에 한계수입을 곱하여 구할 수 있다. 즉

$$MRP_L = MP_L \times MR$$

더 나아가서 우리는 생산물시장에서 기업이 완전경쟁시장에 속하는 기업이라는 특수한 경우에 P=MR이고, 따라서 $MRP_L = VMP_L$임을 배운 바 있다. 지금 우리는 생산물시장이 불완전경쟁인 경우를 다루고 있으므로 P 〉 MR이고, 따라서 VMP_L 〉 MRP_L이 된다. 왜 그런 것일까? 생산물시장이 불완전경쟁적이라면 독점시장, 독점적 경쟁시장, 과점시장이 분석대상에 포함된다. 그런데 이들 시장에서 기업이 직면하는 수요곡선은 모두 우하향하며, 이는 기업은 가격을 낮추어야만 판매량을 증가시킬 수 있음을 의미한다. 〈표 11-2〉가 이를 잘 보여주고 있

표 11-2 노동수요 「스케줄」로서의 MRP

(1) 노동량 L(명)	(2) 총생산 Q_L	(3) 한계생산 MP_L	(4) 상품가격 P_X(만원)	(5) 총수입 TR(만원)	(6) 한계수입생산 MRP_L(만원)	(7) 한계요소비용 MRC_L=W(만원)
0	0	–	–	0	–	40
1	12	12	13	156	–	40
2	22	10	12	264	108	40
3	30	8	11	330	66	40
4	36	6	10	370	40	40
5	40	4	9	387	17	40
6	42	2	8	384	–3	40

다. 〈표 11-2〉는 〈표 11-1〉의 (1)~(3)란을 그대로 옮긴 것으로, 두 표에서 차이가 있다면 (4)란에서 보듯이 노동자가 추가적으로 생산하는 상품을 판매하기 위해서는 상품가격을 낮추어야 한다는 것이다. 여기서 우리는 생산물시장이 완전경쟁적일 경우와 불완전경쟁적인 경우의 차이를 극명하게 알 수 있다. 완전경쟁시장에서 $MRP_L(VMP_L)$은 MP_L이 감소한다는 이유 하나만으로 감소한다. 반면에 불완전경쟁시장에서는 MP_L이 감소하면서 동시에 상품가격도 하락한다는 두 가지 이유로 감소한다. 그러므로 생산물시장이 불완전경쟁적일 경우 기업의 MRP_L은 완전경쟁적일 경우 기업의 VMP_L보다 더 급격하게 감소한다.

한편 MRC_L, 즉 한 사람을 추가적으로 더 고용함으로써 들어가는 한계노동비용은 (7)란에서 보는 바와 같이 40만원으로 일정하다. 이는 노동시장은 완전경쟁적이므로 기업은 여전히 임금수취자라는 의미이다.

이제 노동시장은 완전경쟁적이나 생산물시장은 불완전경쟁적인 경우에 기업의 노동수요곡선을 도출할 수 있다. 노동수요곡선의 도출과정은 생산물시장과 노동시장이 모두 완전경쟁적인 경우와 마찬가지인데, 결론적으로 말해서 우하향하는 MRP_L곡선 자체가 개별기업의 노동에 대한 수요곡선이 된다. 〈그림 11-15〉에서 보는 바와 같이 임금이 40만원일 경우 기업은 MRP_L=W가 성립하는

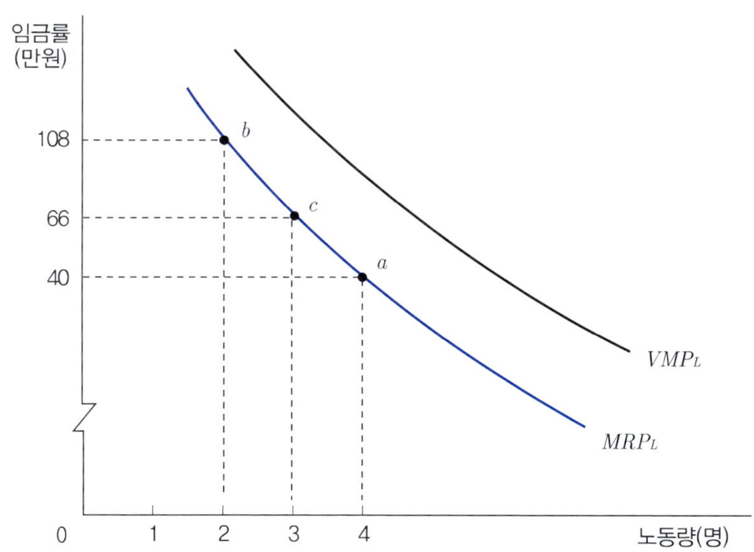

그림 11-15 노동수요곡선의 도출: 생산물시장이 불완전경쟁일 경우

a점에서 4명을 고용한다. 임금이 108만원일 경우는 역시 MRP_L=W가 성립하는 b점에서 2명을 고용하며, 임금이 66만원일 경우는 역시 MRP_L=W가 성립하는 c점에서 3명을 고용할 것이다. 노동수요곡선은 있을 수 있는 여러 가지 임금수준에 대응하여 기업이 고용하려고 하는 노동자의 수를 나타내므로 MRP_L곡선 자체가 노동의 수요곡선이 된다.

이렇게 하여 도출된 노동수요곡선 MRP_L을 생산물시장과 노동시장이 모두 완전경쟁적이 경우의 노동수요곡선 VMP_L과 비교해 보면, $MRP_L < VMP_L$이므로 〈그림 11-15〉에서 보는 바와 같이 MRP_L이 VMP_L 아래에 위치하게 된다. 결과적으로 생산물시장이 불완전경쟁이면 기업은 생산물시장이 경쟁적인 경우보다 더 적게 고용하게 된다.

(2) 시장의 노동수요곡선

노동에 대한 시장수요곡선은 개별수요곡선으로부터 도출할 수 있다. 만약 완전경쟁시장에서 노동을 구입하는 기업들이 생산물시장에서는 독점기업이라면, 노동수요곡선은 개별노동수요곡선의 수평 합이다. 왜냐하면 독점기업이 노동을 더 고용하여 상품을 더 만들어 판매하면, 상품가격(P)이 하락하게 되고 이것은 $MRP_L(MP_L \times P)$에 반영되기 때문이다.

(3) 시장균형 : 임금 및 고용량 결정

한편 노동의 시장공급곡선은 앞에서 분석한 바와 같이 개별공급곡선들을 수평으로 합한 것으로서 우상향하며, 완전경쟁적인 노동시장을 상정하고 있으므로 기업이 직면하는 노동공급곡선은 균형임금수준에서 수평이 된다.

그러면 노동시장은 완전경쟁이나 생산물시장이 불완전경쟁인 경우 임금과 고용량은 어떻게 결정되는가? 이 경우에도 생산물시장과 노동시장이 모두 완전경쟁인 경우와 마찬가지로 노동의 수요곡선과 시장공급곡선이 만나는 곳에서 균형임금 및 균형고용량이 결정된다. 다만 이 두 경우에 있어서 차이는 전자의 경우 노동의 시장수요곡선이 개별기업의 VMP_L곡선들을 수평으로 합한 것인데 반하여, 후자의 경우에는 노동의 시장수요곡선이 개별기업의 MRP_L곡선들을 수평으로 합한 것이라는 것이다.

따라서 〈그림 11-16〉에서 보는 바와 같이 균형임금과 균형고용량은 E점에서

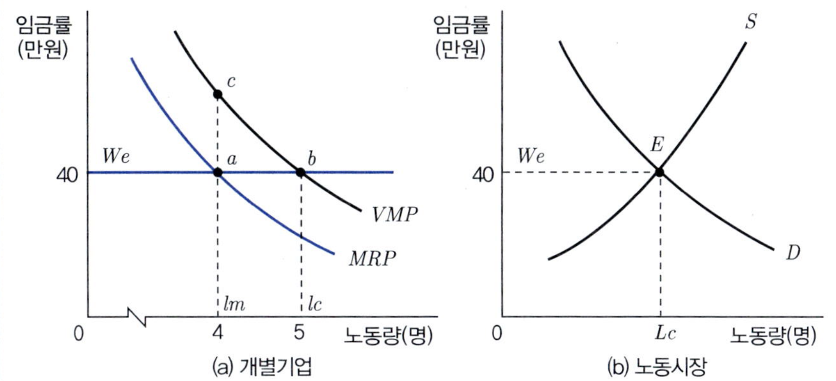

그림 11-16 생산물시장이 불완전경쟁일 경우의 임금 및 고용량의 결정

각 W_e와 L_e로 결정된다. 불완전경쟁적인 생산물시장에 속한 기업은 노동시장에서 임금이 We(40만원)로 주어지면, 이윤을 극대화하기 위하여 MRP_L=We이 되는 a점에서 노동을 lm만큼(4명) 고용할 것이다. 따라서 a점은 시장과 기업의 동시적인 균형을 의미하는 점이다.

이러한 균형점은 생산물시장과 노동시장이 모두 완전경쟁적인 경우의 균형점 b와 비교하여 다음 두 가지 점에서 다르다. 첫째, 생산물시장의 불완전성으로 인하여 노동의 고용량이 ab만큼 생산물시장이 완전경쟁일 경우보다 줄어든다. 이는 생산물시장이 독점인 경우가 완전경쟁인 경우보다 상품을 덜 생산하고, 이에 따라 고용되는 노동량도 적기 때문이다. 둘째, MRP=W가 되는 기업의 균형점에서 VMP_L과 MRP_L이 ca만큼 차이가 난다. 이는 생산물시장이 불완전할 경우 노동자는 생산물 증가에 대해 그들이 기여한 만큼 충분히 보상받지 못함을 의미하는데, 이를 로빈슨Joan Robinson이라는 여성경제학자는 독점적 착취monopolistic exploitation라고 불렀다. MRP가 VMP보다 작은 이유는 생산물시장이 완전경쟁인 경우와는 달리 판매량이 증가함에 따라 상품가격이 하락하기 때문임을 이미 지적한 바 있다.

3) 노동시장과 생산물시장이 모두 불완전경쟁인 경우

지금까지는 기본적으로 노동시장이 완전경쟁적이라고 가정하였다. 즉 앞의 분석에서 개별기업들은 노동시장에서 전체 고용량의 극히 적은 부분만을 고용하기 때문에 시장임금에는 전혀 영향을 미칠 수 없었다. 바꾸어 말하면 각 기업이 시장에서 결정되어 주어지는 임금으로 단지 자기가 필요한 사람을 고용하는 임금수취자wage-taker라는 의미로, 기업이 직면하는 노동공급곡선을 수평 또는 완전탄력적으로 그린 것은 이 때문이었다.

그러나 현실적으로 노동시장이 완전경쟁적이라기보다는 불완전경쟁적 성격을 가진다고 보는 것이 오히려 타당할 것이다. 다시 말해서 노동시장의 두 당사자인 기업과 피고용자가 각종 사회경제적 제도를 만들어서 독점력을 행사하는 경우가 대부분이며, 가장 대표적인 예가 노동조합labor union이다.

임금결정에 관한 독점력의 영향을 분석하기 위해 각종 제도적 요소를 포함하는 일반모형을 사용하기는 매우 어려운 일이다. 그러므로 여기서는 (i) 노동수요자인 기업이 수요를 독점하는 경우, (ii) 노동공급자들이 노동조합을 결성하는 경우, (iii) 기업과 노동자, 쌍방이 독점력을 행사하는 경우로 크게 나누어 살펴보고자 한다.

(1) 수요독점

어떤 노동시장에서는 노동수요자가 다수 존재하여 경쟁적으로 고용하기보다는 노동수요자가 단 하나뿐이어서 독점권을 행사하는 경우가 있는에서 상품판매자가 하나인 독점기업과는 대조를 이룬다. 수요독점은 광산촌이라든지 농촌마을에 커다란 공장이 들어섰을 경우와 같이, 어느 지역의 주수입원이 되는 기업이 하나뿐일 때 성립될 수 있다. 물론 더 흔한 경우로는 특정지역에서 수개의 기업이 그 지역의 인력을 대부분 고용하는 수요과점상태를 생각할 수도 있지만, 이들 수요과점기업들은 담합을 통해 노동수요에 있어서 독점처럼 행동하므로 이들도 수요독점에 포함시켜 설명하기로 한다.

수요독점에서 임금이 어떻게 결정되는가를 살펴보기 위해, 먼저 수요독점기업이 직면하는 노동수요곡선부터 살펴보자. 우리는 생산물시장이 불완전경쟁일 경우를 분석하고 있으므로 MRP_L곡선 자체가 노동수요곡선이 된다.

한편 수요독점기업이 직면하는 노동공급곡선은 시장에서 고용주가 하나밖에 없기 때문에 노동의 시장공급곡선 자체가 된다.[7] 노동의 시장공급곡선은 앞에

7) 이는 생산물시장이 독점인 경우, 기업이 직면하는 수요곡선은 시장수요곡선 자체인 것과 마찬가지이다.

서 살펴본 바와 같이 우상향하는데, 이는 기업이 더 많은 노동을 고용하기 위해서는 더 높은 임금을 지불하여야 한다는 사실을 반영하는 것이다. 이와 같이 수요독점기업이 직면하는 노동공급곡선이 우상향하면 MRC, 즉 한계노동비용은 어떻게 되겠는가? 독자들은 완전경쟁기업이 직면하는 노동공급곡선이 수평이면 이 기업은 임금수취자wage taker가 되며, MRC_L=W임을 알고 있을 것이다.

따라서 노동시장이 수요독점인 경우와 완전경쟁인 경우에 분명 MRC에 차이가 있을 것임을 짐작할 수 있다. 수요독점기업의 입장에서 보면 우상향하는 노동공급곡선 S는 기업이 고용하는 노동자에게 지불하여야 할 평균비용average cost이 되는데, 이런 경우 한계비용은 평균비용보다 높게 된다. 이 관계가 〈그림 11-17〉에 나타나 있다. 즉 수요독점기업이 노동을 추가로 고용함에 따라 더 높은 임금을 지불하여야 한다—평균비용이 증가한다—는 것은 노동의 추가고용으로 인한 MRC가 평균비용(임금)을 초과함을 말해 준다. 그 이유를 〈표 11-3〉의 가상적인 숫자를 이용하여 알아보자.

표에서 보는 바와 같이 노동 1단위를 고용하는 데는 100원이 들고, 노동을 한 단위 추가로 고용하면 110원을 지불하여야 한다. 그렇지만 2단위째 고용하

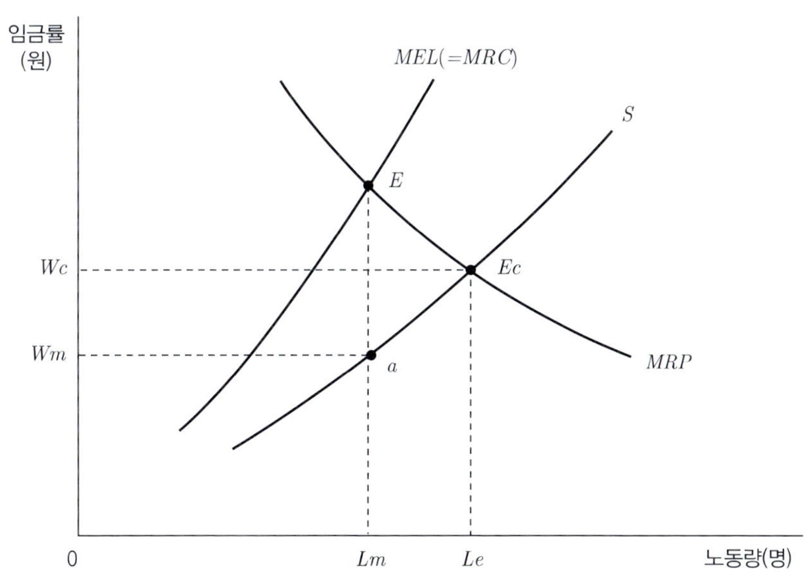

그림 11-17 수요독점 노동시장에서의 임금과 고용량의 결정

표 11-3 노동의 공급 「스케줄」: 수요독점

(단위: 명, 원)

(1) 노동량	(2) 임금률	(3) 총노동비용	(4) 한계노동비용
1	110	100	
2	120	220	120
3	130	360	140
4	140	520	160
5	150	700	180

는 데 드는 MRC_L은 종전에 100원하던 1번째 단위에도 적용되므로 둘째 단위에 대한 110원에 첫째 단위에 추가되는 10원을 합하여 120원이 된다. 같은 방법으로 3단위째의 MRC_L은 3단위 째의 비용 120원에다가 앞의 두 단위에 추가된 20원을 더한 140원이 된다. 따라서 MRC_L(한계노동비용)이 W(임금률)를 항상 초과한다. 이와 같은 수요독점에서의 MRC_L을 특별히 노동의 한계지출**Marginal Expenditure of Labor: MEL**이라고 부른다. 이를 그래프로 표시하면 〈그림 11-17〉에서 보는 것처럼 MEL이 노동공급곡선(평균비용)의 위에 위치하게 된다.

그러면 수요독점기업은 노동을 얼마만큼 고용하여 어느 수준의 임금률을 지불할 것인가? 두말할 나위도 없이 이윤극대화를 추구하는 수요독점기업은 'MRP = MRC 준칙'에 따라 균형임금과 균형고용량을 택할 것이다. 수요독점기업의 경우 특별히 MRC_L을 MEL이라고 하였으므로 'MRP=MRC준칙'은 다음과 같이 쓸 수 있다.

$$MRP_L = MEL$$

그러므로 기업은 〈그림 11-17〉에서 보는 바와 같이 $MRP_L = MEL$이 성립하는 E점에서 노동량을 결정하고, E점에서 내린 수직선이 공급곡선과 만나는 a점의 종좌표에 해당하는 W_m을 임금으로 지급하고자 할 것이다. 임금이 공급곡선상에서 결정된다는 사실은 공급곡선의 정의상 당연한 것이다. 즉 노동공급곡선은 노동자가 임금에 대응하여 노동을 공급하려는 의도를 나타내는데, 이는 거꾸로 일정한 고용수준에서 노동자들이 받으려는 임금수준을 의미하기도 하기 때문이다.[8)]

8) 독점시장의 가격이 MR=MC인 점에서 위로 올린 수직선이 수요곡선과 만나는 점의 종좌표 값인 것과 마찬가

수요독점의 균형임금 W_m과 균형고용량 L_m을 완전경쟁적인 노동시장의 결과와 비교하여 보면 매우 중요한 사실을 발견할 수 있다. 첫째, 〈그림 11-17〉에서 완전경쟁적인 노동시장을 가정한다면, 임금률과 고용량은 E_e점에서 각각 W_e와 L_e로 결정되어 수요독점의 경우보다 임금이 높을 뿐만 아니라 고용량도 더 많게 나타난다. 둘째, 임금은 MRP보다 Ea만큼 낮은 수준에 머무르게 된다. 결국 다른 사정이 일정한 한, 수요독점기업은 완전경쟁적인 노동시장에서보다 적은 양의 노동을 고용하여 더 적은 임금률을 지급함으로써 이윤을 극대화한다. 이러한 과정에서 사회 전체적으로는 낮은 고용수준으로 인한 적은 생산물을 향유하며, 노동자들은 그들의 기여도인 MRP_L보다 Ea만큼 적은 임금을 받고 노동을 제공할 것이다. 이처럼 수요독점자가 노동의 고용량을 제한하여 낮은 임금을 유지하여 이익을 볼 수 있는 것은, 생산물시장에서 독점기업이 생산량을 제한하여 경쟁가격보다 높은 가격을 매김으로써 이익을 보는 이치와 다를 바 없다.

사실 이러한 수요독점적 노동시장은 한국경제에서 흔하지는 않다. 굳이 예를 찾는다면 프로야구선수에 대한 시장이 이에 속한다고 할 수 있다. 이 시장에서 많은 프로팀들이 선수들을 고용하지만, 경쟁을 피하기 위해서 담합하여 수요독점자로 되는 것이 주요 특징이다. 예를 들어 아무리 성적이 좋은 야구선수라도 소속팀에 매여 있어야 하며, 공개적으로 혹은 경쟁적으로 더 많은 연봉을 주려고 하는 다른 팀에 갈 수 없다는 규칙이 있다. 또한 소속팀이 다음 '시즌'에도 기존선수를 채용할 배타적인 권리를 갖는 등 수요독점적인 성격을 보여주는 규정이 있다. 따라서 현행 야구선수들의 연봉은 선수 「스카웃」이 완전경쟁적일 경우보다 낮게 책정되어 그들의 기여도, 즉 MRP보다 적게 지급받고 있다고 추정할 수 있다.

(2) 공급독점: 노동조합 관련 모형

이상에서 우리는 노동공급은 경쟁적이고 고용주가 노동수요에 대해 독점력을 행사할 때, 어떤 효과가 발생하는지를 분석하였다. 그러나 노동의 공급자들도 노동조합을 조직하여 시장지배력을 행사할 수 있다. 노동조합이 시장지배력을 행사하는 목적은 여러 가지가 있을 수 있지만, 그 중에서도 가장 기본적인 목적은 임금인상이라고 할 수 있다. 이와 같은 목적을 달성하기 위해서 노동조합이

지이다.

취하는 방법들에 대해서 차례로 살펴보기로 하자.

① 노동수요관리

노동조합의 입장에서 볼 때 임금을 인상시키기 위한 가장 바람직한 방법은 노동에 대한 수요를 증가시키는 것이다. 〈그림 11-18〉에서 보는 바와 같이 노동에 대한 수요가 증가하면, 임금은 상승하고 노동의 고용량은 증가한다. 이 때 임금과 고용량이 상대적으로 어느 정도 증가하는가는 노동공급의 탄력성에 따라 달라진다. 이와 같은 예는 기업이 생산성을 증가시키는 일에 노동조합이 적극적으로 참여한다든지, 생산물 수요를 증가시키기 위하여 제품의 광고를 도와주는 경우를 들 수 있다. 이 밖에도 기업의 입장에 서서 경쟁관계에 있는 외국상품의 수입을 억제하기 위한 보호관세를 정부당국에 촉구하는 것도 이에 속한다고 볼 수 있다. 또한 어떤 노동조합의 경우에는 과잉고용요구feather bedding를 고용주에게 강요함으로써[9] 노동에 대한 수요를 증가시키려 하기도 한다.

그러나 노동조합이 노동에 대한 수요를 증가시킬 수 있는 범위란 극히 한정되

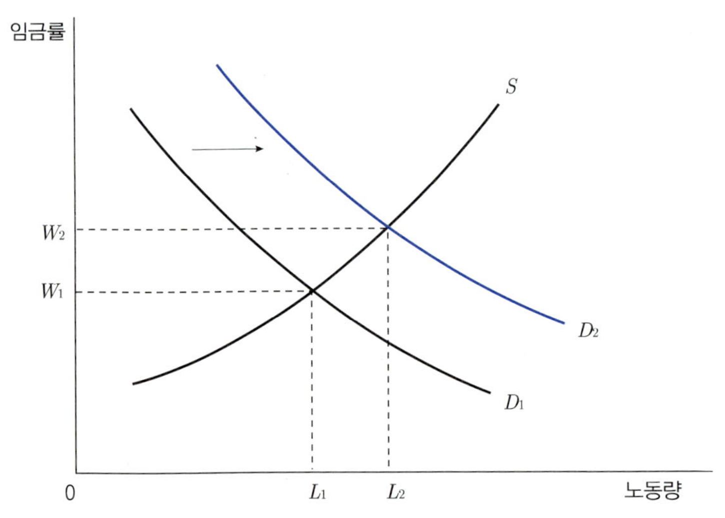

그림 11-18 노동에 대한 수요의 증가

9) 고용주로 하여금 제공되지 않았거나 제공될 필요가 없는 노동에 대하여 강제로 금전이나 기타 보수를 지급하게 하거나 또는 이를 기도하는 행위를 말하는 것으로 이는 새로운 기계가 도입되어 노동자의 과잉공급이 생기는 경우에 흔히 발생한다.

어 있다. 그 이유는 일반적으로 노동의 생산성은 노동조합이 통제할 수 없는 외부적인 요인들에 의해 크게 좌우되기 때문이다. 즉 노동생산성의 주요 결정요인이라 볼 수 있는 자본설비의 양이나 질은 대부분의 경우 노동조합이 마음대로 조정할 수 있는 변수가 아니다. 또한 노동조합이 보호관세를 요청하거나 과잉고용요구를 한다 하더라도 이는 이미 기술진보로 인하여 노동수요가 감소하고 있다는 것을 뜻하고 있으므로, 이러한 상황에서는 노동수요를 계속해서 증가시킬 수는 없는 것이다. 이와 같이 노동에 대한 수요를 증가시키는 방법이 한계를 갖는다면 노동조합은 공급측면으로 눈을 돌리지 않을 수 없다.

② 노동공급통제

노동조합은 또한 노동의 공급을 제한하여, 즉 특정노동시장의 공급곡선을 좌상향 이동시킴으로써 임금률을 상승시킬 수도 있다. 선진국의 예를보면, 역사적으로 노동조합은 (i)이민을 억제하고, (ii)연소자노동을 제한하고, (iii)정년퇴직, (iv)노동시간의 단축 등의 입법화를 추진하는 등 노동공급에 제한을 가하여 임금상승을 도모하여 왔다.

특정노동시장의 경우에도 마찬가지이다. 동일한 직업을 가진 숙련노동자들로 구성되는 직업별조합craft union의 경우 조합세력이 강해지면 조합을 통하여서만 그 직업의 노동자를 공급할 수 있는 클로우즈드 숍closed shop[10] 제도를 취할 수 있게 된다. 이와 함께 도제제도를 강화한다든지, 노동조합가입에 있어 엄청난 가입금을 부과한다든지, 면허제도를 실시하는 등의 인위적인 장벽을 만들어 놓음으로써 노동공급에 제한을 가할 수도 있다. 그 결과는 〈그림 11-19〉에서 보는 것처럼 높은 임금을 받아낼 수 있게 된다.

③ 임금관리

일부 산업별조합industrial union이나 노동집단들이 임금인상을 위하여 사용할 수 있는 또 하나의 방법은 임금관리이다. 노동자들은 이미 오래 전부터 고용주에게 파업이나 태업의 위협을 가함으로써 임금인상을 수락하도록 할 수 있다는 것을 알고 있다. 〈그림 11-20〉에서 보는 바와 같이 최초에 균형임금은 W_c, 고용량은 L_1라고 하자. 이제 산업별조합이 결성되어 균형임금보다 높은 W_u수준의 임금을

10) 클로우즈드 숍이란 고용주가 이미 노동조합이 가입되어 있는 자만을 고용하고, 노동조합이 제명 또는 탈퇴시킨 자를 해고하도록 규정한 노사간의 약정을 말한다.

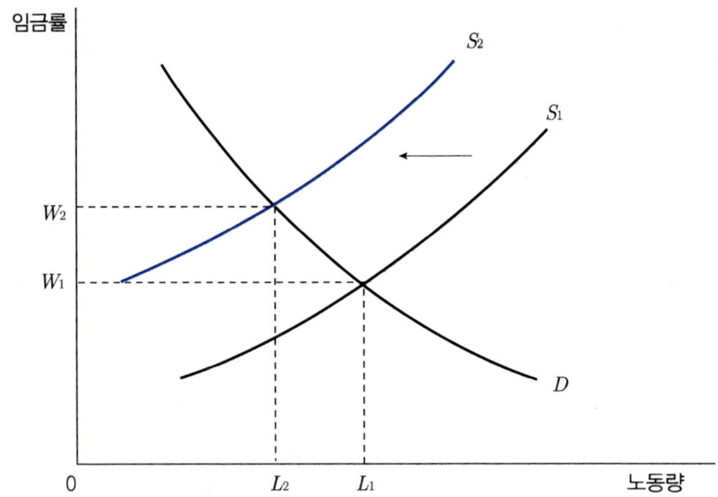

그림 11-19 노동공급의 통제

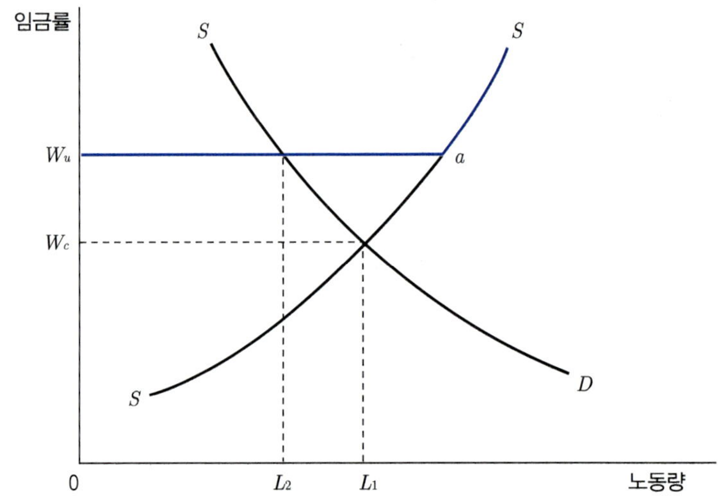

그림 11-20 관리임금의 설정

요구하고, 이것이 관철되지 않으면 파업할 것을 주장한다고 하자. 이와 같이 관리임금을 설정하면 W_u이하의 임금에서는 어느 노동자도 일을 하지 않으려 하므로 노동의 공급곡선은 SS로부터 W_uaS로 이동한다. 따라서 고용주가 파업으로 인하여 손해를 보느니 차라리 임금인상을 수락하기로 결정한다면, 고용수준은

L_1로부터 L_2로 감소한다. 다시 말해서 균형임금 이상의 임금수준에서는 반드시 일부 노동자들의 실업이라는 희생을 지불하여야만 한다.

그러므로 이와 같은 노동조합의 전략이 성공하기 위해서는 노동조합조직이 해당 노동시장의 대부분을 포괄하고 있어야 하며, 'W_u의 고임금'이라는 공동목표를 추구하여만 한다. 만일 그렇지 못하다면 W_u의 고임금으로 말미암아 일부 노동자들은 일자리를 잃어버리고, 이들은 다시 노동시장에 참여하기 위하여 저임금이라도 수락하려 할 것이므로 임금관리협상이 어려워지기 때문이다.

한편 임금관리로 야기되는 실업의 정도는 노동수요곡선의 탄력성에 따라 달라진다. 즉 노동수요곡선이 비탄력적일수록 임금인상으로 인한 실업은 적어진다. 또한 앞에서 본 바와 같이 노동수요의 탄력성을 결정하는 요인은 그 생산물에 대한 수요탄력성, 임금이 총비용에 차지하는 비중, 생산요소간의 대체성 등인데, 이 중에서 생산요소간의 대체성은 시간이 지남에 따라 커지게 되므로 기간이 길면 길수록 노동수요의 탄력성은 커진다. 즉 수주일이나 수개월 같은 단기간에는 기업이 종전과 같은 수준의 노동을 고용하지 않을 수 없지만, 기간이 장기화함에 따라 기업은 노동절약적인 자본설비를 개발하여 노동을 대체할 수 있으므로 실업은 커지게 된다.

(3) 쌍방독점

마지막으로 노동시장에서 공급자와 수요자가 모두 독점력을 행사하고 있는 쌍방독점bilateral monopoly의 경우를 살펴보자. 이와 같은 노동시장의 대표적인 예로는 미국의 자동차산업을 들수 있는데, 이들은 몇 개의 대기업으로 구성되어 있으면서 유일한 노동공급기관인 자동차노조로부터 노동을 공급받고 있다.

〈그림 11-21〉을 통하여 쌍방독점의 효과를 살펴보자. 이 그림은 단지 수요독점인 〈그림 11-17〉과 공급독점인 〈그림 11-20〉을 동시에 포개 놓은 것에 지나지 않는다. 여기서 노동의 구매자와 공급자는 서로 독점력을 행사하여 이윤극대화를 노릴 것이다. 따라서 양자가 노동의 거래량 L_m에 대해서는 동의하겠지만 수요독점자는 W_m의 임금률로 구매하려 하고, 노동조합은 균형임금률보다 높은 W_u로 판매하고자 할 것이다. 그러면 실제 거래되는 가격(임금)은 양자 중에서 어느 것으로 결정될 것인가? 경제이론을 통해서는 실제임금률이 어디서 결정될지 알 수 없으며, 단지 W_u와 W_m사이의 어디에선가 결정되리라고 추측할 수 있

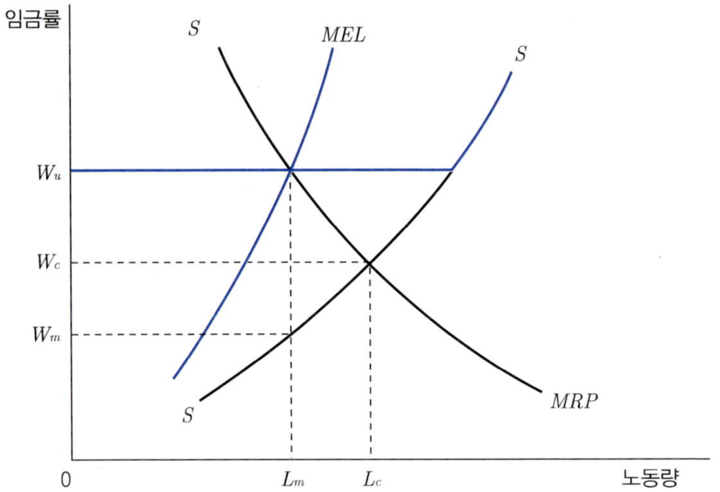

그림 11-21 쌍방독점

을 뿐이다. 그 이상의 결과에 대해서는 양자의 상대적인 힘과 협상전략에 따라 더 강한 쪽에 유리하게 결정된다고 말할 수밖에 없다.

이와 같은 사실은 쌍방독점모형의 또 하나의 중요한 면을 암시하고 있다. 즉 우리가 여기서 고찰하고 있는 노동시장은 두 개의 대응하는 세력을 가정하고 있다. 만일 이 시장에서 어느 한 쪽의 세력이 상대편을 완전히 압도한다면 임금은 W_u나 W_m중의 어느 하나로 될 것이고, 어느 경우든 고용수준은 경쟁시장보다 낮은 L_m에 머무를 것이다. 그러나 두 세력이 완전히 평형되어 독점력이 상쇄될 수 있다면 협상결과로 나타난 임금률은 경쟁시장의 임금과 같은 W_c가 될 것이고, 일단 수요독점자가 이 임금률에 동의한다면 수요독점기업은 고용을 제한할 이유가 없다. 왜냐하면 고용을 제한하는 이유는 임금을 낮게 유지하기 위한 것인데, 임금이 협상결과로 경쟁임금수준과 같아졌기 때문이다. 따라서 수요독점자는 협상임금을 W_c와 MEL이 같아지는 점 L_c까지 고용을 늘리는 편이 오히려 유리하다. 요컨대 노동시장에서 쌍방이 독점력을 행사하고 있을 때는 독점력이 어느 한 쪽에 치우쳐 있을 때보다 임금률과 고용수준이 경쟁수준에 가까워진다.

11.5 노동시장과 정부

만약 노동시장에서 임금이 적정하게 결정된다면 정부는 노동시장에 개입할 필요가 없을 것이다. 그러나 현실은 그렇지 못하다. 임금수준이 최저생계비에도 못 미치게 지급되는 일이 발생하는데, 특히 청소년, 여성 등의 노동서비스가 이러한 취급을 받는 경우가 많다. 이에 따라 정부는 노동시장에 개입하게 된다. 이의 구체적인 정책수단이 최저임금제이다. 노동시장이 불완전한 경우에도 정부가 개입한다. 이하에서는 정부가 노동시장에 개입하는 사례로서 최저임금제와 수요독점에 대한 규제문제를 분석한다.

1) 최저임금제

(1) 한국의 최저임금제

최저임금제도란 정부가 생각하는 수준—생계유지—이하의 임금을 기업이 종업원에게 지급하는 것을 불법화하는 제도로서 미국을 비롯한 대부분의 나라

표 11-4 우리나라의 최저임금제도

기간	적용업종	최저임금 (시간급)	최저임금 (월환산액)	전체근로자수(A)	수혜근로자수(B)	영향률 (B/A)
1988년	10인 이상 제조업	462.5원	111,000원	2,267,000명	94,000명	4.2%
1990	10인 이상 전산업	690	165,600	4,386,000	187,000	15.9
99.9–01.8	5인 이상 전산업	1,600	361,000	5,031,000	54,000	1.1
01.9–02.8	1인 이상 전산업	2,100	474,600	7,152,000	201,000	2.8
05.9–06.8	1인 이상 전산업	3,100	700,600	14,584,000	1,503,000	10.3
2010	1인 이상 전산업	4,110	928,860	16,103,000	2,566,000	15.9
2013	1인 이상 전산업	4,860	1,098,360	17,500,000	2,582,000	14.7

자료: 고용노동부

에서 실시되고 있다. 우리나라도 1986년 12월 31일 최저임금법을 제정·공포하고, 1988년 1월 1일부터 이 제도를 실시해 오고 있다. 최저임금제 도입 첫해인 1988년에는 상시고용인 10인 이상의 제조업체에 한정하여 실시하였으나 1990년에는 상시근로자 10인 이상의 전산업으로 확대하였고, 2001년 9월부터는 1인 이상 전산업에 적용되고 있다. 2013년 현재 최저임금은 전산업에 대해서 시간급 4,860원, 월환산액 1,098,360원이다. 최저임금제도하에서 직접적으로 영향을 받는 근로자의 수는 〈표 11-4〉에서 보는 바와 같이 2013년 기준으로 258만 2천 여명인데 이는 전체 대상근로자의 14.7% 수준이다.

2) 최저임금제의 경제적 효과

앞에서 살펴본 바와 같이 최저임금제도에 직접 영향을 받는 근로자는 대상근로자의 14.7%로서 이들은 일반적으로 숙련노동자 또는 고학력자라기보다는 비숙련노동자나 십대 근로자들이다. 이제 〈그림 11-22〉를 이용하여 최저임금제가 이들에게 미치는 경제적 효과를 분석해 보기로 하자. 그림에서 DD는 노동에 대한 시장수요곡선이고 SS는 비숙련노동자의 노동공급곡선이다. 완전경쟁적 노동시장에서 시장균형은 DD와 SS가 만나는 e점에서 달성되며, 이때의 균형임금은

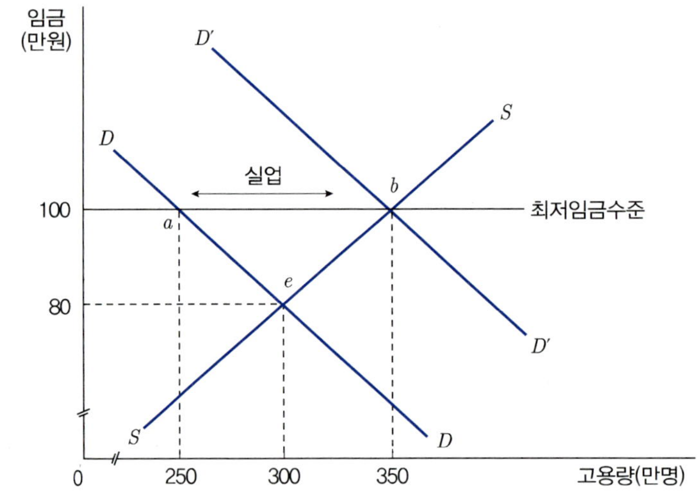

그림 11-22 최저임금제의 경제적 효과

월 80만원, 균형고용량은 300만명이라고 하자. 이 상태에서 정부가 비숙련노동자들을 위해 기준 최저임금을 100만원으로 규정했다고 하자. 이러한 최저임금제의 효과는 부정적인 측면과 긍정적 측면으로 나누어 분석할 수 있다.

(1) 부정적 측면

최저임금제의 부과로 인해 나타날 수 있는 첫 번째 효과는 비숙련노동자의 고용감소이다. 〈그림 11-22〉에서 보는 바와 같이 최저임금 100만원에서 기업은 250만명을 고용하려 하나(DD곡선의 a점), 350만 명이 노동을 공급하려고 할 것이다(SS곡선의 b점). 그 결과 종전의 시장균형임금 80만원에서는 없었던 100만 명의 노동초과공급, 즉 실업이 발생한다. 이 중 50만 명은 최저임금수준에서 일하기를 원하나 채용되지 못한 사람들이고(SS 곡선 상에서 b점에서 e점으로의 이동), 50만명은 기업이 최저임금수준에서 고용을 줄이려 하기 때문에 채용되지 못한 사람들이다(DD곡선 상에서 e점에서 a점으로의 이동). 이것은 최저임금제의 적용을 받는 사람은 저소득층이므로 오히려 이들의 고용을 줄임으로써 오히려 복지수준을 낮출 수 있음을 말해 준다.

이외에도 최저임금제가 비숙련노동자들에게 줄 수 있는 부정적 효과가 존재한다. 일부 기업들이 임금수준을 높인 것을 만회하고자 종전에 주던 월급 이외의 복지급여—급량비, 피복비, 의료비 등—를 감축시킬 수도 있다. 뿐만 아니라 최저임금제가 실시되기 전에 비숙련노동자를 훈련시키기 위해 활용하던 OJT(On the Job Trainning)나 도제제도를 꺼려할 수 있다. 이러한 부정적 효과는 단기보다는 장기에서 더 크게 나타날 것이다. 왜냐하면 임금상승으로 기업은 첨단장비를 많이 쓰는 쪽으로 기술진보를 진행시켜 결국은 기계가 사람을 대체하게 되는데, 일반적으로 기술진보는 장기적인 현상이기 때문이다. 이에 따라 최저임금제는 산업구조를 고도화시킨다. 즉 노동집약적 산업에서 기술집약적 산업으로, 경공업중심에서 기계공업중심으로 산업구조를 고도화시켜 고생산성·고임금경제로의 구조변화를 가져올 수 있다. 그러므로 만약 정부가 최저임금제의 이러한 비숙련노동자의 고용감소라는 부정적 효과를 인식한다면, 정책의 초점이 단순한 임금규제보다는 비숙련노동자에 대한 교육훈련에 맞추어야 할 것이다.

(2) 긍정적 측면

이상의 결론은 완전경쟁적 노동시장에 대한 분석에서 비롯되었으므로 최저임금제의 부정적 효과는 비현실적이라고 주장하는 사람들도 있다. 현실적으로 노동시장은 불완전경쟁적이므로 최저임금제는 고용을 감소시키지 않고도 시행될 수도 있다는 것이다. 사실 완전경쟁시장에 비해 고용이 제한되는 불완전경쟁시장에서는 최저임금제로 임금이 상승하면 오히려 더 많은 직장을 창출할 수도 있다.

더 나아가서 최저임금제를 효과적으로 실시하면 노동자들의 생산성이 증가되고, 이것은 노동수요곡선을 D'D'로 우상향 이동시켜 실업발생효과가 상쇄될 수도 있다. 그렇다면 최저임금제가 어떻게 생산성을 증가시킬 수 있는가? 첫째로 최저임금제는 주로 생산성이 낮은 비숙련노동자를 고용하는 기업에 적용되므로 최저임금제는 노동을 보다 더 효율적으로 사용하게끔 하는 일종의 충격이 될 수 있으며, 그 결과 노동의 생산성은 향상될 것이다. 둘째로 임금수준의 증가는 가계의 실질임금의 증가를 가져오고, 이에 따라 노동자의 건강과 근로의욕이 향상되면서 생산성이 증가될 수 있다.

2) 수요독점의 규제

앞에서 우리는 수요독점의 경우 완전경쟁시장에 비해 더 적은 양의 노동을 고용할 뿐만 아니라 더 낮은 임금을 지급하기 때문에 사회적으로 바람직하지 못하다는 결론을 도출하였다. 이 문제를 해결하기 위해서 어떤 대책을 세울 수 있겠는가? 이를 〈그림 11-23〉을 통해서 살펴보자. 만약 정부가 수요독점자로 하여금 MRP_L과 노동의 시장공급곡선이 만나는 B′점에서 노동을 고용하게 한다면, 즉 수요독점자가 완전경쟁시장에서 행동하게 하는 것처럼 만든다면 더 많은 노동자가 고용되고 수요독점적 착취monopolistic exploitation는 제거될 것이다. 이렇게 하는 방법으로는 최저임금제도가 있다. 최저임금은 앞에서 살펴본 바와 같이 정부가 법으로 정해서 강제할 수도 있지만, 노동조합이 임금관리를 통해서도 할 수 있다.

〈그림 11-23〉을 통해서 보면, 최저임금이 책정되지 않은 상황에서 수요독점기업은 3명을 고용하고 20만원의 임금을 줄 것이다. 만약 최저임금이 30만원으

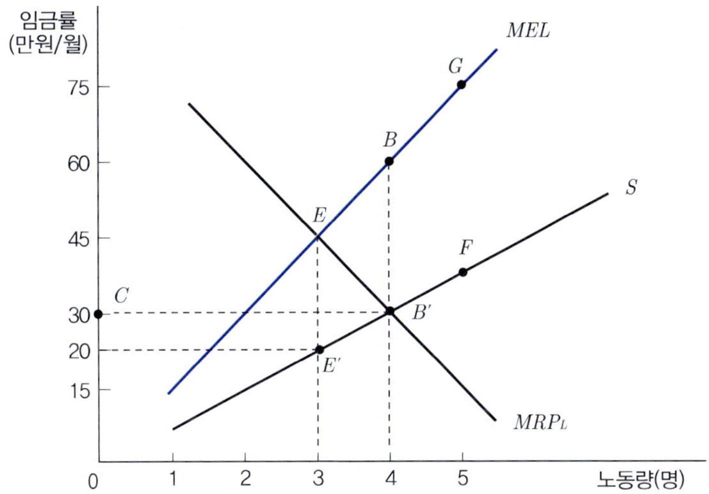

그림 11-23 수요독점기업의 규제

로 책정되면 CB′F가 수요독점기업이 직면하는 새로운 노동공급곡선이 되고, 새로운 MEL곡선은 CB′BG가 된다. 이와 같이 30만원이라는 최저임금이 부과되면 수요독점기업은 이윤을 극대화하기 위해서 MRP_L=MEL인 B′점에서 4명을 고용하게 되는데, 이 때 W=MRP_L=30만원이라는 조건이 성립하고 수요독점적 착취는 완전히 제거된다. 이는 수요독점기업을 완전경쟁시장에서처럼 행동하게 한 결과라고 볼 수 있다.

12장

지대, 이자, 이윤

앞에서 살펴본 노동시장에 대한 경제원리는 약간의 수정만 가하면 토지, 자본, 경영능력 등 다른 생산요소에도 그대로 적용된다. 이 장에서는 토지, 자본, 경영능력에 대한 대가 혹은 가격으로서의 지대, 이자, 이윤에 대해서 개념 중심으로 알아본다.

12.1 토지와 지대

1) 토지사용에 대한 가격으로서의 지대

우리의 일상생활에서 지대rent란 아파트, 자동차 등 내구재의 사용에 대한 대가로 여겨지고 있다. 만약 독자가 학교기숙사를 빌리는 학생이라면 기숙사 사용료가 바로 지대이고, 렌트카 회사로부터 승용차를 빌린다면 렌트비용이 지대인 것이다. 그러나 이러한 상식선에서 얘기되는 지대의 개념은 애매모호하다. 가령 기숙사 사용료에는 대학당국이 기숙사 건축을 위해 빌려 온 돈에 대한 이자뿐만 아니라 관리인에 대한 임금 등을 포함되기 때문이다.

그러므로 지대에 대한 보다 명확한 정의가 요구되는데, 전통적으로 경제학자들은 지대를 총공급이 완전히 고정된 토지－기타 천연자원 포함－의 사용에 대한 대가로 정의하고 있다. 다시 말해서 지대를 임금, 이자, 이윤 등과 구분할 수 있는 유일한 기준이 있다면, 그것은 토지의 총공급이 고정되어 있다는 공급측면에서의 특성이다. 단순한 수요·공급모형을 통해서 이를 자세히 살펴보기로 하자. 먼저 분석을 단순화하기 위해서 다음과 같이 가정하자.

- 가정 1 : 모든 토지는 동일한 비옥도, 즉 생산성을 가진다.
- 가정 2 : 토지는 쌀 하나만을 생산할 수 있다. 다른 대안이 없다는 뜻이다.
- 가정 3 : 토지시장은 완전경쟁시장이다. 수많은 농부들이 경작지를 수요하며, 수많은 지주들이 자신의 땅을 공급하고 있다.

이러한 가정하에서 〈그림 12-1〉에는 토지의 총공급곡선 S와 그 경작지의 사용에 대한 농부들의 수요곡선 D가 나타나 있다. 토지에 대한 수요 역시 노동과 마찬가지로 파생수요로서, 수요곡선이 우하향하는 이유는 토지의 한계생산이 체감하기 때문이다.

토지의 공급측면에서의 독특한 점은 토지의 공급곡선이 S처럼 완전비탄력적이라는 것이다. 물론 간척지개발이나 관개시설을 통해서 토지의 공급이 증가할 수도 있지만, 이런 부분은 전체 토지 중 극히 일부이므로 공급이 고정되어 있다고 보아도 무방할 것이다.

이제 토지사용에 대한 보수, 즉 지대는 어떻게 결정될 것인가를 알아보자. 토

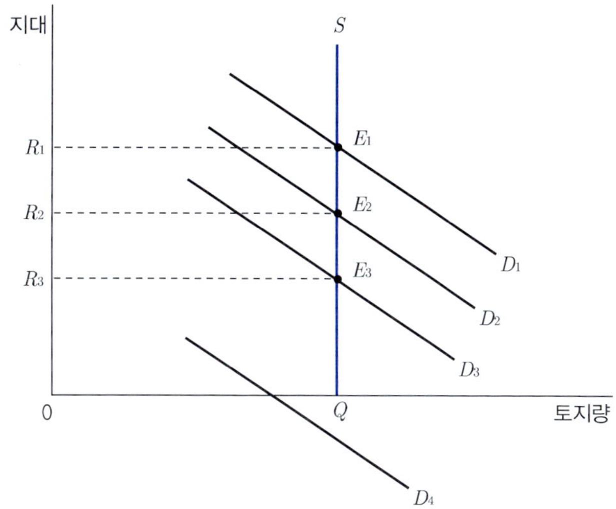

그림 12-1 지대의 결정

지의 수요곡선이 D_1이라면 완전경쟁적인 시장을 가정하였으므로 수요와 공급이 일치하는 E_1점에서 균형지대 R_1이 결정될 것이다. 이때 지주에게 돌아가는 지대액은 □ OR_1E_1Q이다. 토지의 공급은 고정되어 있으므로 지대를 결정하는 유일한 요인은 수요측면이다. 만약 수요곡선이 D_1에서 D_2로 좌하향 이동하면 지대는 R_2로 하락할 것이다. 요컨대 토지의 공급은 전혀 변화가 없으므로 수요의 변화만이 가격변화를 가져온다. 만약 수요가 D_4로 급격히 하락한다면 지대는 0이 될 것이며, 이것은 더 이상 토지가 희소하지 않으므로 토지는 자유재free good가 된다는 것을 의미한다. 이러한 상황은 미국의 서부 개척시대에 토지가 자유재로서, 원하는 사람 누구나 땅을 가질 수 있었던 상황과 같다고 볼 수 있다.

2) 생산성의 차이와 지대

앞에서는 가정 1, 즉 모든 경작지가 질 면에서 동일한 등급을 가진다는 전제하에서 지대의 개념을 살펴보았다. 그러나 현실적으로는 토지마다 생산성이 다르다. 왜냐하면 토지의 생산성은 토지 자체의 비옥도나 강우량, 기온 등과 같은 기후적 조건에 의해서 차이가 나기 때문이다. 이러한 요인들은 강원도 산간지역의 논과 경기도 이천의 논이 왜 마지기 당 산출량에 차이가 나타나는지를 설명해 준다. 이와 같은 토지간 생산성의 차이는 토지수요에 반영되어 진다. 예를 들어 농부들은 경쟁적으로 경기도 이천의 논을 선호할 것이고, 이는 지대를 높게 형성시킬 것이다. 아무래도 강원도 산간지역의 논은 이보다는 낮은 지대가 형성될 것이다.

토지의 위치도 지대의 차이를 설명하는데 중요한 요인이 된다. 다른 사정이 일정하다면 고객, 원료, 인력 면에서 전략적으로 유리한 위치에 있는 땅에 대해서 더 높은 지대를 지불하고자 할 것이다. 예를 들어 서울 근교의 땅은 다른 지역에 비해서 분명 높은 지대가 지불될 것이다.

이와 같이 토지의 비옥도나 위치에 연유하는 지대의 차이는 〈그림 12-1〉을 다른 관점에서 보면 쉽게 이해할 수 있다. 4개의 다른 등급을 가진 토지로 벼만을 경작한다고 하자. 동일한 농기계, 인력 등이 토지에 투입된다고 할 때 각 등급의 한계수입생산(MRP)은 D_1, D_2, D_3, D_4에 각각 반영된다. 즉 가장 생산성이 높은 1등급 토지의 수요곡선은 D_1이고, 가장 생산성이 낮은 4등급 토지의 수요곡선은 D_4이다. 결과적으로 1등급, 2등급, 3등급 토지에 대한 지대는 각각 R_1, R_2, R_3으로 결정될 것이며, 4등급은 생산성이 너무 낮기 때문에 지대가 형성되지 않는다. 이 경우 토지는 자유재free good로서 단지 부분적으로 사용될 것이다.

3) 기회비용과 지대

지금까지 우리는 토지를 쌀 재배 이외에는 다른 용도로 사용할 수 없다는 가정하에서 분석을 진행하였다. 그러나 토지는 쌀 재배 이외에도 밀을 심거나 공장 또는 창고용지로도 활용할 수 있다. 이것은 무엇을 의미하는가? 이는 토지는 자연이 인간에게 준 '선물'로서 사회 전체적 관점에서는 기회비용이 발생하지 않을지라도, 개별생산자의 관점에서는 기회비용이 존재한다는 것을 말해 준다. 사회 전체적으로는 토지사용에 대해 전혀 비용을 지불하지 않아도 토지를 활용할 수 있다. 그러나 개별기업이나 산업의 관점에서 토지는 여러 용도로 사용될 수 있고, 따라서 토지를 다른 용도로 사용되지 못하게끔 대가를 지불해야 한다. 이러한 부분은 우리가 배운 바로는 비용의 개념에 속한다. 이와 같이 동일한 현상에 대해 관점에 따라 차이가 나는 것은 우리가 제1장에서 배운 구성의 오류에 기인한다. 요컨대 사회적 관점에서는 용도가 하나이지만 개별사용자의 입장에서는 여러 용도로 사용할 수 있다. 그러므로 사회적 관점에서 지대는 잉여로서 비용은 아니다. 반면에 개별사용자의 입장에서는 농부가 지급하는 지대에는 비용, 즉 다른 용도로 사용하지 못하게 지급하는 금액이 포함된다. 이러한 개념의 비용은 전용수입transfer payment이라고 하는데, 다음 항에서 보다 자세히 설명될 것이다.

4) 경제적 지대

이상에서 우리는 지대를 토지에 국한하여 분석하였지만 오늘날 지대는 모든 생산요소에 적용되는 광의의 개념으로 사용되고 있다. 즉 노동이든 기계든 어떠한 생산요소라도 총공급이 고정된 경우에 그 소유자에게 지급되는 금액은 지대로 볼 수 있다. 우리는 이와 같이 넓은 개념의 지대를 토지에 국한시킨 지대와 구분하여 경제적 지대economic rent라고 부른다. 예를 들어보자. 피카소의 걸작은 공급이 고정되어 있으므로 그림 애호가가 원하는 가격에서 팔릴 것이고, 피카소 그림을 판 대금은 모두 경제적 지대가 될 것이다.

더 나아가서 요소의 공급이 고정되어 있지 않고, 공급곡선이 우상향하는 경우에도 경제적 지대의 개념을 구분해 낼 수 있다. 결론부터 말하면, 경제적 지대는 모든 생산요소에 대해 전용수입transfer earning을 초과하는 지급액을 말한다. 그러면 전용수입이란 무엇인가? 전용수입이란 "어떤 요소가 현재의 용처에서 다른 용처로 전용되게 하지 않기 위해서 지급되어야 할 금액"을 뜻하는 것으로, 자연히 경제적 지대는 잉여지급액이 되는 것이다. 노동을 예로 들어 이 두 개념을 이해해 보자.

〈그림 12-2〉에서 산업의 노동공급곡선 S_L은 우상향하고 있다. 이는 앞에서 살펴본 바와 같이 더 높은 임금수준은 더 많은 노동자로 하여금 이 산업에 노동을 공급하게 유인한다는 사실을 반영하는 것이다. 만약 노동의 시장수요곡선을 D_L이라고 한다면, D_L과 S_L이 만나는 E점에서 균형임금이 40만원으로 결정될 것이다. 여기서 우리는 경제적 지대와 전용수입을 구분할 수 있다. E점에서 노동에 대한 총지급액은 직사각형 부분($0W_eEL_e$) — 즉 임금률에 노동량을 곱한 것 — 으로 이 중에서 검게 표시된 부분이 전용수입이고, 나머지 부분이 경제적 지대 또는 잉여지급액이다. 이제 그 이유를 알아보자.

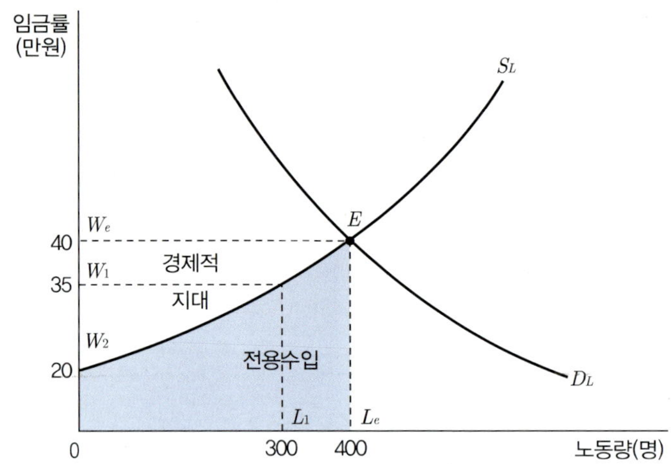

그림 12-2 경제적 지대와 전용수입

시장공급곡선 S_L은 노동자로 하여금 노동을 제공하도록 유도하는 데 필요한 여러 가지 임금수준을 가리키므로 임금률 자체가 곧 전용수입이 된다. 즉 전용수입은 노동공급에 대한 기회비용이라고 할 수 있다. 예를 들어 첫 번째 노동자는 최소한 20만원만 받으면 노동을 공급할 의도를 가지고 있음을 뜻한다. 300명의 노동자들은 각각 35만원 임금만 받으면 노동을 공급할 의도가 있음을 말해준다. 그러나 실제로는 균형임금수준에서 고용되는 400명 모두가 40만원의 임금을 받는다. 그러므로 첫 번째 노동자와 300명의 노동자는 자기가 받으려는 임금보다 실제로 각각 20만원과 5만원을 더 받게 된다. 이러한 잉여가 바로 경제적 지대로 전체적으로는 ΔW_2W_eE가 된다. 경제적 지대는 생산물거래 시에 발생하는 소비자잉여consumer surplus와 유사한 개념이라고 볼 수 있다.

경제적 지대의 크기는 공급곡선의 탄력성에 의존하게 된다. 〈그림 12-3〉에서 보는 바와 같이 공급이 고정되어 있어서 요소의 공급곡선이 완전비탄력적인 경우는 요소수입의 전부가 경제적 지대로 구성된다. 이는 〈그림 12-1〉에서처럼 토지의 경우와 마찬가지이다. 즉 토지처럼 요소공급이 완전비탄력적이면, 토지사용에 대한 지대는 전용수입이 전혀 없는 특수한 경우의 경제적 지대라고 볼 수 있다. 이러한 경우는 노동에서도 찾아볼 수 있다. 가령 갑이라는 뛰어난 프로야구선수가 연봉 100억원을 받는다면 그것의 대부분은 슈퍼스타의 희소성에

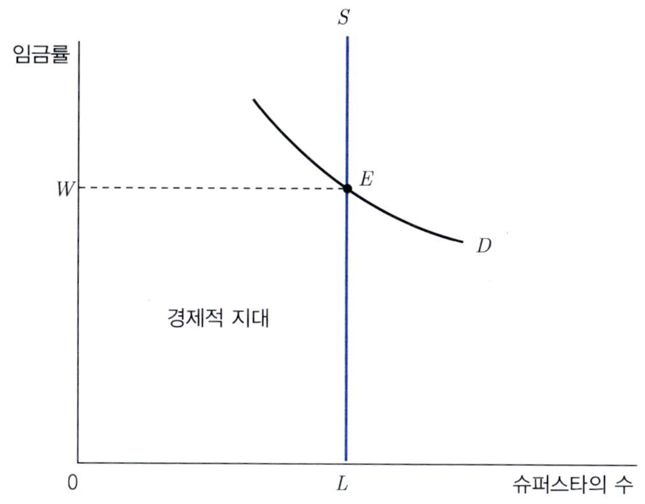

그림 12-3 슈퍼스타에 대한 경제적 지대

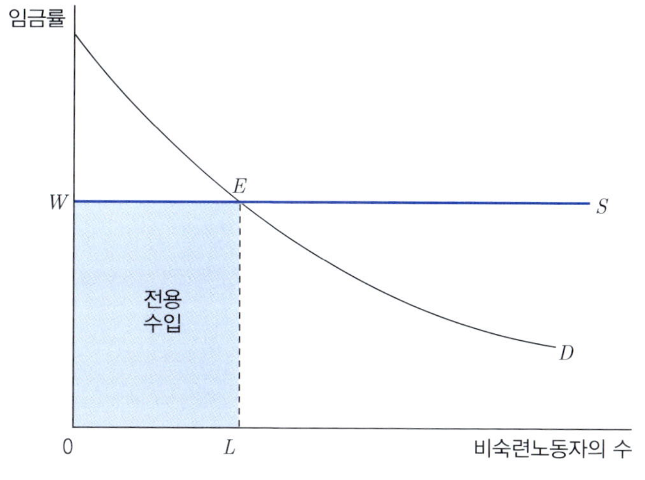

그림 12-4 요소가격이 전용수입만인 경우

기인한 경제적 지대가 된다. 왜냐하면 그가 야구 이외의 다른 직업(예를 들어, 빌딩관리)을 갖는다고 한다면, 그의 연봉은 가령 3,000만원 정도를 오르내릴 것이므로 야구에 종사하는 기회비용, 즉 전용수입은 매우 적기 때문이다.

반대로 요소의 공급곡선이 〈그림 12-4〉에서처럼 완전탄력적이면 기업의 요소가격은 전용수입으로만 구성된다. 예를 들어 경쟁적 시장에서 단순노동 혹은 비숙련노동을 고용하는 경우가 이에 해당된다고 볼 수 있다.

12.2 자본과 이자

1) 이자의 본질

이자율interest rate은 화폐사용에 대한 대가로 지불되는 가격이다. 구체적으로 말해서 이자율은 어떤 사람이 1년 동안 1원을 빌려 사용할 때 지불하는 화폐금액이다. 이러한 이자소득에 대해 다음 두 가지 측면을 지적할 수 있다.

첫째, 이자는 보통 절대치보다는 빌린 화폐액에 대한 백분율(%)로 표시된다. 가령 10,000원을 일년 빌리는데, 이자가 1,200원이라고 얘기하기보다는 이자율 12%라고 하는 것이 더 자연스럽다. 이렇게 이자율을 백분율(%)로 표시하면 서로 다른 화폐금액에 대해서도 비교하기가 쉽다. 매년 28,800원에 대해 4,320원의 이자를 지급하는 것과 매년 120,000원에 대해 18,000원의 이자를 지급하는 것은 이자율이 모두 15%로 같다.

둘째, 화폐는 노동이나 토지처럼 직접 생산에 투입되는 생산요소가 아니다. 화폐만 가지고는 상품을 생산할 수 없다. 그러나 기업은 화폐를 가지고 기계, 공장, 건물 등 자본재를 구입할 수 있기 때문에 화폐의 사용을 '구입'한다. 이러한 자본재는 생산활동에 직접 기여할 수 있으므로 기업이 화폐자본의 사용을 구입한다는 것은 궁극적으로는 실물자본의 사용을 '구입'하는 것이라고 할 수 있다.

2) 이자율의 결정

자금사용에 대한 가격인 이자율 역시 시장에서의 수요와 공급의 원리에 의해서 결정된다. 즉 이자율은 대부가능한 자금에 대한 수요와 공급이 일치하는 곳에서 결정된다.

자금에 대한 공급곡선은 우상향한다. 즉 자금공급자는 낮은 이자율에서보다 높은 이자율에서 자금을 더 공급하려고 할 것이다. 노동과 마찬가지로 자금공급에 대한 의사결정도 기회비용에 바탕을 두고 있다. 사람들은 지금 자신의 돈을 쓸 것인가 아니면 미래에 더 많은 돈을 얻기 위해서 빌려줄 것인가를 결정해야 한다. 이 문제는 기본적으로 지금 상품을 가지느냐 아니면 저축을 해서 미래에 더 많은 돈을 가질 것인가를 결정하는 것과 마찬가지이다. 그러므로 대부되는 자금의 기회비용은 현재 소비의 포기에 대한 대가이다. 이자율이 높을수록 미래에 더 많은 상품을 가질 수 있으며, 따라서 더 많이 저축하려고 할 것이다. 반대로 이자율이 낮을수록 소비를 미래로 연기시키는 데 대한 대가는 작아지고, 저축의욕은 감소될 것이다.

한편 기업은 자금의 수요자가 된다. 기업은 자금에 대한 수요를 결정함에 있어서 다양한 투자사업이 가져다 주는 수익률을 고려하게 된다. 예를 들어 공장을 건설하는 첫 번째 사업의 연간 기대수익률이 20%이고, 새로운 조립라인을 설치하는 두 번째 사업의 연간 기대수익률은 12%이며, 새로운 화물창고를 짓는 세 번째 사업의 연간수익률은 5%일 수 있다. 합리적인 기업이라면 각 사업의 투자수익률이 이자율을 초과하거나 이자율과 같은 한 그 사업에 착수할 것이다. 만약 이자율이 10%라면 위에서 예로든 사업 중에서는 기대수익률 20%인 첫 번째 사업과 기대수익률이 12%인 두 번째 사업을 착수할 것이고 이를 위해 자금을 필요로 할 것이다. 그러므로 자금에 대한 수요곡선은 우하향한다. 매우 높은 이자율하에서는 극히 소수의 투자사업만이 고려될 것이고 자금에 대한 수요도 그만큼 줄어든다. 예를 들어 만약 이자율이 30%라면 이 정도의 기대수익률을 보장해 주는 사업이 거의 없을 것이므로 자금수요는 크게 위축될 것이다. 반대로 매우 낮은 이자율 하에서는 자금수요가 크게 늘어 날 것이다.

〈그림 12-5〉에는 이상에서 살펴본 자금수요곡선과 공급곡선이 그려져 있다. 이자율은 다른 가격과 마찬가지로 수요와 공급이 일치하는 점에서 결정된다. 그리고 이러한 시장이자율보다 높은 기대익률을 가지는 투자사업에 대한 자금만이 조달될 것이다.

3) 이자율의 구조

흔히 분석상의 편의를 위해 이자율이 마치 하나만 존재하는 것처럼 가정하고 있으나, 실제에 있어서는 그렇지 않다. 경제신문을 펼쳐 보면 손쉽게 여러 가지

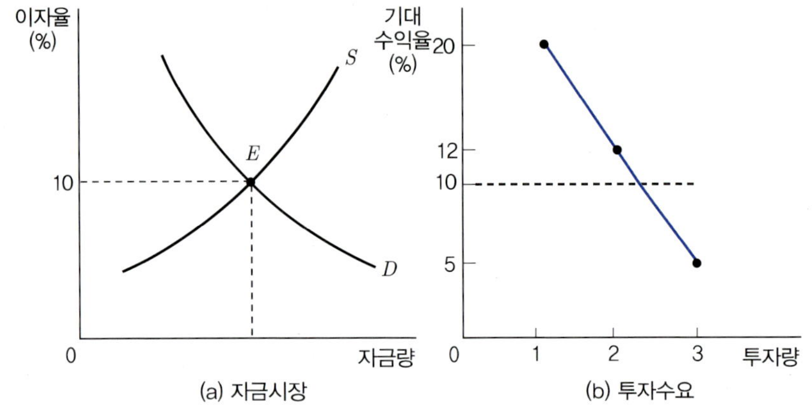

그림 12-5 이자율의 결정과 투자

이자율이 존재함을 알 수 있다. 예금이라도 종류에 따라 이자율이 다르며, 각종 공채에 있어서도 각기 다양한 특색이나 만기일에 따라서 이자율이 다르다. 왜 이러한 차이가 나타나는 것일까? 그 이유로 다음의 네 가지를 들 수 있다.

(1) 위험도

화폐를 빌려주는 데 대한 위험의 정도가 이자율의 차이를 가져오는 가장 중요한 요인이 된다. 자금을 빌리는 사람이 돈을 갚지 않을 확률이 크면 클수록 자금을 빌려주는 사람 편에서는 이러한 위험을 보상받기 위해서 더 높은 이자율을 요구할 것이다.

(2) 만기

대출기간은 역시 이자율에 영향을 미친다. 다른 조건이 모두 같다면 장기대부는 단기대부보다 더 높은 이자율을 요구할 것이다. 왜냐하면 돈을 장기간 빌려주는 사람은 그 기간동안 다른 용도로 쓸 수 없다는 기회비용과 불편함을 감수해야 하기 때문이다.

(3) 대출액

만약 대출기간과 위험도가 동일한 경우라면, 두 개의 대출건수 중에 금액이 적은 쪽의 이자율이 더 높게 될 것이다. 대출관리비용은 금액의 다소에 관계없이 동일하기 때문이다.

(4) 불완전한 시장

화폐시장이 불완전하다면 분명 여러 가지 이자율이 나타날 것이다. 가령 은행이 독점화되어 있다면, 이자율도 상품처럼 가격차별화가 가능할 것이다. 정보가 불완전할 경우에도 마찬가지이다. 정보망이 갖추어져 있는 대기업은 경쟁적인 은행들을 조사하여 가장 낮은 이자율로 돈을 빌릴 수 있을 것이나, 지방의 중소기업들은 정보의 부족으로 더 높은 이자율로 돈을 빌리는 경우가 생길 것이다.

4) 이자율의 자본재 배분기능

독자들은 가격이 자원배분기능을 가지고 있음을 기억할 것이다. 하나의 가격으로서의 이자율 역시 마찬가지 기능을 수행한다. 이자율은 화폐자본을 배분하는 기능을 가지며, 그럼으로써 실물자본을 여러 기업과 투자사업에 배분시키는 역할을 한다. 이자율은 가용한 화폐 및 유동성을 기대수익률이 이자율보다는 충분히 큰 투자사업에 활용되게끔 한다. 예를 들어 컴퓨터산업에서 순기대수익률이 14%인 반면에, 필요한 자금을 빌릴 수 있는 이자율이 10%라면 컴퓨터산업은 차입자의 위치에 서게 되며 자본설비를 확장시킬 것이다. 반대로 사양산업인 석탄산업에서는 기대수익률이 5%라면 이 산업이 설비를 확장하는 것은 손해가 될 것이다. 요컨대 이자율은 돈을 배분시킴으로써 궁극적으로 실물자본을 보다 생산적이고 이윤발생 가능한 산업으로 배분시킨다. 이렇게 자본재가 배분되면 사회적으로 바람직한 결과가 초래될 것이다.

그러나 현실적으로 볼 때 이자율은 완벽하게 자본을 생산적인 부문으로 이동시키지는 않는다. 가령 대기업은 명성을 통해서 좋은 조건으로 돈을 빌릴 수 있는 반면에, 무명의 중소기업은 순기대수익률이 높음에도 불구하고 돈을 빌리지 못해 자본설비를 확장시키지 못하는 경우가 일반적이다.

12.3 경영과 이윤

지금까지 우리는 네 가지 요소소득 중 임금, 지대, 이자에 관해 살펴보았다. 이제 요소소득의 나머지 부분인 이윤에 대해 알아보기로 하자.

1) 이윤의 개념

A라는 컴퓨터 제조회사가 회계장부상 10억원의 이윤을 얻고 있다고 하자. 이와 같이 회계장부상에 나타나는 이윤을 회계적 이윤이라고 부르는데, 회계적 이윤은 지대와 마찬가지로 애매모호한 개념이다. 기숙사 사용료에는 이자, 임금 등이 포함되어 있는 것처럼 회계적 이윤에도 진정한 의미에서 이윤이라고 볼 수 없는 부분이 섞여 있기 때문이다.

진정한 의미에서의 이윤, 즉 경제적 이윤economic profit에 대해서는 제6장에서 공부한 바 있다. 일반적으로 경제학자들은 이윤을 기업가적 능력entrepreneurial ability이라는 특별한 인적 자원에 대한 보상 또는 수익이라고 보고 있다. 그러면 기업가가 하는 일은 무엇인가? 다음과 같이 요약될 수 있겠다.

- 상품을 생산하는 과정에서 노동, 자본, 토지 등 다른 요소를 동원하여 조합하는 일
- 기업경영전반에 관한 의사결정을 하는 일
- 생산공정이나 제품 면에서 기술혁신을 도모하는 일
- 이상의 기능과 관련하여 발생하는 경제적 위험을 감수하는 일

이미 독자들은 이러한 기업가의 역할에 대한 보상의 일부가 정상이윤normal profit임을 알고 있을 것이다. 즉 정상이윤이란 특정한 생산활동에 자신의 기업가적 역할을 계속 수행하는데 필요한 최소한의 보상 또는 수익이다. 그러나 정의상 정상이윤은 비용의 개념에 속한다. 그러므로 기업의 총수입이 총비용 — 명시적 비용 + 정상이윤을 포함하는 암묵적 비용 — 을 초과한다면 총비용을 초과하는 이윤이 바로 경제적 이윤인 것이다. 이와 같이 총수입에서 총비용을 뺀 나머지 부분은 정상이윤까지도 초과하는 부분이므로 비용이 아니며, 순전히 기업가에게 귀속되는 경제적 이윤이다.

2) 경제적 이윤의 원천

그렇다면 경제적 이윤을 가져오게끔 하는 원천은 무엇인가? 이는 경제적 이윤이 0이 되는 상황과 현실을 비교해 보면 알 수 있다.

역시 우리가 제7장에서 배운 바로는 정태적인 완전경쟁시장에서는 경제적 이윤은 0이 될 것이다. 여기서 정태적이라는 말은 요소공급, 기술, 소비자기호 등이 변하지 않는 상황을 의미한다. 이러한 상황에서는 미래가 완전히 예측 가능하여 경제적인 위험이 전혀 없다. 더 나아가서 정태적인 시장은 어떠한 유형의 기술혁신도 배제되는 상황이다. 완전경쟁시장에서는 플러스(+)이든 마이너스(−)이든 이윤이 존재하기만 하면, 이것이 모두 소멸될 때까지 기업의 진출입이 일어난다. 이 상태에서는 기업들이 정상이윤만 얻게 된다. 만일 이와 같은 상태의 세계에서도 신문지상에 발표되는 기업의 손익계산서에 여전히 이윤이 나온다면, 이때의 이윤은 다름 아닌 자가고용된 노동에 대한 수익이나 정상이윤을 포함하는 암묵적 비용에 지나지 않는다. 왜냐하면 만약 생산요소의 소유주가 자신이 소유하고 있는 생산요소를 자신의 사업에 고용하여 얻는 대가가 다른 용도에 임대할 경우의 대가가 자가고용보다 못하다면 자신의 사업에 그 생산요소를 투입하지 않았을 것이기 때문이다. 요컨대 모든 경제주체들이 시장상태에 대해 완전한 지식을 갖고 있는 정태적인 세계에서는 다수의 경쟁자들이 자유롭게 경제적 이윤이 발생한 산업에 참가할 수 있으므로, 마침내 생산물의 가격은 단위당 생산비와 같아지게 될 것이고, 따라서 경쟁적 임금, 이자 및 경제적 지대 이외의 이윤은 소멸되고 말 것이다. 그러므로 경제적 이윤이 존재할 수 있다는 것은 기술, 소비자의 기호 등이 변하면서 경제적인 위험이 존재하는 동태적인 상황이다. 그러므로 경제적 이윤의 중요한 원천은 기업가가 기업활동에 대해서 감수하는 불확실성이다. 경제적 이윤의 존재이유를 또 하나 든다면 그것은 독점이윤이다.

(1) 불확실성: 위험과 이윤

동태적인 상황에서 미래는 항상 불확실하다. 이는 기업가들은 사업착수시에 실패할 위험을 가정하게 된다는 것을 의미한다. 그러므로 이윤은 이러한 위험을 감수하는 데 따른 보수로 여겨질 수 있다.

그러나 모든 위험이 이윤과 연결되어지는 것은 아니다. 위험은 보험가능한 위험insurable risk과 보험불가능한 위험uninsurable risk으로 구분할 수 있는데, 보험가능한 위험은 이윤의 원천이 아니다. 왜냐하면 위험을 분산시킴으로써 불확실성을 완전히 제거할 수만 있다면, 이윤이란 문제는 애초에 거론할 필요조차 없기 때문이다. 보험가능한 위험이란 화재, 홍수, 도난 등과 같이 확률적으로 예측이 가능한 위험이다. 그렇다면 이윤의 원천이 되는 보험불가능한 위험은 무엇인가? 보험불가능한 위험은 기본적으로 기업이 직면하는 수요 및 공급 조건이 통제 불가능하고 예측 불가능함을 의미한다. 대표적인 예가 경기변동과 같은 일반경제 상황의 변화이다. 만약 호경기라면 이윤이 증가하나 불경기라면 이윤이 감소할 것이다. 더 나아가서 소비자기호, 정부정책의 변화 등도 기업이 보험에 들 수 없는 외생적인 위험들이다. 요컨대 이윤 또는 손실은 경제의 순환적 또는 구조적인 변화로부터 발생하는 보험불가능한 위험을 기업가가 감수하는데 대한 보수라고 할 수 있다.

(2) 불확실성: 기술혁신과 이윤

위에서 언급한 위험은 기업이 통제할 수 없는 외생적인 변수이다. 이와 달리 기업에 내생적으로 존재하는 위험이 있는데, 그것은 기업가가 착수하는 기술혁신innovation에 대한 불확실성이다. 이러한 불확실성을 감수하는 대가가 바로 이윤이라고 볼 수 있다.

앞에서 지적한 바와 같이 정태적인 상황에서는 기술혁신이 일어나지 않는다. 그러나 우리가 아는 바와 같이 현실 세계에서는 새로운 아이디어를 가진 사람이 혁신적인 기계를 발명하고 제품의 개선 내지는 개발을 통해서 비용을 절감시킬 수 있는 기회는 얼마든지 있는 것이다. 바로 이러한 일을 하는 사람들이 기업가entrepreneur 혹은 혁신가innovator라고 할 수 있다. 물론 분명한 한계를 설정하기는 힘들겠지만 이들은 기존사업을 단순히 관리하기만 하면 되는 기업의 단순경영자와는 구별된다. 이러한 관점에서 슘페터Joseph Schumpeter를 위시한 많은 경제학자들은 기업경영자에 대한 급여는 이윤이 아니라고 본다. 그들은 경영자에 대한 급여는 그것이 명시적이든 혹은 암묵적이든 간에 단순한 급여일 뿐 이윤은 될 수 없으며, 이윤은 오로지 기업가나 혁신자에 대한 보수라고 말한다.

특히 오늘날의 대기업은 대개 소유권과 경영권이 분리되어 있어 기업의 경영은 기업의 소유여부와는 관계없이 전문경영자에 의해 수행되고 있으며, 이들은 회계사나 생산공정감독자 등과 같이 일정한 보수를 지급받고 있다. 다시 말해서 이들이 가지고 있는 경영능력도 하나의 기술이며, 따라서 이러한 기술을 가진 사람들 역시 요소시장에서 상호 경쟁함으로써 임금이 높은 사용처로 이동해 갈 것이다.

그러나 혁신자는 다르다. 비록 그가 항상 성공하리라는 보장은 없어도, 즉 미래가 불확실해도 그는 항상 새로운 활동을 하고자 하며, 안목과 독창력은 물론 패기를 가지고 새로운 방식을 개발·채택하고자 한다. 그는 새로운 기계나 방식을 발명하는 발명가는 아닐 수도 있으나, 분명히 그것을 성공적으로 도입하고 소개하는 사람이다. 한 예로, 맥스웰은 전자파의 이론을 발전시켰고, 헤르츠는 그것을 실험을 통하여 입증하였으나, 그것을 상업화시킨 사람은 마르코니와 사르노프였던 것이다.

물론 이들이 얻게 되는 이윤은 일시적이어서 새로운 경쟁자와 모방자들의 출현에 의해 삭감되지만 비록 하나의 이윤원천, 즉 기술혁신의 효과가 사라진다 해도 곧 다른 원천이 나타나므로 이와 같이 혁신이 지속적으로 이루어지는 이상 혁신에 따른 이윤은 계속 존재하게 된다.

(3) 독점이윤

이상에서 우리는 이윤을 불확실성 및 위험과 관련지어 설명하였다. 그러나 이윤을 '필요악'으로 생각하는 사람들도 적지 않다. 이들은 지금까지 설명한 암묵적 임금이니 위험부담에 대한 할당금이니 하는 생각은 아예 하지도 않고, 다만 이윤을 얻고 있는 사람을 무자비하게 착취하거나 기껏해야 극도로 이해타산적인 사람이라 생각한다. 이와 같은 편견은 어디서 비롯된 것인가? 이들이 머리속으로 생각하고 있는 이윤은 다름 아닌 독점이윤monopoly profit인 것이다. 이윤을 이렇게 보는 것도 물론 일면의 타당성은 갖고 있다. 이제 독점이윤에 대한 견해를 파악해 보자.

우리는 제8장에서 독점이윤을 얻기 위해서는 그 기업이 반드시 순수독점 기업일 필요는 없다는 것을 배웠다. 다만 판매량과 가격을 조절할 수 있는 정도의 독점력만 행사할 수 있다면, 그 기업은 독점이윤을 얻을 수 있었다. 그러나 이러한 조건은 독점이윤을 누릴 수 있는 가능성을 말해 줄 뿐 반드시 독점이윤을 보장하지는 않는 것이다. 가령 기업의 진출입이 비교적 자유로운 독점적 경쟁에서는 독점이윤이 삭감될 수 있었으며, 또 수요가 아주 작을 때는 오히려 손실을 볼 수도 있었다. 그러나 기업의 진입이 제한된다면 기업이 가격을 조작할 수 있는 독점력으로 인하여 독점이윤을 누릴 수 있는 가능성은 한층 커지게 됨은 물론이다.

그러면 독점기업은 어떻게 행동할 것인가? 그는 우선 요소고용량에 제한을 함으로써 경쟁기업에서 보다 훨씬 낮은 수준으로 산출량을 제한하여 인위적으로 생산물을 희소하게 만들 것이다. 우리는 앞에서 지대는 공급이 고정된 생산요소에 대한 보수임을 보았는데, 이와 마찬가지로 독점이윤은 생산과정에서 소요되는 요소를 '인위적'으로 희소하게 만든 데 기인된 결과라고 볼 수 있다. 따라서 요소소유자가 얻는 수익을 요소의 '자연적' 희소성으로 인한 경제적 지대라고 한다면, 독점자의 '인위적' 희소성으로 인한 수입은 독점이윤이 되는 것이다. 그러므로 독점기업이 누리는 이른바 이윤에는 '자연적' 희소성에 기인된 경제적 지대가 일부 포함되어 있으며, 여기서 말하는 독점이윤은 독점자가 인위적으로 요소의 공급량이나 생산량을 제한함으로써 얻게 되는 추가적 수입이라 할 수 있다.

3) 이윤의 중요성

현실 세계에서는 이윤극대화를 기도하는 사람은 누구도 환영을 받지 못하며, 때문에 대다수의 기업가들은 자기 기업의 이윤극대화를 추구하는 기업임을 공표하려고 하지 않는다. 그럼에도 불구하고 기업의 전문경영인은 주주총회에서 자기가 얼마나 기업의 이윤극대화를 위해 고심했는가를 열심히 변명하지 않으면 안 된다. 이와 같이 이율배반적인 현상을 독자들은 최소한 상식적으로라도 이해할 수 있을 것이다. 그러면 이윤은 도대체 어떤 기능을 하는 것일까?

이윤은 시장경제체제를 움직이는 '힘'이라 할 수 있다. 이윤은 생산요소의 고용수준은 물론이고 생산요소의 사용처간 배분에도 영향을 미친다. 혁신의 유인은 이윤 혹은 이윤에 대한 기대이며, 혁신은 다시 투자를 촉진하여 소득 및 고용수준을 증대시킨다. 혁신은 경제성장과정에서 필수적인 것이며, 대부분의 경우 혁신의 배후에는 이윤추구동기가 개입되어 있다.

한편 이윤은 자원의 효율적 배분을 가능하게 한다. 기업가는 이윤을 추구하는 동시에 손실을 회피하며, 경제적 이윤의 발생은 곧 사회가 이윤이 발생된 산업의 확장을 원하고 있다는 신호가 된다. 사실상 이윤은 생산확장의 유인에 그치는 것이 아니라 기업설비 확장의 재원이 된다. 반대로 손실은 그 생산이 축소되어야 한다는 신호가 됨은 물론이다.

부록 요소시장과 소득분배

소득분배는 기능적 측면과 인적 측면에서 볼 수 있다. 소득의 기능적 분배는 생산요소시장에서 생산요소의 기능에 따라서 분배되는 것을 말한다. 즉 노동에 대해서는 임금, 토지에 대해서는 지대, 자본에 대해서는 이자, 그리고 경영에 대해서는 이윤으로 지급되는 것이다.

소득의 인적 분배는 소득이 각 개인에게 얼마만큼씩 돌아가느냐를 파악하는 것을 말한다. "국민 모두가 잘 살아야 한다," 혹은 "가진 자보다는 가지지 못한 자에 대해서 관심을 더 기울여야 한다"는 말을 들을 수 있는데, 이는 소득분배를 인적 측면에서 본 것이다. 소득분배를 사람 기준으로 측정할 때에는 '잘사는 계층' 혹은 '못사는 계층'으로 파악하므로 소득의 계층별 분배라고도 한다. 이제 이러한 두 가지 측면에서 한국의 소득분배를 알아보기로 하자.

1) 기능별 소득분배

한국은행에 따르면, 2011년 우리나라 GDP는 1,237조원이었고, 여기서 간접세와 자본소모충당금을 뺀 국민소득은 940조원이었다. 이 중 558조원이 임금으로 분배되었고, 나머지 382조원은 영업잉여(지대 + 이자 + 이윤)로 분배되었다. 이에 따라 국민소득 중 임금이 차지하는 비중을 나타내는 근로소득분배율이 59.4%를 기록하였다. 이는 OECD 국가들의 평균 근로소득분배율인 약 70%에 비해서는 낮은 수준이다.

2) 계층별 소득분배

계층별 소득분배는 가계단위로 파악된다. 소득을 개개인의 수준에서 파악하는 일은 통계처리상 어려울 뿐만 아니라 국민들 중에는 학생, 주부, 노약자 등 소득이 전혀 없는 사람들도 있기 때문이다. 계층별 소득분배를 측정하는 데에는 주로 5분위분배율과 지니계수가 사용되고 있다.

(1) 5분위분배율

2013년 현재 우리나라의 가계 수는 1,715만개이다. 이들을 소득의 크기에 따라서 소득이 적은 가구부터 많은 가구 순으로 일렬로 정렬한 다음, 5등분(20%씩 등분)한다고 하자. 이때 5분위분배율이란 소득상위 20%의 평균소득을 소득하위 20%의 평균소득으로 나누어준 값이다. 즉

$$5분위분배율 = \frac{소득상위\ 20\%\ 평균소득}{소득하위\ 20\%\ 평균소득}$$

위의 식에서 보는 바와 같이 5분위분배율이 커질수록, 소득하위에 대한 소득상위의 값이 커지므로 소득분배는 더 불평등해진다. 반대로 5분위분배율의 값이 작을수록 소득은 평등하게 분배된 것이다.

〈그림 12-6〉에는 5분위분배율에 의한 우리나라 가계의 소득분배 현황이 나타나 있다. 그림에서 보는 바와 같이 2011년 우리나라의 5분위분배율은 도시2인가구를 기준으로 5.96을 기록하였다. 전체가구를 기준으로 보면 7.86으로 더 높게 나타난다.

기간별로 보면 1990년대 초중반에는 도시2인가구를 기준으로 5분위분배율이 4 정도였으나, 1997년 IMF 외환위기 이후 4.78로 크게 증가한 이후 계속 소득분배의 불평등 정도가 심화되어 왔다. 이는 외환위기 당시 정책이 중산층에 불리하게 전개되었던데다가(예: 고금리정책), 산업 및 기업 구조조정이 진행되면서 대량해고 등으로 신빈곤층이 형성되었고, 고용구조가 악화(예: 비정규직의 증가와 최저임금적용 대상자 급증)되었기 때문으로 보인다.

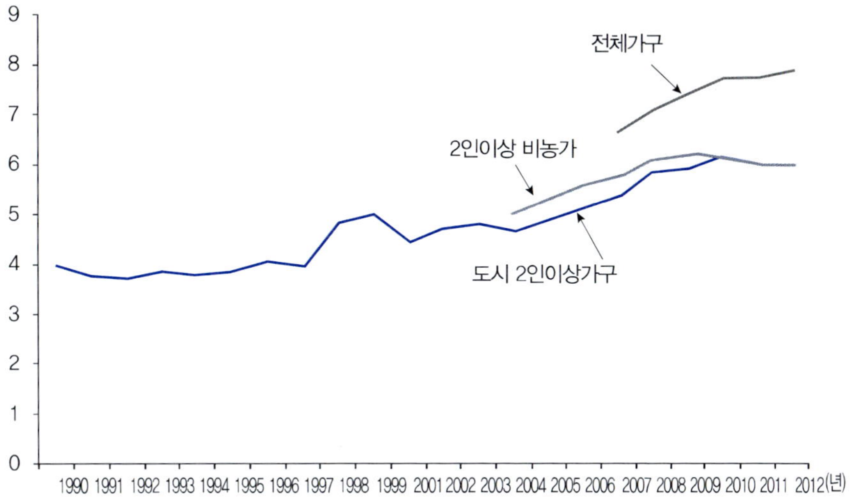

자료: 통계청

그림 12-6 한국의 5분위분배율 추이

2) 로렌츠곡선과 지니계수

소득분배를 측정하는 또 하나의 방법은 가구점유비율과 소득점유비율을 비교하는 로렌츠곡선Lorenz curve이다. 만약 소득이 완전히 평등하게 분배되어 있다면, 가구의 10%가 소득의 10%, 가구의 20%가 소득의 20%를 점유하고 있을 것이다. 이 경우 로렌츠곡선은 〈그림 12-7〉에서 보는 바와 같이 대각선이 될 것이다. 이와 반대로 소득이 완전히 불평등하게 분배되어 있다면 한 가구만이 전부 점유하고 있을 것이고, 이 경우 로렌츠곡선은 OBA가 될 것이다. 그러나 이와 같이 소득분배가 완전히 평등하거나, 완전히 불평등한 경우는 없으므로 현실적으로는 OCA와 같이 곡선의 형태를 보일 것이다. 따라서 로렌츠곡선이 대각선에서 멀어질수록 소득은 불평등하게 분배된 것으로 판정할 수 있다.

한편 지니계수Gini coefficient는 로렌츠곡선의 상황을 하나의 값으로 나타낸 것이다. 지니계수는 완전균등을 나타내는 대각선과 실제 분배를 나타내는 로렌츠 곡선 사이의 면적(G)을 완전불균등을 나타내는 삼각형 OAB 면적으로 나눈 비율이다. 지니계수의 값은 0(완전균등분배)에서 1(완전불균등분배) 사이의 값을 가

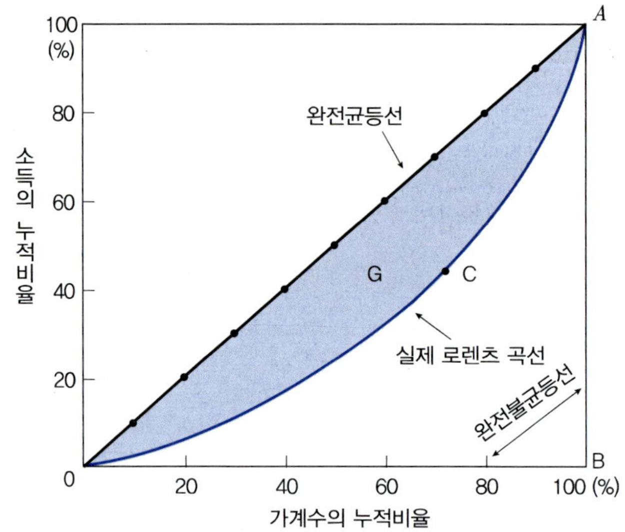

그림 12-7 로렌츠 곡선

지며, 5분위분배율과 마찬가지로 그 값이 작을수록 소득이 균등하게 분배되었다고 판정할 수 있다.

국제관례상 지니계수의 균등도의 판정기준은 다음과 같다.

지니계수 〈 0.4 --〉 저불균등 분배
0.4 〈 지니계수 〈 0.5 --〉 중불균등 분배
지니계수 〉 0.5 --〉 고불균등 분배

우리나라의 지니계수의 값(도시2인 이상 기준)은 〈그림 12-8〉에서 보는 바와 같이 1980년에는 0.39로 중불균등 분배에 가까웠다. 그러나 1980년대에 계속 감소하여 1996년 0.27로 크게 낮아졌다. 그러나 외환위기 이후 다시 0.3선에 근접하였고, 2000년대 계속 증가하여 2011년 현재 0.313을 기록하고 있다. 전체가구 기준으로는 0.342이다. 이와 같이 지니계수가 1990년대 말 이후 계속 증가하고 있으나, 국제기준으로 볼 때는 아직도 저불균등 분배 국가라고 할 수 있다.

〈그림 12-9〉에서 보는 바와 같이 세계평균 지니계수는 0.44이며, OECD회원국들의 평균 지니계수는 0.31이다. 국가별로는 중국(0.61), 브라질(0.53) 등이

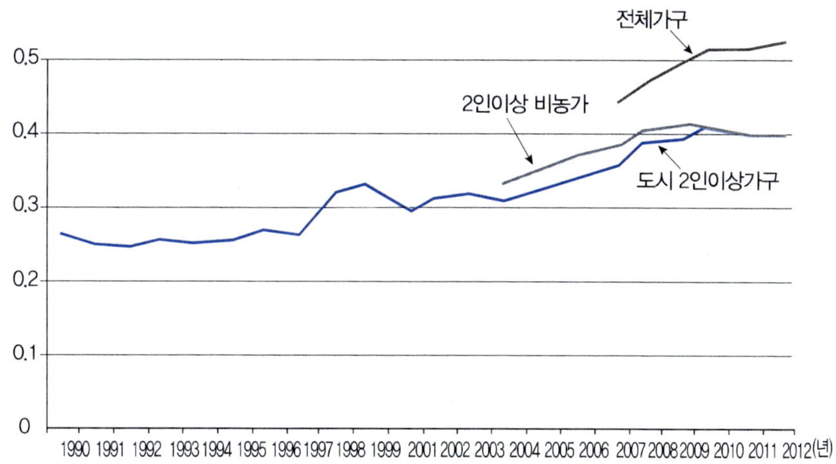

자료: 통계청

그림 12-8 지니계수를 통해서 본 한국의 소득분배

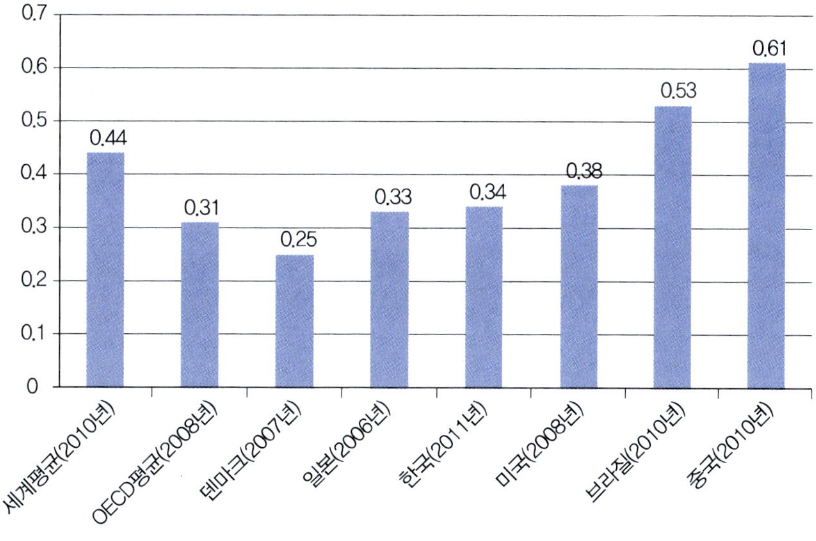

주: 중국의 경우는 국가통계국이 12년째 공식통계를 발표하지 않고 있음. 위의 자료는 서남재경대학 중국가정금융조사센터가 발표한 자료임.

자료: 세계은행, 국제노동기구, 노동연구원 등

그림 12-9 지니계수 국제비교

고불균등 국가이고, 덴마크(0.25), 일본(0.33) 등은 저불균등 상태에 있다. 특히 덴마크 등 북유럽국가들의 지니계수 값은 매우 낮은 것으로 알려져 있다. 우리나라의 지니계수는 2011년 0.34로 국제적으로는 소득분배가 비교적 균등한 국가라고 볼 수 있다.

6부

시장메커니즘의 평가 및 정책

13장

전체로서의 시장: 일반균형분석

우리는 앞에서 각각 생산물시장과 요소시장을 분석하였다. 그러나 현실에서 시장경제체제는 생산물시장간, 요소시장간, 그리고 생산물시장과 요소시장간 서로 영향을 주고받는 하나의 통합된 시스템이다. 이 장에서는 모든 시장들 간의 상호연관성을 분석하고 평가한다.

13.1 일반균형이란

1) 부분균형분석과 일반균형분석

우리는 지금까지 한 재화 혹은 생산요소의 가격이 다른 재화 혹은 다른 생산요소의 가격과는 아무런 관련이 없는 것처럼 가정하고, 일정시점에서의 대표적 typical 재화와 생산요소의 가격에 대해 고찰해 왔다. 이와 같이 전체 가격제도를 구성하는 일부 특정시장에서의 균형가격과 균형생산량에 관한 연구를 경제학에서는 부분균형분석partial equilibrium analysis이라고 한다.

그러나 시장경제체제는 단순히 이와 같이 서로 무관하고 독립된 시장으로 구성된 것이 아니고, 각 시장은 그물처럼 연결되어 있어서 어떤 한 시장에서의 한 재화 혹은 한 생산요소의 가격변화는 다른 시장의 재화나 생산요소의 가격을 변화시킨다. 오일쇼크로 인한 국제유가의 변동이 우리나라 산업에 미쳤던 파문을 생각하면 독자들은 이를 쉽게 이해할 수 있을 것이다. 따라서 우리는 이제 지금까지의 독립된 특정시장에서의 가격결정을 분석하는 부분균형분석으로부터 전체적인 가격제도로 분석범위를 넓혀 보기로 하자. 이를 경제학에서는 일반균형분석general equilibrium analysis이라고 한다.

2) 시장간의 연관성 : 자동차산업의 예

지금 경제가 일반균형상태, 즉 모든 생산물시장과 생산요소시장이 안정되어 있다고 가정하자. 이때 만일 자동차에 대한 수요가 갑자기 증가한다면 어떠한 현상이 일어나겠는가? 가장 직접적이고 명백한 효과는 우선 자동차가격의 상승으로 나타날 것이다. 이에 따라 자동차제조회사는 생산을 증가시킬 것이며, 이 경우 자동차생산에 소요되는 모든 생산요소에 대한 파생수요가 증가하여 이들 생산요소의 가격도 상승할 것이다. 생산물의 가격과 생산요소가격 사이에 발생하는 이와 같은 상호관계는 요소수요분석의 핵심적 이론으로 앞에서 이미 배운 바 있다. 한편 자동차산업으로 노동력을 빼앗긴 산업들은 계속 노동력을 확보하기 위해서 더 높은 임금을 지불해야 할 것이며, 이러한 고임금은 그 산업의 이윤을 감소시킬 것이다. 더 나아가서 이러한 노동력의 이동이 노동자와 그 가족의 거주지 변경을 가져온다면 이에 따라 다른 관련산업들은 많은 영향을 받게 될 것이다. 가령 그 지역—지동차회사가 있는—내의 주택건설산업이 활기를 띠게 될 것이고, 이에 따라 시멘트, 목재, 판유리 등의 수요가 급증하게 될 것이다. 이와 비슷한 분석을 노동 이외의 기타 생산요소에 대해서도 적용해 볼 수 있을 것이다. 즉 자동차에 대한 수요의 증가는 철강수요를 증가시킬 것이고, 이는 철강재를 사용하는 다른 산업의 비용구조에 영향을 미치게 될 것이다. 또한 자동차산업이 사용하는 것과 같은 토지·노동·자본을 사용하는 다른 산업의 요소비용도 증가할 것이며, 그 결과 이들 산업의 제품가격이 상승할 것이고 판매량은 감소할 것이다.

자동차에 대한 수요증가효과는 이와 같이 요소시장에 영향을 미칠 뿐만 아니라, 다른 재화의 수요와 가격에도 영향을 줄 것이다. 즉 휘발유, 윤활유, 타이어에 대한 수요와 가격이 상승하게 될 것이며, 이와는 반대로 시내버스, 고속버스, 택시에 대한 수요는 감소하고 가격은 하락할 것이다. 이러한 재화 및 서비스에 대한 수요와 가격의 변화는 다시 이들 산업과 연관되는 요소시장에까지 영향을 미칠 것이다.

우리는 이밖에도 다른 산업에 미치는 파급효과를 생각할 수 있다. 자동차산업에서 사용되는 생산요소의 가격상승으로 인해 요소시장에는 일련의 가격변동이 파급적으로 일어날 것이다. 예를 들면 자동차산업의 철강수요증가가 철강가격을 상승시켰다면 철강을 사용하던 산업에서는 가능한 부분은 알루미늄으로 대체하려고 할 것이다. 이와 같이 한 생산요소에 대한 수요와 가격의 변동이 일어나면, 이 요소를 사용하는 모든 산업과 기업이 최저비용수준을 달성하기 위해 모든 생산요소 사용의 수량적 배합을 조정하게 되기 때문에 이들 생산요소의 소요량에 연쇄적인 파급효과를 가져오게 되며, 이것은 다시 요소에 대한 수요와 가격에 영향을 미치게 된다.

또 하나 특기할 것은 이와 같은 생산요소가격의 변화는 개인소득의 분배에도 영향을 미친다는 것이다. 우리의 예에서는 자동차산업에 고용된 노동자의 소득이 증가될 것이고, 그 결과 마아가린이나 감자와 같은 열등재는 적게 팔리고, 버터, 쇠고기와 같은 정상재에 대한 수요는 증가할 것이다.

독자들은 이들 가격간의 상호작용을 무한히 추적해 볼 수 있을 것이다. 요컨대 이와 같이 수요의 변화, 기술의 변화 혹은 요소공급의 변화와 같은 교란요인이 발생할 경우, 경제 내부에는 고도로 복합적인 경제적 연쇄반응이 시작된다.

13.2 일반균형모형

1) 단순모형: 2개 산업의 예

우리는 지금까지 자동차산업의 예를 들어, 시장간의 연관관계를 설명해 보았다. 이제 2개의 산업 X, Y가 존재하는 2산업모형을 가정하여 앞서의 논의를 체계적으로 이해해 보고자 한다. 각 산업은 실제로는 여러 생산요소를 고용하지만 여기서도 분석의 편의상 모든 산업에 공통적으로 적용되는 노동시장만을 중심으로 설명하겠다. 또한 X산업은 A형태의 노동—노동 A로 표시—을 고용하고, Y산업은 B형태의 노동—노동 B로 표시—을 고용한다고 가정하자.

우선 앞에서 배운 생산물시장과 생산요소시장의 수요·공급곡선 뒤에 깔린 개념을 다시 한 번 정리해 보기로 하자. 일반적으로 수요곡선은 한계효용체감의 법칙을 반영하여 우하향의 곡선이 되며, 공급곡선은 한계비용체증의 법칙을 반영하여 우상향의 곡선이 된다. 한편 요소시장에서 노동에 대한 수요곡선이 우하향인 것은 수확체감의 법칙, 혹은 한계생산체감의 법칙을 반영한다. 여기서 요소에 대한 수요곡선이 우하향인 것은 생산물공급곡선이 우상향인 것과 밀접한 연관성이 있음을 간과해서는 안 된다. 즉 생산량이 증가됨에 따라 한계비용이 체증되는 이유—따라서 생산물공급곡선이 우상향—는 바로 생산요소의 한계생산성이 체감—따라서 요소수요곡선이 우하향—되기 때문인 것이다. 노동의 공급곡선이 우상향인 것은 개인의 노동과 여가의 선호를 반영한다. 따라서 기업 혹은 산업은 더 많은 노동력을 얻기 위해서는 더 많은 임금을 지불해야만 한다.

이제 일반균형분석으로 돌아와서 우선 두 산업이 장기균형상태에 있다고 가정하자. 〈그림 13-1〉에서 P_{x1}과 W_{a1}은 X산업의 균형생산물가격과 균형임금률을 표시하고, P_{y1}과 W_{b1}은 Y산업의 균형가격과 균형임금을 나타낸다. 모든 기업은 정상이윤을 확보하고 있으며, 따라서 산업은 확장되거나 축소될 이유는 없다. 2개의 노동시장도 안정상태에 있으며, 노동자가 2개의 시장을 이동할 이유가 없다.

그러나 만약 소비자의 기호 혹은 선호에 변화가 일어나 X재에 대한 수요가 증가하고 Y재에 대한 수요가 감소한다면, 생산물시장과 요소시장에 어떠한 변화가 발생하겠는가? 그 조정과정을 단기와 장기로 나누어 추적해 보기로 한다.

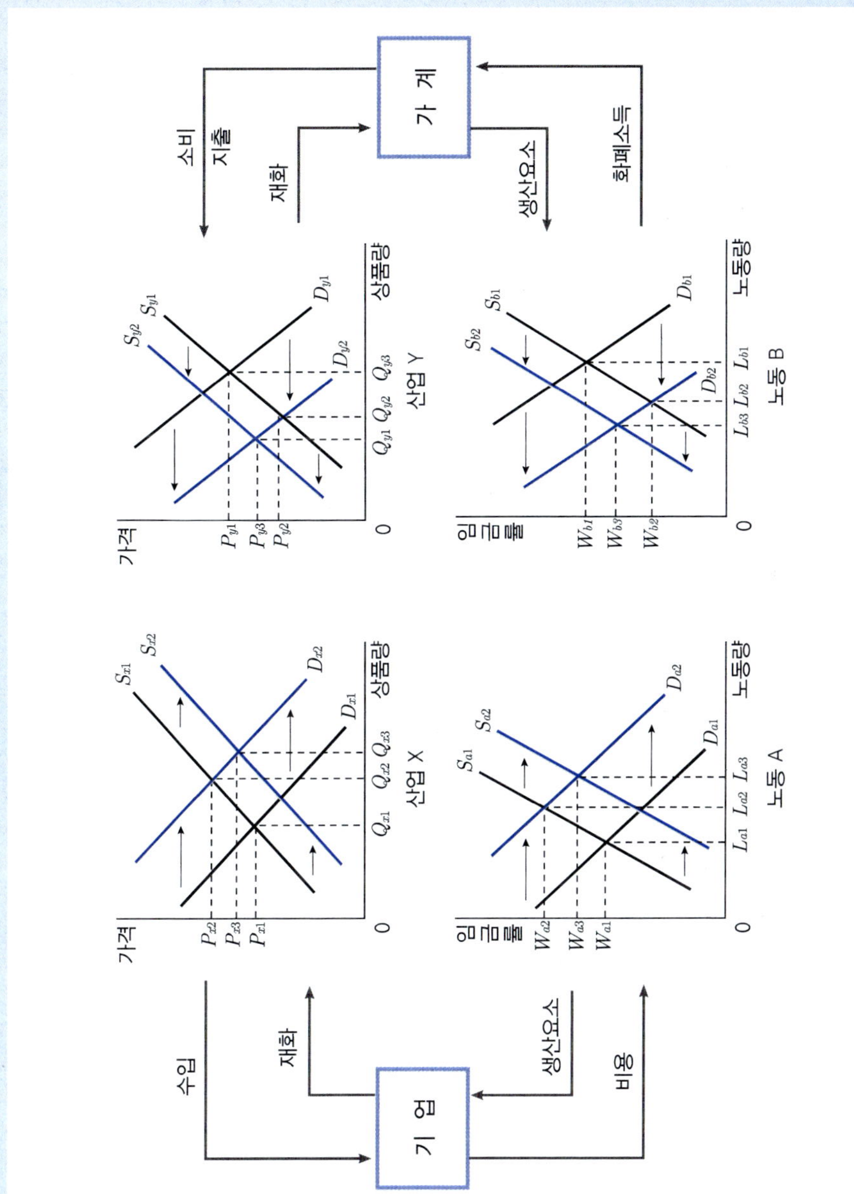

그림 13–1 일반균형: 생산물시장과 생산요소시장의 상호작용

(1) 단기조정

먼저 X산업의 수요곡선이 D_{x1}에서 D_{x2}로 이동됨에 따라 가격이 상승할 것이므로 종전에 정상이윤을 누리던 X산업의 기업들은 경제적 이윤을 누릴 수 있게 된

다. 생산량을 증가시킬수록 이윤이 더 크게 될 수 있기 때문에 우선 각 기업의 한계비용곡선을 따라 생산량을 증가시킬 것이다.[1] 이와 같이 기존기업들이 공급량을 증가시킴에 따라 산업전체의 공급량은 〈그림 13-1〉에서 보는 바와 같이 Q_{x1}에서 Q_{x2}로 증가될 것이다. 생산요소에 대한 수요는 파생수요이기 때문에 X산업에서 생산량의 증가는 노동 A에 대한 수요를 D_{a1}에서 D_{a2}로 증가시킬 것이며, 이는 임금률을 W_{a1}에서 W_{a2}로 상승시킬 것이다. 이와 같이 임금률이 W_{a1}에서 W_{a2}로 상승됨에 따라 노동 A의 시장에서 노동자들은 일당 노동시간을 연장하고 공휴일도 작업함으로써 더 많은 노동량을 공급하려고 할 것이다. 따라서 노동량은 노동의 공급곡선을 S_{a1}을 따라 L_{a1}에서 L_{a2}로 증가하게 된다.

Y산업에서는 X산업과 반대 현상이 일어날 것이다. 즉 생산물에 대한 수요가 D_{y2}로 감소됨에 따라 가격은 P_{y1}에서 P_{y2}로 하락할 것이다. 이와 같이 가격이 하락함에 따라 기업은 손실을 보게 되므로 기업은 한계비용곡선을 따라 생산량을 감축하여 마침내는 기업의 손실극소점에서 조업을 하게 될 것이다. Y산업에서 생산물에 대한 수요의 감소는 생산요소시장에 반영되어 노동 B에 대한 수요는 D_{b1}에서 D_{b2}로 감소하게 되며, 평균임금률은 W_{b1}에서 W_{b2}로 하락하게 될 것이다.

(2) 장기조정

단기조정에서 우리는 시장조정의 1단계만을 추적했을 뿐이다. 이제 다음 단계의 조정과정을 살펴보기로 하자.

이와 같이 단기적인 조정과정이 끝난 단계에서도 X산업은 여전히 경제적 이윤을 누리고, 반대로 Y산업은 손실을 보고 있다. 그러므로 이제 기업의 전출입이 가능할 만큼 충분한 시간이 주어진다면 X산업으로는 새로운 기업들이 진입해올 것이며, Y산업에서는 기업이 도산하거나 다른 산업으로 전출할 것이다. 새로운 기업이 X산업으로 전입해 옴에 따라 산업의 공급곡선은 S_{x1}으로부터 S_{x2}로 이동할 것이고, 이것은 가격을 P_{x3}로 하락시킬 것이며, 균형산출량은 Q_{x3}로 증가할 것이다. 만일 P_{x3}와 Q_{x3}에서 장기균형이 이루어진다면—그렇게 가정하고 있지만—X산업은 비용증가산업이다. 왜냐하면 새로운 균형가격 P_{x3}는 최초의 균형가격 P_{x3}는 최초의 균형가격 P_{x1}보다 높기 때문이다. 만일 X산업이 비용불

---

1) 〈그림 7-5〉참조

변산업이라면 새로운 장기균형가격은 최초의 균형가격과 같았을 것이다.[2] 이와 같은 조정을 통해 새로운 균형가격에서 소비자들은 그들이 원했던 상품을 더 많이 소비할 수 있게 되며, 이것이야말로 소비자주권의 발현이라고 할 수 있다.

한편 Y산업에서는 손실로 말미암아 기업들이 Y산업을 떠날 것이다. 따라서 산업의 공급은 S_{y1}에서 S_{y2}로 감소할 것이며, 이에 따라 가격은 P_{y2}에서 P_{y3}로 상승할 것이다. 여기서 새로운 장기균형가격 P_{y3}가 최초의 균형가격 P_{y1}보다 낮은 것은 우리가 Y산업도 역시 비용상승산업이라고 가정했기 때문이다. 기업은 새로운 장기균형가격 P_{y3}에서 정상이윤을 다시 얻을 수 있으며, 산업규모도 안정될 것이다.

이러한 장기조정은 요소시장에서도 발생한다. 노동 B의 공급곡선 S_{b1}은 다른 임금률—예를 들면 노동 A의 임금률—이 주어졌다는 가정하에서 그려진 것이며, 노동 A의 공급곡선도 마찬가지다. 그러나 단기조정과정에서 X산업의 노동에 대한 수요의 증가는 노동 A의 임금률을 상승시켰으며, Y산업의 노동에 대한 수요의 감소는 노동 B의 임금률을 하락시켰다. 이에 따라 노동 B는 고용기회가 감소하고, 임금률이 하락하는 Y산업으로부터 고용이 확장되고 임금률이 상승하는 X산업으로 이동할 것이다. 따라서 노동 A의 공급은 S_{a1}에서 S_{a2}로 증가할 것이며, 노동 B의 공급은 S_{b1}에서 S_{b2}로 감소할 것이다. 그 결과 노동 A의 임금률은 W_{a2}에서 W_{a3}로 하락할 것이며, 노동 B의 임금률은 W_{b2}에서 W_{b3}로 상승할 것이다.

그러나 지금까지 본 노동시장의 조정에는 몇 가지 유의할 점이 있다. 첫째, 노동 B는 노동 A로 용이하게 이동될 수 있다는 것을 가정했다. 그러나 실제로 노동의 산업간 이동은 복잡하며 비용이 많이 드는 게 사실이다. 둘째, 노동의 이동은 상당한 시일이 요구된다. 노동 B의 노동자가 실제로 노동 A의 노동자가 되기 위해서는 추가교육과 직업재훈련을 받아야 하며, 지역적 이동까지도 필요할 것이다. 셋째, 이러한 여러 가지 이유로 인해 노동의 산업간 이동이 제약을 받게 됨에 따라 노동 B시장에서는 최초의 균형수준의 임금률로 상승할 만큼 충분히 공급곡선이 이동될 것을 기대할 수 없다. 따라서 노동 A의 새로운 균형임금률은 W_{a1}보다 높은 W_{a3}가 될 것이며, 노동 B의 균형임금률 W_{b3}는 W_{b1}보다 낮은 수준이 될 것이다.

---

2) 〈그림 7-9〉참조

(3) 그 이상의 조정

지금까지 우리는 2개의 생산물시장과 2개의 요소시장에서의 소비자의 수요구조 변화로 발생하는 상호작용을 단기와 장기에 걸쳐 분석하였다.

그러나 지금까지의 분석은 소비자수요의 변화로 인해 발생한 초기의 반응에 불과하다. 이제 그 범위를 넓혀 한 산업의 소비자수요의 변화가 제3의 산업에 미치는 영향과 노동 이외의 생산요소에 미치는 영향 및 소득분배에 미치는 영향 등을 분석해 보기로 하자.

① 다른 산업에 미치는 영향

제3의 산업을 Z산업이라고 하자. X재—X산업의 생산물—의 가격이 상승할 경우 Z재—Z산업의 생산물—에는 어떠한 영향을 미치겠는가? X재의 가격이 Z재의 수요에 미치는 영향의 정도는 X재와 Z재가 어떠한 관계에 있는가에 달려있다. 만일 X재와 Z재가 독립적인 관계에 있다면 X재가격의 상승은 Z재의 수요에 영향을 주지 않을 것이다. 그러나 X재와 Z재 사이에 대체관계가 있다면 X재 가격의 상승은 Z재에 대한 수요를 증가시킬 것이며, 두 재화 사이에 보완관계가 있다면 Z재에 대한 수요는 감소될 것이다.

② 다른 생산요소에 미치는 영향

노동 A와 노동 B에 대한 수요의 변화는 노동 이외의 다른 생산물요소시장에도 영향을 미친다. 기술적인 면에서 X산업의 노동과 자본이 상호 보완적이라면—예를 들면 2명의 노동자에 1대의 기계가 필요하다면—노동 A의 고용량의 증가는 관련자본재에 대한 수요를 증가시킬 것이다.

③ 소득분배

단기와 장기의 조정은 소득분배에도 영향을 미칠 것이다. X산업의 기업가와 노동자는 더 높은 소득을 얻게 될 것이며, Y산업의 기업가나 노동자는 낮은 소득을 얻을 것은 자명한 것이다.

2) 실제모형: 산업연관분석

위에서 살펴본 단순모형은 경제내에 존재하는 수많은 경제주체들이 상호연관성 속에서 의사결정을 한다는 사실을 강조하기 위한 것이다. 현실경제에서도 단순모형에서 살펴본 논리로 산업 및 부문간 복잡한 상호의존관계를 파악할 수 있는데, 이를 보여주는 것이 산업연관표Input-Output table이다. 우리나라도 한국은행에서 5년마다 산업연관표를 작성하여 한국경제의 산업간 연계성을 알려주고 있다.

(1) 산업연관표

〈표 13-1〉은 한 국민경제의 산업연관표로서, 설명의 편의상 수치를 단순화시켜 놓은 것이다. 표에서 왼쪽의 아래로 표시된 금속, 기계, 연료, 농업, 노동(가계) 등 5개 산업은 경제의 생산부문으로 (6)란의 수치는 이 5개 산업이 생산한 총산출량을 나타낸다. 예를 들어 금속산업은 100단위를 생산하고, 기계산업은 200단위를 생산함을 보여준다.

한편 앞의 5개 산업은 경제의 생산부문이면서 동시에 소비부문이 된다. 이것이 표에서는 위의 옆으로 표시되고 있다. 수치를 옆으로 보면 우리는 총산출량이 5개 산업에 어떻게 배분되는지를 알 수 있다. 예를 들어 기계산업의 총생산량 200단위 중 40단위는 금속산업으로 배분되고, 25단위는 기계산업으로 다시 돌아오며, 나머지는 연료, 농업, 노동(가계)으로 각 각 35단위, 75단위, 25단위씩 배분되고 있다.

이와 같은 방법으로 따져 보면, 아래로 표시된 란은 5개 산업에 의해서 생산요소로서 쓰여지는 5개 산업의 산출물의 양을 알려준다. 예를 들어보면, 기계

표 13-1 산업연관표(예시)

	소비부문					
	(1) 금속	(2) 기계	(3) 연료	(4) 농업	(5) 가계(노동)	(6) 총산출량
생산부문						
(1) 금속	10	65	10	5	10	100
(2) 기계	40	25	35	75	25	200
(3) 연료	15	5	5	5	20	50
(4) 농업	15	10	50	50	525	650
(5) 노동 (가계)	100	200	100	550	50	1,000

200단위를 생산하기 위해서는 (2)란에서 보는 바와 같이 생산요소로서 금속 65단위, 기계 25단위, 연료 5단위, 농산물 10단위, 노동 200단위가 필요하다는 것이다. 이와 같이 산업연관표는 여러 산업의 상호연관관계를 생생하게 보여준다. X라는 산업은 다른 산업의 산출물 — 일부는 X산업의 자체 산출물도 포함 — 을 생산요소로 고용하고, 동시에 X산업의 산출물은 다른 산업의 생산요소가 된다. 가령 강철은 트럭생산시에 하나의 생산요소이면서, 동시에 트럭은 다시 강철 생산시에 필요한 원부자재 — 코우크스, 철강석 등 — 을 수송하는 데 사용되는 생산요소가 되는 것이다.

(2) 상호연관성

한 경제를 구성하는 부문 또는 산업간의 상호연관관계는 어떤 상품의 산출량의 변화가 가져오는 영향력을 추적하면, 보다 분명하게 파악할 수 있다. 예를 들어 기계생산량이 20단위 — 백분율로는 10% — 증가하였을 경우를 생각해 보자. 이러한 변화는 기계생산시에 요소로서 사용되는 다른 모든 산출물의 생산이 10% 증가되어야 함을 의미한다. 앞에서 배운 바와 같이 이러한 생산요소들은 표의 (2)란에 나타나 있다. 10%를 적용해 보면, 금속 6.5단위, 기계 2.5단위, 연료 0.5단위, 농산물 1단위, 노동 20단위가 기계 20단위를 추가로 생산하는 데 필요하다.

그러나 이러한 변화는 전체적 변화의 첫 단계에 불과하다. 기계산업에 요소를 공급한 다른 각 산업들도 자체 산출량을 증대시켜야 하기 때문에 이들 요소공급 산업들 역시 다른 산업으로부터 역시 더 많은 요소를 가져와야 한다. 예를 들어 기계 20단위를 추가로 더 생산하기 위해서 필요한 금속 6.5단위는 (1)란에서 나타난 요소들이 각각 6.5%(6.5/100)씩 증가되어야만 가능하다. 또 기계 20단위를 추가로 더 생산하기 위해 연료생산이 0.5단위 증가해야 하는데, 이것은 (3)란에서 나타난 바와 같이 모든 생산요소의 1%(0.5/50)씩의 증가가 있어야만 가능하다. 농산물과 노동에 대해서도 같은 논리를 적용할 수가 있다.

끝으로 기계 20단위를 추가로 더 생산하기 위해서는 기계 2.5단위가 생산요소로서 필요함을 주목하라. 이 2.5단위의 증가는 (2)에서 나타난 모든 생산요소의 2차적 증가 — 여기서는 1.25% — 가 있어야만 가능하다. 이렇게 되면 첫 번째 변화, 즉 20단위 증가한 경우와 같은 과정이 또 다시 반복될 것이다.

독자들은 이와 같은 꼬리에 꼬리를 무는 끝없는 반향을 인식하는 것이 중요하다. 산업연관표에서 보면 어느 한 수치의 변화는 다른 수치들의 끝없는 변화를 유발한다는 사실이다. 앞에서 본 바와 같이 경제내의 어떤 한 산업의 생산증가는 경제 전체적으로 구석구석에 미치는 엄청난 변화를 초래한다. 이러한 이유로 경제학자들은 "경제학에서 모든 것은 다른 모든 것에 의존한다"라고 얘기하곤 한다.

13.3 완전경쟁시장과 효율성

일반균형을 설명하기 위한 단순모형에서는 기본적으로 완전경쟁시장을 가정하였는데, 우리는 제7장에서 완전경쟁시장은 효율적이라고 배웠다. 즉 완전경쟁시장 하에서 배분적 효율allocative efficiency과 생산적 효율productive efficiency이 달성되는 과정을 이해하였다. 그러므로 만약 어떤 경제가 X산업과 Y산업이라는 두 산업으로만 구성되어 있고, 이 두 산업 모두 완전경쟁시장이라면, 이 경제는 효율적이라고 평가할 수 있다. 다시 말해서 X재와 Y재가 '적정'량 생산될 뿐 아니라(배분적 효율) X재와 Y재의 생산비용도 최소화될 것이다(생산적 효율). 이러한 논리는 수많은 산업으로 구성된 경제에도 적용할 수 있다. 즉 한 경제내에 존재하는 '모든' 산업이 완전경쟁시장이라면, 각 상품은 '적정'량 생산되고 각 상품의 평균생산비용이 '최소화'될 것이다.

완전경쟁시장 하에서의 효율성은 소비자 입장에서도 달성될 수 있다. 만약 소득분배상태가 외생적으로 주어진다면, 완전경쟁일 경우 소비자들은 자유로운 선택을 통해서 그들의 효용을 극대화하기 위해서 소득을 활용할 수 있게 된다.

이와 같이 한 경제가 완전경쟁체제를 갖는다면 적어도 이론상으로 가장 효율적efficient인 상태가 될 것이고, 경제학자들은 이러한 상태를 파레토 최적Pareto optimum이라고 부른다. 그러나 실제로 한국경제의 시장경제체제는 완전경쟁이 아니다. 대부분의 시장은 제8, 9, 10장에서 살펴 본 바와 같이 독점, 독점적 경쟁, 과점 등과 같은 불완전경쟁시장이라고 볼 수 있다. 그러므로 현실경제에서는 자원이 비효율적으로 활용될 소지가 있으며, 〈그림 13-1〉이 의미하는 것처럼 완벽하지 못할 뿐 아니라 그 조정속도도 매우 느릴 것이다. 이밖에도 공공재를 생산하는 경우나 사적 비용 이외에 사회적 비용이라는 외부효과가 나타나는 경우에는 자원이 비효율적으로 배분될 가능성이 있다. 이를 우리는 시장실패market failure라 부르는데, 이에 대해서는 보다 자세한 설명이 요구되므로 장을 달리하여 설명하고자 한다.

14장

시장메커니즘의 평가: 파레토 효율과 사회적 후생

이 장에서는 제2장에서 이미 소개한 시장메커니즘에 대한 사회적 평가기준으로서의 파레토 효율(Pareto efficiency)에 대해서 보다 자세히 공부하고, 사회적 후생의 극대화 문제를 분석한다.

14.1 교환과 파레토 효율

1) 교환에 있어서의 파레토 효율

(1) 교환 전

어떤 사회에서든지 구성원들의 부존상태와 선호체계가 주어지면 교환에 대해서 분석할 수 있다. 현실에서는 수많은 사람들이 수많은 상품들을 교환하지만, 분석의 단순화를 위해서 다음과 같이 가정하자.

① A와 B라는 두 소비자만 존재한다.
② X재와 Y재, 두 재화만 있다.

이러한 상태하에서 교환이 시작되기 전의 상황을 〈그림 14-1〉과 같이 표현할 수 있다. 이 그림은 에지워스 상자Edgeworth box라고 하는데, W점은 초기부존상태를 보여 준다. 횡축의 길이인 X는 경제내에서 X재의 총량(15단위)을 나타내고, 종축의 높이인 Y는 Y재의 총량(10단위)을 나타내는데, W점에서는 A가 X_A(10단

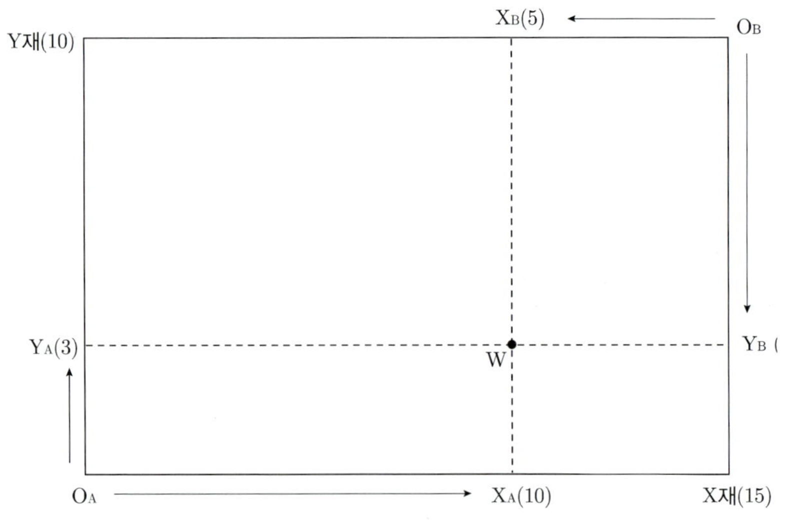

그림 14-1 교환 전의 부존여건: 에지워스 상자

위)와 Y_A(3단위)를 가지는 반면에, B는 X_B(5단위)와 Y_B(7단위)를 가지는 상태이다. 즉,

$$X = X_A + X_B, \qquad Y = Y_A + Y_B$$
$$(15) \quad (10) \quad (5) \qquad (10) \quad (3) \quad (7)$$

이 상태에서 상자 안에 있는 모든 점들은 소비가능한 상품의 배합점이다.

한편 A와 B의 선호체계는 각각의 무차별지도에 의해서 주어져 있다. 〈그림 14-2〉에서 보면, A의 무차별지도는 원점 O_A에 대해서 볼록한 무차별곡선들(U_A^1, U_A^2, U_A^3 등)로서 O_B쪽으로 올라갈수록 더 높은 효용수준을 가진다. 마찬가지로 B의 무차별지도는 원점 O_B에 대해서 볼록한 무차별곡선들(U_B^1, U_B^2, U_B^3 등)로서 O_A쪽으로 내려올수록 더 높은 효용수준을 가진다. 그림에서는 초기부존 W점을 통과하는 A와 B의 무차별곡선, U_A^3과 U_B^3이 각각 그려져 있다.

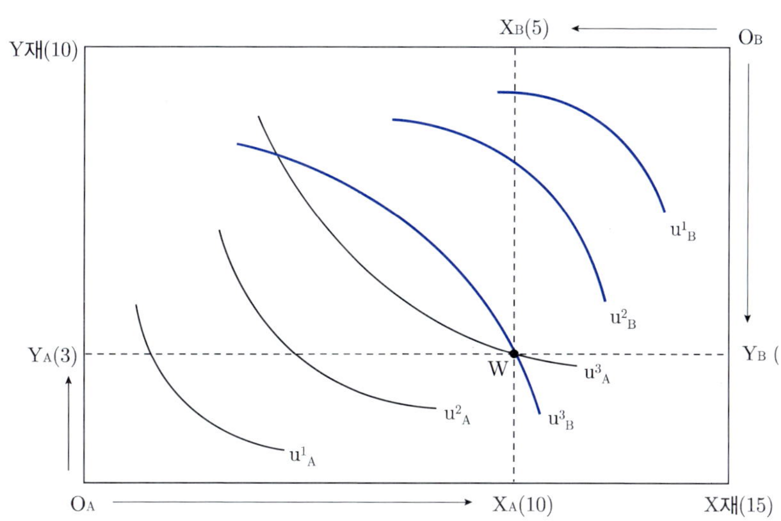

그림 14-2 교환 전의 부존여건과 선호체계

(2) 교환과정

〈그림 14-2〉의 상태에서, 즉 초기부존 W에서 A와 B는 그대로 머물러 있을 것인가, 아니면 더 높은 효용을 얻기 위해서 상호간 교환활동에 착수할 것인가? 결론부터 말하면, W를 지나는 A와 B의 무차별곡선의 형태로 보아서는 서로 교환을 시도할 것이다. 〈그림 14-3〉에서 보는 바와 같이 초기부존 W를 지나는 A와 B의 무차별곡선은 서로 교차하며, 볼록렌즈 모양의 영역을 만들어 내고 있다. 이와 같이 볼록렌즈 모양의 영역이 존재하는 한, A와 B는 더 높은 효용을 얻을 수 있기 때문에 교환에 착수할 것이다.

분석의 편의를 위해서 교환이 일어나더라도 B의 효용은 불변이라고 가정하자. 그러면 U_B^3상에 있는 M점에서 교환하면 B의 효용은 그대로이지만 A의 효용은 U_A^4 로 증가할 것이다. 이 과정에서 A는 LW만큼의 X재를 B에게 주고, 그 대가로 B로부터 LM만큼의 Y재를 얻는다. 마찬가지로 B는 A에게서 LW만큼의 X재를 받고, LM만큼의 Y재를 준다. 하지만 볼록렌즈 모양의 영역은 없어지지 않는다.

그렇다면 A와 B는 언제까지 교환활동을 계속할 것인가? 당연히 A와 B간의

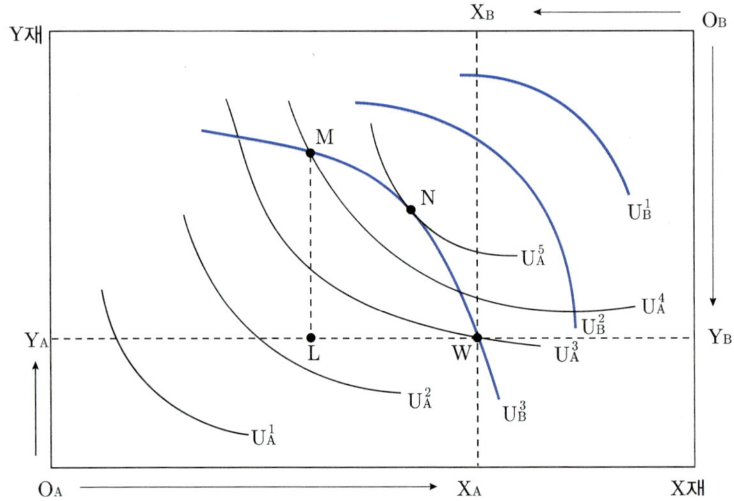

그림 14-3 교환에 있어서 파레토 최적

교환이 가져다주는 이득이 모두 소진될 때까지일 것이다. 〈그림 14-3〉에서 보면, 볼록렌즈 모양의 영역이 모두 없어지는 N점까지 교환이 진행되며, N점에서는 A와 B의 무차별곡선이 접하기 때문에 A는 교환을 통해서 더 이상 효용을 증가시킬 수 없다.

(3) 파레토 최적

앞에서 살펴본 바와 같이 교환의 이득이 모두 소진된 N점을 파레토 효율Pareto efficiency 혹은 파레토 최적Pareto optimality 상태라고 한다. 우리는 이미 제2장에서 파레토 최적의 개념을 공부한 바 있다. 이를 다시 상기하면, 파레토 최적은

① 교환의 이득이 모두 소진된 상태; 또는
② 어느 누구의 후생의 감소 없이는 다른 어느 누구의 후생이 증가될 수 없는 상태; 또는
③ 모든 사람의 후생을 증가시킬 수 있는 방법이 없을 때

따라서 우리는 파레토 최적에 대한 첫 번째 정의를 앞에서 공부한 에지워스 상자를 통해서 이해할 수 있다. 즉 초기부존 W점에서 교환을 통해서 N점에 도달하면, 교환의 이득이 모두 소진된 상태이므로 N점은 파레토 최적의 상태가 된다.

두 번째 정의 역시 에지워스 상자를 통해 쉽게 이해할 수 있다. N점에서 보면 A의 무차별곡선 U_A^5에 있는 점들은 B의 무차별곡선 U_B^3에 있는 점들과 만나지 않는다. 다시 말하면, U_A^5와 U_B^3는 N점에서 접하고 있을 뿐이다. 이는 N점에서 U_A^5의 기울기와 U_B^3의 기울기가 일치하고 있음을 의미한다. 즉

$$MRS_{xy}^{A} = MRS_{xy}^{B}$$

따라서 N점에서 O_B방향으로 움직이는 경우 A의 효용은 증가하는데, 이는 B의 효용감소를 통해서만 가능하게 된다. 이는 반대 방향, 즉 O_A 방향으로 움직이는 경우도 마찬가지이다. 이때는 B의 효용이 증가하는데, 이는 A의 효용의 감소를 통해서만 가능하다. 요컨대, N점과 같은 파레토 최적에서는 "어느 누구의 효용의 감소 없이는 다른 어느 누구의 효용을 증가시킬 수 없는 상태"가 된다.

세 번째 정의 역시 N점을 통해서 알 수 있다. 파레토 최적상태인 N점에서는 A의 효용과 B의 효용을 모두 증가시킬 수 있는 방법을 찾을 수 없다. 앞에서 설명한 바와 같이 A의 효용이 증가하기 위해서는 B의 효용이 감소해야만 하며, B의 효용이 증가하기 위해서는 A의 효용이 감소해야만 하기 때문이다.

(4) 파레토 집합: 계약곡선

앞에서 살펴본 바와 같이 A의 무차별곡선과 B의 무차별곡선이 접하면 파레토 최적 상태가 된다. 〈그림 14-4〉에서 N점은 이러한 조건을 만족시키므로 파레토 최적이다. 그런데 에지워스 상자내에서 파레토 최적 상태는 N점 하나만 존재하는 것이 아니다. 왜냐하면 A의 무차별곡선과 B의 무차별곡선이 접하는 점들이 N점 이외에도 무수히 많기 때문이다. 예를 들어 앞에서의 가정과 달리 교환과정에서 A의 효용수준이 불변이라고 하면, B의 효용수준만 U_B^4로 증가한 R점이 파레토 최적이 될 것이다. 즉 A의 무차별곡선이 주어진 상황하에서 B의 효용수준이 극대화될 때까지 교환과정을 거치면 R점에서 두 무차별곡선이 접하게 되면서 파레토 최적이 된다. 독자들은 S점 역시 파레토 최적이 됨을 이해할 수 있을 것이다. 이는 교환과정에서 A와 B의 효용이 모두 증가하는 경우이다.

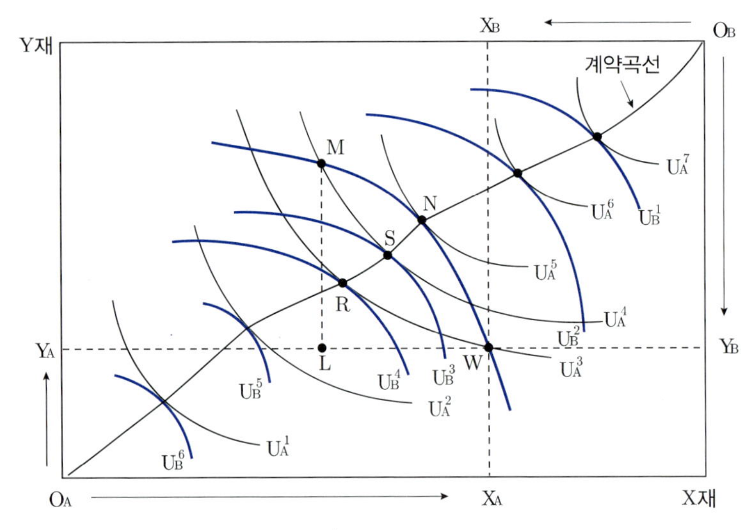

그림 14-4 교환의 파레토 집합: 계약곡선

우리는 에지워스 상자내에서 파레토 최적인 모든 점들을 파레토 집합 혹은 계약곡선contract curve이라고 부른다. 계약곡선이라고 부르는 이유는 교환을 위한 모든 '최종적 계약들'final contracts은 파레토 집합에 속해 있어야 하기 때문이다. 만약 어떤 계약을 했음에도 불구하고, 또 다른 계약을 통해서 교환의 이득이 발생할 수 있다면 그 어떤 계약은 최종적 계약이 될 수 없을 것이다.

계약곡선의 모양은 A의 원점 O_A에서 출발하여 O_B를 연결하는 선이 된다. 만약 A의 원점 O_A에 있다면, A는 아무도 가지지 못하고 B가 모든 것을 가지는 상황이 될 것이다. 이때 원점 O_A는 파레토 최적 상태이다. 왜냐하면 A의 후생이 증가될 수 있는 방법은 오로지 B로부터 재화를 가져오는 수밖에 없기 때문이다. 이 점으로부터 계약곡선을 따라 올라가면 A의 효용은 B의 효용 감소를 수반하면서 증가하는데, B의 원점 O_B에 이를 때까지 계속될 것이다.

2) 파레토 효율에 의한 시장메커니즘의 평가

우리는 제2장에서 파레토 효율을 평가기준으로 하여 몇 가지 시장메커니즘을 평가한 바 있다. 그것을 요약하면,

① 완전경쟁시장의 성과는 파레토 최적이다.
② 독점기업이지만 가격을 차별하는 경우의 시장성과도 파레토 최적이다.
③ 단일가격을 책정하는 독점기업의 시장성과는 파레토 최적이 아니다.
④ 정부가 가격을 통제하는 경우는 파레토 최적이 아니다.

이제는 이러한 명제들을 에지워스 상자를 활용하여 확인해 보기로 하자.

(1) 완전경쟁시장

완전경쟁시장 메커니즘은 파레토 최적 상태를 가져다주는가? 다시 말해서 완전경쟁시장의 성과는 계약곡선상의 한 점이 될 수 있는가? 이 질문에 답할 수 있다면, 그것은 파레토 효율성을 기준으로 완전경쟁시장의 성과를 평가하는 것과 마찬가지일 것이다.

완전경쟁시장에서는 가격이 신호등 역할을 제대로 수행한다. 즉 어떤 재화의 초과공급이 생기면 그 재화의 가격은 하락하고, 반대로 초과수요가 생기면 그 재화의 가격은 상승한다.

이제 A와 B라는 경제주체만 존재하는 상황에서, 제3자인 경매자auctioneer가 가격을 제시한다고 가정하자. 이는 가격신호등이 작동하는 완전경쟁시장과 같은 상황이라고 할 수 있다. 〈그림 14-5〉의 초기부존 W의 상황에서 경매자가 가격을 P_X^1 과 P_Y^1로 제시하였다고 하자. 그러면 $-P_X^1/P_Y^1$의 기울기를 가지는 예산선을 그릴 수 있다. 이와 같이 경매자가 처음으로 어떤 가격을 제시하면, 이 가격이 수요와 공급을 일치시킨다는 보장은 없다. 그림에서 보는 바와 같이 A와 B는 각각 자신의 무차별곡선과 예산선이 접하는 점, 즉 효용을 극대화하는 점에서 소비하려 할 것이다. 이러한 상태는 불균형 상태이다. 즉 A는 WK만큼의 X재를 공급하려 하나, B는 WJ만큼의 X재를 구매하려 하기 때문에 KJ만큼의 초과공급이 발생한다. 마찬가지로 B는 KI만큼의 Y재를 공급하려 하나, A는 KE_A만큼의 Y재를 구매하려 하기 때문에 IE_A만큼의 초과수요가 발생한다. 이러한 불균형 상황이 되면 경매자는 가격을 변동시킴으로써 A와 B간의 수급이 일치하는 상태로 유도하려고 할 것이다. 이 경우 X재는 초과공급, Y재는 초과수요이므로 경매자는 X의 가격을 내리고, Y재의 가격을 올린 다른 가격을 제시할 것이다. 만약 이 가격하에서도 수급이 불균형 상태가 되면, 경매자는 또 다른 가격신호등을 제시할 것이다. 결국 경매자는 A와 B 간에 수요와 공급이 같아질

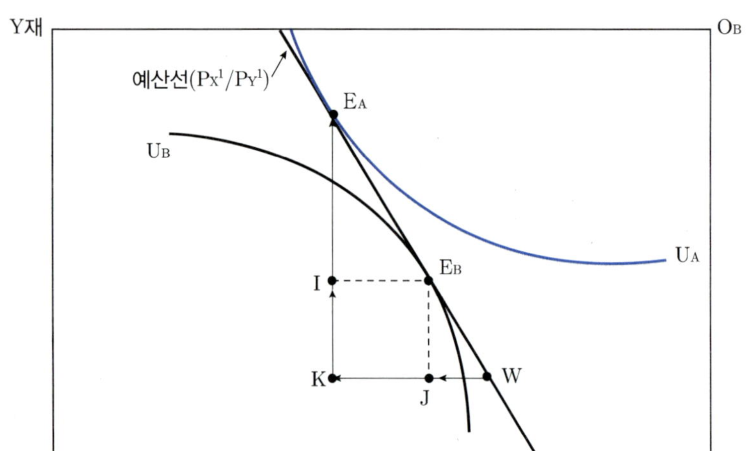

그림 14-5 A와 B간 수요와 공급의 불균형

때까지 이러한 조정을 계속 시도할 것이다.

그러면 A와 B간에 수요와 공급이 일치하는 상태는 어떻게 그릴 수 있겠는가? 이에 대한 답이 〈그림 14-6〉에 나타나 있다. 그림에서 보는 바와 같이 경매자가 제시한 상대가격, 즉 예산선의 기울기가 주어지면, A와 B는 각각 자신의 무차별곡선과 예산선이 접하는 점, 즉 효용이 극대화되는 점 Ec를 선택하게 된다. 이 경우 A가 원하는 Y재의 양과 B가 공급하려는 Y재의 양은 일치하고, 역시 B가 원하는 X재의 양과 A가 공급하려는 X재의 양은 정확히 일치하게 된다. 즉 시장은 균형상태에 있게 된다. 우리는 이를 경쟁시장균형competitive market equilibrium 또는 왈라스 균형Walrasian equilibrium이라고 부른다. 따라서 경쟁시장균형 상태에서는 다음의 조건이 만족된다.

$$MRS_{xy}^{A} = -P_x/P_y = MRS_{xy}^{B}$$

이와 같이 경쟁시장균형 상태에서는 A의 한계대체율과 B의 한계대체율이 일치하므로 경쟁시장은 파레토 최적의 상태가 된다고 결론지을 수 있다.

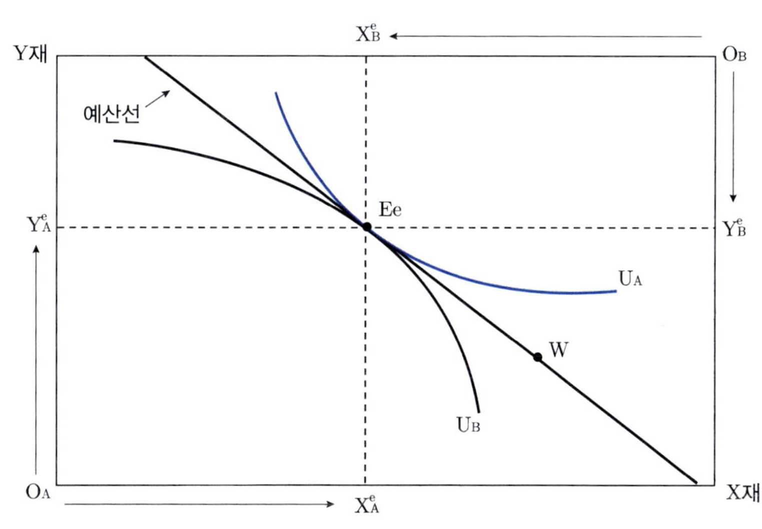

그림 14-6 A와 B간의 수요와 공급의 균형: 경쟁시장균형

더 알아보기 14-1 후생경제학 제1의 정리와 제2의 정리

후생경제학 제1의 정리The First Welfare Theorem는 모든 경쟁시장균형은 파레토 효율 상태라는 것이다. 다시 말해서 완전경쟁시장에서 균형이 달성되면 더 이상 교환의 이득을 얻을 수 없다는 것이다. 이는 이미 〈그림 14-6〉을 통해서 알 수 있으며, 제2장 원룸시장 분석에서도 이해할 수 있었다. 후생경제학 제1의 정리는 보이지 않는 손invisible hand, 즉 가격기능이 사회적으로 바람직한 선택을 유도한다는 애덤 스미스Adam Smith의 주장을 뒷받침해 준다는 점에서 매우 의미있는 이론이다.

그러나 파레토 효율은 공정성에 대해서는 아무것도 말해주지 못한다. 예를 들어 〈그림 14-6〉의 O_A점과 O_B점은 파레토 효율적이지만, A 혹은 B가 전부를 가져가는 상태로 불공정한 상황이 될 수 있기 때문이다. 그렇다면 경쟁시장은 공정성에 대해서는 전혀 무력한 것인가? 다시 말해서 경쟁시장은 효율적일 뿐 아니라 공정한 자원배분을 가져올 수 없는가? 이에 답하기 위해서 나온 것이 후생경제학 제2의 정리The Second Welfare Theorem이다.

후생경제학 제2의 정리는 모든 파레토 효율적인 자원배분은 특정한 조건하에서 경쟁균형이 된다는 것이다. 여기서 특정한 조건이란 정부가 초기소득분배를 조정한다는 것이다.

후생경제학 제2의 정리는 부정적인 측면과 긍정적인 측면을 가진다. 먼저 부정적인 측면을 보면, 경쟁균형에 의한 자원배분은 극단적으로 불공정할 수 있다는 메시지를 말해 준다. 즉 초기소득분배가 특정집단에 유리하게 되면, 경쟁균형 또한 그들에게 유리한 결과를 가져와 불공정하게 된다는 것이다. 긍정적인 측면에서 보면, 후생경제학 제2의 정리는 사회가 효율성과 공정성을 동시에 만족시키는 수단으로 경쟁시장을 활용할 수 있다는 메시지를 준다. 만약 경쟁시장균형이 불공정한 상태라면, 그것은 시장결함 때문이 아니라 초기소득분배 때문이다. 따라서 초기소득분배를 정부가 적정하게 재분배해 준다면, 경쟁시장을 통해서 파레토 효율을 달성할 수 있다는 것이 후생경제학 제2의 정리의 요지이다.

이제 그림을 통해서 후생경제학 제2의 정리를 증명해 보자. 〈그림 14-7〉에서 J점은 계약곡선상에 있는 한 점으로 파레토 최적이다. 이때 우리는 J점에서 접선을 그을 수 있는데, 이 선이 상대가격을 보여주는 예산선이 된다. 따라서 이 예산선 위에 있는 어떤 점—예를 들어 S점—에서도 교환을 통하여 J점으로 갈 수 있는데, 바로 이 J점은 시장균형상태가 된다. 다시 말하면 어떤 주어진 파레토 효율 배분(J점)하에서 시장균형을 가져오는 상대가격을 찾을 수 있다는 것이다.

이는 초기소득분배가 W점에 있는 경우에도 마찬가지이다. 이 경우에는 정부가 소득재분배를 통하여 예산선상에 있는 한 점—예를 들어 S점—으로 이동시키면, 앞에서 설명한 바와 같이 경쟁시장에서의 교환을 통하여 J점으로 갈 수 있으며, 이는 파레토 최적이 된다. 정부가 W점에서 S점으로 소득을 재분배하는 수단을 정액소득이전lump-sum income transfer이라 하며, 이는 조세와 달리 소비자의 선호에 의해서 결정되는 것이 아니므로 선호를 왜곡시키지 않는 것으로 알려져 있다.

요약하면, 후생경제학 제2의 정리는 어떠한 파레토 효율 상태도 부존점이 예산선 위에만 있게 되면 경쟁시장을 통하여 달성될 수 있다는 것이다. 만약 초기부존점이 예산선 위에 있지 아니하면, 정부가 소득이전정책을 통해서 부존점을 예산선상으로 이동시키면, 다시 경쟁시장 기능이 작동하여 파레토 효율 상태로 갈 수 있다.

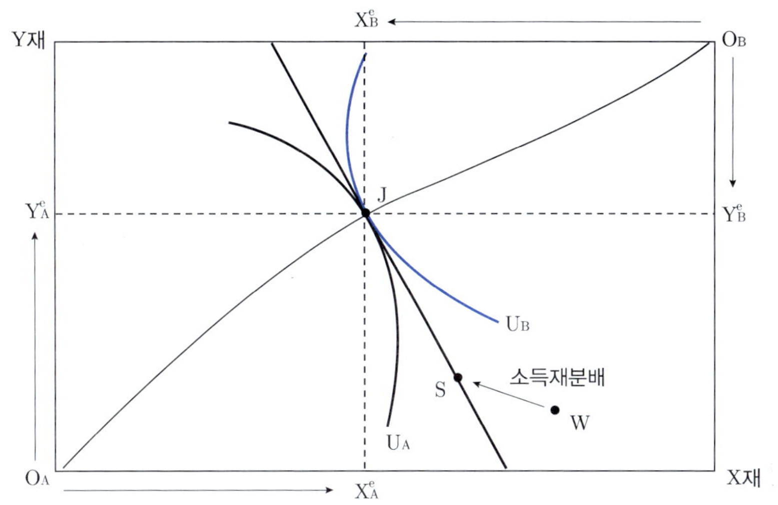

그림 14-7 후생경제학 제2의 정리

(2) 독점시장: 단일가격 책정의 경우

완전경쟁시장 메커니즘과 달리 이제는 가격을 제시하는 경매자가 없고, A가 B에게 '있을 수 있는' 가격들을 제시한다고 하자. 그러면 B는 A가 제시하는 가격에서 자신의 구매량을 결정할 것이다. 이때 A는 B의 구매의도, 즉 '있을 수 있는' 가격에 대응하여 구매하고자 하는 상품의 양을 사전적으로 안다고 하자. B의 구매행동이 주어진 상황 하에서 A는 자신의 이득을 극대화하는 일종의 독점자라고 할 수 있다.

에지워스 상자내에서 독점시장의 균형을 이해하기 위해서는 가격오퍼곡선price offer curve이라는 개념이 필요하다. 이 곡선은 여러 가지 '있을 수 있는' 가격들이 주어질 때 소비자가 자신의 효용을 극대화하는 최적점들을 연결한 선이다. A가 독점자로서 B에게 다양한 가격을 제시하면, B는 이에 따라서 최적소비점을 결정하며, 이들을 연결한 선이 〈그림 14-8〉에 그려져 있는 B의 오퍼곡선이다. 이 상황에서 B의 최종적 최적선택점은 예산선과 가격오퍼곡선이 만나는 E_m이 될 것이다.

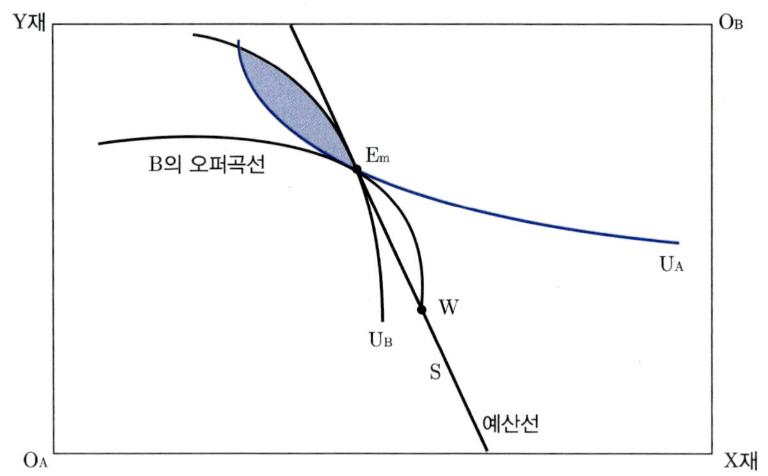

그림 14-8 에지워스 상자내에서 독점시장의 균형: 단일가격 책정의 경우

물론 독점기업인 A도 자신의 이윤을 극대화하려는 행동을 할 것이다. 그림에서 보면 A의 최종 선택점은 B의 가격오퍼곡선과 자신의 무차별곡선이 접하는 E_m점이 될 것이다. 만약 B의 가격오퍼곡선이 A의 무차별곡선과 교차하게 되면, A의 이득이 더 증가할 여지가 있기 때문이다. 요약하면, W점을 지나는 예산선과 B의 가격오퍼곡선이 만나는 E_m점이 정해지면, B는 소비점으로서 E_m점을 선택하고, A 역시 자신의 효용을 극대화하는 E_m점을 선택할 것이다. 이때 가격은 E_m과 W를 지나는 예산선을 가져오는 가격수준으로, 일종의 독점가격이 될 것이다.

그러면 독점시장 메커니즘이 가져온 E_m점은 파레토 최적인가? 아니다. 그림에서 보는 바와 같이 A의 무차별곡선은 B의 가격오퍼곡선과 만날 뿐 접하지 않는다. E_m상태에서는 A의 무차별곡선과 B의 무차별곡선은 서로 교차하며 볼록렌즈 모양의 면적이 아직도 남아있음을 알 수 있다. 이는 A와 B가 모두 효용이 증가하거나, 둘 중 어느 한 사람의 효용감소 없이도 다른 사람의 효용이 증가할 수 있는 여지를 보여주므로, E_m상태는 파레토 최적이 아닌 것이다.

(3) 독점시장: 완전가격차별의 경우

독점상황이지만 이제는 A가 B의 구매행동을 파악하여 B가 기꺼이 지불하고자 하는 가격, 즉 예약가격reservation price에 따라서 가격을 차별적으로 책정한다고 하자. 에지워스 상자에서 이러한 상황은 어떻게 그려질 것인가? 이에 대한 답이 〈그림 14-9〉에 나타나 있다. 초기부존 W점에서 출발하여 A가 B에게 상이한 가격에 X재를 판매한다고 하자. 이때 B가 지불하고자 하는 가격은 B가 기꺼이 지불하려는 가격으로 B가 그것을 구입하든 구입하지 아니하든 효용의 변화가 없는 가격이다. 따라서 A가 처음 X재 한 단위를 판매하면, B의 효용수준은 초기부존 W를 지나는 무차별곡선과 같게 될 것이다. A가 B에게 X재 두 단위를 판매하는 경우도 마찬가지일 것이다. 이러한 과정은 언제까지 계속될 것인가? 이는 A의 효용이 극대화되는 E_m'점까지이다. 즉 W에서 시작하여 B의 효용수준은 변하지 않는 상태에서 A의 무차별곡선이 B의 무차별곡선과 접할 때까지 계속될 것이다.

우리는 E_m'점이 파레토 최적임을 쉽게 알 수 있다. A의 무차별곡선이 B의 무차별곡선과 접하고 있기 때문이다. 그런데 이 상태는 B의 효용은 변화 없이, A

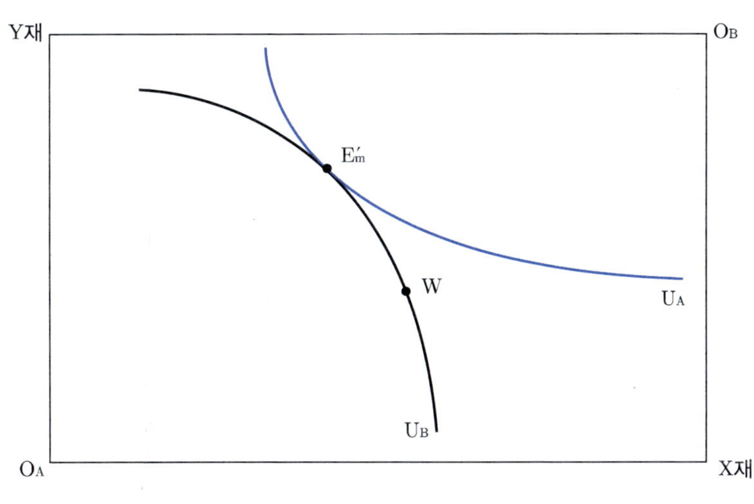

그림 14-9 에지워스 상자내에서 독점시장의 균형: 완전가격차별의 경우

의 효용만 증가한 결과이다. 교환의 이득, 다시 말하면 B의 소비자잉여를 A가 모두 가져가게 되는 결과를 초래한 것이다. 따라서 파레토 효율과 소득분배의 공정성은 별개의 문제라는 사실을 다시 한번 확인해 볼 수 있다.

14.2 생산과 파레토 효율

1) 생산에 있어서의 파레토 효율

앞의 분석에서 X재의 생산량과 Y재의 생산량이 주어진 상황하에서 교환에 있어서의 파레토 최적의 문제를 살펴보았다. 이제는 생산에 있어서의 파레토 최적의 문제를 분석해 보기로 하자. 분석의 단순화를 위해서 다음과 같이 가정한다.

① X재와 Y재, 두 재화만 생산한다.

② 생산요소는 노동(L)과 자본(K)뿐이며, 총량은 $\overline{L}$과 $\overline{K}$로 고정되어 있다.

③ 생산요소는 완전고용된다.

이러한 가정하에서 생산의 문제는 사회 전체적으로 X재와 Y재의 생산량을 극대화하기 위해서 노동과 자본의 최적배합점을 찾는 것이다. 즉 생산에 있어서 파레토 최적 상태를 달성하는 것이다. 이 문제에 대한 해답은 교환에 있어서 파레토 최적의 경우와 분석방법이 동일하다. 다만 무차별곡선이 아닌 등량곡선을 활용한다는 점이 다르다. 제6장에서 배운 바와 같이 등량곡선은 L과 K를 투입하여 어떤 한 재화를 생산할 때 동일한 생산량을 보여주는 생산요소배합점들의 궤적이다.

〈그림 14-10〉에는 생산활동에 대한 에지워스 상자가 그려져 있다. 그림에서 G점은 생산요소배합점을 보여 준다. 횡축의 길이인 $\overline{L}$은 경제내에서 노동의 총량(80단위)을 나타내고, 종축의 높이인 $\overline{K}$는 자본의 총량(50단위)을 나타내는데, G점에서는 L_X(50위)와 K_X(20단위)를 배합하여 X재를 생산하고, L_Y(30단위)와 K_Y(30단위)를 배합하여 Y재를 생산한다. 즉,

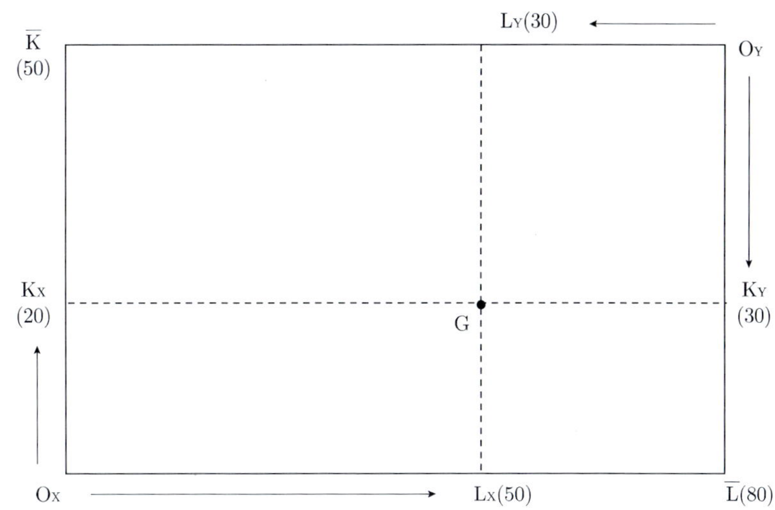

그림 14-10 생산 전의 부존여건

$$\underset{(80)}{\overline{L}} = \underset{(50)}{L_X} + \underset{(30)}{L_Y}, \quad \underset{(50)}{\overline{K}} = \underset{(20)}{K_X} + \underset{(30)}{K_Y}$$

이 상태에서 상자 안에 있는 모든 점들은 생산가능한 요소배합점이다.

한편 X재와 Y재 생산에 대한 정보는 각각의 등량곡선에 의해서 주어져 있다. 〈그림 14-11〉에서 보면 X재의 등량곡선은 원점 O_X에 대해서 볼록한 곡선들(X(150), X(160), X(200) 등)로서 O_Y쪽으로 올라가면서 이동할수록 더 높은 생산량 수준을 나타낸다. 마찬가지로 Y재의 등량곡선은 원점 O_Y에 대해서 볼록한 곡선들(Y(220), Y(260), Y(300) 등)로서 O_X쪽으로 내려오면서 이동할수록 더 높은 생산량 수준을 나타낸다.

〈그림 14-11〉의 초기부존 G점 상태에서는 X재를 150단위, Y재를 220단위를 생산하고 있다. 그렇다면 G점은 파레토 최적인가 아닌가? 결론부터 말하면, G점은 파레토 최적 상태가 아니다. G를 지나는 X재와 Y재 등량곡선의 형태로 보아서는 X재와 Y재 생산을 더 증가시킬 수 있기 때문이다. 그림에서 보는 바와 같이 G점을 지나는 X재의 등량곡선과 Y재의 등량곡선은 서로 교차하며, 볼록렌즈 모양의 영역을 만들어 내고 있다. 이와 같이 볼록렌즈 모양의 영역이 존재하는 한, X재와 Y재의 생산량은 동시에 증가할 수 있기 때문에 생산요소의 배합

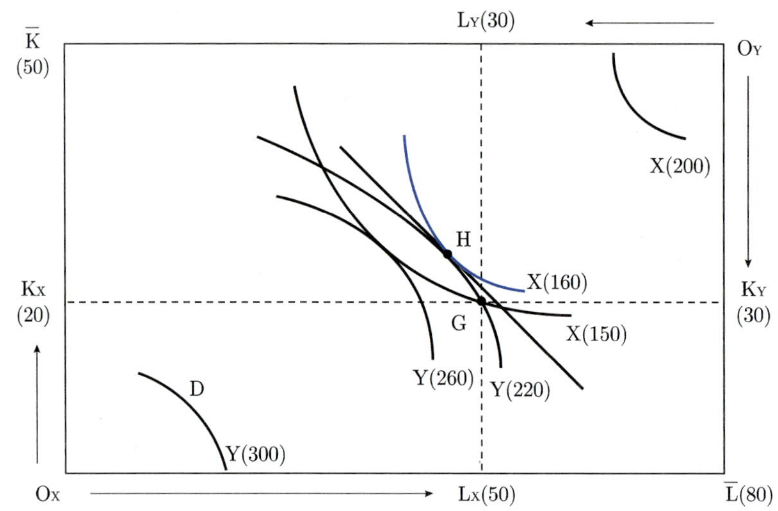

그림 14-11 생산에서의 파레토 최적

점은 다른 곳으로 이동할 것이다. 이러한 생산조정은 볼록렌즈 모양의 영역이 모두 없어지는 상태, 즉 X재와 Y재 등량곡선이 접하는 상태까지 이루어질 것이다. 바로 H가 이러한 점이다. 이 상태에서는 요소배합점을 변화시킴으로써 더 이상 생산을 증가시킬 수 없게 되므로 파레토 최적이다. 이 조건을 수식으로 표시하면,

$$MRTS_{LK}^{X} = MRTS_{LK}^{Y}$$

즉 X재의 한계기술대체율과 Y재의 한계기술대체율이 같게 되는 상태이다

2) 파레토 생산집합: 생산조정곡선

앞에서 살펴본 바와 같이 X재의 등량곡선과 Y재의 등량곡선이 접하면 파레토 최적 상태가 된다. 그런데 〈그림 14-12〉에서 보는 바와 같이 에지워스 상자내에서 파레토 최적 상태는 H점 하나만 존재하는 것이 아니다. 왜냐하면 X재의 등량곡선과 Y재의 등량곡선이 접하는 점들이 H점 이외에도 무수히 많기 때문이다. 예를 들어 X재의 등량곡선이 주어진 상황하에서 Y재의 생산량이 극대화될

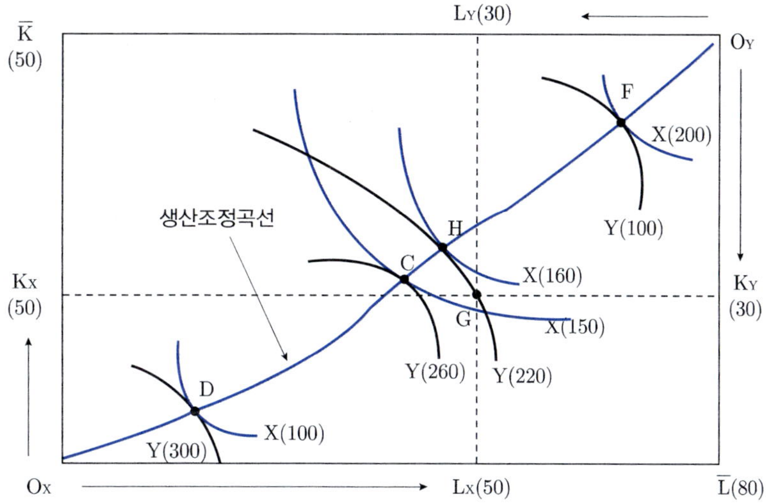

그림 14-12 생산의 파레토 집합: 생산조정곡선

때까지 Y재의 등량곡선을 이동시키면, 두 등량곡선이 접하게 되면서 C점에서 파레토 최적이 된다. D점과 F점에서도 X재의 등량곡선과 Y재의 등량곡선이 접한다. 따라서 이 점들도 파레토 최적이다.

우리는 에지워스 상자내의 모든 파레토 최적인 생산점들을 파레토 생산집합 혹은 생산조정곡선production coordination curve이라고 부른다. 생산조정곡선이라고 부르는 이유는 생산을 위한 모든 '최종적 조정들'final coordinations은 파레토 집합에 속해 있어야 하기 때문이다. 만약 어떤 생산조정을 했음에도 불구하고, 또 다른 생산조정을 통해서 이득이 발생할 수 있다면 그 어떤 조정도 '최종적' 조정이 될 수 없을 것이다.

생산조정곡선의 모양은 X의 원점 O_X에서 출발하여 O_Y를 연결하는 선이 된다. 만약 생산점이 X의 원점 O_X에 있다면, Y재만 생산하는 상황이 될 것이다. 이때 원점 O_X는 파레토 최적 상태이다. 왜냐하면 여기서 X재의 생산량이 증가될 수 있는 방법은 오로지 Y재의 생산량 감소를 통해서만 가능하기 때문이다. 이 점으로부터 생산조정곡선을 따라 올라가면 X재의 생산량은 Y재 생산량의 감소를 수반하면서 증가하는데, O_Y에 이를 때까지 계속될 것이다.

3) 생산가능곡선

앞에서 도출한 생산조정곡선을 다른 그림으로 표현한 것이 생산가능곡선 production possibility curve이다. 즉 O_X점으로부터 생산조정곡선을 따라 올라가면 X재의 생산량은 증가하는 반면에, Y재의 생산량의 감소하는데, 이러한 X재 생산량과 Y재 생산량간의 역관계를 보여주는 것이 생산가능곡선이다. 예를 들어 O_X에서 X재의 생산량은 0이고, Y재의 생산량은 최대가 되는데, 생산가능곡선상에서는 O_X'로 표시된다. 마찬가지로 O_Y에서는 Y의 생산량은 0이고, X재의 생산량은 최대가 되는데, 생산가능곡선상에서는 O_Y'로 표시된다. 따라서 생산가능곡선은 생산조정곡선상의 등량곡선이 나타내 주는 X재 생산량과 Y재 생산량의 배합점들의 궤적이다. 즉 〈그림 14-13〉에 나타나 있는 생산가능곡선상의 D', C', H', F'는 〈그림 14-12〉에 나타나 있는 생산조정곡선상의 D, C, H, F와 각각 대응된다.

생산가능곡선의 기울기는 기회비용의 크기를 나타낸다. 희소성의 문제 때문에 X재를 더 생산하기 위해서는 Y재의 생산량이 감소되어야 하는데, 이때 X재 1단위를 더 생산하기 위해서 포기되는 Y재의 생산량을 X재 1단위 생산에 대한 기회비용이라고 한다. 수식으로 나타내면,

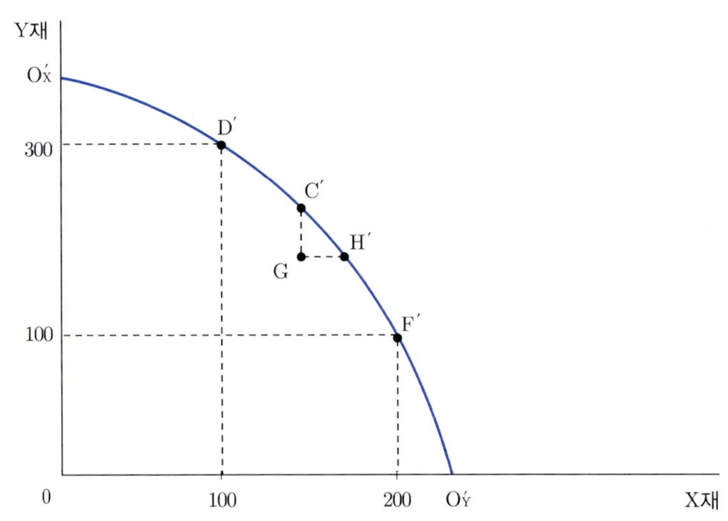

그림 14-13 생산가능곡선

$$-\Delta Y/\Delta X$$

따라서 생산가능곡선 위에 있는 어떤 한 점에서의 기울기는, 그 점에서의 기회비용의 크기를 나타낸다. 경제학에서는 이를 한계변환율Marginal Rate of Transformation; MRT이라고도 부른다.

14.3 생산과 교환의 동시적 파레토 효율

생산량이 주어진 하에서 계약곡선상의 점들은 교환을 통해서 달성할 수 있는 파레토 최적점들이다. 그러나 생산량이 주어진 것이 아니라 생산량도 선택할 수 있는 상황이라면, 계약곡선상의 점들은 모두 파레토 최적이라고 볼 수 없다. 이러한 경우 경제는 생산과 교환의 문제를 동시적으로 해결하여야 한다. 앞의 경우와 마찬가지로 경제는 K와 L을 사용하여 X재와 Y재를 생산하는데, 생산된 재화는 A와 B라는 소비자에게 분배된다고 하자. 이 경우 파레토 최적은 어떻게 달성될 수 있는가?

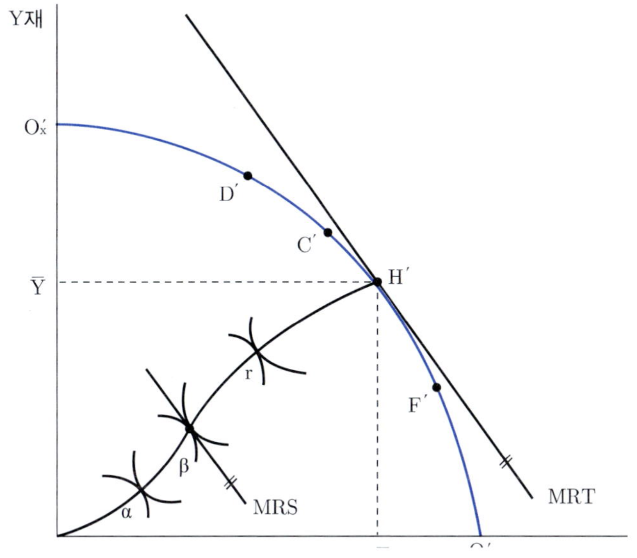

그림 14-14 생산과 교환의 동시적 파레토 최적

이에 대한 대답이 〈그림 14-14〉에 나타나 있다. 그림에서 생산가능곡선상의 점들은(예: D'점) 생산에 있어서의 파레토 최적 상태이고, 에지워스 상자 안에 있는 계약곡선상의 점들(예: α)은 교환에 있어서의 파레토 최적 상태이다. 그러나 생산과 교환의 문제를 동시적으로 고려하는 경우에는 모든 점들이 파레토 최적상태는 아니다.

결론부터 말하면, 생산점은 H'이고 소비점은 β인 상태가 생산과 교환을 동시적으로 고려하는 경우의 파레토 최적 상태이다. 이 상태에서는 생산가능곡선의 기울기와 무차별곡선의 기울기가 같다. 즉,

$$MRTxy = MRSxy$$

만약 위의 조건이 만족되지 않는다고 하자. 예를 들어 생산가능곡선상의 어떤 점에서 MRTxy는 2이지만, 계약곡선상의 어떤 점에서 MRSxy는 1이라고 하자. 즉

$$MRTxy(=2) > MRSxy(=1)$$

이는 X재와 Y재는 1:1로 교환 가능한 반면에, 생산 측면에서는 X재 1단위를 포기하면 Y재 2단위를 얻을 수 있음을 보여준다. 이 경우 X재 1단위를 포기하고 Y재 2단위를 얻는 쪽으로 생산을 조정하는 것이 소비자들의 후생을 증가시킬 것이다. 왜냐하면 소비자들은 Y재 1단위에 대해서 X재 1단위의 가치를 부여하고 있기 때문이다. 그러면 언제까지 생산과 조정이 이루어질 것인가? 바로 MRSxy와 MRTxy의 값이 같아질 때까지이다. 이 조건은 생산점이 H'이고 소비점은 β인 상태에서 만족된다.

14.4 사회후생의 극대화

지금까지 사회적 입장에서 생산과 교환의 효율성 조건을 살펴보았다. 이는 실증적인 측면으로 이제는 규범적인 측면, 즉 공정성의 측면을 고려하여 사회 전체적으로 후생을 극대화하는 문제를 분석하고자 한다. 이를 위해서는 효용가능

경계와 사회후생함수라는 분석도구가 필요하다.

1) 효용가능곡선과 효용가능경계

효용가능곡선utility possibility curve은 〈그림 14-14〉으로부터 도출할 수 있다. 〈그림 14-14〉에서 생산가능곡선상에서 생산점이 H'점으로 주어지면, 계약곡선은 α, β, γ 등을 연결하는 선 O_AH'가 되는데, α, β, γ 등을 〈그림 14-15〉에서와 같이 횡축을 U_A, 종축을 U_B로 놓은 그림에 다시 표시한 것이 효용가능곡선이다. 따라서 효용가능곡선상에서 β점은 생산가능곡선상의 H'점에서의 MRTxy의 기울기와 MRSxy의 기울기가 일치하는 점으로 생산과 교환에 있어서의 파레토 효율을 달성하는 점이다. 물론 α, γ 등 효용가능곡선상의 다른 점들은 교환에 있어서의 파레토 효율 상태이나, 생산활동을 고려할 때는 파레토 효율의 상태는 아니다.

〈그림 14-16〉에 나타나 있는 효용가능경계utility possibility frontier는 〈그림 14-15〉의 효용가능곡선상에서 β와 같은 점들을 연결한 선이다. 예를 들어 생산가능곡선상에서 D'에 대응되는 효용가능곡선을 도출할 수 있는데, 계약곡선 상의 κ에서 MRTxy의 기울기와 MRSxy의 기울기가 일치하는 점이라면 생산과 교환에

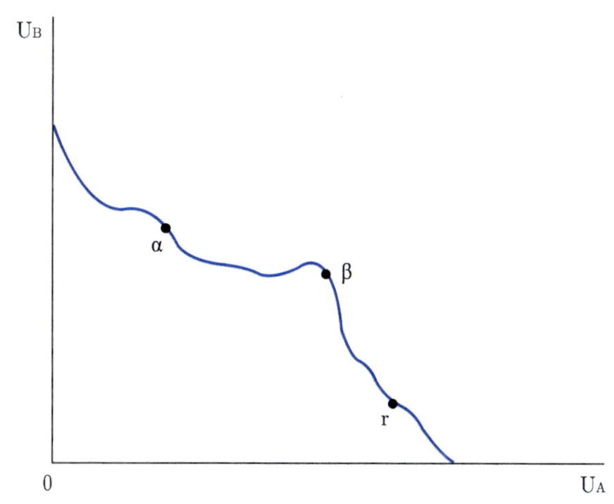

그림 14-15 효용가능곡선

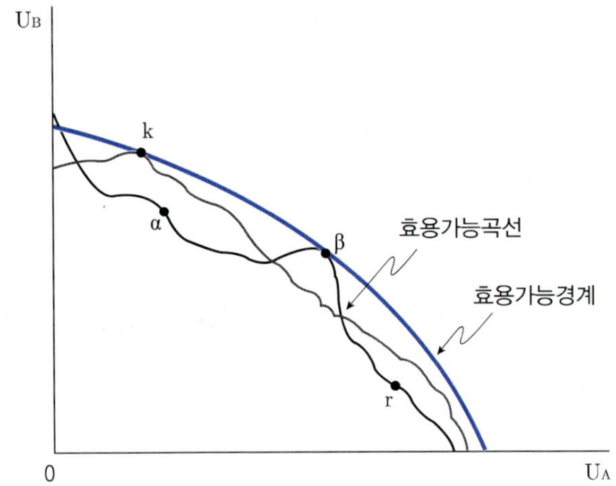

그림 14-16 효용가능경계

있어서의 파레토 효율을 달성하는 점이다. 생산가능곡선상의 모든 점에서 이와 같은 방법으로 생산과 교환에 있어서의 파레토 효율을 달성하는 점들을 찾을 수 있는데, 이러한 점들을 연결한 선이 바로 효용가능경계utility possibility frontier가 되는 것이다. 따라서 효용가능경계에 있는 점들은 교환뿐만 아니라 생산에 있어서의 파레토 효율 상태에 있는 점들이다.

2) 사회후생함수

효용가능경계utility possibility frontier는 생산과 교환에 있어서의 파레토 효율 상태를 보여주나, 소득분배의 공정성equity에 대해서는 말해 주지 못한다. 이는 우리가 제2장에서 공부한 바와 같이 가격차별하는 독점시장의 경우 완전경쟁시장에서와 마찬가지로 파레토 효율은 가져올 수 있으나, 소비자잉여를 독점기업이 모두 가져가 버리므로 불공정한 상태가 될 수 있다는 사실에서도 알 수 있다. 요컨대 파레토 효율 기준과 소득분배의 공정성은 별개의 문제이다.

그렇다면 우리가 지금까지 공부해온 미시경제학은 효율의 문제만 다루고 여기서 그칠 수밖에 없는가? 사실 사회적인 관점에서 공정성의 문제에 답하는 것은 쉽지 않은 일이다. 왜냐하면 공정성 여부를 판가름하기 위해서는 어떠한 형태로든 가치판단value judgement이 이루어져야하기 때문이다. 다행히도 몇몇 경제학자들이 사회후생함수social welfare function라는 이름으로 가치판단의 문제에 대하여 답을 제시하여 왔다.

(1) 극단적인 평등주의: 롤스의 사회후생함수

미국의 사회학자 롤스J. Rawls가 제안한 사회후생함수로 다음과 같이 표현된다.

$$SW = \min\ \{U_A,\ U_B\}$$

여기서 SW는 사회후생수준이고, U_A와 U_B는 각각 사회구성원 A와 B의 효용수준이다. 함수식이 min으로 표현된 것은 U_A와 U_B 중 작은 값에 의해서 사회후생수준 SW의 수준이 결정됨을 말해준다. 가령 A의 효용수준(U_A)이 40이고, B의 효용수준(U_B)이 20이면 사회후생수준(SW)은 20이 된다는 것이다. 이를 사회무차별곡선으로 표현하면, 〈그림 14-17〉과 같다.

따라서 사회후생수준이 증가하기 위해서는 효용수준이 가장 낮은 B의 효용이 증가해야 가능하며, 효용수준이 높은 A의 효용증가는 사회후생에 아무런 영향을 미치지 못하게 된다. 가령 A의 효용이 40에서 50으로 증가하더라도 사회후생은 여전히 20수준에 머물러 있게 된다. 반대로 B의 효용이 20에서 30으로 증

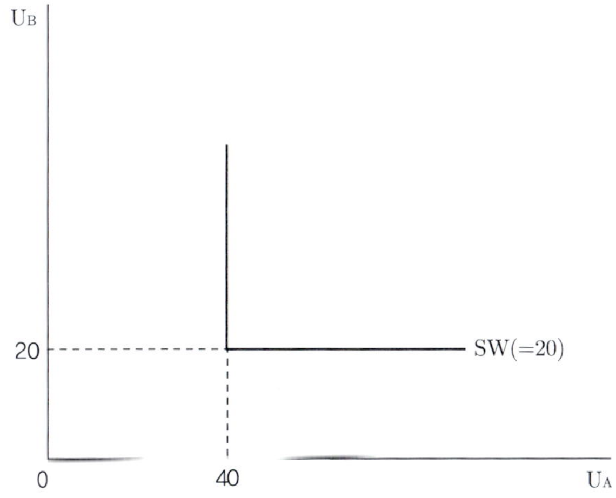

그림 14-17 롤스의 사회후생함수

가하면 사회후생함수는 우상향으로 이동하면서 사회후생수준이 30이 된다. 결론적으로 롤스의 사회후생함수는 사회에서 가장 효용이 낮은 계층에게 100% 가중치를 주는 극단적인 평등주의를 의미한다고 할 수 있다.

(2) 공리주의: 벤담류의 사회후생함수

영국의 사회학자 벤담B. Bentham은 '최대다수의 최대행복'이라는 말을 남겼고, 이는 공리주의라는 가치관을 내포하고 있다. 이를 사회후생함수로 표현하면 다음과 같다.

$$SW = U_A + U_B$$

이에 따르면 사회후생수준은 사회구성원인 A와 B의 효용을 단순히 합하면 된다는 것으로, 어느 누구의 효용수준이 증가하면 사회후생은 증가하게 된다. 이 사회후생함수를 U_B에 대해서 정리하면,

$$U_B = SW - U_A$$

따라서 사회적 무차별곡선은 〈그림 14-18〉과 같이 그릴 수 있다.

그림에서 보는 바와 같이 사회무차별곡선은 우하향하는 직선이고, 기울기는

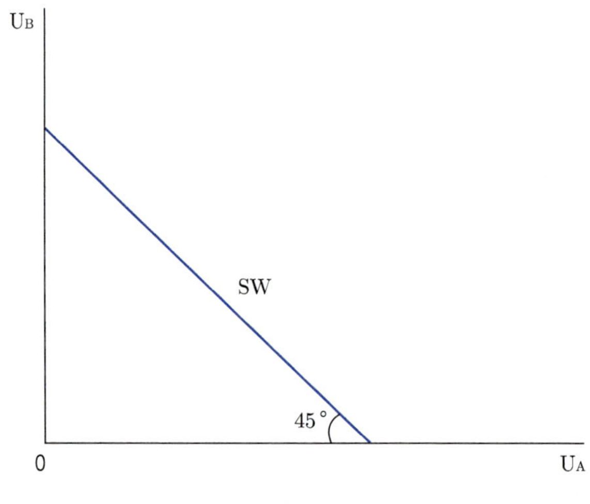

그림 14-18 공리주의 사회후생함수

−1이다. 이는 A의 효용(U_A) 한 단위를 증가시키기 위해서 B의 효용(Ub) 한 단위를 감소시키더라도 사회적으로 후생수준의 변화가 없다는 것을 말해준다. 다시 말해서 사회구성원인 A와 B에 대해서 동일한 가중치를 주는 가치기준이다.

만약 A와 B에 대해서 상이한 가중치를 준다면, 사회후생함수는 다음과 같이 표현할 수 있다.

$$SW = \alpha \cdot U_A + \beta \cdot U_B$$

여기서 α는 A에 대한 가중치이고, β는 B에 대한 가중치이다. 이 사회후생함수를 U_B에 대해서 정리하면,

$$U_B = SW/\beta - \alpha/\beta \cdot U_A.$$

만약 α값을 0.8, β값을 0.2로 주면 사회적 무차별곡선은 〈그림 14-19〉와 같게 된다. 그림에서 보는 바와 같이 사회무차별곡선은 우하향하는 직선이고, 기울기는 −4이다. 이는 A의 효용(U_A) 한 단위를 증가시키기 위해서 B의 효용(U_B) 네 단위를 감소시키더라도 사회적으로 후생수준의 변화가 없다는 것을 말해준다.

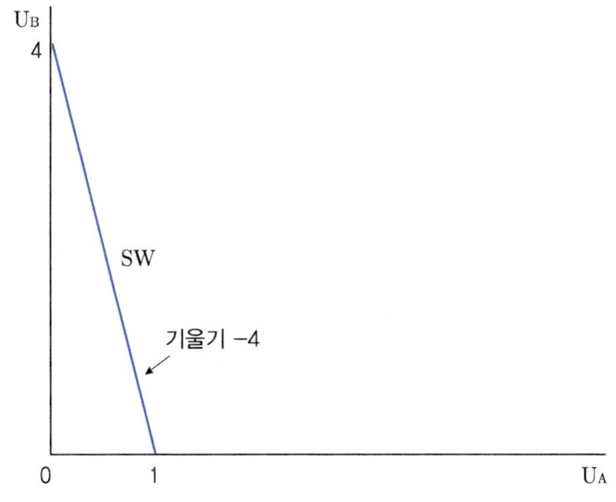

그림 14-19 공리주의 사회후생함수: 가중치가 다를 경우

(3) 평등주의

평등주의는 〈그림 14-20〉에서 보는 바와 같이 원점에 대해서 볼록한 사회적 무차별곡선에 의해서 표현된다. 함수로 표현한다면,

$$SW= U_A^{1/2} \cdot U_B^{1/2}$$

와 같은 형태가 될 것이다.

이러한 사회적 무차별곡선은 어떤 계층이 높은 수준의 효용을 누리면 낮은 가중치를 주고, 반대로 낮은 수준의 효용을 누리면 높은 가중치를 주는 가치기준을 의미한다. 그림에서 SW상에서는 말 그대로 동일한 사회적 효용수준을 나타내는데, a점에서 b로 갈 때에는 A의 효용수준이 낮으므로 A의 효용을 1단위 더 증가시키기 위해서 B의 효용 2단위를 희생시키더라도 괜찮지만—즉 사회적으로 무차별하지만—c점에서 d점으로 갈 때에는 A의 효용수준이 높으므로 A의 효용을 1단위 더 증가시키기 위해서 B의 효용 1/2단위를 희생시키더라도 괜찮다—즉 사회적으로 무차별하다—는 의미를 가진다.

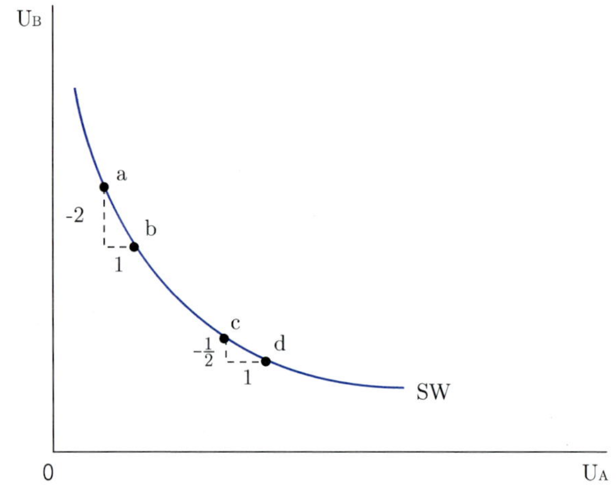

그림 14-20 평등주의 사회후생함수

3) 사회후생의 극대화

이제 효용가능경계와 사회후생함수를 활용하여 사회적 후생을 극대화하는 문제를 살펴보자. 어떤 사회가 앞에서 살펴본 평등주의적 사회후생함수를 공정하다고 보는 가치관을 가지고 있다고 하자. 그러면 이 사회는 〈그림 14-21〉에서 보는 바와 같이 사회적 무차별곡선과 효용가능경계가 접하는 E_s점에서 사회후생의 극대화를 달성할 것이다. 이 점은 효용가능경계상에 있으므로 생산 및 교환에 있어서 동시적 파레토 효율을 만족시킬 뿐만 아니라 사회가 보편적으로 인정하는 가치기준하에서 공정성도 달성하는 상태가 된다. E_s점은 단순히 효율성 기준에 의해서는 찾을 수 없고, 사회후생함수라는 가치판단을 통해서 비로소 찾을 수 있다. Es점은 어떻게 보면 경제학이 찾고자 하는 가장 이상적인 상태라고 할 수 있다. 이런 의미에서 이 상태를 지복점Bliss point이라고 불러도 무방할 것이다.

평등주의를 추구하는 사회가 아닌 다른 가치관을 가진 사회, 즉 공리주의나 극단적 평등주의하의 사회에 대한 후생극대화 문제는 독자들 스스로 찾을 수 있을 것이다.

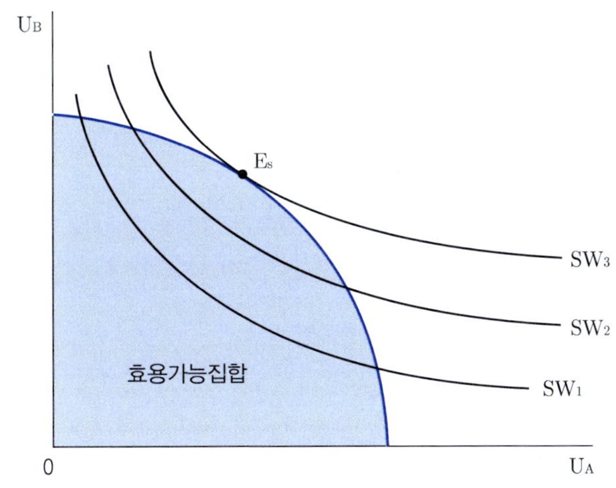

그림 14-21 평등주의 사회의 후생극대화

더 알아보기 14-2 애로우의 불가능성정리impossibility theorem

이 정리는 사회후생함수의 도출이 쉽지 않은 일이라는 점을 알려준다. 경제학자 애로우K. Arrow에 의하면 사회선호체계가 가져야 할 바람직한 성격으로 다음 네 가지 공리를 들고 있다.

① 모든 사회적 상태를 비교 평가할 수 있어야 하며, 일관적이어야 한다.(랭크 가능성, 이행성)

② 모든 사회구성원이 a 〉 b이면, 사회도 그러해야 한다.(파레토 원칙)

③ 한 구성원의 선호가 사회전체의 선호를 좌지우지해서는 안 된다.(비독재성)

④ a와 b의 선호순위가 제3의 선택에 상관없이 일정해야 한다.(독립성)

애로우에 의하면 어떤 사회선호체계가 ①, ②, ④를 만족시키면 ③이 항상 위배된다고 한다. 다시 말해서 애로우의 불가능성정리는 한 사람의 선호가 사회전체의 선호를 좌지우지하지 않는, 즉 독재적이지 않은 사회적 선호를 찾기 어렵다는 것이다.

15장

시장실패와 정부의 역할

만약 경제내에 존재하는 '모든' 시장이 완전경쟁적이라면 자원배분은 효율적으로 이루어질 것이다. 반대로 시장이 독과점적이거나 공공재의 경우, 외부효과가 존재하는 경우, 그리고 정보가 불완전할 경우에는 시장이 제 기능을 발휘하지 못하게 된다. 경제학에서는 이를 시장실패market failure라고 한다. 독과점이 자원의 효율적 배분을 달성할 수 없는 점은 이미 배운 바 있다. 그러므로 이 장에서는 공공재, 외부효과, 정보의 불완전성 등이 왜 비효율적 자원배분을 가져오는지를 분석하고, 이에 대한 정부의 해결방법에 대해서 알아본다.

15.1 공공재

1) 공공재의 특성

만약 한 사람이 어떤 상품을 소비할 때, 그 상품을 쓰는 다른 사람의 소비량을 감소시키지 않는다면, 그 상품은 공공재public good이다. 다시 말해서 일단 공공재가 어느 누군가에게 주어진다 하더라도, 다른 사람들이 아무 비용을 지불하지 않고서 그것을 소비할 수 있다. 대표적인 공공재로는 국방, 소방, 등대 등을 들 수 있으며 라디오방송, TV방송 등도 공공재에 속한다.

이렇게 보면 공공재를 식별할 수 있는 가장 중요한 특성은 소비의 비경합성이라고 할 수 있다. 예를 들어 어떤 한 학생이 라디오를 듣는다고 해서 다른 학생이 못 듣는다고 하는 경우는 없다. 이러한 공공재의 특성은 소비가 경합되는 사적재private good와는 대조적이다. 사과와 같은 사적재는 어느 누군가가 특정량을 소비한다면, 그 소비되는 부분은 다른 사람에 의해서 절대 소비될 수 없는 것이다.

공공재의 또 다른 특성으로는 비배제성을 들 수 있다. 이 특성은 소비의 비경합성과는 구분되는데, 비배제성이란 일부 선택된 사람—예를 들어 대가를 지불한 사람—에게만 상품소비의 혜택을 한정시키기가 불가능하거나 한정시키는데 막대한 비용이 들어가는 것을 의미한다. 가령 국방이라는 서비스에 대해서 일정한 대가만 지불한 사람에게만 그 혜택을 누리게 할 수 있겠는가?

요컨대 공공재의 두 가지 특성은 소비의 비경합성과 비배제성이다. 만약 이 중 공공재의 더 중요한 특성을 고르라고 한다면, 그것은 소비의 비경합성이다. 예를 들어 국방과 TV방송이라는 공공재는 모두 소비에 있어서 비경합적이지만, 국방은 비배제성의 특성을 가지는 반면에 TV방송은 유선을 통해 배제할 수 있다.

더 알아보기 15-1 재화의 유형

우리는 공공재의 두 가지 특성, 즉 소비의 비경합성과 비배제성을 기준으로 모든 재화 및 서비스를 구분해 볼 수 있다. 〈그림 15-1〉에서 가로축은 소비가 경합하지 않는 정도를 나타내고, 세로축은 배제할 수 없는 정도를 나타낸다. 먼저 D 영역에서처럼 소비가 경합하지 않을뿐더러 배제할 수 없는 재화를 우리는 순수공공재pure public goods라고 부른다. 국방이라는 서비스가 가장 대표적인 예이다. 우리 국민 중 어느 누구가 국방의 혜택을 누린다고 해서 다른 사람이 국방의 혜택을 누리지 못하는 것은 아니며, 국방비를 내지 않았다고 그 사람만 따로 연평도 앞바다에 격리시켜 놓을 수도 없지 않은가? 특허기간이 지난 기술도 이러한 유형에 속한다고 할 수 있다. 이와 정반대로 소비가 경합하고 배제가 가능한 재화 및 서비스는 사적재(A 영역)가 되는 것이다. 아이스크림은 돈을 지불해야 먹을 수 있으며, 다른 사람이 먹으면 나는 먹지 못하게 되기 때문이다.

그렇다면 소비는 경합하지 않으나, 배제가 가능한 재화가 있는가(B 영역)? 유선방송이 대표적인 예이다. 내가 유선으로 TV를 본다고 다른 사람이 못 보는 것은 아니나, 돈을 내지 않으면 볼 수 없다. 이런 이유로 유선TV 사업에서는 배제시키는 기술이 사업성패의 가장 중요한 요인이 되고 있다. 이와 정반대가 되는 재화(C 영역)의 예로는 공해상에 있는 참치떼를 들 수 있다. 소유권이 없는 넓은 바다 위에서 누가 참치잡이를 제재할 것이며, 어떤 사람이 참치를 잡았다고 해서 다른 사람이 잡지 못하는 것은 아니다. 저수지 낚시터에 있는 물고기의 경우는 어떠한가? 저수지에는 비교적 풍부한 물고기가 사육되므로 내가 물고기를 잡았다고 다른 사람이 물고기를 잡을 수 없지는 않으나, 즉 소비가 경합하지 않으나, 입장료를 받을 수 있으므로 ★에 위치한다고 볼 수 있다. 독자들은 오늘 하루 동안에 접하는 모든 재화 및 서비스들이 어느 유형에 속하는지 생각해 보는 것도 재미있는 일이 될 것이다.

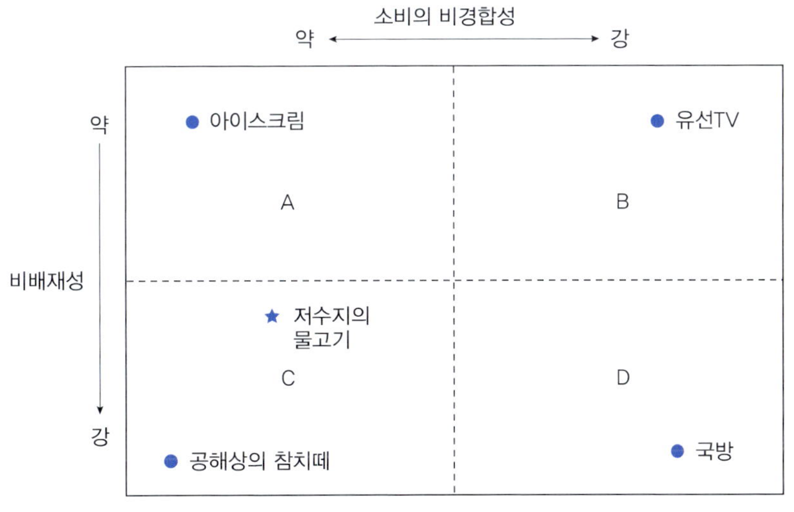

그림 15-1 재화 및 서비스의 유형

2) 공공재의 최적산출량

우리의 분석목적은 완전경쟁이라 하더라도 민간기업에 의해 공급되는 공공재의 경우에는 '적정'량이 생산되지 않기 때문에 정부의 개입이 불가피함을 설명하는 데 있다. 그러므로 공공재의 '적정'한 생산량수준을 결정하는 것이 순서일 것이다.

(1) 공공재에 대한 수요

분석의 단순화를 위해서 갑과 을이라는 두 사람만이 있고 이들의 특정 공공재 — 예를 들어 국방서비스 — 에 대한 진정한 수요가 〈표 15-1〉과 같이 주어져 있다고 가정하자. 이러한 수요예정표는 이 두 사람이 시장에서 '수요의도'를 나타내지 않는다는 의미에서 일종의 '환상'이라고 말할 수 있다.

만약 정부가 공공재 1단위를 공급하기로 결정했다고 하자. 공공재에는 소비의 경합성과 배제성의 원칙이 적용되지 않으므로 이 두 사람은 자발적으로 지불의사를 표시하지 않을 것이다. 그러나 두 사람이 함께 지불하고자 하는 금액은 〈표 15-1〉의 정보를 통해서 알 수가 있다. 갑은 공공재 1단위에 대해서 4,000원을 지불하려고 하고 을은 5,000원을 지불하려고 한다. 그리고 4,000원과 5,000원을 합친 9,000원이 갑과 을이 함께 지불하려고 하는 금액이 된다. 마찬가지로 공공재 2단위에 대해서 이 두 사람이 함께 지불하려는 가격은 7,000원(갑 3,000원+ 을 4,000원)이다. 이런 식으로 하여 공공재 3단위 째와 4단위 째에 대해서도 갑과 을이 함께 지불하려는 가격을 구하면, 공공재에 대한 집합적인 수요곡선을 도출할 수 있다.

표 15-1 공공재에 대한 수요스케줄(2명인 경우)

(1) 가격(원)	(2) 갑의 수요량	(3) 을의 수요량
5,000	0	1
4,000	1	2
3,000	2	3
2,000	3	4
1,000	4	5

이와 같은 공공재의 수요곡선의 도출방법은 사적재와는 전혀 다르다. 사적재의 시장수요곡선은 제3장에서 배운 바와 같이 각 가격에 대응한 개별수요량을 '수평 합'하여 도출하였다. 이와 반대로 공공재에 대한 수요곡선은 〈그림 15-2〉에서 보는 바와 같이 각 수요량에서 공공재의 마지막 한 단위 대해서 집단적으로 지불하고자 하는 가격을 '수직 합'하여 도출한 것이다. 즉 $D_{\text{공공재}}$는 $D_{\text{갑}}$과 $D_{\text{을}}$을 '수직합'하여 구한 것이다. 다시 강조하건대 이렇게 할 수 있는 이유는 갑과 을, 두 사람 모두가 공공재 각 단위를 동시적으로 사용할 수 있기 때문이다.

공공재의 수요곡선은 사적재의 경우처럼 우하향하는데, 이는 한계효용체감의 법칙을 반영하는 것이다. 공공재를 추가적으로 사용할수록 전 단위의 공공재 소비보다 그 만족도는 감소한다.

(2) 공공재의 공급

한편 공공재의 공급곡선은 어떤가? 〈그림 15-2〉에서 보는 바와 같이 공공재의 공급곡선은 사적재와 마찬가지로 우상향한다. 왜냐하면 단기상황에서 볼 때 수확체감의 법칙은 엽총(사적재) 생산뿐만 아니라 미사일(공공재) 생산시에도 적용되기 때문이다.

(3) 최적생산량의 결정

공공재의 최적생산량도 사적재와 마찬가지로 수요와 공급의 원리에 의해서 결정된다. 즉 각 개인의 수요곡선을 '수직 합'한, 즉 집합적 수요곡선과 공급곡선이 만나는 E점에서 균형이 달성되며, 이 때 공공재의 균형가격은 5,000원, 균형수량은 3단위로 결정된다. 만약 공공재가 2단위 공급된다면 2단위에 대해서 집합적으로 지불하려는 금액(7,000원)은 한계비용(3,000원)을 초과한다. 이러한 상황은 공공재가 덜 생산되고, 이에 따라 공공재 생산에 자원이 적게 배분되고 있음을 뜻한다.

한편 공공재가 4단위 공급된다면 4단위에 대해서 집합적으로 지불하려는 금액(3,000원)은 한계비용(7,000원)보다 적다. 이는 2단위의 경우와 반대로 공공재가 더 생산되어, 자원이 공공재 생산에 과도하게 배분되고 있음을 뜻한다. 결국 공공재의 최적생산량은 3단위로서, 이때 공공재 한 단위에 대해서 소비자들이 집합적으로 지불하려는 금액(5,000원)과 한계비용(5,000원)이 일치한다. 이

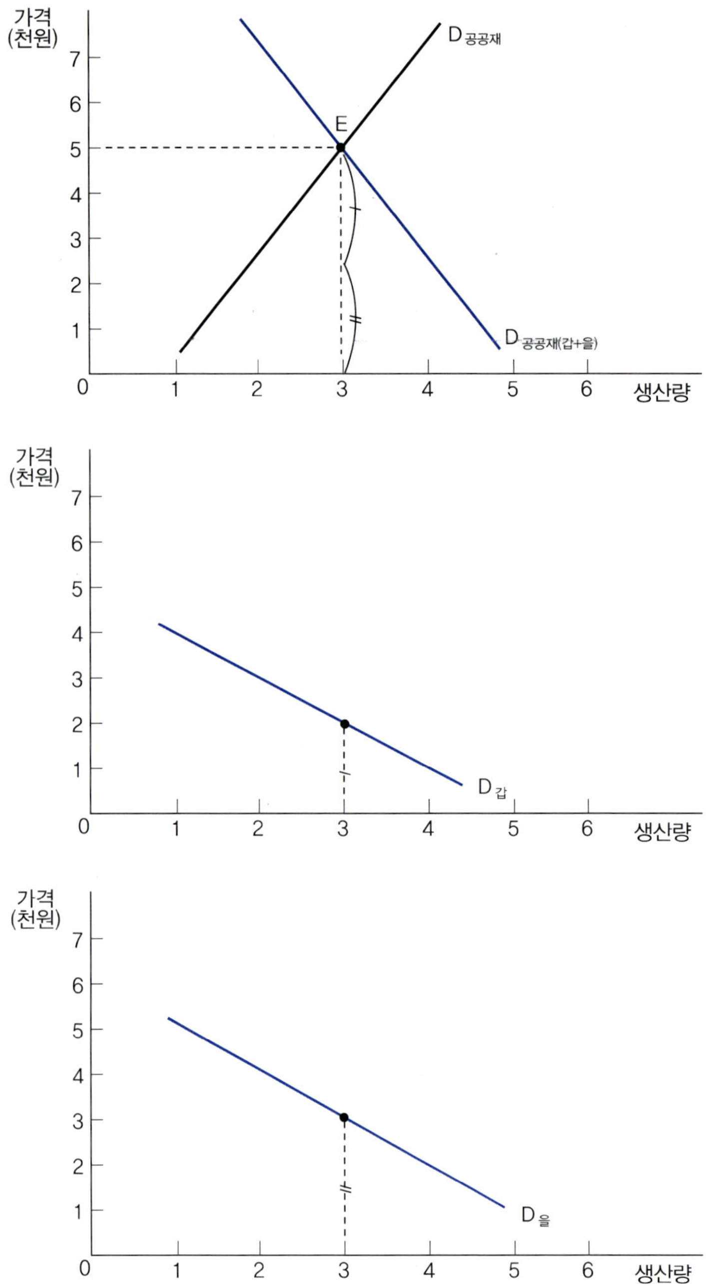

그림 15-2 공공재의 최적생산량

와 같이 공공재의 최적공급량은 '한계편익 = 한계비용준칙'이 성립될 때 결정되는데, 이는 우리가 앞에서 배운 'MR = MC준칙'과 'MRP = MRC준칙'과 유사한 원리이다.

3) 공공재와 시장실패

이상에서 우리는 공공재가 민간에 의해서 공급되는 경우 최적생산량이 3단위임을 알았다. 그런데 문제는 공공재 생산을 민간에 맡길 경우에 "실제 공급되는 양이 최적생산량보다 적거나, 심지어는 전혀 공급되지 않을 가능성이 있다"는 것이다. 즉 시장실패의 가능성이 존재한다.

왜 그런 것일까? 이는 공공재가 비배제성의 특성을 가지기 때문이다. 공공재는 비배제성으로 인하여 개별수요자들이 차를 공짜로 타려는 경향을 보인다는 것이다. 이러한 경향을 경제학에서는 '무임승차문제free-rider problem'라고 부르는데, 이는 소비자들이 공공재에 대해서 대가를 지불하든 지불하지 않든 공공재가 어떤 방법으로든지 공급될 것으로 믿기 때문에 생긴다. 다시 말해서 공공재를 공급하는 데 드는 비용을 여러 사람들이 분담하는 과정에서, 개별소비자들은 자신이 재정부담을 하지 않는다고 해서 그 사실이 다른 사람에게 알려지지 않으며, 공공재 공급에 영향을 미치지 않을 것으로 믿는다는 것이다. 가령 서울에서 부산으로 가는 기차가 어떤 한 사람이 요금을 내지 않고 몰래 탔다고 해서 출발을 포기할리 없다는 심리다. 문제는 한 사람뿐만 아니라 대부분의 사람이 이런 식으로 생각하고, 그 결과 실제로 공공재가 최적수준보다 적게—가령 〈그림 15-2〉에서 2단위—공급된다는 것이다.

구체적인 예를 들어보자. 어떤 마을의 반상회에서 방범등을 설치하기로 결정했다고 하자. 마침 사고가 생긴지도 얼마 안 되어 모인 사람들이 만장일치로 찬성하였다. 그런데 문제는 방범등을 설치하는 비용을 각각에게 분담하는 과정에서 생긴다. 만약 방범등의 혜택을 많이 받는 사람이 돈을 더 내고 혜택을 적게 받는 사람은 돈을 덜 낸다고 하자. 이때 '공짜심리'가 생길 수 있다. 가령 철수엄마는 방범등이 어떻게 해서든지 설치될 것으로 믿고, 자신은 방범등의 필요성이 별로 없다는 것을 강조하는 발언을 할 수가 있다. 예를 들어 자기는 밤마실을 안 다닐 뿐더러 자기가족들도 일찍 귀가한다는 등등이다. 철수엄마뿐만 아니라 영희엄마, 더 나아가서 반상회에 참석한 '모든' 엄마들이 이런 식으로 생각하는 경향이 있게 되고, 결국 방범등이 설치되지 않는 불상사가 생길 가능성이 있다.

이와 같은 무임승차의 문제는 수요자들의 수가 많아질수록 더 심각하게 된다. 이 문제를 해결하기 위해서 정부는 공공재에 대한 대가로서 조세를 부과하는 것이 일반적이다. 가장 대표적인 예가 국방서비스라는 공공재라고 할 수 있다.

15.2 외부성

1) 외부성이란

완전경쟁시장이 효율적이라는 결론 뒤에 숨겨진 하나의 가정은 상품의 소비 및 생산과 관련된 모든 이득과 손실이 각각 시장수요곡선과 시장공급곡선에 반영된다는 것이다. 다시 말해서 어떤 상품을 소비하거나 생산할 때 외부성externality이 존재하지 않는다는 가정이다. 외부성이란 생산 및 소비로 인해 발생하는 비용과 편익이 거래당사자 외의 제3자에게 영향을 미칠 때 발생한다. 이때 제3자에게 손해를 끼치게 되는 경우도 있고 반대로 이득을 주는 경우도 있다. 우리는 전자를 외부불경제라 하고 후자를 외부경제라 한다.

외부불경제가 발생하는 구체적인 예를 들어보자. 한강상류에 제지공장이 있고 하류에는 양어장이 있다고 하자. 제지공장은 펄프를 처리하는 과정에서 각종 화학물질을 강물에 흘려보낼 것이고, 제지공장과 직접 거래를 하지 않는 제 3자인 양어장은 심각한 피해를 입게 될 것이다. 제3자로서 피해를 입기는 한강을 식수원으로 하는 서울시민들도 마찬가지일 것이다. 우리 생활주변에서도 외부불경제의 예를 손쉽게 찾아볼 수 있다. 좁은 사무실에서 마구 담배를 피워 대는 사람, 새벽 3시에 아파트에서 음악을 있는 대로 크게 틀어 놓는 젊은이, 시커먼 연기를 내뿜으며 달리는 시내버스 등은 외부불경제를 초래하는 주범들이다.

한편 외부경제를 가져오는 경우도 없지는 않다. 가장 대표적인 예로 복숭아밭 옆에서 양봉업자가 꿀벌을 치는 경우를 들 수 있다. 복숭아의 수확은 봄에 피는 꽃이 얼마나 잘 수정되느냐에 따라서 달라질 수 있다. 암술과 수술의 수정은 바람에 의존하는 것이 보통인데, 극성스러운 복숭아밭 주인이라면 인위적으로 꽃을 하나하나 건드려 주기도 할 것이다. 그런데 마침 양봉업자가 복숭아밭 옆에 있기 때문에 꿀벌들이 꽃에 찾아오게 되고 꿀을 채취하는 과정에서 암술과 수술의 수정을 도와주므로 복숭아는 많이 열리게 될 것이다. 그러므로 복숭아밭 주인과 양봉업자는 직접 시장거래행위를 하지 않은 상태에서 양봉업자가 복숭아밭 주인에게 이득을 주는 셈이 되는 것이다.

2) 외부성과 시장실패

위에서 우리는 직관적으로 공해문제는 외부불경제와 관련이 있음을 알 수 있을 것이다. 그러면 공해현상이 왜 외부불경제와 관련되는가를 분석해 보기로 하자.

화학공장과 양어장의 예에서 볼 때 제3자에게 아무 보상 없이도 손해를 끼친다는 것은 화학공장이 자기가 부담하지 않는 비용을 추가로 발생시킨다는 의미를 가진다. 경제학자들은 이러한 비용을 '넘치는 비용'spillover cost 또는 사회적 비용social cost라고 부른다. 사회적 비용은 화학공장이 생산과정에 직접 투입하는 사적 비용private cost과는 대조되는 개념이다.

바로 이러한 사회적 비용이 시장실패를 가져오는 원인이 된다. 〈그림 15-3〉

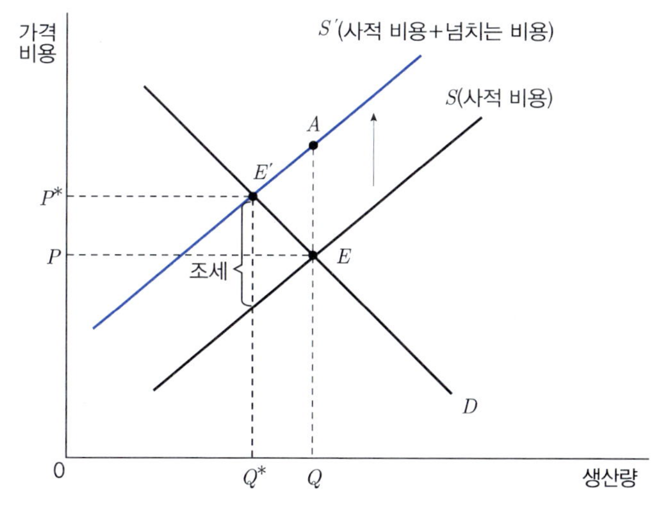

그림 15-3 외부불경제(공해)가 있는 경우의 시장실패

을 통해서 이를 알아보자. 만약 외부불경제가 존재하지 않는다면, 따라서 사회적 비용이 존재하지 않는다면 시장균형은 수요와 공급이 일치하는 E점에서 달성될 것이다. 이때 균형가격과 균형생산량은 각각 OP와 OQ이다. 여기서 공급곡선은 사적 한계비용만을 감안하고 있음에 유의하라. 이제 생산시에 사회적 비용이 발생한다면 균형은 어떻게 될까? 사회적 비용은 공급여건을 변화시켜 공급곡선을 S에서 S'로 우상향 이동시킨다. 그 결과 균형점은 E에서 E'로 이동하며, 최적생산량은 OQ^*가 된다. 그러므로 종전의 균형생산량 OQ는 사회적 비용을 고려했을 때의 최적생산량 OQ^*보다 많게 되어, 자원이 이 상품생산에 과도하게 배분되었다고 할 수 있다. 이때 삼각형 E'AE만큼의 사회적 비용이 발생하는데, 바로 이것이 화학공장과 양어장의 예에서는 공해부담을 의미한다고 볼 수 있다.

3) 사회적 비용에 대한 정부정책

사적인 이윤만을 추구하는 민간기업은 일반적으로 사적 비용만을 고려하여 생산량을 결정하기 때문에 사회적 비용이 발생하는 경우에는 자원배분이 왜곡되기 마련이다. 다시 말해서 앞에서 살펴본 바와 같이 공해현상은 오염물질을 방출하는 기업이나 개인이 윤리적으로 타락하거나 돈에 눈이 어두워서 발생한다기보다는 시장경제체제에 내재하는 제도적인 결함으로 인해 초래되므로 시장경제체제에서 오염물질배출에 따른 사회적 손실을 기업 스스로 감안하여 오염물질을 낳는 제품의 생산을 줄이거나, 오염물질의 양을 줄이기 위해 환경오염방지기계를 설치하는 등의 노력을 기대한다는 것은 어려운 일이다.

따라서 정부의 개입이 요구되는데, 정부는 어떻게 이를 바로잡을 수 있겠는가? 한마디로 외부불경제로 인한 사회적 비용을 '내부화'시키면 될 것이다. 예를 들어 오염을 유발하는 기업들이 오염으로 인한 사회적 비용을 사회에 전가시키지 못하도록 하는 것이다. 〈그림 15-3〉에서는 공급곡선은 S에서 S'로 이동시키는 방안을 강구하면 된다. 구체적으로는 다음 세 가지 방법을 생각할 수 있겠다.

(1) 직접규제

가장 직접적인 방법은 수질오염이나 대기오염의 예에서 알 수 있듯이 정부가 오염을 금지하거나 제한하는 법률을 제정하는 것이다. 이러한 법률이 제대로 시행되기만 한다면 오염발생 주범들로 하여금 산업폐기물 등을 처리하는 비용을 부담하게 할 수 있다. 예를 들어 해당 기업들이 공기청정기를 구입하거나 폐수 처리시설을 갖추게 한다. 법이라는 강제적 수단을 통해 기업이 사적 비용뿐만 아니라 사회적 비용을 포함하는 모든 비용을 부담케 하는 것이다. 요컨대 법률은 공급곡선을 S에서 S'로 상향 이동시켜 자원배분을 최적상태로 만든다.

(2) 조세

보다 간접적인 정책으로서 정부가 사회적 비용을 보상하기에 충분할 만큼 해당기업에 조세를 부과하는 방법이 있다. 이는 조세는 기업에게 비용으로서 공급의 결정요인이 된다는 점에 착안한 것이다. 〈그림 15-3〉에서 보는 바와 같이 정부가 t만큼의 물품세를 부과하면 공급곡선은 S에서 S'로 이동될 것이다. 그 결과 균형점은 E'로 이동되어 균형생산량은 최적인 OQ^*가 될 것이다. 그러므로 자원은 이 산업에서 다른 산업으로 재배분되어 자원배분의 왜곡이 수정될 것이다.

(3) 시장의 창출

시장을 통한 공해예방은 외부성이 발생하는 근본적 이유에 대한 인식에서 출발한다. 그러면 어떤 경우에 외부성이 존재하고 어떤 경우에 외부성이 존재하지 않는가? 예를 들어 설명해 보자. 독자가 승용차를 소유하고 있다고 하자. 승용차에 대해서는 분명한 소유권property right이 주어져 있기 때문에 누군가가 차를 손상시킨다면 법정에서는 이를 보상하라고 판결할 것이다. 이 경우에는 사적 비용과 사회적 비용이 일치하여 외부성의 문제가 없게 된다. 한편 기업이 대기를 오염시키는 경우를 보자. 기업도 인근주민 아무도 공기를 소유하지 않는다. 즉 공기는 공동소유재산common property이다. 주민이 공기를 소유하지 못하기 때문에 기업이 발생시킨 대기오염으로 인한 피해에 대해 고소할 수 없다. 기업은 아무 제약 없이 오염물질을 배출하여 주민들에게 비용을 부담시킨다. 이상의 예에서 우리는 소유권이 분명하게 규정되어 있지 않기 때문에 외부성문제가 발생한다는 점을 알 수 있다. 승용차의 경우 소유권이 분명했고, 따라서 외부성문제가 없었다. 반대로 공기의 경우에는 아무도 소유권이 없었고, 그래서 외부성문제가 나타났다. 이러한 논리는 이른바 코우즈 정리Coase theorem의 바탕이 되고 있다.

코우즈 정리에 따르면, 다음의 조건이 만족되면 정부개입 전혀 없이도 외부성

문제, 즉 공해문제가 해결될 수 있음을 말해 준다. 달리 말하자면 완전경쟁시장이 자연스럽게 외부성을 내부화시킨다는 것이다.

- 조건 1: 소유권이 분명하게 규정된다. 이때 소유권자가 누구이건 상관없다.
- 조건 2: 당사자간에는 협상비용이 거의 없다.

따라서 정부가 할 일은 피해주는 편과 피해받는 편과의 협상이 진행될 수 있는 여건만 마련해 주면 된다. 이렇게 되면 소유권이 분명해지므로 공해에 대해 가격이 매겨져 외부성문제가 해결된다. 다시 제지공장과 양어장의 사례를 가지고 설명해 보자. 양어장은 생선에게 깨끗한 물을 공급하기 위하여 상류에서 오염된 물을 정제하는 데 매달 1,000만원이 들어간다고 하자. 반면에 제지공장이 화학물질을 자체적으로 정제하는 데는 400만원이 든다고 하자. 이제 깨끗한 강물에 대한 소유권이 양어장에게 있다고 하면, 제지공장은 400만원의 비용을 기꺼이 지불하여 폐수를 정제하여 내보낼 것이다. 그렇지 않으면 양어장의 입는 피해액인 1,000만원에 대해서 고발당할 것이기 때문이다. 반대로 강물에 대한 소유권이 제지공장에 있다고 하면, 양어장은 제지공장이 오염시키지 않는 대가로 매달 400만원을 기꺼이 지불할 것이다. 왜냐하면 오염된 후에 물을 정제하는 데는 매달 1,000만원이 들기 때문이다. 외부성이 처음의 경우에는 제지공장에 의해서 내부화된 것이고 두 번째 경우에는 양어장에 의해서 내부화된 것이다. 이와 같이 누구에게 소유권을 주더라도 외부성의 문제는 해결된다. 요컨대 소유권만 분명하게 주어진다면 완전경쟁시장은 최적상태를 가져다준다고 볼 수 있다. 외부경제가 있을 경우에 대한 분석은 독자들의 몫으로 남겨 둔다.

읽을거리: 공유'란 그럴듯한 원칙 앞세워 공짜 심리 유도해선 해결 안 돼

강의 시간에 학생들에게 물었다. "갑과 을, 두 학생이 한 방에서 공부하고 있다. 갑은 방에서 하루에 담배 2갑을 피우고, 을은 비흡연자다. 어떻게 하면 이 문제를 해결할 수 있겠나?" 바로 대답이 나왔다. 을이 하숙집을 옮겨 독방을 쓰면 된다는 것이다. 다시 질문했다. "그 방이 지구라고 하면?" 뾰족한 대답이 나오지 않았다.

이 문제에 대한 처방을 내린 사람이 노벨 경제학상을 받은 코우즈R. H. Coase이다. 그는 하숙방 공기에 대한 소유권이 명확하지 않기 때문에 과도한 공기오염이 발생하는 것이므로, 따라서 하숙방 공기의 소유권을 제3자(정부)가 지정해 주면 문제가 해결된다고 했다. 가령 비흡연자인 을에게 공기의 소유권을 주면, 갑이 담배를 피울 때마다 공기를 오염시킨 부분에 대해 일정 금액을 받을 수 있고, 이 때문에 갑은 전보다 담배를 덜 피우게 될 것이다. 즉 공기의 가격이 책정되면 '공짜심리'(경제학 용어로는 '무임승차심리')가 없어져, 결과적으로 적정한 오염수준을 달성할 수 있다. 환경문제에도 시장원리가 작동된다는 것이다.

최근 서울시의 쓰레기 소각장 광역화 조치를 보면서 코우즈가 생각나는 것은 우연일까? 그간의 사정을 알아보니, 당초 목동 신시가지용으로 설립된 쓰레기 소각장이 나중에는 양천구 전체로 광역화되었고, 이때 서울시가 약속한 것이 '1구 1소각장'이라고 한다. 그런데 서울시는 올해 벽두에 양천구 목동 소각장에 다른 구의 쓰레기를 반입하여 태우는 조치를 강행하여, 주민들과 물리적으로 대립하는 사태가 벌어졌다. 이 조치는 서울시가 양천구 지역의 공기는 서울시민 모두의 공기라고 소유권을 지정한 것이나 마찬가지이다. 이는 공유 혹은 공동활용 등 비판하기 어려운 가치를 가지는 정책으로, 그럴 듯하다. 그러나 허울 좋은 반시장적인 정책이어서 실패할 수밖에 없다. 시장친화적 정책이란 가능한 한 소유권을 명확히 지정하여, 각자가 '공짜심리'를 갖지 못하도록 하는 것이다. 그래야만 내 집 쓰레기는 내가 책임지는 시장원리가 작동된다. 그럼에도 불구하고 서울시는 이를 역행한 것이다.

실제로 '1구 1소각장' 원칙은 이미 폐기된 것이나 다름없다. '공유'라는 그럴듯한 원칙하에 공짜로 다른 지역 마당에서 쓰레기를 태울 수 있는데, 누가 자기 지역에 소각장 설립을 허용하겠는가? 따라서 이번 서울시의 조치는 님비들을 광범위하게 양산하는 정책이기도 하다. 목동 쓰레기 소각장은 거주지와 담장 하나를 사이를 둔 유일한 소각장이라든지, 뿜어 대는 연기에 다이옥신이 포함되어 인체에 치명적이라든지, 서울시가 환경부 승인도 없이 쓰레기 반입을 강행했다는 등등은 잘 모르겠다. 그러나 분명한 것은 환경정책은 시장원리에 입각해서 수립·시행되어야 한다는 것이다.(성태경, 전주대 교수; 조선일보 2008년 2월 8일)

4) 정보기술과 네트워크 외부성

지난 20여 년 간에 걸쳐 우리 사회에서 일어난 가장 큰 변화는 정보기술information technology; IT의 발달로 인한 경제의 정보화일 것이다. 경제학자들은 이러한 경제를 신경제new economy 혹은 지식기반경제knowledge-based economy라고 부르고 있다(The Economist, 23 Sep., 2000). 보다 구체적으로 말하면 인터넷시대의 도래이다. 우리는 IT라는 용어를 종종 사용하는데, 'I'가 뜻하는 정보information와 'T'가 뜻하는 기술technology의 보다 명확한 개념은 무엇인가? 한 마디로 '정보와 기술'의 관계는 '포도주와 병'의 관계에 비유할 수 있다. 프랑스에서 오래 숙성된 맛좋은 '포도주'는 '병'에 담아 세계 각지로 유통되기 때문에 그 가치가 더욱 빛나게 되는 것과 마찬가지로, '정보' 혹은 '지식'은 인터넷 '기술'의 발달로 누구나 활용할 수 있기 때문에 그 부가가치가 엄청나게 커지게 되는 것이다.

인터넷의 웹사이트들은 새로운 정보를 창출하기 때문이 아니라, 정보에 쉽게 접근하게 하기 때문에 가치있는 것이다. 사실 웹상에서 접근할 수 있는 HTML 형태의 정보는 대략 150만권의 책의 분량에 불과하다고 한다. 800만권의 양질의 책을 소장하고 있는 캘리포니아 주립대학의 버클리 분교 도서관에 비하면 아무것도 아니다. 그러나 정보의 가치는 그 활용가능성에 있는 것이지 존재 그 자체가 아니다. 만약 버클리대학 도서관의 책이 년간 1%(8만권)만 대학 구내에서만 활용되는 반면에, 웹상의 정보가 10%(책으로는 약 15만권의 분량)가 세계 어디서나 활용된다면, 어느 것이 더 가치 있겠는가? 인터넷기술의 가치는 바로 새로운 지식을 증가시킨 것이 아니라 정보를 활용할 수 있는 우리의 능력을 증진시켰다는데 있다.

이와 같은 정보화된 경제에서 나타날 수 있는 외부성이 바로 네트워크 외부성network externality이다. 네트워크 외부성은 상품에 대한 어떤 사람의 효용이 이 상품을 사용하는 다른 사람들이 얼마나 존재하는지에 의존한다는 점에서 특수한 경우의 외부성이라 할 수 있다. 예를 들어 교수가 인터넷 강의를 위해 모뎀을 설치하는 경우, 수강생 모두가 의사소통할 수 있는 모뎀을 설치해야만 그 모뎀이 가치를 가지게 되는 경우이다. 이러한 네트워크 외부성은 경제적인 사고를 불러일으킨다. 예를 들어 임계치critical mass라는 개념이다. 어느 인터넷 사이트에 대한 사용자의 수요가 현재 그 사이트를 사용하고 있는 사람들의 숫자에 의존한다면,

초기단계에서 일정수준의 사용자들을 확보하는 것이 매우 중요하게 된다. 여기서 일정수준의 사용자의 수가 바로 임계치를 뜻한다. 많은 인터넷 사이트에서 서비스(예: e-mail계정)를 처음에 무료로 혹은 싸게 사용하게 하는 것은 과거에 존재하지 않았던 '시장을 창출'하기 위한 전략이라고 할 수 있다. 물론 적정 임계치가 얼마가 될 것인지는 재화 혹은 서비스의 특성이나 사용자가 그것을 수용하는데 들어가는 비용과 이득에 의존할 것이다.

네트워크의 외부성은 정부정책의 역할에도 시사하는 바가 크다. 인터넷의 발전역사에서 이를 확인해 볼 수 있다. 인터넷은 미국에서 초기에 소수의 일부 연구실 등에서 데이터 파일를 주고받기 위해 사용되었다. 그 후 1980년대 중반에 미국정부는 여러 지역에 위치한 12개의 슈퍼컴퓨터에 몇몇 주요 대학을 연결시키기 위해서 인터넷기술을 사용하였다. 즉 대학의 연구자들은 슈퍼컴퓨터에 자료를 주고받는 정도에 그쳤다. 그러나 통신 네트워크의 특성상 많은 사람들이 하나의 슈퍼컴퓨터에 연결되면, 서로가 연결되므로, 슈퍼컴퓨터와 아무 상관없이 서로 이메일을 주고받게 되었다. 일단 임계치 이상의 사용자들이 인터넷에 연결되면서, 신규사용자에 대한 인터넷의 가치가 눈덩이처럼 커지게 되었다. 요컨대 정부는 네트워크를 구축하기 위해서 슈퍼컴퓨터 센터를 활용하였지만, 신규사용자들의 대부분은 슈퍼컴퓨터에 대해서는 관심을 가지지 않고도 인터넷을 사용하게 된 것이다.

15.3 불완전한 정보

완전경쟁시장이 성립하기 위한 조건 중의 하나는 구매자와 판매자가 거래되는 상품의 가격이나 품질에 대해서 완전한 정보를 갖는다는 것이었고, 이는 확실성의 세계를 상정한 것이라 할 수 있다. 그러나 그렇지 못한 것이 현실이다. 구매자들은 상품의 가격이나 품질에 대해 알기 위해 부단히 노력해야 하며, 구매자와 판매자간에 어느 한쪽이 정보를 더 많이 가지는 경우가 있다. 이와 같이 정보가 불완전한 경우에도 시장이 기능을 제대로 발휘하지 못하게 된다.

1) 탐색비용

만약 구매자가 정보가 완전한 세계에 산다면, 이는 상품에 대한 정보—품질, 가격, 대체재, 안정성 등—를 획득할 때 아무런 비용도 지불하지 않는다는 것을 의미한다. 그러나 정보가 불완전한 것이 현실이므로 상품에 대한 정보를 획득하는 데는 비용이 들며, 경제학에서는 이러한 정보획득비용을 탐색비용search cost이라고 부른다. 탐색비용은 상품구입을 위하여 광고지를 읽는다든가, 전화를 한다든가 혹은 더 값싼 제품을 찾기 위하여 쇼핑하는 데 소요되는 시간을 포함하는 개념이다. 물론 소비자는 정보를 획득하려고 직접 돈을 지불하기도 한다. 예를 들어 구매자는 상품의 질을 알아보기 위하여 '상품소개책자'를 사기도 하고, 주식투자시에 소정의 수수료를 내고 투자전문가[1]로부터 자문을 받기도 한다.

어떤 제품이 표준화[2]되어 있고 판매조건이 동일하다고 하더라도, 구매자가 완전한 정보를 가지지 못하는 경우에는 다양한 가격대가 존재할 수 있다. 정보를 획득하는 데는 시간과 돈이 들고, 구매자들이 그러한 시간과 돈에 대해서 부여하는 가치가 모두 다를 수 있으므로 제품이 완전히 동질적인 경우에도 다양한 가격대가 일정기간 지속될 수 있는 것이다. 이와 같이 한 상품에 대해서 하나의 가격이 존재하지 않을 경우—즉 일물일가의 법칙이 성립되지 않을 경우—에는 '가격(P) = 한계비용(MC)'의 조건이 성립되지 않아, 효율적 자원배분이 이루어지지 않게 된다.

2) 정보의 비대칭성

앞에서도 잠깐 언급했듯이 제품의 품질이나 서비스에 대해서 구매자와 판매자 중 어느 한쪽이 정보를 더 많이 가지는 경우가 있는데, 이를 경제학에서는 비대칭적 정보asymmetric information라고 부른다. 이의 가장 대표적인 예가 중고차시장인데, 이 시장에서 판매자는 자기 차의 성능이나 결함에 대해서 정확히 알고

---

1) 투자자문가는 일종의 중개인(intermediary)이라고 할 수 있다. 중개인이란 정보획득사업에 특화한 사람으로서 개인이 직접정보를 수집하는 경우보다 더 낮은 비용으로 정보를 제공하는 기능을 수행한다. 중개인의 다른 예로서는 투기자(speculator)를 들 수 있는데, 이들은 시간에 걸친 재정거래(arbitrage through time)에 종사한다. 시간에 걸친 재정거래란 가격이 싼 시점에서 상품을 구입하고 비싼 시점에서 상품을 파는 것을 말한다. 그러므로 투기자들은 한 시점에서 상품이나 외환 등을 사고 다른 시점에서 그것을 판다. 미래의 가격은 확실히 예측될 수 없기 때문에 투기는 매우 위험한 사업이다. 따라서 투기자는 정보에 특화되어 있어야 한다.

2) 상표나 품질보증서 등은 상품의 규격이나 품질에 대한 정보를 제공해 준다.

있는 반면에 구매자는 그렇지 못한 것이 현실이다. 이와 같이 정보의 비대칭성이 존재하는 중고차시장에서는 중고차의 가격이 '평균적'인 중고차의 품질에 의존하게 된다. 그러므로 결함이 있는 중고차의 판매자는 차의 실제가치보다 더 높은 가격을 받는 반면에, 결함이 없는 차의 판매자는 차의 실제 가치보다 더 낮은 가격을 받게 되는 경향이 나타나게 될 것이다. 따라서 성능이 좋은 차의 소유자는 중고시장에 차를 내놓으려고 하지 않을 것이고, 이는 거래가능한 중고차의 평균가격과 품질을 낮게 할 것이다. 뿐만 아니라 중고시장에서 형성된 '평균'보다 높은 성능을 가진 차량의 판매자도 중고시장에 참여하기를 꺼려할 것이고, 이는 중고시장에 매물로 나와 있는 차량의 가격과 품질을 낮출 것이다. 이러한 과정은 가장 성능이 낮은 차량들이 적정하게 낮은 가격으로 판매될 때까지 계속될 것이고, 결과적으로 중고차시장에서 성능이 나쁜 중고차가 성능이 좋은 중고차를 '밀어내는' 셈이 된다. 이러한 현상을 경제학에서는 역선택adverse selection이라고 부른다.

역선택의 문제는 비대칭적 정보가 존재하는 어떤 시장에서도 발생하는데, 또 하나의 예가 보험시장insurance market이다. 가령 어떤 사람이 건강보험에 가입할 경우에, 그 사람은 자신의 건강상태에 대해서 잘 알지만 보험회사 측에서는 그렇지 못하다. 이 경우에 보험회사가 평균적인 사람을 기준으로 보험요율을 책정한다면, 건강상 문제가 있는 사람들이 건강한 사람들보다 보험에 더 가입하려고 할 것이다. 이와 같은 역선택의 문제 때문에 보험회사는 보험요율을 높게 책정하려는 경향이 있으며, 그럼으로써 건강한 사람들이 보험에 가입하는 것을 불리하게 한다. 이는 보험가입자들 중에 건강하지 못한 사람들의 비중을 높여 보험요율을 더욱 상승시킬 것이고, 심지어는 건강하지 못한 사람들까지도 보험에 가입하기를 꺼려할 정도로 보험요율이 올라 갈 수 있다. 이러한 역선택의 문제를 해결하기 위해서 보험회사는 피보험자에게 건강진단을 요구한다든가[3] 혹은 연령이나 직업에 따라 보험요율을 다르게 책정하기도 한다.

보험시장에서 역선택의 문제 때문에 나타나는 또 하나의 현상이 있는데, 그것은 도덕적 해이moral hazard이다. 도덕적 해이란 보험회사가 피보험자의 행동에 대한 정보를 파악할 수 없을 때 나타나는 현상으로서, 어떤 사람이 보험에 가입하

---

3) 이와 같이 보험회사가 피보험자에 대한 정보를 획득하는 데 드는 비용을 여과비용(screening cost)이라고 한다.

기 전보다 보험에 가입한 후에 사고 — 발병, 화재, 교통사고 — 의 확률이 더 높아지게 된다는 것이다. 예를 들어 어떤 사람이 의료보험에 가입한 후에는 자기 건강에 대해서 덜 조심하게 되고, 병이 났을 경우에도 보험가입 전에 비해서 고급치료를 요구하게 되는 경향이 있다. 이러한 도덕적 해이의 문제를 해결하기 위해서 보험회사는 완전보험full insurance을 제공하지 않는다. 즉 사고 발생시에 일정부분을 피보험자가 부담하게 함으로써 사고에 대한 주의를 유도하고 있다.

이상에서 살펴본 역선택과 도덕적 해이의 문제는 모두 정보의 비대칭성 때문에 발생한다는 점에서 공통점을 갖는다. 그러나 역선택은 은폐된 정보hidden information의 문제라 할 수 있고, 도덕적 해이는 은폐된 행동hidden action의 문제라 할 수 있다.

3) 역선택과 도덕적 해이의 해결방안

정보의 비대칭성으로 말미암아 발생하는 역선택의 문제는 해결 불가능할 것인가? 만약 이를 시장의 가격기구에 맡겨 놓으면 해결이 되지 않는다. 예를 들어 1995년식 중고차의 경우 품질이 나쁜 차에 대해 시장이 따로 형성되어 가격이 200만원으로 결정되고, 품질이 좋은 차에 대해서도 시장이 따로 형성되어 300만원으로 거래된다면 아무 문제가 없을 것이다. 그러나 이는 품질 나쁜 차를 가진 사람들이 자기 차의 문제를 정확히 자진 신고하는 경우가 아니면 불가능하다. 누가 자기 차의 문제를 속속 알려주어 낮은 가격을 받으려고 할 것인가? 오히려 가만히 중간 정도인 250만원을 받으려는 것이 일반적인 경제적 행동일 것이다. 그렇다면 가격 이외의 방안은 없는가? 그것은 품질 좋은 차의 소유자들이 보내는 신호signal이다. 가령 구매자가 중고차에 대한 정보가 없는 상태에서 판매자들이 자신의 차에 대해서 1년 정도 보증warranty을 제공한다면, 구매자들은 좀 비싼 가격이라 할지라도 구매하려 하기 때문에 역선택의 문제는 어느 정도 해결된다. 평판reputation도 하나의 방법이다. 가령 A라는 자동차 딜러의 경우 좋은 차만 선정하여 판매한다는 오랜 명성을 유지한다면, 역시 좋은 중고차가 비싼 가격에 거래될 수 있을 것이다.

도덕적 해이의 경우에는 적절한 유인incentive을 제시하면 해결될 수 있다. 이를 전통적인 지주-소작인의 관계 속에서 알아보자. 지주가 소작인에게 논을 빌려

줄 경우 소작인이 지주 자신의 이득을 위해 최선을 다 할지를 알지 못한다는데 문제가 있다. 만약 추수한 곡식을 지주가 80% 소작인이 20%를 갖는다고 하면 어떻게 될까? 날씨가 가물어도 소작인은 몸달아 하지 않을 것이고 그 해의 소출은 매우 적어질 것이다. 그러나 반대로 지주가 20%, 소작인이 80%를 가져간다고 하면, 소작인은 새벽부터 밤까지 농사에 힘을 쓸 것이다. 따라서 후자의 유인제도가 전자의 유인제도의 경우보다 소출이 크게 늘어날 것이며, 오히려 지주가 가져가는 곡식의 양이 많아질 수도 있는 것이다.

이러한 사실은 중국의 농업부문에서 확인해 볼 수 있다. 중국의 경우 1979-1984년 기간 동안 농업산출량이 61% 증가하였는데, 이는 책임제도 responsibility system라는 유인제도를 도입한 결과로 분석되고 있다. 1979년 이전 중국은 전형적인 공산주의 체제로 협동농장 생산의 5%만이 농민에게 주어졌고, 시장에서의 판매가 금지되었다. 1979년 이후에 책임제도가 실시되어 일정 산출량 이상은 농가가 가지며, 시장에서의 판매가 가능하게 되었고, 1984년 농가의 94% 정도가 이러한 책임제도하에 운영되면서 농업산출량이 급격하게 증가된 것이다. 한 연구에 의하면 가격제도가 농업산출량 증가의 25%에 기여한 반면에, 책임제도의 도입은 75% 정도 기여한 것으로 보고되고 있다.

마지막으로 우리는 역선택의 문제는 도덕적 해이의 문제에 속하며, 그 해결방안으로서의 신호도 유인의 일종임을 알 수 있다. 즉 역선택 문제의 경우 품질 나쁜 중고차의 소유자들이 솔직하게 자진 신고하지 않은 것은 도덕적으로 해이한 탓으로 볼 수 있다. 만약 이들이 100% 정직하다면, 역선택의 문제는 전혀 나타나지 않을 것이기 때문이다. 따라서 역선택의 경우도 적절한 유인을 제공하면 해결 될 수 있다. 극단적인 예로 자신의 중고차에 대해서 100% 솔직하게 신고하지 않으면 무기징역에 처한다고 하면—즉 마이너스의 유인제도—역선택의 문제가 해결될 수 있을 것이다.

더 알아보기 15-2 그레샴의 법칙과 정보의 비대칭성

우리는 "악화bad money가 양화good money를 구축한다"는 말을 듣는데, 경제학에서는 이 현상을 발견한 사람의 이름을 따서 그레샴의 법칙Gresham's law이라고 부른다. 영국의 재정담당관이자 외환금융업자였던 그레샴(1519-1579)이 살던 16세기는 금이 화폐로 통용되던 시대였다. 즉 화폐로서의 금은 실질가치를 지니고 있었다. 가령 1파운드는 금 10g의 가치를 가지고 있었다. 그런데 문제는 새로 발행된 주화는 명목가치 1파운드와 실질가치 10g이 일치하지만, 이 주화가 시장에서 유통되면서 가장자리가 닳아 없어지면서 명목가치 1파운드는 10g보다 작은 — 예를 들어, 9g — 가치를 가지게 된다는 것이었다. 심지어 어떤 사람들은 새 돈이 나오면 그것을 자루에 넣어 흔들어 금가루를 — 당시는 주조기술이 조악하였음 — 모으기도 하였고, 어떤 사람들은 주화의 가장자리를 칼로 도려내기도 하였다. 따라서 사람들은 물건을 사고 대금을 지불할 때, 헌 돈(악화)은 1파운드라는 명목가치를 가지지만 10g이라는 실질가치를 가지지 못하기 때문에 새 돈(양화) 보다는 헌 돈(악화)을 지불하는 현상이 나타났다. 이와 같이 시장에서는 악화만 유통되고, 양화는 장롱 속으로 들어가, 결국 악화로만 거래된다는 것이 바로 그레샴의 법칙이다.

그레샴의 법칙은 정보의 비대칭성 문제를 내포하고 있다는 점에서 주목을 받은 바 있다. 1960년대에 경제학자 애커로프 G. Akerof가 레몬시장(lemon market; 품질이 안 좋은 재화가 거래되는 시장으로 중고차시장, 보험시장 등)을 예로 들어 정보의 비대칭성 문제를 제기하자, 경제학자들은 이를 현대판 그레샴의 법칙이라고 하였다. 그레샴의 법칙은 화폐를 지불하는 사람과 그 화폐를 받는 사람간 정보가 대칭적이지 않기 때문에 성립하기 때문이었다. 즉 악화를 지불하는 사람은 그 돈의 실질가치가 명목가치에 미치지 못한다는 사실을 알지만, 대금을 지불받는 사람은 그것을 알지 못하고 거래하기 때문이며, 이로 말미암아 악화만이 시장에서 통용되는 현상, 즉 역선택이 초래된다는 것이다.

찾아보기

ㄹ

ㅁ

ㅇ

ㅈ

ㅊ